普通高等教育“十一五”国家级规划教材
司法部全国法学教材与法学优秀科研成果奖



21世纪普通高等教育
法 学 系 列 教 材

# 中国金融法学（第四版）

刘　辉　刘定华　著

中国人民大学出版社
· 北京 ·

图书在版编目（CIP）数据

中国金融法学/刘辉，刘定华著．-- 4 版．北京：中国人民大学出版社，2024.6. --（21 世纪普通高等教育法学系列教材）. -- ISBN 978-7-300-32923-9

Ⅰ. D922.280.1

中国国家版本馆 CIP 数据核字第 202403YT10 号

普通高等教育"十一五"国家级规划教材

司法部全国法学教材与法学优秀科研成果奖

21 世纪普通高等教育法学系列教材

**中国金融法学**（第四版）

刘　辉　刘定华　著

Zhongguo Jinrong Faxue

| | | | |
|---|---|---|---|
| **出版发行** | 中国人民大学出版社 | | |
| **社　　址** | 北京中关村大街 31 号 | **邮政编码** | 100080 |
| **电　　话** | 010－62511242（总编室） | | 010－62511770（质管部） |
| | 010－82501766（邮购部） | | 010－62514148（门市部） |
| | 010－62515195（发行公司） | | 010－62515275（盗版举报） |
| **网　　址** | http：//www. crup. com. cn | | |
| **经　　销** | 新华书店 | | |
| **印　　刷** | 北京市鑫霸印务有限公司 | | |
| **开　　本** | 787 mm×1092 mm　1/16 | **版　　次** | 2024 年 6 月第 1 版 |
| **印　　张** | 21.5 插页 1 | **印　　次** | 2024 年 6 月第 1 次印刷 |
| **字　　数** | 570 000 | **定　　价** | 62.00 元 |

# 作者简介

刘辉：湖南大学法学院副教授，法学博士，湖南大学金融与法律研究中心、湖南大学数据法治研究院研究员。主要研究领域为金融法学、数据法学。主持国家社会科学基金项目、教育部哲学社会科学研究重大课题攻关项目子课题、司法部法治建设与法学理论研究部级科研项目、中国法学会部级法学研究课题、最高人民检察院检察应用理论研究课题以及省级社会科学基金项目等多项课题项目，在《法律科学》《法商研究》《政治与法律》《现代法学》等杂志独立发表法学论文30余篇，独著《现代金融法治论纲：供给侧与需求侧的双向考察》《我国上市公司股份回购法律规制研究》，合著《防范系统性金融风险的法律治理创新研究》《自贸区金融创新与监管法律问题研究》《福建自贸区重大法律问题研究》等，参编全国性经济法、金融法教材多部。

刘定华：湖南大学法学院教授，金融法研究所所长，博士研究生导师，湖南省优秀社会科学专家。主要研究领域为金融法、民商法、经济法。完成国家级和省部级金融法课题7项，在知名刊物上发表金融法论文30余篇，出版的金融法著作有《票据法简论》《中国人民银行法通论》《中国商业银行法通论》《中国票据法通论》《中国保险法通论》《中国担保法通论》《票据责任与票据法律责任》《金融法专题研究》《银行法》《中国票据市场的发展及其法律保障研究》《开放中的金融法变革》等。主编的全国性教材有《票据法教程》《票据法学》《金融法教程》等。

# 第四版编写说明

本教材是在《金融法教程》（第三版）教材的基础上修订而成的。《金融法教程》（第一版）于 1999 年 4 月作为普通高等学校金融类“九五”规划重点教材出版，于 2001 年作为“教育部经济类、法学类主干课程推荐教材”获推荐使用，于 2002 年获司法部全国法学教材与法学优秀科研成果奖（三等奖），于 2006 年 8 月被列入“普通高等教育‘十一五’国家级规划教材”目录。

本教材根据高等学校金融法课程教学的要求和法学类、金融类专业学生的特点组织编写。本教材在编写体例上进行了较大创新：为了便于学生更好地从宏观层面理解金融法的基本框架，建构金融法学的知识体系，本教材按照“金融法总论→金融市场主体法→金融交易法→金融调制法→金融消费者权益保护法”的逻辑编写，并且注重原理与实践的结合，法律规范与金融业务的结合，以及金融法与民法、商法、经济法、行政法、刑法等的结合，综合阐述了货币融通过程中的法律问题，力图做到科学性、实用性和相对稳定性的统一。此次修订是有史以来幅度最大的修订：作者将 2023 年党和国家机构改革方案的内容融入其中；坚定贯彻党的十九大、二十大基本精神，尤其是将习近平法治思想和 2023 年全面注册制的基本理念、要求和配套法律制度全部融入本次修订之中。

本教材第一版的作者是刘定华、史云、高晋康、李玫、彭虹、鲁篱、梁清华、唐铁建、张严方。第二版的作者是刘定华、高晋康、鲁篱、董岚、杨秋伟、李晗、张倩、王莉、周立雄、曾辉、谢商华、刘昊虹、彭虹。第二版由刘定华任主编，由高晋康、彭虹、董岚任副主编，最后由刘定华总体把关。第三版由刘定华进一步修改，王雄英、何炳辉、胡本岳、韩金飞参加了修改，全书由刘定华总体把关。第四版的作者是湖南大学刘辉和刘定华，全书由刘辉总体把关。

由于水平所限，书中难免有不足之处，敬请读者指正。

作者

2024 年 4 月

# 编写说明

按照国务院和教育部的要求，中国人民银行负责统一组织全国普通高等学校金融类专业教材的规划、编审、出版和管理。

从保证人才培养基本规格的需要出发，金融类各专业应统一使用教育部高等教育司组织编写和审定的“高等学校财经类专业核心课程教学大纲和教材”，并使用中国人民银行教育司组织编写和审定的“高等学校金融类重点课程教学大纲和教材”。

《金融法教程》这本教材，是根据货币银行学专业学生的特点组织编写的。该书采用综合金融法学教材体系，即以现行金融法律法规为主要内容，注重原理与实践的结合，法律规范与金融业务的结合，金融法与民法、经济法、刑法等的结合，综合讲述了货币融通过程中的法律问题，力图做到科学性、实用性和相对稳定性的统一。

主编：刘定华。

副主编：史云、高晋康、李玫、彭虹。

参编人员：刘定华（第一章第一节、第二节，第三章，第四章）、史云（第六章、第十一章、第十三章）、高晋康（与鲁篱合写第五章）、李玫（第十章）、彭虹（第一章第三节，第二章，第八章第三节）、鲁篱（第十二章，第十四章，与高晋康合写第五章）、梁清华（第九章）、唐铁建（第七章，第八章第一节、第二节、第四节）、张严方（第十五章）。

经中国金融教材工作委员会审定，本教材可供金融类专业本科学生使用。由于我们水平所限，书中难免有不足之处，有待于我们在今后教学工作中补充完善。各单位在使用过程中有何意见和建议，请函寄中国人民银行教育司信息教材处。

**中国金融教材工作委员会**

1998 年 8 月

# 目 录

# 第二编　金融交易法律制度



# 第三编　金融市场调制法律制度

## 第四编　金融消费者权益保护法律制度

# 导　论
# 金融法基本理论

## 第一节　金融法的概念、调整对象、渊源、体系和法律特征

### 一、金融法的概念

金融，即货币资金的融通，包括货币、货币流通、信用以及与之直接相关的活动。其具体表现形式为货币的发行和回笼，存款的吸收和提取，贷款的发放和收回，国内外汇兑的往来，金银、外汇的买卖，有价证券的发行与交易，保险，信托投资，金融租赁，国内、国际的货币支付结算等。

金融法是调整金融关系的法律规范的总称。金融关系包括国家金融宏观调控和金融监管部门与金融活动参加者之间的金融调控与监管关系，金融机构与自然人、法人和非法人组织等平等主体之间的资金融通关系以及金融机构的内部关系。

随着我国金融体制改革的深化，金融法制建设的步伐明显加快，我国金融法律体系的框架已基本形成。根据我国已颁布的和正在拟定中的金融法规，我国金融法大致包括如下内容：(1) 关于中央银行、政策性银行、商业银行和其他非银行金融机构的法律地位、性质、任务、组织机构、职责权限和业务范围的法律规定；(2) 关于存款、贷款以及商业银行中间业务等的法律规定；(3) 关于货币发行和现金管理的法律规定；(4) 关于票据和结算的法律规定；(5) 关于外汇和金银管理的法律规定；(6) 关于保险的法律规定；(7) 关于信托、金融资产管理、金融租赁的法律规定；(8) 关于证券的法律规定；(9) 关于融资担保的法律规定；(10) 其他与金融有关的法律规定。

### 二、金融法的调整对象

金融法的调整对象是金融关系，主要包括以下内容。

（一）金融宏观调控关系

金融宏观调控是指在中央银行体制下，金融部门对总体经济运行和自我运转过程所进行的一种有意识的调节和控制活动。中央银行是我国的金融宏观调控机关。金融宏观调控的直接对象是商业银行和其他金融机构以及金融市场，间接对象是国民经济各部门及企业，其调整的方式是货币政策工具和法律规定的其他方式。金融宏观调控关系是指中央银行在金融宏观调控活动中与商业银行、政策性银行、其他金融机构、国民经济各部门及企业之间发生的权利义务关系，其特点是中央银行主要利用经济手段依法对金融机构和金融活动进行调整。

（二）金融监督管理关系

金融监督管理关系是指金融监督管理部门为维护金融秩序的稳定和资金融通的有效运行，在金融监督管理活动中与金融活动参加者之间形成的社会关系。金融活动参加者主要是金融机构，同时也包括参与融资活动的自然人、法人及其他非法人组织。金融监督管理关系的主要内容是，金融监督管理部门依法制定监管规章，审批金融机构的设立及业务开展，对金融机构进行稽核、检查，对金融活动参加者的违法行为依法进行查处等。金融监管机关的监管行为必须依法进行，被监管单位、组织和个人必须服从监管。金融监管包括国家金融监督管理部门的监管和地方金融监督管理部门的监管。金融监督管理关系反映在法律的层面主要是经济法关系或行政法关系。

（三）金融业务经营关系

金融业务经营关系是指金融机构与其业务经营活动相对人之间发生的关系。其包括以下内容。

（1）间接融资关系，即金融机构在间接融资活动中与其相对人发生的资金融通关系，如存款关系、储蓄关系、借贷关系和同业拆借关系。

（2）直接融资关系，即金融机构在直接融资活动中与其他的投资主体之间发生的关系，如证券发行关系、证券交易关系和产权交易关系。产权交易关系即在非证券性的金融市场上，筹资人与投资者之间发生的投资入股、股份转让、收购兼并等关系。

（3）金融中介服务关系，即金融机构在金融市场上为融资双方开展金融中介服务活动的过程中与其他主体之间发生的关系，如货币市场中的结算、汇兑、咨询、信托、租赁、代理担保关系和资本市场中的证券承销与登记、托管与清算、证券投资咨询及财务审计、资产评估关系等。

（4）衍生金融关系，即金融机构在衍生金融产品交易活动中与其他金融主体之间发生的关系，如远期合约关系、互换业务关系、期货期权交易关系等。

金融机构与其业务相对人之间的关系本质上是一种民商事关系，因此，金融法对这种关系调整的基本要求是：当事人法律地位平等；设立、变更、终止权利义务关系时，除法律有特别规定外，应由双方自愿决定；讲诚实、守信用，自动和善意履行义务，不能规避法律与合同，公平合理地处理两者之间的纠纷。

由于金融机构的业务行为直接或间接与国家宏观调控有关，故金融法在规定金融机构享有依法开展业务、不受任何单位和个人干涉的权利的同时，亦规定其对相对人的行为有一定的监督权利，如：在借款关系中金融机构享有对借款人使用资金的监督权；在结算关系中，办理结算业务的银行有权对违反银行结算制度的单位和个人进行处罚。但这些规定并不能改变贷款关系和结算关系是平等的民商事关系的性质，因为对资金使用的监督本身已成为合同约定的义务，而对违反结算制度的处罚是国家授权结算的金融机构在相对人违反结算法规时行使的权利，例如：金融机构之间的拆借关系、结算关系、代理关系和投资关系等，均可说是为适应其本身业务需要或宏观调控的需要而进行的合作关系。至于适用再贴现、再贷款的范围条件，金融机构之间投资对象的资格和条件，金融机构之间的代理和结算关系中的权利和义务等，都需要金融法的确认和调整。

金融机构之间存在业务上的交叉，因此相互间又存在竞争。金融市场与其他市场一样，允许竞争，也需要竞争。没有竞争，金融市场就没有生机和活力，也就没有金融业的繁荣和发展。但金融业的竞争又与一般企业的竞争不同，有其特殊性，因此受到更为“合理”和“正当”的限制。《反不正当竞争法》为正当的竞争提供了法律保障，但鉴于金融市场竞争的复杂性和特殊性，还需要金融法对金融机构在金融市场中的竞争行为作出法律规范，对金融机构之间的竞争关系予以调整。

（四）金融机构的内部关系

金融机构要想实现其成立的宗旨，依法开展金融业务经营活动，就必须处理好金融机构的内部关系。金融法应当对各类金融机构的内部管理制度有基本的要求，对金融机构与其分支机构的权责也应有原则性的规定。从这个意义上说，金融法亦调整金融机构的内部关系。

## 三、金融法的渊源

法的渊源是指法律的表现形式，金融法的渊源是指金融法律规范的表现形式。我国金融法的渊源包括国内渊源与国际渊源两大类。国内渊源是指我国现行的有关金融的法律、法规、规章、司法解释，国际渊源是指我国参加或缔结的有关条约、协定以及具有广泛影响的国际惯例。

（一）国内渊源

（1）宪法。宪法是国家的根本大法，它规定了我国的国家性质和基本的政治、经济制度，规定实行社会主义市场经济，完善宏观调控，保护国家、集体和个人的财产权利，维护社会经济秩序。习近平总书记提出，宪法是“国家根本法，是国家各种制度和法律法规的总依据”①。宪法是金融立法的基础，对我国金融立法和金融法的适用具有指导意义。

（2）法律。它包括全国人大及其常委会制定的专门的金融法律，如《中国人民银行法》《商业银行法》《银行业监督管理法》《证券法》《保险法》等，同时也包括其他法律，如《民法典》《刑法》中与金融有关的法律规范。

（3）行政法规和规章。行政法规是指国务院在职权范围内制定并发布的有关金融行政管理活动的规范性文件。金融行政法规在效力上低于宪法和法律。国务院所属的中国人民银行、国家金融监督管理总局、中国证监会等发布的有关金融的“决定”“办法”“指示”等为金融规章，其效力低于宪法、法律和行政法规。

（4）地方性金融法规和规章。关于省、自治区、直辖市人民代表大会和人大常委会能否制定地方性金融法规的问题，存在不同的意见：一种意见认为，地方立法机关不能制定金融法规，否则就会破坏金融法的统一性；另一种意见认为，根据宪法和有关组织法的规定，地方立法机关有权制定地方性金融法规，法律并未把制定地方性金融法规排除在外。本书认为，鉴于金融在宏观调控中的特殊地位和金融行业具有统一性的特点，地方立法机关一般不宜制定涉及金融宏观调控的地方性金融法规，金融宏观调控权必须集中于中央。但是对于金融监管而言，地方政府完全可以并且有必要制定相应的地方性规范性文件。近年来，越来越多的地方政府开始重视地方金融立法，出台了包括《浙江省地方金融条例》《上海市地方金融监督管理条例》《深圳经济特区绿色金融条例》等在内的大量的地方性规范性文件。另外，在金融改革试验区域，也完全有可能和有必要制定地方性的金融法规和规章。因此，地方性金融法规和规章在理论上应该被认为是金融法的渊源。

（5）金融立法解释和司法解释。有权机关对金融立法的解释和法律适用的解释也是金融法的渊源。比如，为正确审理民间借贷纠纷案件，最高人民法院制定了《关于审理民间借贷案件适用法律若干问题的规定》（法释〔2020〕17号）。

---

① 习近平．论坚持全面依法治国．北京：中央文献出版社，2020：215.

（6）经授权批准和备案的金融自律性规章。金融自律性规章是指由金融行业协会或交易所等经授权批准或备案所制定的有关行业成员和自身应予遵守的准则和规范，它是国家权力机关、行政机关制定的规范性文件的有益补充，比如《中国银行业自律公约》《中国互联网金融协会会员自律公约》《中国证券业协会章程》等。

（二）国际渊源

（1）国际条约。作为法律渊源的国际条约，是指我国参加或缔结的一系列国际公约、多边条约、双边条约和协定。凡涉及有关金融活动的条约和协定都是我国金融法的渊源，而成为调整我国金融关系的法律规范的一部分，具有法律约束力，在一般情况下，具有优先适用的效力。新中国成立以后，我国加入和缔结的有关金融的国际条约主要有《国际货币基金组织协定》、《国际复兴开发银行协定》（1965 年 12 月 17 日）、《国际复兴开发银行协定附则》（1980 年 9 月 26 日）、《国际金融公司协定》（1980 年 2 月 18 日）、《国际复兴开发银行贷款和国际开发协会信贷采购指南》（1985 年 5 月），世界贸易组织 1994 年的《服务贸易总协定》《金融服务附件》《金融服务第二附件》和 1997 年《金融服务协议》，以及国际双边支付协定、贸易支付协定和贷款协定、国际投资保护协定或国际投资保证与保险协定等。

（2）国际惯例。国际惯例是指在国际经济交往中形成的，为国际社会广泛接受并予以认可，经双方确认具有法律约束力的习惯性规范。许多国际惯例都经历了长期反复的适用，相对稳定，并且形成了文字，因此，一经援引，就对当事人具有法律约束力。

这类国际惯例主要有以下两种：

1）国际官方和民间组织制定的统一化规则，包括国际商会的《托收统一规则》（1978 年）、《跟单信用证统一惯例》2007 年修订本，国际商会第 600 号出版物（简称“UCP600”），世界银行的《贷款协定和担保协定通则》，巴塞尔银行监管委员会的《巴塞尔资本协议》《有效银行监管的核心原则》《加强银行公司治理》等。

2）某些国际货币金融事务的习惯做法，如辛迪加贷款协定的格式、条款和订立程序等。

## 四、金融法的体系

金融法的体系是一国调整不同领域金融关系的法律规范所组成的有机联系的统一整体。金融法的体系本身也是有层次划分的，依据我国的金融立法实践，金融法体系主要由下列几个部分构成。

（1）金融主体法。它又称金融组织法或金融机构组织法，是用以确定银行和其他金融机构的性质、法律地位、职责权限、机构设置、业务范围及规则的法律规范的总称。在我国，按照业务性质的不同，金融组织法又可分为中央银行法、商业银行法、政策性银行法、非银行金融机构法、涉外金融机构法等。

（2）金融调控、金融监管法。金融调控、金融监管法是调整在国家实施金融调控、监管活动中所发生的社会关系的法律规范，其任务是明确金融调控、监管的目标，确定调控、监管的机构，规范调控、监管的手段，打击破坏货币金融秩序的行为。

（3）融资行为法。融资行为法是指规范主体融资行为的法律规范的总称。它包括间接融资法、直接融资法、特殊融资法以及金融中介业务法。

1）间接融资法。间接融资法是调整间接融资关系的法律规范。间接融资主要是指借款方和贷款方通过金融中介机构来实现资金有偿使用的一种资金融通方式。间接融资法的任务是规范货币借贷行为，保证借贷双方及与之有关的金融机构的合法权益，促进资金的有序、健康、快速流转。在我国，由于间接融资比重很大，故间接融资法是金融法体系的最基本组成部分。

2）直接融资法。直接融资法是调整直接融资关系的法律规范。直接融资与间接融资相对应，主要是指融资方不需经过中介环节，直接从投资方吸收资金的一种资金融通方式。直接融资虽不必经过中介环节，但它的健康运作还需要证券公司、律师事务所、会计师事务所、资产评估事务所等中介服务机构的参加与协助，需要金融监管机关的有效监督与管理，因此，直接融资也与金融机构的活动密切相关。

3）特殊融资法。我国的特殊融资法主要包括期货、期权和外汇的法律规范。特殊融资是指发生在期货市场、期权市场和外汇市场的融资行为，该类行为具有不同于一般直接融资和间接融资的特点。由于期货、期权、外汇市场是新型的金融市场，故调整该类市场行为的法律也就成了我国金融立法体系中的新内容。

4）金融中介业务法。金融中介业务法主要是指调整金融机构与客户之间中介业务关系的法律规范。金融中介业务是指金融机构以中间人身份，不运用其自有资金和借入资金，为客户提供服务并收取相应费用的金融经营活动。

## 五、金融法的法律特征

### （一）金融法具有极强的宏观调控性

金融法是以实现国家对金融业的调控和监管为目的的法，它的地位是由金融宏观调控在宏观调控体系中的地位日益突出所决定的。在市场经济体制下，国家主要是通过间接调控对国民经济实施干预，而金融宏观调控正是国家对经济进行调控的最主要的手段。金融法以金融关系为调整对象，具有较强的程序法和组织法的特征。金融法通过规定金融宏观调控的部门及其职责，明确金融宏观调控的目标、手段和工具，规定金融宏观调控的基本原则，确定金融监管机构的地位与职责，规范金融机构调控与监管的方式和方法，规定金融违法行为的法律责任等，以此来对金融关系进行调整。金融宏观调控法始终遵循经济法中宏观调控法的基本原理，即“国家调控市场、市场引导企业”，这里的市场主要是指金融市场。金融宏观调控具有典型的间接性的特征。

### （二）金融法是公法规范和私法规范的统一体

金融法一般被认为是经济法的子部门，属于法学的三级学科，但是这种理解也存在诸多问题。金融法本身并不是按照民法、商法、行政法这样的法律逻辑而对法律作出的划分，它是一种对现代经济生活的及时归纳和反映。金融法是从经济部门的立场对法律制度所作的一种概括，因此，金融法必然全面地反映资金融通过程中真实存在的各种社会关系，如金融组织关系、金融交易关系、金融宏观调控关系、金融监管关系等。金融法是一种融合了公法规范和私法规范的法律制度。

### （三）金融法是实体法和程序法的统一体

金融法既包括实体性法律规范也包括程序性法律规范，是实体法与程序法的统一体。它既规定了作为实体性调整对象的金融主体的职责、权利与义务，也规定了实现这些权利与义务的程序性法律规范。例如：《证券法》不仅规定证券的发行、上市、交易、证券监管等法律制度，还规定特别代表人诉讼等程序性法律制度；《票据法》不仅规定票据当事人的权利和义务，还规定票据丧失时失票人请求保全票据权利的程序等程序性法律制度。

### （四）金融法具有强制性、准则性的特征

金融业的社会公共性和高风险性决定了金融机构的组织及活动的开展对整个社会的一般商业活动和人民大众的生活具有重大影响，需要由国家法律强行规定并予以强制实施，因此，金

融法体现出显著的强制性、准则性特征，其法律规范多为义务性、禁止性规范。特别是关于金融法主体的构成、职责、权利与义务等往往由国家法律直接作出强制性的规定，不允许当事人随意改变。对于金融机构的注册资本，则一律严格规定为实缴资本。当然，金融法在强调强制性的同时，也会考虑到金融业的多样化，而给予市场主体一定的选择权。比如就中央银行的公开市场操作而言，作为公开市场操作相对方的金融机构可以选择参与公开市场操作，也可以选择不参与公开市场操作，法律赋予其一定的行为自由，从根本上确保金融市场在资源配置中起决定性作用。

（五）金融法呈现出典型的领域法学特征

领域法学是以问题为导向，以特定经济社会领域全部与法律有关的现象为研究对象，融经济学、政治学和社会学等多种研究范式于一体的整合性、交叉性、开放性、应用性和协同性的新型法学理论体系、学科体系和话语体系，具有研究目标的综合性、研究对象的特定性以及研究领域的复杂性等特征。① 领域法学和部门法学同构而又互补，领域法学概念是在部门法学基础上进一步抽象、概括而提炼出来的，其具有全新的视野、观念和方法论。为了有效规制金融行为和金融市场，金融法学综合运用金融商法、金融监管法、金融宏观调控法、金融刑法、国际金融软法等多部门法律和多种调整手段，具有明显的领域法学特征。

（六）金融法具有极强的技术性和国际性

金融法和金融实务密切相关，这就决定了金融法必然像金融学一样，具有极强的技术性。在金融商法领域，金融法必须紧密契合金融交易的商业模式和商业实质，从法律的角度确保交易的便捷性和公平性。比如，在资产证券化领域，中国人民银行、国家金融监督管理总局、中国证监会、交易商协会关于双 SPV 交易结构的规定等，体现出交易的复杂性和技术性。在金融经济法领域，近年来“金融监管沙箱”“数据沙箱”等监管科技及其立法的出现，也是典型的例证。此外，随着金融交易国际化趋势的显著增强，通过国际金融软法对金融市场治理的需求也更加突出，金融法的国际性愈发明显。

## 第二节　金融法的功能与地位

### 一、金融法的功能

金融法的功能，是指金融法通过确认金融机构的法律地位、规范金融主体的行为，从而对整个社会金融生活产生的调节作用。具体而言其主要具有四大功能：

（1）确认金融机构的法律地位，建立健全金融机构的组织体系。金融是以银行、证券公司、期货公司、保险公司、信托公司、融资租赁公司等金融机构为中心，在信用的基础上组织起来的货币流通。金融活动能否正常、有序、高效进行，关键得看金融机构本身是否健全。金融法的首要功能是通过立法对各类金融机构的性质、业务范围、治理结构、资本充足率管制等加以明确界定，对金融机构的法人治理结构、运行机制、设立、变更、终止等予以规定，为金融活动的正常开展创造前提条件。金融法主要通过金融市场组织法律制度保障该项功能。

（2）培育和完善金融市场体系，规范金融市场行为，协调、确保金融市场各参与者的合法权益，提高资金运营的效益，实现资金融通的个体效益目标和社会整体效益目标的统一，进而

---

① 刘剑文．论领域法学：一种立足新兴交叉领域的法学研究范式．政法论丛，2016（5）．

促进实现资金融通、价格发现、风险规避、套期保值等多种金融功能。金融市场是融通资金、买卖有价证券的场所。金融市场种类繁多，内含货币市场、债券市场、股票市场、外汇市场、黄金市场、商品期货市场、金融衍生品市场等，并且每一种市场又必须具备交易主体、交易对象、交易工具、交易价格等基本要素。只有通过完善的金融法律对各要素加以确认和规范，建立起各类金融市场并严格依法管理，才能形成统一、开放、有序竞争的市场格局，才能加速资金的横向流动和有效配置，提高融资的可选择性和及时性，最终提高资金的使用效率，维护市场各交易方的合法权益。在金融市场各种交易中，金融法事先进行规范性的程序设计，通过规范程序与制度建设，辅以技术措施，预防违法与犯罪。

（3）确立金融宏观调控和金融监管的目标，规范国家金融宏观调控和金融监管的行为，完善金融宏观调控体系和金融监管体系。在当代社会，金融业是事关国家经济全局和每一位民众的基本权利（有学者称之为“金融权”）的公共性行业，金融市场是瞬息万变并且充满了不确定性风险的市场。2008 年国际金融危机的爆发，再次将“太大而不能倒”和“太关联而不能倒”的全球系统重要性金融机构的监管难题摆在了监管当局的面前。任何一个金融机构的金融业务的开展，其影响都超过了普通商事主体自身经营风险的范畴，都在现实地或者潜在地对其他市场主体产生影响，也对全社会发生作用。要在尊重市场机能的前提下，提前预判，趋利避害，就需要从社会整体利益出发，对金融业实施有效的宏观调控和金融监管。这是金融法的一项重要功能。金融法通过其确认、引导、规范、调节、保障机能，可以明确国家的货币政策目标、金融监管的基本原则，进而确定金融监管机构的地位和职权，规范金融监管和调控的方式、方法，规定金融违法行为的惩处和制裁措施等。

（4）规范和促进我国金融市场的对外开放。习近平总书记倡导积极参与全球治理变革，推动“建设公平公正、包容有序的国际金融体系”[①]。在世界贸易组织（WTO）一揽子框架协议中，有服务贸易的一揽子协议（GATS）。其中就有金融服务贸易协议（FSA），该协议作出了我国开放金融市场的庄严承诺。在具体的金融领域，一般也有诸多的国际金融监管合作组织。比如在证券领域，国际证监会组织（IOSCO）就在促进各国证券制度融合、减少企业跨境发行股票的成本、促进各国证券监管机构合作方面，发挥了重要作用。

除了以上宏观层面的功能，金融法还具有作为法律规则的微观层面的教义学功能，也可以称之为金融法的作用，具体包括法理学上的指引作用、教育作用、评价作用、预测作用、强制作用等。对于金融法作用的认识，我们不能过于绝对化。在现代金融条件下，金融法作用的内容及其实现的形式值得我们进行系统和深度的反思。比如，在现代金融创新日趋活跃的情况下，作为成文法系国家，金融法律制度的绝对明确往往伴随着滞后性，因此，对于特定金融创新的法律效力的认定，其实并不能简单凭借所谓法律的明确性、确定性予以解决，而有待我们在司法层面予以创新。2022 年 7 月 5 日，上海金融法院发布《关于金融市场案例测试机制的规定（试行）》，在全国率先试行金融审判的案例测试机制，不失为对金融创新发展提供司法服务保障的一大创新举措。金融市场案例测试机制，是指金融机构、交易相对方等主体，针对准备开展或正在开展的金融业务中具有前沿性、亟待法律明确且对金融市场具有重大影响的典型事实与法律问题而可能引发的纠纷，向上海金融法院申请进行案例测试。上海金融法院通过审理，向金融市场提供明确规则指引。案例测试机制遵循充分协商、公开透明、诚实信用、广泛参与、禁止滥用五大原则，稳定金融市场的规则预期，切实防范金融风险，促进“诉源治理”。

另外，对于金融法的预测功能，需要将其与金融学意义上的预期管理结合起来。在 2008

① 习近平．推动创新发展 实现联动增长．人民日报，2014－11－16（1）．

年全球金融危机之前，以美联储为代表的中央银行不仅不明确引导市场预期，甚至在有意模糊与市场的沟通，使监管与市场之间的关系变成了“猫和老鼠”的关系。金融危机爆发后，美联储施行零利率政策，并启动了大规模的量化宽松政策，但在实践中，由于市场担心美联储会较快回收流动性并提升基准利率，货币政策并没有发挥显性的效力。美联储对此进行深刻反思后发现，私人部门的支出决策主要取决于收入、就业、长期利率等重要指标的长期预期而非短期变化，公众对政策调整信号的认识主要与未来长期政策走势的预期相关，因此，美联储认为，进行市场预期管理、引导微观主体对未来经济的乐观预期，是政策发挥效力的基础。不难看出，现代金融市场的预期管理已经成为中央银行法不得不关注的重要内容，这在金融应急管理的场合体现得尤为明显，也是现代金融宏观调控法治的重要考量之一。

## 二、金融法的地位

### （一）金融法是重要的市场主体法和市场行为法

金融法是重要的市场主体法和市场行为法。市场主体法，即关于市场主体组织形态和地位的法律规范；市场行为法，即关于市场主体参与市场活动的行为规范。市场行为实际上离不开市场主体，故市场行为法与市场主体法难以截然分开，有时候二者规定在同一法律中。如《商业银行法》《保险法》等，既确定了它们各自的法律地位、组织形式，同时也规定了其业务经营范围和业务行为规则。当然，有的法律以行为规范为主，而不以某一特征的主体为限，如《票据法》等。目前我国正在构建以中央银行法为龙头，以商业银行法为主体，包括其他各种非银行金融机构法在内的金融市场主体法律体系，以及以货币法、外汇法、证券法、票据法、支付结算法等为主要内容的金融市场行为法体系。由于金融活动的普遍性，金融法也遍布社会经济生活的各个角落，并与其他调整市场经济关系的法律相互渗透和交叉。

### （二）金融法是金融宏观调控法和金融监管的基本法律形式

金融法是重要的宏观调控法。在传统的计划经济体制下，国家普遍采用的是直接调控；而在市场经济体制下，国家主要采用的是间接调控。金融宏观调控已成为对经济进行调控的主要手段。从宏观经济控制的目标看，宏观调控要保证社会总供给同社会总需求的平衡，就必须使市场上的货币流通量与商品物资的可供应量相适应，因此，控制货币供给量就成为调控宏观经济的关键。从经济运行的有效控制来看，社会主义市场经济下不再像传统的计划经济那样依靠实物分配作为主要手段，直接影响社会总供给与社会总需求平衡的是货币的流向和流量，因此，经济的运行主要依靠货币调节和控制。要正确利用利率、汇率等杠杆，发挥中央银行再贴现、再贷款和公开市场操作等政策工具的调节作用，体现政策的倾斜性，促进资源的合理配置和有效使用。从市场经济的运行规律上看，无论是商品价值规律，还是社会供求规律以及市场竞争规律，都要遵守货币流通规律。只有货币发行总量与流通中货币的必要量成正比，市场经济运行才能处于正常状态。以中央银行法为主体的金融法是调整金融宏观调控关系的专门法律，它的功能和作用是其他法律所不可替代的。

金融法也是金融监管的基本法律依据。金融监管是金融监管部门（如我国国家金融监督管理总局、证监会）对金融交易主体和行为实施的政府规制。金融监管可以分为金融监督与金融管理。金融监督是指金融监管部门对金融机构实施的全面性、经常性的检查和督促，以促进其依法稳健经营和发展。金融管理是指金融主管当局依法对金融机构及其经营活动实施的领导、组织、协调和控制等一系列的活动。《中国人民银行法》《银行业监督管理法》《证券法》《保险法》等法律是我国金融监管和金融风险处置的重要法律依据。

必须注意的是，金融宏观调控法与金融监管法在多数情况下并不是泾渭分明的，而是交叉融合、互为辅助的，比如中央银行再贷款法律制度属于典型的金融宏观调控法律制度，它又往往辅以对金融机构再贷款资金使用情况的监督检查行为，这显然是金融监管法的范畴。

（三）金融法与相邻法律的关系

1. 与公司法的关系

金融法与公司法的关系既有特殊与一般的关系，亦有平行和交叉的关系。就企业的组织形式规范来说，公司法是一般法，而商业银行法、保险法及其他规范公司形式的金融机构的法律、法规则是公司法的特别法。例如商业银行、保险公司的设立首先分别适用商业银行法和保险法，商业银行法和保险法没有规定的，方能适用公司法的规定。但商业银行法、保险法不能与公司法的规定相抵触，如《中华人民共和国公司法》（以下简称《公司法》）对公司的组织形式只规定了有限责任公司和股份有限公司，因此，在我国，银行和其他金融机构只能采用公司法所规范的组织形式进行设立登记。由于金融机构是经营货币的特殊企业，金融法在不违背公司法的前提下，可作特殊规定，如金融机构的成立要经过金融监管部门的批准，注册资本与出资要求高于一般公司，高级管理人员的任职资格有特殊要求。

从对证券关系的调整上看，金融法与公司法又有平行和交叉的关系，主要表现为作为金融法的证券法与公司法的关系。公司法规定了股份公司的股票以及公司债券的发行和转让，证券法同样要规定公司股票、债券发行的有关内容。但从整体上看，公司法与证券法是不同的：(1) 公司法主要是从公司角度规定企业的设立、组织、活动、解散及其对内对外关系，当然也规定公司股票、债券发行与转让的一般原则；而证券法则侧重从证券市场角度规定公司发行股票、债券和申请证券上市的程序以及证券交易的具体规则。(2) 公司法注重股东或公司债权人对于公司静态的权利保护；而证券法则突出对证券持有人在流通市场中动态的权利保护。(3) 公司法以公司这一社会组织形式为调整对象，以规定公司的法律地位、形式和资格为主旨，属于市场主体法的范畴；而证券法以调整国家证券主管机关的证券市场管理活动及证券交易所、证券经营机构、证券投资者从事的证券交易行为为宗旨，本质上属于市场行为法的范畴。

2. 与财政法的关系

财政法是调整国家在参与国民收入的分配过程中发生的财政关系的法律规范的总称。财政法调整的财政关系包括中央和地方各级财政之间的财政关系，国家与法人、非法人组织、公民个人之间的财政分配关系，各级财政管理机关之间的权责关系，以及国家预算、决算中的收支、管理及其编制、审批、执行程序方面的关系。财政与信用有许多相似之处，都具有分配资金、配置资源和在筹集与供应资金过程中进行调节和监督的职能，因此调整信用关系的金融法和调整财政关系的财政法都是国家调节经济的宏观调控法，两者在宏观调控中的关系既是一种协调关系，也是一种制约关系。

金融法通过对信贷资金的调整来达到宏观调控目的，其途径是明确规定以稳定币值为目标的货币政策的独立性，中央银行必须按照社会货币流通必要量发行货币和控制信贷；财政法通过对财政资金的调整来达到宏观调控的目的，其途径是严格预决算程序，坚持量入为出，不打赤字预算。这样，财政与信贷分配形成的投资需求和消费需求就会得到控制。不论其中哪一个方面调控不当，都会导致社会总供给和总需求的不平衡，给社会经济带来严重影响。这就决定了金融法和财政法在内容上必须相互协调，以保证它们在宏观调控中发挥作用。金融法对中央银行、商业银行和其他金融机构的预算、财务会计制度的规定，应与作为调整财政关系基本法的财政法的内容相一致，它所规定的上述内容应该是财政法内容在金融领域的具体化，并在预算、财会、税收等方面接受财政机关的检查监督。

从另一角度说，财政法也要与调整信用关系的金融法的规定相协调，不能与之冲突。在我国，为了保持货币政策的连续性和完整性，财政部门不得向中国人民银行透支，中国人民银行不得直接购买政府债券，但为了保障国家财政收支平衡，中国人民银行又为国家财政提供必需的信用服务，如代理发行和组织兑付政府债券等。财政资金与信贷资金是两种不同性质的资金，因此它们反映到财政法与金融法上的权利与义务关系也有明显不同，主要表现是：财政资金的分配具有强制性和无偿性，而信贷资金的分配具有有偿性、周转性和灵活性。与此相联系，财政法律关系主体的权利和义务不对等，而信贷法律关系主体的权利和义务一般是对等的。

## 第三节　金融法的基本原则

### 一、金融法基本原则的含义与功能

金融法的基本原则是贯穿整个金融法律关系，对各项金融法律制度和全部金融法规起着统率作用的基本原则。从形式上看，金融法的基本原则直接受立法者思想的影响，反映其金融政策；但从本质上看，金融法的基本原则由社会经济生活条件所决定。金融法的基本原则不仅为金融立法提供指导，而且还能弥补立法不足，防止法律规避。根据我国金融经济发展对法律的需求以及我国金融法治的目标，我国金融法的基本原则包括：在稳定币值的基础上促进经济发展的原则、保护金融投资者和消费者合法权益的原则、公平竞争促进金融业发展的原则、分业经营与分业监管相统一的原则、维护最优金融结构原则、与国际惯例接轨原则。

### 二、在稳定币值的基础上促进经济发展的原则

在稳定币值的基础上促进经济发展的原则是《中国人民银行法》明确规定的货币政策目标，是据以制定和执行货币政策的依据。保持币值稳定，就是要保持市场货币流通量和经济发展情况相适应。市场货币流通量应与社会商品零售总额成正比，货币流通量的增长速度应与生产发展和商品流通的增长速度相适应。要保持币值稳定，就要采取各种措施，控制社会供给总量的基本平衡，避免出现通货膨胀；同时，通过控制货币供应量，可以达到间接控制社会总需求的目的。货币资金所形成的购买力还要与社会所提供的商品物资相适应，如果产业结构、商品结构不合理，也会使一部分购买力不能实现。为了保持币值稳定，必须使金融管理活动和金融业务活动朝着保持币值稳定和经济增长的目标发展。货币的稳定必须由制度保证。《中国人民银行法》第 3 条规定：“货币政策目标是保持货币币值的稳定，并以此促进经济增长。”在稳定币值的基础上促进经济发展的原则有以下含义：

（1）抑制通货膨胀是该原则的首要要求。保持币值稳定和维持经济发展并不是并列关系，保持币值稳定是维持经济发展的前提，中国人民银行货币政策的制定和实施必须以保持币值稳定为基础。这就要求必须严控通货膨胀。我国的通货膨胀一直有两个突出的直接原因，即投资膨胀和消费膨胀。治理通货膨胀，有必要从经济机制上重建一种内在的约束和平衡机制，如中央银行的货币供应机制、财政收支平衡机制、企业固定资产足额补偿和社会劳动保障机制等，其中，中央银行的货币供应机制是由金融法加以确定和调整的首要机制。

（2）建立健全的信用制度是该原则的基本内容。要稳定币值并促进经济增长，就要建立完整、健全的信用制度。金融的本质是信用问题。不管是何种金融活动和金融制度，其核心均是信用和信用制度。没有信用，就不存在金融；信用不稳定，也就不会有稳定的金融。健全的金融体制，必然要以健全的信用制度为基础。2022 年 3 月 25 日，中共中央、国务院发布的《关于加快建设全国统一大市场的意见》指出：“健全统一的社会信用制度。编制出台全国公共信用信息基础目录，完善信用信息标准，建立公共信用信息同金融信息共享整合机制，形成覆盖全部信用主体、所有信用信息类别、全国所有区域的信用信息网络。”健全的信用制度必须体现在金融法律之中。

（3）深化金融体制改革是该原则的关键。经济发展不是单纯的经济总量的积累，更不是靠扩张性的货币政策。其根本点在于经济结构优化，而经济结构优化有赖于在法律指引下的金融改革的深化。金融改革的深化有赖于经济发展的战略调整，首先是企业制度和产业发展战略的调整。没有企业制度的转变和企业经济技术的进步，金融改革的深化难以实现。

金融改革是一项社会性的系统工程，需要有整体的规划，并遵循一定的次序逐渐展开。金融改革的动力是社会的需求，金融改革的生命力在于得到社会的认同和为社会提供更有效率的金融服务。在中央银行的货币政策操作方面，简单的货币供给总量控制适应不了复杂的经济环境，必然要采用法律认可的多种工具的组合并进行选择性操作。选择何种货币政策工具，首先要考虑的是其是否有利于实现币值稳定这一首要目标，在币值稳定的前提下，则要考虑运用何种工具更有利于促进经济增长。

## 三、保护金融投资者和消费者合法权益的原则

习近平总书记指出，发展金融的目的就是要“提升金融服务的覆盖率、可得性、满意度，满足人民群众日益增长的金融需求”①。在金融活动中，保护金融投资者和金融消费者的合法权益是我国金融法的立法宗旨。其一，金融投资者和消费者是金融机构资金的主要来源，又是资金运行的服务对象。没有金融投资者和金融消费者，金融机构就无法生存，不维护金融投资者和消费者的利益，金融机构也就失去了存在的意义。其二，金融投资者和金融消费者中大部分为小额个人投资者和消费者。他们高度分散，力量单薄，大多欠缺信息渠道以及准确判断市场变化和化解金融风险的能力。突出对金融投资者和金融消费者权益的保护，才能体现法律的公平理念。其三，多数金融工具所具有的流通性决定了金融投资者和金融消费者的不特定性和广泛性，因此，金融投资者和金融消费者权益保护的程度不仅事关金融秩序的稳定，而且会影响到社会的安定。其四，金融投资者和金融消费者是金融市场不可忽视的社会监督力量，用以保护金融投资者和金融消费者的各项法律措施有利于提高金融市场的透明度及其规范运作的程度。只有保护金融投资者和金融消费者的合法权益，才能使社会公众信任金融业并对其充满信心。

金融法对金融投资者和金融消费者的保护已经形成一定的规范体系和制度框架，最常见、最核心的制度包括：（1）证券信息披露和投资者保护法律制度。其核心是赋予金融市场筹资主体以及金融机构依法进行公开信息披露的法定义务，用以保证投资者公平地获取信息，并在全面、准确的信息基础上进行投资决策。我国 2019 年《证券法》新增了投资者保护专章。（2）银行保密法律制度。金融机构必须保守客户秘密，除法律另有规定外，不得向任何人披露所掌握的客户账户资料和其他信息，否则必须赔偿客户由此遭受的损失。（3）存款保险制度，即由专

① 习近平．在中央全面深化改革领导小组第十八次会议上的讲话．人民日报，2015－11－10（1）．

门的政策性存款保险机构在投保金融机构倒闭时对其客户提供补偿。（4）金融数据安全和金融消费者隐私法律制度。党的二十大报告指出：“完善重点领域安全保障体系和重要专项协调指挥体系，强化经济、重大基础设施、金融、网络、数据、生物、资源、核、太空、海洋等安全保障体系建设。”① 在大数据金融条件下，数据本身即资产，金融机构必须确保金融数据安全和金融消费者隐私得到有力的保障。

## 四、公平竞争促进金融业发展的原则

通过市场竞争机制引导资源优化配置是市场经济的一条重要原则。在社会主义市场经济条件下，各金融机构要成为独立的市场主体，资金亦要商品化，这就必然要在金融业引入市场竞争机制，依靠竞争引导资金的合理流动，寻求最佳配置，因此，金融机构同业间应公平竞争、文明竞争，以促进金融业的整体繁荣。

改革开放以来，我国从单一银行体制发展到多种金融机构并存、分工合作、功能互补的金融市场组织体系，为提高效率，各金融机构之间展开竞争已成为必然。但各金融机构之间展开竞争要建立在优质服务的基础上，遵守公平竞争的原则，不得从事不正当竞争。在大数据金融环境下，不得通过数据垄断开展金融垄断，损害金融消费者的合法权益。

从世界范围来看，各国法律对金融市场竞争都有不同程度的限制：一是对市场准入的限制，实行许可制；二是对金融主体的业务交叉有所限制，对金融市场均持一种有限竞争的政策。从我国的实际国情来看，长期以来主要是国有银行对金融业进行垄断。但近些年来这种格局开始出现变化，比如，2014 年 3 月，中国银监会批准了首批 5 家试点民营银行，深圳前海微众银行、温州民商银行、天津金城银行、浙江网商银行、上海华瑞银行分别正式获准筹建。

当然，鉴于金融在国民经济中的重要地位，金融市场的竞争不可能完全放开，而只能贯彻适度竞争原则。这就要求既要反对自由放任的破坏性竞争，加强对金融市场的管理和调控，对从主体资格到业务范围的确定作出必要的限制；又要反对垄断，打破国有银行垄断金融的局面，允许各类金融机构之间的业务适度交叉，进行公平竞争。

## 五、分业经营与分业监管相统一的原则

经过 30 多年的金融改革，我国的金融业建立了在中国人民银行统一实施金融宏观调控的基础上，银行业、保险业、证券业、信托业等金融业分业经营和分业监管的格局。所谓分业经营与分业监管，就是指银行机构、保险机构、证券机构、信托机构等按照各自金融业务经营的特点和分工范围开展经营，并根据行业特点分别对应的金融监管机构对其实施监管。其典型特征为金融业经营与监管实行分离制，禁止不同的金融行业实施交叉经营、混业经营、越权经营。我国现行金融法律制度对金融混业经营持“原则禁止、另外允许”的态度。

银行业与证券业、保险业、信托业分业经营、分业监管，有利于国家加强金融风险控制和监督的有效性，保障我国金融机构的规范、稳健运行，保障金融体系的安全、高效运行，保障金融市场的平衡、健康发展，保护广大公众的利益，同时保证中央银行货币政策的实施和宏观调控的落实，从而为我国经济金融改革和国民经济的持续、健康、快速发展创造一个良好的金融环境。

---

① 习近平．高举中国特色社会主义伟大旗帜 为全面建设社会主义现代化国家而团结奋斗：在中国共产党第二十次全国代表大会上的报告．北京：人民出版社，2022：53.

然而，近年来，我国金融混业经营的趋势日益凸显。不仅在金融机构组织形态上出现了金融控股公司，银行业、证券业、保险业、信托业本身的业务界限也在变得日益模糊，出现了走向融合的趋势。同时，以我国四大国有资产管理公司为代表，它们持有各大金融行业的经营牌照，使得金融混业经营逐步走向成熟。此外，大量的商业银行也开始并购其他金融机构，金融行业之间不仅在产品上实现互融互通，而且在金融机构的股权结构上也出现了越发复杂和交叉的发展态势。在金融法层面，《商业银行法》《证券法》的修改都为未来可能开展的混业经营留下了空间。

## 六、维护最优金融结构原则

“金融活，经济活；金融稳，经济稳。经济兴，金融兴；经济强，金融强。经济是肌体，金融是血脉，两者共生共荣。”① 2019 年 2 月 22 日，习近平总书记在中共中央政治局第十三次集体学习讲话中首次提出了金融供给侧结构性改革的概念，要求“深化金融供给侧结构性改革……增强金融服务实体经济能力，坚决打好防范化解包括金融风险在内的重大风险攻坚战”②。金融供给侧结构性改革标志着中国金融改革从需求端金融要素的直接干预范式向供给侧金融结构的法律调制范式的转换。

金融法上的金融结构主要包括三个维度，即金融体系业态结构、金融资源配置结构、金融调制组织法权配置结构。所谓金融体系业态结构，主要是指金融体系内不同融资形式和融资工具所组成的金融结构，包括以银行等金融中介机构为代表的间接金融与以证券市场为代表的直接金融所形成的金融结构、间接金融内部的金融结构（如大、中、小银行的金融结构）、直接金融内部的金融结构（如股票市场与债券市场的金融结构）、金融产品体系结构（如银行与证券行业内部服务于大、中、小、微企业的金融产品结构），等等。金融资源配置结构是指金融资源在不同的产业、行业以及区域之间，不同产权性质与经济体量的市场主体之间，不同社会地位与财富水平的公众之间的分布结构。金融调制组织法权配置结构，不仅包括人民银行、国家金融监督管理总局等金融调制组织在横向（部门之间）与纵向（央地之间）层面的法权配置结构，还包括其他对金融业实施监管的行政机关甚至司法机关等在横向与纵向层面的法权配置结构。

金融禀赋结构理论认为，反映实体经济要素禀赋的最优金融结构是金融发展的核心中间变量。只有实际金融结构与最优金融结构相符，金融体系的功能才能实现最大化。根据金融禀赋结构理论，指导以金融供给侧结构性改革为核心的现代金融市场治理的金融法理论，必须主动树立金融结构的法律调制意识。在金融法上，结构金融法理论是指金融法以金融禀赋结构理论为其金融学基础，以最优金融结构理念为其根本遵循，通过法律的理性哲学，充分动员作为领域法学的金融法的各子部门法（包括金融商法、金融市场规制法和金融宏观调控法），以其独特的部门法实施机理对实际金融结构进行科学的法律调制，引导和保障经济体的实际金融结构向最优金融结构理性回归，发挥最优金融结构在金融发展和金融风险治理中的中介作用，推动金融供给侧结构性改革和金融市场持续深化，促进金融结构与实体经济发展的和谐互动，从而持续释放金融服务实体经济的最大动能，实现金融公平、金融安全和金融效率价值的纳什均

① 习近平．在中共中央政治局第十三次集体学习时的讲话．人民日报，2019-02-24（1）．

② 新华社．习近平在中共中央政治局第十三次集体学习时强调 深化金融供给侧结构性改革 增强金融服务实体经济能力．时事报告，2019（3）．

衡，并实现有效治理系统性金融风险的目标。①

总之，无论是从金融发展还是金融市场风险治理的角度来说，现代金融法律制度的制定和实施，都必须对实体经济的金融结构进行能动的调制。维护最优金融结构原则已经成为现代金融法的基本原则之一。

### 七、与国际惯例接轨原则

金融法具有极强的国际性。我国必须高度重视并遵循国内金融立法与国际惯例接轨的原则。所谓与国际惯例接轨，是指一国金融法律制度要与国际上通行做法尽量保持一致，以减少由此产生的金融纠纷或摩擦，从而降低金融业市场主体之间的交易成本。

首先，国际惯例通常是成熟的金融交易和金融监管经验的结晶，与国际惯例接轨，可以有效地避免立法失误，提高我国金融立法的水平和金融监管的质量。比如，最高人民法院制定《关于审理信用证纠纷案件若干问题的规定》时，除了依据民事基本法、《中华人民共和国涉外民事关系法律适用法》等，很重要的一点，就是认真参照了国际商会的《跟单信用证统一惯例》等相关国际惯例，并结合了我国的信用证案件审判的司法实践。

其次，与国际惯例接轨，有助于改善我国的金融法治环境，减少涉外金融交往中不必要的冲突与摩擦，促进金融对外开放，为积极引进外资创造条件。比如，近年来随着在美上市中概股退市问题持续发酵，2022 年 2 月，中国证监会发布了《境内外证券交易所互联互通存托凭证业务监管规定》（已被修改）：对外将境内上市公司境外发行全球存托凭证（Global Depository Receipts，GDR）发行目的地从英国拓展至瑞士、德国；对内将上市公司范围从上海证券交易所拓展至深圳证券交易所，并在 CDR 发行中引入融资功能。无论是全球存托凭证 GDR 还是中国存托凭证 CDR，其发行、上市与交易都同时涉及中外资本市场监管法律法规，这些法律规则的制定，无疑都得遵守国际证监会组织的规则以及重要的证券信息披露和投资者保护方面的典型国际惯例。

最后，放眼世界，谋求各国金融制度某种程度的统一，确立最低的国际金融监管标准，并以此降低因各国制度差异所形成的竞争扭曲的程度，已经成为一种不可逆的国际潮流，而国际惯例无疑为各国金融制度趋同化指明了方向。中国金融法与国际惯例接轨，不仅能够推动我国金融市场的国际化，也将使中国在营造新的国际金融秩序方面有更大的作为。市场经济是开放型经济，封闭性立法不可能适应经济对外开放的需要，中国金融立法应当而且必须与国际接轨。

## 第四节　金融法的产生与发展

### 一、金融法产生的经济基础

#### （一）商品经济的发展是金融活动的基础

任何法律都是基于调整一定社会关系的需要而产生的，金融法也不例外。研究金融法的产生和发展，必须追溯金融与金融业的产生和发展。金融是商品货币关系发展的产物，只要存在商品生产和货币交换，就必然会有金融活动。有了金融活动，就会产生专门从事金融活动的金

① 刘辉．金融供给侧结构性改革的法治逻辑．厦门大学学报（哲学社会科学版），2022（2）．

融机构。当人类社会出现第二次社会大分工，即手工业从农业分离出来后，便出现了商品生产。随着商品生产和交换的发展，出现了货币。货币的出现，一方面满足了商品交换的需要，另一方面，由于各国、各地区之间的货币不统一，就必然出现专门从事货币兑换业务的兑换商。从商人中分离出来的兑换商便是现代银行的萌芽。货币兑换商最初只是单纯从事货币兑换，收取手续费。后来，经常往来于各地的商人，为了避免长途携带货币和保存货币的麻烦与风险，就将货币交由兑换商代为保管，兑换商的业务范围随之扩大。由于货币保管业务与货币兑换业务的发展，货币资金大量集聚在兑换商手中，从而为商品交换中的货币信贷提供了条件。

伴随着商品货币经济的进一步发展，出现了赊购行为。在商品的赊购过程中，货币发挥支付手段的职能，买卖关系转化为债权债务关系，从而产生了信用这种以偿还和付息为基本特征的借贷行为。货币兑换商为了获取更多的利润，利用代保管的货币和本身信用为中介，货币兑换业逐渐发展为银行业。这种银行业或货币经营业所经营的货币借贷，就是现代意义上的货币信用或银行信用。

（二）金融法的产生是规范金融活动的必然要求

在货币和信用发展的过程中，逐渐形成了货币兑换、货币收支、货币借贷的某些规则。这些规则起初表现为习惯，人们依据这些习惯从事各种金融活动。这种社会习惯和当事人之间成立的各种契约是金融法律制度的萌芽。但这种习惯和契约并不具有强制性和统一性，而日益发展的货币信用要求在更广的范围内有更权威的行为规范对金融关系予以调整，以维护各方利益。代表奴隶主阶级利益的奴隶制国家，为了维护统治阶级的利益和政治权力，最早用法律的形式对金融活动中通行的社会习惯加以固定，并通过国家强制力来保障实行，从而使奴隶主、大商人通过借贷关系对小生产者的剥削合法化。奴隶制社会的金融法以不成文的习惯法为主要形式。封建制国家统一的货币制度对金融法的形成起了重要作用，因为统一的货币制度将社会成员之间的货币借贷、货币收支、汇兑、结算限制在统一的货币法律制度中，使各种金融行为规则法律化。同时，随着信用形势较充分地发展，借贷关系中用以明确借贷双方的债权债务关系的契约大量产生。因此，需要在法律上用文字对货币铸造、高利贷、债权人与债务人的权利和义务等加以明确规定，奴隶制国家的不成文的习惯法便过渡为封建制国家的成文法。在资本主义社会，随着社会化大生产的发展，金融业在资本主义经济中的地位日益重要，银行由一般的信用中介变为万能的垄断者，银行资本同工业资本日益融合形成巨大的金融资本，垄断和控制着整个国民经济。为了维护资本主义的生产关系，维护正常的金融秩序，必然要求建立相应的金融法律制度。

## 二、我国的金融立法

我国历史上的金融法规最早见于奴隶制社会。楚国的《宪令》、赵国的《国律》均有关于货币铸造的规定。之后，从秦始皇统一中国至清政府时期各朝各代都陆续颁布了有关货币和银行监管的相关法律。中华民国时期，国民政府在1928—1937年间陆续发布了《中央银行法》《中国银行条例》《交通银行条例》《银本位币铸造条例》《中央造币厂组织章程》《中国农民银行条例》《银行法》《保险业法》《公司法》《票据法》等许多金融法规。纵观中国近代金融立法，主要是在对西方国家金融法的学习和借鉴的基础上建立的，但是均带有浓厚的殖民地色彩。新中国金融体制与金融立法的发展经历了三个阶段，即计划经济体制时期、改革开放初期以及社会主义市场经济条件下的金融立法。其中，以社会主义市场经济条件下的金融体制改革和金融立法成就最为瞩目。

中共十四届三中全会通过的《中共中央关于建立社会主义市场经济体制若干问题的决定》，提出了建立社会主义市场经济体制的基本框架和宏伟目标。为了与建立社会主义市场经济体制的目标相适应，1993 年 12 月 25 日，国务院发布了《关于金融体制改革的决定》。1995 年我国制定、颁布了《中国人民银行法》《商业银行法》《票据法》《保险法》《担保法》，1998 年又出台了《证券法》。此外，国务院和中国人民银行还颁布了不少行政法规和规范性文件。

2017 年 7 月 14 日至 15 日，全国金融工作会议宣布设立国务院金融稳定发展委员会，旨在加强金融监管协调、补齐监管短板。2017 年 11 月，经党中央、国务院批准，国务院金融稳定发展委员会召开了第一次全体会议。2018 年 3 月，第十三届全国人民代表大会第一次会议表决通过了关于国务院机构改革方案的决定，设立中国银行保险监督管理委员会，并于 2018 年 4 月 8 日正式挂牌。2018 年 5 月 14 日，商务部办公厅发布通知，已将制定融资租赁公司、商业保理公司、典当行业务经营和监管规则职责划给中国银行保险监督管理委员会。至此，我国金融体制内形成了“一委一行两会”的格局：“一委”即国务院金融委，“一行”即中国人民银行，“两会”即中国银保监会和中国证监会。

伴随着金融体制改革的进程，我国新时期金融立法和修法也紧锣密鼓地开展着。2003 年 12 月 27 日和 2015 年 8 月 29 日，我国《商业银行法》经历了两次修正；2015 年 4 月 24 日，第十二届全国人民代表大会常务委员会第十四次会议对《保险法》进行了第三次修正；2019 年 12 月 28 日，第十三届全国人民代表大会常务委员会第十五次会议审议通过了新《证券法》；2020 年 12 月 21 日，国务院第 119 次常务会议通过了《防范和处置非法集资条例》。此外，2020 年 10 月 23 日，中国人民银行就《中华人民共和国中国人民银行法（修订草案征求意见稿）》发布公开征求意见通知；2020 年 10 月 16 日，中国人民银行发布《中华人民共和国商业银行法（修改建议稿）》，向社会公开征求意见。2021 年 12 月 31 日，中国人民银行发布通知，将《地方金融监督管理条例（草案征求意见稿）》向社会公开征求意见。2022 年 4 月 6 日，中国人民银行会同发展改革委、司法部、财政部、原银保监会、证监会、外汇局等有关部门研究起草了《中华人民共和国金融稳定法（草案征求意见稿）》，并向社会公开征求意见。与此同时，随着资本市场改革的深化，上海证券交易所科创板的设立、北京证券交易所的成立、中国存托凭证 CDR 和全球存托凭证 GDR 的发行，资本市场法治不断跟进。

2023 年 3 月，中共中央、国务院印发《党和国家机构改革方案》，组建中央金融委员会，设立中央金融委员会办公室作为中央金融委员会的办事机构，不再保留国务院金融稳定发展委员会及其办事机构，组建中央金融工作委员会。中央金融委员会负责金融稳定和发展的顶层设计、统筹协调、整体推进、督促落实，研究审议金融领域重大政策、重大问题等，作为党中央决策议事协调机构；中央金融工作委员会统一领导金融系统党的工作，指导金融系统党的政治建设、思想建设、组织建设、作风建设、纪律建设等，作为党中央派出机关，同中央金融委员会办公室合署办公。至此，我国中央层面金融监管体系呈现出“二委一行一局一会”的新格局：中央金融委员会、中央金融工作委员会负责顶层设计、党建工作，中国人民银行、国家金融监督管理总局、中国证监会负责具体的金融监管职能。在资本市场领域，2023 年 2 月 17 日，中国证监会发布全面实行股票发行注册制相关制度规则，证券交易所、全国中小企业股份转让系统有限责任公司、中国证券登记结算有限责任公司、中国证券金融股份有限公司、中国证券业协会配套制度规则同步发布实施。

总之，我国的金融立法是与金融改革开放同步推进的。金融改革和发展取得了巨大的成就，金融立法也进入了全新阶段。金融法在保护金融改革成果、规范金融组织体系和金融业务行为方面起到了不可替代的作用，保证和促进了我国金融业在改革开放中的发展。但从整体上说，我国某些领域的金融立法有的层次不高、法律效力低、规章所占比例太大，法律的系统性尚有欠缺，还没有形成统一的、权限分明的、彼此协调的、完善的金融市场法体系。

## 第五节 金融法律关系

### 一、金融法律关系的概念和类型

金融法律关系是金融法在调整人们行为过程中所形成的权利义务关系。金融法律关系是以现行的金融法律规范为前提的社会关系，它一般是指从事金融业务的主体与其相对人之间发生的与金融有关的权利和义务关系。金融法律关系是由国家强制力保护的、以金融法上的权利和义务为内容的社会关系。金融法律关系本质上是一种社会关系。金融法律关系是在金融调制和金融业务活动中发生的社会关系。按照不同的标准，金融法律关系可以作不同的分类。

（一）金融法律关系的一般分类

以调整金融关系的具体法律为标准，金融法律关系可以分为银行法律关系、保险法律关系、证券法律关系、信托法律关系等；以社会主义市场经济条件下金融体制的组成部分为标准，金融法律关系可以分为金融宏观调控法律关系、金融机构组织法律关系、金融市场法律关系等；以金融主体的地位及金融法律所调整的社会关系的不同为标准，金融法律关系可以分为金融调制法律关系、金融业务经营法律关系和金融系统内部法律关系。

（二）金融调制法律关系

金融调制法律关系是指国家金融主管部门和金融监管部门或者其他部门在金融宏观调控和金融市场规制过程中与金融机构、法人、非法人组织、公民之间依法产生的权利和义务关系。在我国，中国人民银行是金融宏观调控的主管部门，国家金融监督管理总局、中国证监会是金融业的监督管理部门。中国人民银行在国务院领导下，制定和实施货币政策，依法对金融进行宏观调控；国家金融监督管理总局负责对银行业、信托业、保险业、财务公司、金融租赁业等证券业之外的金融机构及其业务活动进行监督管理；中国证监会负责对证券业和证券市场进行监督管理。其他部门是指有权对金融机构某一方面进行监管的国家机关，如审计署及其各地方的审计机关有权对国有金融机构的资产、负债、损益进行审计监督。金融机构、法人、非法人组织、公民都应当依法接受有权机关的金融监督管理。

金融调制法律关系具有如下特征：

(1) 主体的地位具有不平等性。金融调制机关是国家法律的授权机关，对金融业进行宏观调控或者监管是其法定职责，他们在金融活动中处于管理者的地位；而银行及非银行金融机构、法人、公民则处于被管理者的地位，他们有义务依法接受金融调制机关的调控和规制。

(2) 权利和义务具有法定性。由于金融调制机关主体的权利（职权）和义务（职责）来自国家法律的规定，故不能由当事人双方协商确定，当事人也无权变更其权利（职权）和义务（职责）的内容。

(3) 权利和义务不存在财产的对偿性。在金融调制行为中，管理者与被管理者之间的权利和义务不存在对偿性。如国家金融监督管理总局对银行业金融机构的设立、变更、终止的审批权力与金融机构接受审批的义务，就不具有财产内容，因而也没有对偿性。

(4) 权利和义务具有相对性。金融调制主体的权利（职权）实际上是其对国家的义务（责任），如果它不行使或不很好地行使这些权利，就会构成渎职行为。如国家金融监督管理总局按法律规定的条件和程序对银行业金融机构的设立予以审批，这既是一种权利（职权），也是一种义务（责任），倘若不按照法律规定审批，就是一种失职行为，有关人员就要承担相应的法律责任。同样，申请金融机构的设立，既是申请人的义务，同时也是申请人的权利。正因为金融调制法律关系中权利和义务的相对性，所以法律不允许主体任意抛弃义务和转让权利。

（5）权利和义务的实现具有强制性。金融调制法律关系主体的权利和义务是以行政的和法律的强制措施为后盾的。由于金融调制法律关系的形成并非当事人自愿协商的结果，而是基于法律的直接规定产生的，故权利的实现和义务的履行并非都能在自觉的基础上进行。因此，一方面，法律赋予金融调制机关行政处罚权；另一方面，对金融调制机关玩忽职守的，亦规定要承担相应的法律责任。法律正是从这两个方面来强制金融调制机关实现权利和履行义务。

（三）金融业务经营法律关系

金融业务经营（交易）法律关系是指金融机构之间、金融机构与其他平等主体之间依法形成的权利和义务关系。金融机构之间发生的权利义务关系主要是基于同业拆借、票据贴现、结算和其他服务等产生的关系；金融机构与其他平等主体之间的关系主要是指金融机构与企业、其他社会组织、自然人之间在存贷、结算、汇兑、保险等方面形成的权利和义务关系。它包括资金供求关系和金融服务关系。

金融业务经营法律关系的主要特征是：

（1）主体地位独立、平等。金融业务经营法律关系实际上是平等主体之间发生的权利和义务关系。主体地位独立、平等，互不隶属，双方权利义务关系的产生要经过双方协商并意思表示一致，法律关系的形成具有自愿性。

（2）双方权利义务具有对偿性和对等性。金融业务经营法律关系是具有经济内容的权利义务关系。享有权利的一方必须承担相应的义务，承担义务的一方也享有相应的权利，一方的权利也就是另一方的义务。

（3）权利义务的实现主要通过带有经济性的强制措施来保证。金融业务经营法律关系一般是在自愿的基础上产生的，当事人在成立法律行为时就能预见到义务不履行的法律后果，所以一般能自觉地履行义务。但在现实生活中，由于主客观方面的原因，也有不愿意履行或不能全面履行义务的情况发生。由于金融业务经营法律关系的权利义务具有对偿性，当事人权利的实现就在于保障主体预期经济利益的实现，故一般是通过带有经济性的强制措施来保障的，如责令支付票据金额、偿还贷款本金利息以及违约金和赔偿金等，以促使当事人履行义务。

（四）金融系统内部法律关系

金融系统内部法律关系包括金融行业内部的法律关系和金融机构内部的法律关系。前者如银行业协会与银行之间、银行与银行之间依据银行业协会制定的公约而产生的权利义务关系，证券交易所与证券公司、上市公司之间发生的关系；金融机构内部的法律关系是指中央银行、商业银行、保险公司等金融组织与其内部的职能机构、下属的分支机构之间依法形成的权利义务关系。

金融机构内部法律关系具有如下特征：

（1）调整金融机构系统内部关系的法律规范，既有金融法律规范，又有公司法律规范，还包括依据金融法和公司法制定的经国家主管机关批准认可的章程。

（2）调整金融机构系统内部关系的法律规范，既有一般意义上的“硬法”，也有各种类型的“软法”。

（3）金融机构内部的法律关系是一种以管理为主、兼有协调性的权利义务关系。金融机构与其内部的职能机构、下属的分支机构之间的权利义务关系是一种管理与被管理的关系，各职能部门之间及各分支机构之间的关系表现为平等、协调的关系。

(4) 金融机构内部的职能机构、下属的分支机构不具有法人地位，一般都在银行总行、保险总公司等法人的授权范围内依法开展业务，其民事责任由法人承担，但法律另有规定的除外。例如，根据《最高人民法院关于适用〈中华人民共和国民法典〉有关担保制度的解释》，金融机构的分支机构在其营业执照记载的经营范围内开立保函，金融机构或者其分支机构以违反公司法关于公司对外担保决议程序的规定为由主张不承担担保责任的，人民法院不予支持。

(5) 权利的实现和义务的履行主要通过国家规定的行政制裁措施和内部规章予以保障。

## 二、金融法律关系的构成要素

### (一) 金融法律关系的主体

金融法律关系与其他法律关系一样，由主体、客体和内容三个要素构成。金融法律关系的主体亦称金融法主体，即金融法律关系的参加者，是指在金融法律关系中享有权利、承担义务的当事人。享有权利的一方称为权利人，承担义务的一方称为义务人。

1. 金融法律关系主体资格的确认

金融法律关系的主体必须具有权利能力和行为能力。权利能力是指权利主体享有权利和承担义务的资格。行为能力是指权利主体能够通过自己的行为取得权利和承担义务的能力。金融法律关系主体的这种资格是由法律规范加以规定的。一般而言，公民、法人或其他单位参加平权性的金融法律关系的资格，诸如存贷、投保等，由民法加以规定，法律对其并无特别限制。作为专门从事金融业务的银行和非银行金融机构，其资格则由专门的法律加以规定。因为金融活动从总体而言与社会经济生活关系极大，金融机构的成立必须符合专门法规定的条件，按照法定的程序，经金融主管部门审查批准。金融监管部门作为金融监管法律关系的主体，其监管权限直接来源于国家法律的规定。

2. 金融法律关系主体的种类

(1) 中央银行。中央银行是货币金融政策的制定者、实施者和管理者，在一国金融宏观调控组织结构中处于主导地位。

(2) 政策性银行。政策性银行是指由政府设立的专门从事某一方面信用业务的金融机构。我国的政策性银行有国家开发银行、中国农业发展银行、中国进出口银行。

(3) 商业银行。商业银行是按照《商业银行法》《公司法》设立的吸收公众存款、发行贷款、办理结算等业务的企业法人，如中国工商银行、中国农业银行等。

(4) 其他吸收存款的银行业金融机构，如农村信用合作社等。

(5) 其他非银行金融机构。非银行金融机构是指不吸收公众存款的金融机构，包括金融资产管理公司、合作性金融机构、信托机构、证券公司、财务公司、小额贷款公司、保险公司、融资租赁公司等。

(6) 金融监管机构。金融监管机构是国家授权对金融业进行监管的机构，如国家金融监督管理总局、中国证监会。

(7) 金融中介服务、担保机构，如保险公估机构、保险代理机构、担保公司、证券发行保荐机构、会计师事务所、资产评估事务所等。

(8) 行业自律组织，包括行业协会、证券交易所等。

(9) 经济组织、事业单位、社会团体和自然人。

(10) 国家。国家在特定情况下可以作为金融法律关系，如国家政府之间的贷款关系等的主体。

（11）内部主体。金融系统的内部主体包括金融行业系统的内部主体和金融机构的内部主体。金融机构内部的职能部门和下属的分支机构不具有独立的法人资格，但可以成为内部组织关系和协调关系的主体。

（二）金融法律关系的客体

金融法律关系的客体是指金融法律关系主体享有的权利和承担的义务所共同指向的对象。金融法律关系的客体主要有货币、金银、有价证券和行为。货币包括人民币和外币。金银是一种可以充当一般等价物的特殊商品，具有商品和货币的双重属性。有价证券是设定并证明持券人有取得一定金额的凭证，包括票据、股票、债券、存托凭证等。行为包括行使金融管理职权的行为和提供金融服务的行为。

（三）金融法律关系的内容

金融法律关系的内容是指金融法律关系主体享有的权利和承担的义务。

1. 金融法律关系主体的权利

金融法律关系主体的权利是指金融法律关系主体在金融管理和金融业务活动中依法具有自己为或不为一定行为和要求他人为或不为一定行为的资格。其含义有四个方面：(1) 金融法律关系主体依法为一定行为。如中国人民银行可以在公开市场上买卖国债和其他政府债券及外汇；商业银行开展信贷业务，有权严格审查借款人的资信。(2) 金融法律关系主体可依法不为一定行为。比如商业银行对任何单位和个人强令其发放贷款或者提供担保的要求有权予以拒绝。(3) 金融法律关系主体可依法要求他人为一定行为。如中国人民银行可以要求金融机构按照规定的比例缴纳存款准备金，商业银行可依法要求借款人按期偿还贷款的本金和利息。(4) 金融法律关系主体可依法要求他人不为一定行为。如存款人依法有权要求银行不得对外泄露其存款情况，不得泄露其个人金融信息；中国人民银行有权要求地方政府、各级政府部门、社会团体和个人不得对其依法独立执行货币政策的行为进行干预。在金融监管法律关系中，管理主体所享有的权利，即职权，表现为决策权、命令权、禁止权、许可权、批准权、撤销权、免除权、审核权、确认权、协调权、监督权和奖惩权等。在金融业务经营法律关系中，金融主体所享有的权利表现为自主经营权、请求权、平等竞争权等。

金融法律关系主体的权利来自法律规范的规定，既是保证权利人利益的法律手段，同时也是法律允许权利人行为的范围。

2. 金融法律关系主体的义务

金融法律关系主体的义务是指金融法律关系主体在金融管理和金融业务经营活动中依法必须为一定行为或不为一定行为。其含义为：(1) 金融法律关系主体必须依法为一定行为。例如，商业银行应当按照中国人民银行的规定缴纳存款准备金，留足备付金；借款人必须依法订立借款合同，按期向银行偿还本金和利息。(2) 金融法律关系主体必须依法不为一定行为。例如，商业银行在中华人民共和国境内不得从事信托投资和股票业务，不得利用拆入资金发放固定资产贷款或者用于投资。在金融调制法律关系中，调制主体享有对金融组织依法进行管理的权利，但同时，这也表现为对国家应尽的义务。对调制受体而言，其负有服从调制主体依法调制的义务，但同时也享有对调制主体是否依法调制进行监督的权利。这表明金融调制法律关系中权利和义务的一致性。在金融业务经营法律关系中，一方的权利往往就是另一方的义务，而另一方的义务往往就是这一方的权利。这表明金融业务经营法律关系中权利和义务的特点具有对应性。

总之，权利和义务是金融法律关系中两个不可或缺的组成内容，两者相辅相成、密切联系。任何主体不能只享有权利而不承担义务，也不能只承担义务而不享有权利。

## 三、金融法律关系的运行与保护

### （一）金融法律关系的运行

金融法律关系与其他法律关系一样，处于不断地发生、变更和终止的运行过程之中。金融法律关系的发生是指在金融法律关系的主体之间形成某种具体的金融权利义务关系。金融法律关系的变更是指金融法律关系的主体、客体及权利、义务等要素发生变化。金融法律关系的终止是指金融法律关系主体的权利和义务消灭。

金融法律关系的发生、变更和终止均需要一定的条件。这个条件首先是要有法律规范，即法律依据；其次要有权利主体，即权利与义务的承受人；最后要有法律事实，即发生法律规范所假定出现的特定情况。其中，法律规范和权利主体是法律关系产生的抽象的一般条件，而法律事实则是法律关系产生的具体条件。可以说，法律事实是法律规范所规定的，能够引起法律关系发生、变更和终止的现象。法律事实包括事件和行为，事件是指能够引起金融法律关系发生、变更、终止的不以人的意志为转移的客观现象，包括社会现象与自然事件。行为是指能够引起金融法律关系发生、变更和终止的人们有意识的活动，包括合法行为与违法行为。金融行为的普遍性使一些金融法律关系终止，使另一些金融法律关系变更，同时也会使新的金融法律关系产生。

### （二）金融法律关系的保护

1. 金融法律关系保护的意义

金融法律关系的保护是指国家有权机关依照法律的规定，严格监督金融法律关系的参加者正确行使权利，切实履行义务，对违法行为予以查处，使金融法律关系的内容得以全部实现的过程。加强对金融法律关系的保护具有重要意义。

（1）保护金融法律关系是保护金融主体合法权益和社会共同利益的需要。金融法律关系实质上就是主体间的权利和义务关系。主体的权利是主体利益在法律上的反映，这是基于实际需要和社会分工而形成的，是以权利的名义概括出来的社会利益。也就是说，权利在法律上的确立，是国家根据社会发展的需要，对社会各成员的利益进行平衡分配的结果。法律对金融法律关系的保护，不仅仅是出于对单个主体权利保护的需要，同时也是出于对社会共同利益保护的需要。

（2）保护金融法律关系是实现金融法律目的、稳定金融秩序的需要。国家制定金融法律的目的之一是稳定金融秩序，保障金融的安全运行。要实现这一目的，有赖于法律的实施，而金融法律的实施，则需要把法律规范的要求转化为人们的行为。金融法律关系恰恰是把法律规范的抽象规定融入特定主体的权利与义务之中，而主体权利与义务的实现，显然离不开对金融法律关系的保护。

（3）对金融法律关系的保护是防止金融违法犯罪行为、建立良好的金融执法环境的需要。金融法律关系是具有真实权利与义务的关系，对金融法律关系的保护，能促使自觉的合法行为的增加，遏制和防止利用虚假的金融行为进行诈骗犯罪活动的发生；同时也有利于依法行政，防止非法行政干预和以权谋私行为的发生，创造一个良好的金融法治环境。

2. 金融法律关系保护的机构

国家对金融法律关系的保护，主要由以下机构承担。

（1）国务院金融监管部门。国务院金融监管部门既是金融管理法律关系的主体，又是金融法治关系的保护机构。有关法律赋予金融监管部门以广泛的监管权和对违反法律、行政法规行为的行政处罚权。金融监管部门在金融法律关系的行政保护方面处于重要地位。

（2）审计机构。根据我国《宪法》，审计机关对国务院各部门和地方各级政府的财政收支，对国家的财政金融机构和企业事业组织的财务收支进行审计监督。《审计法》规定，审计署对中央银行的财务收支进行审计监督。审计机关对国有金融机构的资产、负债、损益进行审计监督。

（3）仲裁机构。根据《仲裁法》，凡平等的自然人、法人和非法人组织之间发生的合同纠纷和其他财产权益纠纷，可以提请仲裁。因此，金融业务经营活动中发生的权利与义务争执，包括借贷、结算、保险、证券承销、融资租赁、私募基金等合同纠纷在不能协商解决时，均可依据仲裁协议向有关仲裁委员会申请仲裁。当然前提是当事人订立了仲裁协议。一方不履行仲裁裁决的，另一方可依《民事诉讼法》向人民法院申请执行。

（4）司法机关。司法机关是指人民法院和人民检察院。人民法院依法审理金融纠纷案件、金融行政案件和金融犯罪案件。人民检察院依法行使检察权，对金融犯罪案件向人民法院提起公诉。

（5）金融同业协会。金融同业协会对金融法律关系的保护主要是通过金融监管部门颁布的《行业协会工作指引》和地方政府颁布的《行业协会条例》以及《行业协会章程》《行业协会公约》所规定的约束性、制裁性条款进行的。

此外，近年来，中央纪委国家监委持续推进金融领域的反腐工作，这也是国家加强对金融法律关系的保护、维护金融消费者合法权益、防范和处置重大金融风险的重要举措。

3. 金融法律关系的保护方法

（1）行政保护。

行政保护是指国家有权机关对违反金融法律法规、不履行法定义务的单位和公民，依照行政程序加以处理，以保护金融法律关系主体的权利得以实现的行为。行政保护可以由行政有权部门依法主动对金融法律关系予以保护，对责任人予以查处，也可以由当事人请求有权机关对金融法律关系予以保护。行政保护的有权机关主要是金融管理部门。行政处罚是行政保护的重要手段，金融管理部门进行行政处罚的，必须严格遵守《行政处罚法》，并保障相对人的相关权益，涉及行政复议与行政诉讼的，按相关立法处理。

（2）仲裁保护。

仲裁保护是指仲裁机构受理仲裁申请，对金融争议依法实行裁决，以保护金融法律关系的行为。仲裁事项须是平等主体之间发生的且当事人有权处分的合同纠纷和其他财产性法律关系争议。当事人申请仲裁，应有双方自愿达成的仲裁协议。仲裁实行一裁终局制，裁决一旦作出，就发生法律效力。

（3）司法保护。

司法保护是指司法机关按照民事诉讼程序、行政诉讼程序和刑事诉讼程序对案件进行审理，以保护金融法律关系的行为。

## 第六节　金融法律责任

### 一、金融法律责任概述

#### （一）金融法律责任的概念

金融法律责任是指金融法律关系主体由于违反金融法律义务而依法应承担的法律责任。它是国家对违反金融法定义务、超越金融法定权利界限或滥用权力的违法行为所作的否定性评价，也是国家强制违法者作出一定行为或禁止其作出一定行为、使违法者受到惩戒、使受到侵害的合法权益得到补救、使被破坏的社会关系和法律秩序得到恢复的措施。

金融法律责任具有法律责任的一般特点：(1) 法律责任与违法有不可分割的联系，不违法就不承担法律责任；(2) 法律责任体现的是违法者与国家之间的关系；(3) 法律责任对于责任承担者来说是一种否定性的评价，是一种体现社会谴责和国家惩罚性的法律负担；(4) 法律责任是特定国家机关代表国家对违法者实施法律制裁的根据。

### (二) 金融法律责任的确认原则

金融法律责任的确认原则是指在确认金融法律责任时应遵循的指导思想，它直接关系到追究金融法律责任的准确性、及时性和合法性。

1. 责任法定原则

责任法定原则的基本含义是：法律必须有明确的规定，才能成为追究法律责任的依据；确认具体的法律责任也必须有明确的法律规定并严格依法确认。这一原则是与责任擅断和非法责罚相对立的。

2. 公正原则

公正，可理解为公平、正义。它是归责的道德基础和价值基础。公正原则的基本要求是：(1) 对违法行为应当承担法律责任的，必须予以追究，不追究必将导致是非曲直和善恶的颠倒，这是公正原则的基本要求。(2) 责任与违法程度相适应，即法律责任的种类、强度必须与违法行为的社会危害性、行为人的主观恶性程度和责任能力相一致。根据违法行为危害程度的不同，对违法行为人区别对待。(3) 法律面前人人平等。在我国，每个法律主体既享有权利，又必须履行法定义务，不允许存在无义务的特权，也不应当存在无权利的义务，因此，在同样情况下，实施同一违法行为承担的责任应该相同。

3. 必要程序保障原则

程序保障的具体内容是：法律责任的追究要履行一定的法定程序，赋予当事人以必要的程序参与权。由司法机关追究法律责任的，要遵循《民事诉讼法》和《刑事诉讼法》的规定；由行政机关追究行政责任的，要遵循行政处罚程序、行政复议程序和行政处分程序。对多数行政机关追究行政法律责任的裁决，当事人不服的，可依一定的程序请求司法裁决。

### (三) 金融法律责任的免除

法律责任在一定条件下可以免除，免除条件一般有时效免责、不诉免责、补救免责和协议免责等。金融法律责任亦如此。

(1) 时效免责是指违法者在其违法行为发生一定期限后不再承担强制性法律责任。如《刑法》规定了追诉期间，《民法典》规定了诉讼时效期间。如法律无特别规定，超过时效期间，对金融违法行为不再追究法律责任。

(2) 不诉免责是指某些违法行为，只有受害当事人或相关人起诉才处理，如果不起诉，国家就不会追究违法者的法律责任。在金融法律关系中，不诉免责只适用于金融业务往来中的某些民事违法行为。

(3) 补救免责是指实施违法行为人虽造成了一定损害，但在国家机关追究其责任前及时采取了补救措施，恢复了被侵害的社会关系，国家机关可依法对其免除部分或全部责任。

(4) 协议免责是指基于双方当事人在法律允许的范围内协商同意免责。此种情况可适用于某些金融民事违法行为。

### (四) 金融法律责任的种类

1. 金融法律责任的基本分类

金融法律责任是综合性的法律责任。根据违法行为人在金融活动中违反的具体法律规范的性质及所侵害的社会关系的不同，金融法律责任可分为金融行政责任、金融民事责任和金融刑事责任，它们分别适用于特定的社会关系领域并共同构成完整的金融法律责任体系。

2. 不同金融法律责任之间的关系

（1）金融行政责任、金融民事责任和金融刑事责任均是发生在金融活动中的法律责任，因此，它们的作用领域是相互衔接的，各自在一定的层次和方面发挥其独特的作用。如金融行政责任发生和作用于金融监管关系领域，金融民事责任发生和作用于金融业务经营领域及金融民商事活动领域，金融刑事责任发生和作用于社会金融安全关系领域。虽然它们发生和作用的领域不同，但最终都是为了保护整个社会金融关系。

（2）在调整某一种具体的金融关系时，三种责任措施可能协调使用，常见的表现如刑事责任附带民事责任、行政责任附带民事责任。此外，根据情节的不同，在同一违法事件中对某人追究行政责任和民事责任，而对另一个人则可能追究刑事责任和民事责任。

（3）不同的责任措施在发展中也会互相渗透、丰富和发展。例如，赔偿责任本属民事责任，但行政机关在行使职务的过程中对相对人的民事权益造成损害，如违法吊销金融机构的营业执照，则不适用一般民事赔偿的规定，而适用行政赔偿的规定。犯罪则必须追究刑事责任，但职务犯罪又与行政法的规定密切相关。

由于不同的法律责任之间有着一定的内在联系，因而在法律责任的认定和执行中，必须正确把握不同违法行为的质的规定性，掌握各自确认法律责任的根据和违法性的程度，这样才能准确地追究法律责任，发挥法律的应有功能。

## 二、金融行政责任

### （一）金融行政责任的概念和种类

1. 金融行政责任的概念

金融行政责任是指金融行政法律关系主体由于违反金融行政法律义务而应当依法承担的否定性法律后果。

金融行政法律义务包括金融行政管理机关依法行政的义务，公务员遵守金融行政法律的义务，以及公民、法人等金融行政行为相对人遵守金融行政法律的义务。此种违反义务的行为没有超出行政法规定的违法限度，适用金融行政法律责任。

金融行政责任由国家金融监管部门和其他有权机关承担。

2. 金融行政责任的种类

对金融行政责任可根据不同的标准进行分类：

根据承担责任的主体不同，金融行政责任可分为金融行政机关的行政法律责任、金融机关工作人员的行政法律责任、金融行政行为相对人的行政法律责任。

根据金融行政违法行为所违反的行政法律义务的性质不同，金融行政责任可分为外部金融行政责任和内部金融行政责任。

根据金融行政责任承担方式的直接效果不同，金融行政责任可分为惩戒性金融行政责任和补救性金融行政责任。前者为行政处罚、行政处分责任，后者为行政损害赔偿责任。

### （二）金融行政责任的承担方式

1. 金融行政处罚责任的承担方式

根据我国《行政处罚法》《中国人民银行法》《银行业监督管理法》《商业银行法》《证券法》《保险法》等有关法律，国务院《金融违法行为处罚办法》和《中国银保监会行政处罚办法》的规定，金融行政责任的承担方式主要有警告、没收违法所得和没收非法财物、罚款、停业整顿、吊销经营许可证、依法取缔、拘留等。

除现有金融法律法规对违法行政行为规定的上述行政处罚方式以外，金融主管部门可根据金融系统的实际情况，依法作出有关行政处罚的具体规定。

2. 金融行政处分责任的承担方式

金融行政处分责任是指公务员因违反金融行政法规定的义务而应承担的行政法规定的内部行政责任。我国规定的行政处分的形式有警告、记过、记大过、降级、降职、撤职、开除留用察看和开除8种。其中，警告、记过、记大过属于精神处分，降级属薪水处分，降职、撤职、开除留用察看和开除属职务处分。

金融法对金融机构中未构成犯罪的工作人员可规定行政处分或纪律处分。如《中国人民银行法》规定，对违反贷款规定提供贷款、违反担保规定对单位和个人提供担保的负有直接责任的主管人员和其他直接责任人员，尚未构成犯罪的，依法给予行政处分。

3. 听证权与行政赔偿

（1）听证权。听证权是指在有权机关作出重大行政处罚决定前，当事人有要求举行听证的权利。根据《中国银保监会行政处罚办法》第60条，国务院银行业监督管理机构及其派出机构拟作出以下行政处罚决定前，应当在行政处罚事先告知书中告知当事人有要求举行听证的权利：1）作出较大数额的罚款；2）没收较大数额的违法所得；3）限制保险业机构业务范围、责令停止接受新业务；4）责令停业整顿；5）吊销金融、业务许可证；6）取消、撤销任职资格；7）撤销外国银行代表处、撤销外国保险机构驻华代表机构或要求撤换外国银行首席代表、责令撤换外国保险机构驻华代表机构的首席代表；8）禁止从事银行业工作或者禁止进入保险业。

（2）行政赔偿。行政赔偿是由国家行政机关和国家行政机关工作人员承担的一种财产上的补救性行政法律责任。它是指国家行政机关和国家行政机关工作人员实施了违法的行政行为，对相对人的合法权益造成了损害，依法应当予以物质赔偿。

## 三、金融民事责任

### （一）金融民事责任的概念和种类

1. 金融民事责任的概念

金融民事责任是指民事主体在金融活动中违反金融民事法律义务所应承担的否定性法律后果。

金融民事法律义务既包括法定义务，也包括约定义务。金融民事关系是具有财产内容的社会关系，因此，金融民事责任主要是财产责任。

2. 金融民事责任的种类

根据不同的标准，可将金融民事责任作不同的分类。

（1）以民事责任发生的根据为标准，可分为合同责任、侵权责任和缔约过失责任。

合同责任是指因违反合同义务而依法应承担的责任，亦称违约责任。借款、储蓄、结算、保险、融资租赁、证券承销等合同当事人违反合同义务都要依法承担违约责任。侵权责任是指由民事法律规范规定的侵权行为人对其不法行为造成他人财产或人身权利损害所应承担的法律责任，比如证券虚假陈述侵权民事责任。缔约过失责任是指在合同订立过程中，一方违背其依据诚实信用原则和法律规定所承担的义务致另一方的信赖利益遭受损失时，应承担的损害赔偿责任。

（2）其他分类。

1）以是否为双方过错为标准，金融民事责任可分为单方民事责任和双方民事责任。2）以承担责任的人之多寡及关系的不同，金融民事责任分为单独责任和共同责任。3）以分担责任的形式不同为标准，共同责任分为按份责任、连带责任和比例连带责任。按份责任是在完全分清当事人责任大小的前提下，按照一定的比例进行判决，由各当事人承担确定数额的责任形式。连带责任则是在共同侵权、合伙纠纷等案件中，由连带责任人对主债务人所负的债务承担全部连带性清偿的责任形式。在判决书中一般不会确定连带责任人的责任大小，也不会确定连带责任人所应承担的具体数额。而在执行过程中，则可以对连带责任人全部执行，也可以对连带责任人部分执行。比例连带责任是一种区别于按份责任和连带责任的责任模式，其最基本的特点是对各连带责任人所应负的责任大小予以确定，并在此基础之上，进一步确定各连带责任人在全部责任一定的额度范围之内再负担相对确定的连带责任。这样对执行自由选择权就在法理上进行了最大的限制，同时，也在立法层面对连带责任人进行了一定的保护。我国司法实践已经发展出证券虚假陈述比例连带责任。4）以承担责任的财产范围的不同为标准，金融民事责任分为有限责任和无限责任。有限责任是指债务人仅以其一定限额的财产清偿债务的财产责任。无限责任是指债务人以其全部财产清偿债务的财产责任。有限责任以法律或合同有特别规定为限。

（二）金融民事责任的承担方式

根据《民法典》第 179 条的规定，承担民事责任的方式主要有：停止侵害，排除妨碍，消除危险，返还财产，恢复原状，修理、重作、更换，继续履行，赔偿损失，支付违约金，消除影响、恢复名誉，赔礼道歉。其中，前三种为制止性方式，违约金为处罚性方式，其余为弥补性方式。在金融民事责任中，最常见的承担责任的形式是赔偿金、违约金、返还财产和加收违约利息等。

赔偿损失既可以适用于侵权责任，也可以适用于合同责任和缔约过错责任的最普遍的责任形式。赔偿的金额相当于违法行为方给对方造成的实际损失，包括直接损失和可得利益损失。可得利益损失的计算必须遵循如下的原则：（1）必须是当事人在行为时已经预见或者能够预见的利益；（2）必须是可以期待并能够得到的利益；（3）必须是直接因违法行为所丧失的利益。

违约金是指当事人因违反合同而依法律规定或约定给对方支付一定数额金钱的责任形式，包括法定违约金和约定违约金。

返还财产是指财产的非法占有人将非法占有的财产归还财产所有人或合法占有人，其中也包括银行返还被其非法扣划的存款。在返还财产时，原物的孳息也必须同时返还。

加收利息、提前收回贷款、停止支付借款人尚未使用的贷款是违反借款合同义务的借款人应承担的责任形式。加收利息的计算方法，以借款人不按期归还借款为例，首先确定过期的天数，然后根据合同规定的贷款利率计算出应收利息的数额作为加收利息的基数，最后根据基数加上确定比例的加息。应收利息连同加息一并收取。

## 四、金融刑事责任

金融刑事责任是指严重违反金融法并触犯刑法的行为人应承担刑罚制裁的否定性法律后果。根据《刑法》的规定，金融犯罪主要包括破坏金融管理秩序罪和金融诈骗罪，因此，亦可将金融刑事责任主要分为两类，即破坏金融管理秩序犯罪的刑事责任和金融诈骗犯罪的刑事责任。

### 思考题

1. 试述金融法的调整对象及其内容。

2. 试述金融法的特点。
3. 试述金融法的地位。
4.《公司法》《证券法》都对直接金融行为进行法律规制，二者有何不同?
5. 论金融法保护金融投资者和消费者合法权益的原则。
6. 简述金融调制法律关系的特征。
7. 简述金融交易法律关系的特征。
8. 金融法律关系有哪些保护方法?
9. 简述金融法律责任的确认原则。

第一编

# 金融市场主体法律制度

金融市场主体又称金融市场的交易主体，即金融市场的交易者。一切金融活动的开展都离不开金融市场主体的参与。在金融交易中，金融市场主体既可能以资金供给者的身份出现，也可能以资金需求者的身份出现，还可能同时扮演资金供给者与资金需求者的双重身份。一般来说，企业、政府、金融机构、机构投资者和家庭等均可能成为金融市场的主体。本编重点介绍具有较强特殊性的、以金融机构和金融市场基础设施等为代表的金融市场主体法律制度，包括中央银行组织法律制度、间接金融市场组织法律制度、直接金融市场组织法律制度、金融交易所与自律组织法律制度。

# 第一章
# 中央银行组织法律制度

## 第一节　中央银行与中央银行法概述

### 一、中央银行的概念和类型

中央银行法规范的对象是中央银行。现代中央银行一般是指在一国金融体系中居于核心地位、依法制定和执行国家货币金融政策以调节货币流通和信用活动、实施金融监管的特殊金融机关。在世界各国，中央银行的名称并不统一，如美国的中央银行是美国联邦储备委员会，英国的中央银行是英格兰银行，法国、日本的中央银行分别是法兰西银行、日本银行，我国的中央银行则是中国人民银行。

根据各国中央银行的结构，大致可以把中央银行分为单一型、复合型、跨国型和准中央银行型四类。

单一型的中央银行表现为国家单独设立中央银行机构，它不经营普通银行业务，而是全面地专司中央银行职能。单一型中央银行又可分为一元制中央银行和二元制中央银行。一元制中央银行表现为在全国只设立一家中央银行，机构设置除总行外，还在全国各地设立若干分支机构。二元制中央银行表现为在中央和地方两级分别设立中央银行，地方级中央银行在其所管辖区域内享有相对独立的职权。美国、德国等国的中央银行属于这种类型。

复合型的中央银行表现为一个国家没有设立专门行使中央银行职能的中央银行，而是设立兼有中央银行职能和普通银行职能的国家银行。

跨国型的中央银行表现为在货币联盟成员国范围内行使中央银行职能。譬如，西非货币联盟的中央银行、中非货币联盟的中非国家银行都属跨国型的中央银行。欧盟成员国经过若干年的努力于 1998 年正式宣布成立了统一的欧洲中央银行。

准中央银行型的中央银行是指一个国家或地区只设立类似中央银行的机构，新加坡和我国香港地区就属于这种类型。如在新加坡，由金融管理局、货币委员会、投资局等政府机构互相配合，分别履行中央银行的某种职能，从而构成一种类似中央银行的多元结构。

### 二、中央银行法的概念和特点

中央银行法是确认中央银行的性质、职能、法律地位、组织体系、货币政策、金融监管以及调整与相关主体关系的法律规范的总称。《中国人民银行法》是我国的中央银行法。

中央银行法具有社会性和宏观性。社会性是指中央银行法既不以国家为本位，也不以个人为本位，而是以社会为本位。中央银行无论是作为货币发行的银行、政府的银行、银行的银行，还是作为调控和监管金融的银行，都是以社会公共利益为其活动的出发点，以稳定货币为其宗旨的。它不同于一般政府机构，具有相对独立性，也不同于一般金融企业，它不以营利为目的。中央银行法正是通过确认中央银行的相对独立性和非营利性来保障中央银行在实际业务运行过程中具有超然性，进而体现中央银行法的社会性。

宏观性是指中央银行法以调控国家宏观经济为己任。随着金融业的充分发展，银行和其他金融机构的金融活动已广泛深入地渗透并影响到国民经济生活的方方面面，货币政策成为现代国家最主要的宏观经济政策之一。中央银行法通过确认和保障制定和执行货币政策、调整商业银行和其他金融机构的行为，并借助货币政策传导机制来影响其他经济主体，从而实现社会总需求与总供给平衡的宏观调控目标。

### 三、中央银行法的性质

中央银行法本质上属于公法，是经济法的重要组成部分。中央银行法是重要的宏观调控法，因为它规范中央银行的金融宏观调控活动；中央银行法是重要的市场规制法，因为它规范中央银行对金融市场的监督管理。虽然中央银行法也是重要的公共服务法，因为它具有规范中央银行为社会提供货币、为国家经理国库、为政府和社会提供金融咨询和信息等公共服务的职能，但它毕竟以稳定货币和稳定金融为根本出发点，本质上仍属于国家宏观调控法的公法性质。

《中国人民银行法》是经全国人民代表大会通过的经济法的基本法之一，其他金融法和经济法都不能与它的基本原则相违背。

## 第二节　中国人民银行的法律地位

### 一、中国人民银行是独立的法人

法人是具有民事权利能力和民事行为能力，依法独立享有民事权利和承担民事义务的组织。其应当具备的条件是：依法成立，有必要的财产或者经费，有自己的名称、组织机构和场所，能够独立承担民事责任。中国人民银行是一个独立的法人，它不但依法成立，有自己的组织机构和场所，而且有独立的财产并能独立承担民事责任。

（1）中国人民银行有自己的资本。中央银行是独立的法人，各国法律均规定其必须具备一定的自由资本。《中国人民银行法》第 8 条规定："中国人民银行的全部资本由国家出资，属于国家所有。"该规定强调了其全部资本的单一性。但值得注意的是，《中国人民银行法》并未具体规定资本金数额，其原因有二：一是资本金数额在中央银行仅具有象征意义，其资本运用并不受资本金数额的制约。二是《中国人民银行法》第 39 条规定了"中国人民银行的亏损由中央财政拨款弥补"。这就使得对资本金数额的规定失去了意义。

（2）中国人民银行具有自己的营业收入和营业支出。中国人民银行在进行宏观调控及实施具体市场操作活动中，必然要发生一系列业务行为。这些业务行为大多具有民商事法律关系的特征，遵循平等自愿、等价有偿原则，从而使中国人民银行产生营业收入和营业支出。譬如，中国人民银行在公开市场业务操作中的政府债券、外汇买进卖出，在票据贴现中的票据购进等。

（3）中国人民银行财务上实行独立核算，拥有自己的资产负债表和相关的财务会计报表。

《中国人民银行法》第41条规定："中国人民银行应当于每一会计年度结束后的三个月内，编制资产负债表、损益表和相关的财务会计报表，并编制年度报告，按照国家有关规定予以公布。"

（4）中国人民银行独立承担民事责任。中国人民银行以平等民事主体身份进入金融市场，开展公开市场操作业务，在独立享有民事权利的同时，亦应独立承担民事责任。这是法律对权利义务一致性的必然要求。

中国人民银行独立承担民事责任，与一般企业法人有别的地方在于其亏损由中央财政拨款弥补，不以营利为目的。如此规定的原因主要是中国人民银行"按照国务院财政部门核定的比例提取总准备金后的净利润，全部上缴中央财政"。既然利润上缴中央财政，亏损由中央财政弥补亦是情理之中，符合公平理念。

## 二、中国人民银行是特殊的金融机构

中国人民银行是金融机构，是银行。虽然它与其他金融机构的业务对象有明显不同，但它在办理存款、贷款、贴现、结算等业务手段上都与普通银行十分相似。有的国家的中央银行法还允许其经营某些商业性业务。但中央银行不是一般的金融机构，各国中央银行法都赋予其特殊金融机构的地位。其特殊性在于：（1）中央银行的业务对象主要是各金融机构和政府部门，原则上不经营普通银行的业务，不以营利为目的。（2）中央银行是货币发行的银行，各国法律均赋予中央银行统一发行货币权、外汇管理权，负责管理货币的流通，管理和经营国家的外汇储备和黄金储备。虽然中央银行享有垄断发行货币权，但其权力的大小因中央银行法律地位的不同而有别。（3）中央银行是银行的银行，向商业银行提供贷款。中央银行向商业银行发放的贷款被称为再贷款，是金融体系基础货币的重要投放渠道之一。当金融机构资金紧张时，其作为金融体系的最后贷款人融通资金，并主持全国的支付和清算事宜。（4）中央银行是政府的银行，它为政府提供服务，代理财政金库。在中央财政出现暂时性收不抵支时，有的国家还允许中央银行向财政办理短期借款事宜。同时，中央银行还代表国家从事国际金融活动。（5）中央银行代表国家制定和执行统一的货币金融政策，监督全国金融机构的活动，它主要依靠应用各种货币政策工具来实现其对货币政策的调控，而不是只靠行政手段。

中国人民银行作为我国的中央银行，同样是一个特殊的金融机构。根据《中国人民银行法》和国务院对中国人民银行职责的规定，中国人民银行有20项职责，包括：拟订金融业改革、开放和发展规划，牵头国家金融安全工作协调机制，维护国家金融安全；牵头建立宏观审慎管理框架；制定和执行货币政策、信贷政策，完善货币政策调控体系，负责宏观审慎管理；牵头负责系统性金融风险防范和应急处置；承担最后贷款人责任；监督管理银行间债券市场、货币市场、外汇市场、票据市场、黄金市场及上述市场有关场外衍生产品，牵头负责跨市场跨业态跨区域金融风险识别、预警和处置；负责制定和实施人民币汇率政策；牵头负责重要金融基础设施建设规划并统筹实施监管；统筹金融业综合统计；组织制定金融业信息化发展规划；发行人民币，管理人民币流通；统筹国家支付体系建设并实施监督管理；经理国库；承担全国反洗钱和反恐怖融资工作的组织协调和监督管理责任；管理征信业；参与和中国人民银行业务有关的全球经济金融治理；按照有关规定从事金融业务活动；管理国家外汇管理局；完成党中央、国务院交办的其他任务。

上述规定表明，于中国人民银行，从其服务功能来看，它是货币发行的银行、政府的银行和银行的银行，处于我国金融活动的中心地位；从其政策功能来看，它主要代表国家制定和执行统一的货币金融政策。中国人民银行业务活动的对象主要是金融机构和政府，原则上不经营普通银行业务，不以营利为目的，盈余上交国家。

## 三、中国人民银行是对金融实施宏观调控的国家机构

中央银行独立性是指中央银行履行自身职责时法律赋予或实际拥有的权力、决策与行动的自主程度，其反映出中央银行与政府的关系。中央银行与政府的关系在世界各国主要表现为三种类型，即独立型、半独立型和依附型。独立型的中央银行直接对国会负责，代表性国家如美国、德国和瑞士等。半独立型的中央银行名义上隶属于财政部，但实际上有相对独立性。日本银行、加拿大银行即属此类。依附型的中央银行直接受控于政府，代表性国家如意大利。

关于中央银行应否具有独立性，理论上有不同的主张。支持独立性的理论认为：（1）政府往往从短期利益出发，扩大财政支出，实行通货膨胀政策。中央银行独立于政府，保持超然的地位，可以对通货膨胀起到制约作用。（2）中央银行与政府关心问题的重点存在差异，政府更关心经济增长和充分就业，而中央银行则更关心币值稳定。若中央银行没有独立性，则有可能使货币政策屈从于经济增长和充分就业，最后导致通货膨胀。（3）政府政策因政府更迭而变换，但货币政策客观上要求具有一定的稳定性和连续性，因此中央银行应独立于政府。

不支持中央银行独立的理论认为：（1）中央银行的货币政策目标不能背离国家总体经济发展目标，不能自行其是，否则会影响、干扰国家经济政策的实现。（2）货币政策应同财政政策相互协调、适当结合，否则政府经济行为的效力将因货币政策的不协调而被冲减。

上述关于独立性的两种观点均有其合理因素，正因为如此，各国在中央银行独立性的立法问题上并不存在统一的模式。总体来说，中央银行的独立性比较集中地反映在中央银行与政府的关系上，这一关系包括两层含义：其一是中央银行应对政府保持一定的独立性。其二是中央银行对政府的独立性是相对的。

根据《中国人民银行法》，中国人民银行是国务院领导下的相对独立的国家金融宏观调控机关。其相对独立性主要表现在以下方面：

（1）中国人民银行是中央政府即国务院的一个职能部门，应在中央政府的领导下依法独立执行货币政策，履行职责，开展业务。中国人民银行就年度货币供应量、利率、汇率和国务院规定的其他重大事项作出的决定，须报国务院批准后方可执行。不过，2020 年 10 月 23 日发布的《中国人民银行法（修订草案征求意见稿）》第 6 条删除了关于“年度货币供应量”须报国务院批准后方可执行的规定，这透露出我国未来中央银行法进一步增强中国人民银行独立性的决心。

中国人民银行货币政策决策咨议机构——货币政策委员会的职责、组成和工作程序，由国务院规定，上报全国人大常委会备案；中国人民银行的行长由国务院总理提名，由全国人大或其常委会决定、国家主席任免，副行长由国务院总理任免。中国人民银行的资本为国家所有，中国人民银行的利润上缴中央政府的财政部门。

（2）中国人民银行独立于其他国家行政机关、各级地方政府、社会团体和个人。中国人民银行独立于财政，独立于计划部门，也独立于其他金融监管机构。它与财政部、国家发展改革委同属国务院领导，它们之间既不存在行政隶属关系，也无业务领导与被领导关系，各自以平等独立的身份协调配合。这从组织上保证了中国人民银行的独立地位。《中国人民银行法》明确规定：中国人民银行依照法律、行政法规的规定经理国库。中国人民银行可以代理国务院财政部门向各金融机构组织发行、兑付国债和其他政府债券，但不得对政府财政透支，不得直接认购、包销国债和其他政府债券，也不得向各级政府部门提供贷款。中国人民银行依法独立执行货币政策，不受各级政府部门的干涉。

中国人民银行的分支机构独立于地方政府，分支机构由中国人民银行根据履行职责的需要设立，并对其实行集中统一领导和管理，与地方政府没有行政隶属关系，地方政府不得干涉中国人民银行分支机构的业务活动，不得要求甚至强令其发放贷款。当然，中国人民银行的分支机构在总行领导的稳定币值的基础上，应与地方政府合作，为地方经济发展战略服务，解决地方经济发展的实际问题。

当然，中国人民银行独立履职必须置于全国人大常委会的监督之下，必须接受中央金融委对金融工作的集中统一领导。《中国人民银行法》第 6 条规定："中国人民银行应当向全国人民代表大会常务委员会提出有关货币政策情况和金融业运行情况的工作报告。"全国人大对国务院监督的主要方式是听取工作汇报，开展执法检查，进行个案监督，组织特定问题调查委员会，质询，等等。

## 第三节　中国人民银行的组织机构

### 一、中央银行组织机构概述

中央银行的组织机构是指中央银行作为一个整体由哪些部分组成以及它们之间的关系。中央银行的组织机构一般包括权力决策机构、执行机构、监督机构、咨询机构以及根据需要而设立的分支机构。

中央银行的权力决策机构主要是指制定货币金融政策的机构。各国中央银行的权力决策机构名称不一，美国称联邦储备系统理事会，日本称政策委员会，德国称中央银行理事会，韩国称金融通货运营委员会。名称不同，职能也不完全相同。但一般把研究和制定货币政策，决定中央银行的金融调控手段，制定中央银行的章程和金融规章，指导和监督中央银行执行机构的工作，选择或决定中央银行主要负责人的任免作为其重要职权。在我国，中国人民银行有相对独立的决策权，但无完全的决策权，只能在国务院的领导下制定和实施货币政策。

中央银行的执行机构是指负责实施货币政策，执行金融法律法规和金融政策，负责中央银行组织与业务管理和运作的机构。在有的国家，决策机构与执行机构合二为一，如美国的联邦储备系统理事会和英国的中央银行董事会，既是决策机构，又是执行机构。也有的国家决策机构与执行机构分离，如德国、法国、比利时、日本和韩国等，其各自的名称也不一致，有的称执行理事会或理事会，有的称执行董事会，也有的执行机构由总裁、副总裁和理事组成。多数国家的中央银行设有专门的监督机构，对执行机构进行监督，但也有一些国家由决策机构对中央银行的管理与业务进行监督。

为保证中央银行货币政策制定的正确性，有些国家的中央银行设有咨询机构，如美国设有联邦顾问委员会、消费者顾问委员会和储蓄金融机构顾问委员会，而德国则在州一级设咨询委员会。

### 二、中国人民银行的组织机构

中国人民银行的组织机构包括权力决策机构、执行机构、咨询议事机构、内部职能机构和分支机构。《中国人民银行法》并未明确规定最高权力机构，但从法条推断应为行长，同时，行长也是中国人民银行的最高执行机构首脑。货币政策委员会是中国人民银行的咨询议事机构，中国人民银行根据履职需要设立内部职能机构和分支机构。

（一）行长

中国人民银行实行行长负责制。行长是我国中央银行的最高行政领导人，全权领导中国人民银行的工作，享有对内管理和执行内部事务、对外代表银行的权利。行长有权召集和主持中国人民银行行务会议；讨论决定中国人民银行工作的重大问题；签署上报国务院的重要请示、报告；根据法律和国务院行政法规、命令、决定，在中国人民银行权限内，发布命令、指示和规章；对中国人民银行行使领导权。副行长协助行长工作。实行行长负责制有利于提高工作效率，有利于我国金融业适应国际金融市场的变化。

虽然《中国人民银行法》并没有明确规定中国人民银行的权力决策机构，但可以理解为，行长主持的行务会议享有中国人民银行权限范围内的决策权。

（二）货币政策委员会

货币政策委员会是中国人民银行制定货币政策的咨询议事机构，简称咨议机构。它不是中国人民银行内设的一般职能机构。中国人民银行内设的一般职能机构是根据国务院设置机构的一般规定设置的，而货币政策委员会的组成、职责和工作程序均由国务院规定，报全国人民代表大会常务委员会备案。《中国人民银行法》强调，货币政策委员会应当在国家宏观调控、货币政策制定和调整中，发挥重要作用。

在市场经济发达国家，货币政策的决策机构有以下几种类型：(1) 决策机构与执行机构相统一，由中央银行的最高权力机构行使国家的货币政策决定权，如美国的联邦储备委员会、英国的英格兰银行理事会。(2) 决策机构与执行机构相分离，单设货币政策决策机构。比如在日本，货币政策最高决策机构是日本银行政策委员会，执行机构是日本银行理事会；同样，德国货币政策的决策机构是中央银行委员会，而执行机构则是联邦银行执行局。一般而言，中央银行独立性较大的国家多采用第一种方式，独立性较小的国家多采用第二种方式，只是德国属于例外。

货币政策委员会的职能是在综合分析宏观经济形势的基础上，依据国家的宏观经济调控目标，就货币政策的制定、调整，一定时期内的货币政策控制目标，货币政策工具的运用，货币政策与其他宏观经济政策的协调等有关货币政策的重要措施提出建议。货币政策委员会通过全体会议履行职责。国务院发布的《中国人民银行货币政策委员会条例》对其设立、组成、职责和工作程序作了规定。

（三）分支机构

中国人民银行分支机构的设立采用的是单一型的立法例。《中国人民银行法》第 13 条明确规定："中国人民银行根据履行职责的需要设立分支机构，作为中国人民银行的派出机构。中国人民银行对分支机构实行统一领导和管理。"中国人民银行的分支机构根据中国人民银行的授权，维护本辖区的金融稳定，承办有关业务。据此规定，中国人民银行的分支机构是总行的派出机构，不是独立的法人，也不是地方政府的组成部分，在行政隶属、业务经营活动与决策上与地方政府不发生直接联系。分支机构是根据总行履行职责的需要而设立的，因此，它由总行实行集中统一领导，其正副行长和主要干部均由上级任免。中国人民银行分支机构在总行授权的范围内维护所在辖区的金融市场的稳定，并负责当地金融业的统计和调查工作。

在 1998 年年底，根据国务院批准的《人民银行省级机构改革实施方案》，撤销人民银行省级分行，在 9 个中心城市设立分行（正局级），作为派出机构。2023 年 3 月，中共中央、国务院印发了《党和国家机构改革方案》，撤销中国人民银行大区分行，在 31 个省（自治区、直辖市）设立省级分行，在深圳、大连、宁波、青岛、厦门设立计划单列市分行。中国人民银行北京分行保留中国人民银行营业管理部牌子，中国人民银行上海分行与中国人民银行上海总部合署办公。2023 年 8 月 18 日，中国人民银行 31 个省份（自治区、直辖市）分行，5 个计划单列市分行和 317 个地（市）分行挂牌。

（四）中国人民银行的内部职能机构

中国人民银行的内设机构有：办公厅（党委办公室）、条法司、研究局、货币政策司、宏观审慎管理局、金融市场司、金融稳定局、调查统计司、支付结算司、科技司、货币金银局（保卫局）、国库局、国际司（港澳台办公室）、征信管理局、反洗钱局、会计财务司、内审司（党委巡视工作领导小组办公室）、人事司（党委组织部）、党委宣传部（党委群工部）、参事室、机关党委、离退休干部局、工会、团委。2023 年 9 月 24 日公布的《中共中央办公厅、国务院办公厅关于调整中国人民银行职责机构编制的通知》将设在中国人民银行的国务院金融稳定发展委员会办公室秘书局，划入中央金融委员会办公室；中国人民银行不再保留金融消费权益保护局。原由金融消费权益保护局承担的协调推进相关普惠金融工作职责，划入金融市场司；宏观审慎管理局不再承担对金融控股公司等金融集团的日常监管职责。将金融市场司承担的统筹互联网金融监管职责、拟订并组织实施宏观信贷指导政策中涉及房地产金融领域的相关职责，划入宏观审慎管理局。

## 思考题

1. 试述中央银行法的性质和特点。
2. 为什么说中央银行是特殊的金融机构？
3. 如何理解中国人民银行的独立性？

# 第二章 间接金融市场组织法律制度

直接金融与间接金融是两种不同形式的融资方式。不通过银行等中介机构，资金的供求双方直接接触并融通资金的融资方式称为直接金融。通过银行等中介机构组织社会资金，资金的供求双方不直接接触，而分别与银行进行资金的借贷活动完成资金供求的融资方式称为间接金融。公司发行股票并上市融资属于直接金融，公司向银行贷款则属于间接金融。本章主要介绍间接金融中的金融机构组织法律制度。

## 第一节　商业银行组织法律制度

### 一、商业银行法的概念

#### （一）商业银行的概念

由于历史的原因和各个国家情况的不同，商业银行的称谓亦不尽相同。我国《商业银行法》规定，商业银行是指依照《商业银行法》和《公司法》设立的吸收公众存款、发放贷款、办理结算等业务的企业法人。

#### （二）商业银行法的概念和性质

商业银行法是调整商业银行的组织及其业务经营关系的法律规范的总称。它包括商业银行组织法和以商业银行为中心的与客户、中央银行及其他金融机构之间关系的协调法。由于商业银行的经营涉及客户和国民经济的各个方面，因而商业银行是整个金融体系和经济运行的重要环节，商业银行法在整个金融法律体系中占有重要地位。

商业银行法在性质上属于企业法、市场经济主体法。商业银行是经营特殊商品的以营利为目的的企业，因而调整商业银行的组织及其业务经营的法律属于企业法的范畴。同时，由于商业银行的金融行为直接或间接接受国家金融宏观调控的制约，且其经营活动牵涉社会经济生活的各个方面，故各国商业银行法中的禁止性规范颇多。这就使得商业银行及其股东的法律责任远高于普通公司。比如根据《中华人民共和国金融稳定法（草案征求意见稿）》，在金融风险处置过程中，应当首先由被处置金融机构的主要股东和实际控制人按照恢复与处置计划或者监管承诺补充资本，对金融风险负有责任的股东、实际控制人对被处置金融机构实施救助。显然，这些有关金融机构和金融机构的主要股东、实际控制人的法律义务的规定，均远远高于《公司法》的要求。商业银行法属于经济法的范围。

## 二、商业银行法的立法宗旨和我国《商业银行法》的体系和特点

### （一）商业银行法的立法宗旨

我国《商业银行法》第1条开宗明义："为了保护商业银行、存款人和其他客户的合法权益，规范商业银行的行为，提高信贷资产质量，加强监督管理，保障商业银行的稳健运行，维护金融秩序，促进社会主义市场经济的发展，制定本法。"可见，我国《商业银行法》的立法宗旨：一是保护商业银行及相关主体的合法权益；二是规范商业银行的行为，提高信贷资产质量；三是加强监管，保障商业银行的稳健运行，维护金融秩序；四是促进社会主义市场经济的发展。可以说，前三个目的是商业银行法的直接目的，最后一个目的是在前三个目的实现的基础上所要达到的最终目的。

### （二）我国《商业银行法》的体系和特点

1. 我国《商业银行法》的体系

商业银行法的体系是指调整商业银行的不同法律规范的整体构架及其内在联系。调整商业银行类金融机构的基本法是《商业银行法》。与商业银行相关的主要法规和规章既有调整外资商业银行、中外合资商业银行、外国商业银行的特殊规范，即《外资银行管理条例》（2019年修订）及其实施细则（2019年修订）等法规、规章；也有调整农村合作银行、农村商业银行、城市商业银行的诸多规定。在理解《商业银行法》普适性原则和制度时，也要注意不同类型商业银行的特殊规定。

2. 我国《商业银行法》的特点

（1）突出体现了保护商业银行的合法权益。保护商业银行的合法权益，使商业银行成为经营货币资金的企业法人，以安全性、流动性、效益性为经营原则，自主经营、自负盈亏、自担风险、自我约束，是《商业银行法》的重要内容之一。《商业银行法》明确规定，商业银行是企业法人，并规定了商业银行的各项权利及其法律保护。这对于推动金融体制改革和金融事业的顺利进行，促进我国金融体制向国际规范化迈进具有重要意义，同时，也有助于增强商业银行的活力，提高信贷资金运用的质量，保护商业银行的合法竞争，维护金融经济秩序的稳定，促进国民经济健康发展。

（2）注重提高银行信贷资产的质量。《商业银行法》对提高商业银行信贷资产质量作了较为全面的规定，把安全性、流动性、效益性作为商业银行的业务经营原则，要求商业银行在开展信贷业务时，严格审查借款人的资信，对商业银行实行资产负债比例管理，禁止任何单位和个人强令商业银行提供贷款或担保等。

（3）重视保护存款人利益。存款是商业银行信贷资金最主要的来源，存款人是商业银行最重要的客户。其他客户包括与商业银行经营业务，如发放短期、中期和长期贷款，办理国内外结算等有关系的公民和法人。保护存款人和其他客户的合法权益是各国商业银行立法和银行监督的基本宗旨之一。我国《商业银行法》第6条规定："商业银行应当保障存款人的合法权益不受任何单位和个人的侵犯。"保护存款人和其他客户的合法权益，不仅是存款人和其他客户对商业银行的起码要求，也是商业银行应具备的职业道德和赖以生存和发展的前提条件。

为保护存款人和其他客户的利益，我国《商业银行法》除在第5条中规定"商业银行与客户的业务往来，应当遵循平等、自愿、公平和诚实信用的原则"外，还在第三章专门规定了对存款人保护的内容，在第四章规定了对客户服务的责任。

## 三、商业银行的法律地位及其组织体制、组织形式与治理结构

### （一）商业银行的法律地位

商业银行的法律地位是指商业银行在从事金融活动、参与金融法律关系时是否具有独立的法律主体资格。《商业银行法》规定，商业银行是吸收公众存款、发放贷款、办理结算等业务的企业法人。商业银行以安全性、流动性、效益性为经营原则，实行自主经营，自担风险，自负盈亏，自我约束。商业银行以其全部法人财产独立承担民事责任。这些规定从立法上确立了商业银行企业法人的法律地位。

### （二）商业银行的组织体制、组织形式与治理结构

1. 商业银行的组织体制

商业银行的组织体制有单一银行制、总分行制、集团银行制和连锁银行制。

（1）单一银行制。单一银行制又称独立银行制或单元银行制，是指银行业务完全由各自独立的商业银行经营、不设分支机构的银行制度。在过去相当长的时间，美国是实行这种体制的唯一国家。显然，美国在间接金融领域最早选择单一银行制，与其金融体系结构中发达的证券市场不无关系。单一银行制对商业银行的发展限制极大，因此，近年来，美国对商业银行设立分支机构也有所放宽。

单一银行制的指导思想是限制垄断、鼓励竞争。其缺点是：不适应外向型经济发展的需要，不符合世界银行业务国际化、一体化和多样化的趋势，严重束缚了商业银行的发展，限制了商业银行之间的竞争，造成资本的迂回流动，实际上与其鼓励竞争的初衷相违背。

（2）总分行制。总分行制的特点是，法律允许在总行之下，在国内外普遍设立分支机构。其优点是：从组织方式来看，这种形式的银行经营规模大，有利于开展同业竞争，易于采用金融科技，能提供比较方便的金融服务，取得规模效应。从业务角度来看，各分支机构遍布各地，易于吸收存款、调剂资金和转移资本，达到充分有效利用资金的目的。同时，由于放款分散，有利于分散贷款风险。从宏观管理上看，便于国家直接控制与管理，业务经营受地方干预小。

总分行制的缺点在于：总分行制的过度发展，容易导致出现金融垄断，加速大银行对小银行的吞并，一旦经营不善发生倒闭，对工商企业造成的损害远比其他银行制度要大。

（3）集团银行制。集团银行制亦称银行持股公司制，是指某个集团成立一个股权公司，由该公司控制或收购若干商业银行。集团银行制下的商业银行具有独立的法人地位，银行持股公司控制着它们的业务和经营政策。银行持股公司一般分为两大类：多行持股公司和单一银行持股公司。集团银行是在激烈的竞争中发展起来的，可以认为这种银行以持股公司的形式发展，代表了银行业对禁止设立分行、严格限制个体银行发展的一种反抗。

（4）连锁银行制。连锁银行制又称联合银行制，它是指某一集团或某一人购买若干独立普通银行的多数股票，从而控制这些银行的体制。连锁银行制下商业银行的法律地位是独立的。集团银行制与连锁银行制的共同点在于，都是通过控制各商业银行的股权来实现控制其业务与经营政策的目的；不同之处在于，集团银行制是为收购或控制商业银行而专门设立股权公司，连锁银行制则不专设股权公司。

《商业银行法》第19条规定：“商业银行根据业务需要可以在中华人民共和国境内外设立分支机构。”据此，我国商业银行实行的是总分行制。

2. 商业银行的组织形式

多数国家的银行法都规定，商业银行按公司法的规定设立。《商业银行法》第17条规定：

“商业银行的组织形式、组织机构适用《中华人民共和国公司法》的规定。”根据我国《公司法》关于公司种类的规定，我国商业银行可为有限责任商业银行、作为有限责任商业银行特殊形式的国有独资商业银行以及股份有限商业银行。我国2006年年末批准开立的中国邮政储蓄银行是有限责任商业银行。国有独资商业银行是指由国家授权投资机构或者国家授权的部门单独投资设立的有限责任公司形式的商业银行。中国工商银行、中国农业银行、中国银行、中国建设银行在改制前均为国有独资商业银行。

股份有限商业银行是指银行的全部资本分为等额股份，股东以所持股份为限对银行承担责任，银行则以其全部资产对银行的债务承担责任的商业银行。在我国，交通银行、广东发展银行、上海浦东发展银行、兴业银行、招商银行、中国民生银行以及城市商业银行等属于股份有限商业银行。从2004年开始，我国先后对中国银行、中国建设银行、中国工商银行和中国农业银行进行股份制改造，这些银行均已成功上市，这标志着我国四大国有商业银行已由国家独资改制为国家控制的股份有限商业银行。

3. 商业银行的治理结构

商业银行的公司机关包括股东会、董事会、监事会等。有关商业银行的组织机构的法律规定，除《公司法》外，2021年6月2日，中国银保监会发布了《银行保险机构公司治理准则》，对银行保险机构公司治理作出了新的规定。

（1）股东会。股东会是商业银行的权力机构。除《公司法》规定的职权外，根据《银行保险机构公司治理准则》，银行保险机构股东会的职权至少应当包括：对公司上市作出决议，审议批准股东会、董事会和监事会议事规则，审议批准股权激励计划方案，依照法律规定对收购本公司股份作出决议，对聘用或解聘为公司财务报告进行定期法定审计的会计师事务所作出决议，审议批准法律法规、监管规定或者公司章程规定的应当由股东会决定的其他事项。

（2）董事会。董事会是决策执行机构，除《公司法》规定的职权外，银行保险机构董事会职权至少应当包括：制订公司增加或者减少注册资本、发行债券或者其他证券及上市的方案；制订公司重大收购、收购本公司股份或者合并、分立、解散及变更公司形式的方案；按照监管规定，聘任或者解聘高级管理人员，并决定其报酬、奖惩事项，监督高级管理层履行职责；依照法律法规、监管规定及公司章程，审议批准公司对外投资、资产购置、资产处置与核销、资产抵押、关联交易、数据治理等事项；制定公司发展战略并监督战略实施；制定公司资本规划，承担资本或偿付能力管理最终责任；制定公司风险容忍度、风险管理和内部控制政策，承担全面风险管理的最终责任；负责公司信息披露，并对会计和财务报告的真实性、准确性、完整性和及时性承担最终责任；定期评估并完善银行保险机构公司治理；制订章程修改方案，制订股东会议事规则、董事会议事规则，审议批准董事会专门委员会工作规则；提请股东会聘用或者解聘为公司财务报告进行定期法定审计的会计师事务所；维护金融消费者和其他利益相关者合法权益；建立银行保险机构与股东特别是主要股东之间利益冲突的识别、审查和管理机制；承担股东事务的管理责任；公司章程规定的其他职权。

另外，根据《公司法》第59条、第152条、第202条的规定，有限责任公司形式的商业银行的股东会可以授权董事会对发行公司债券作出决议。股份有限公司形式的商业银行经股东会决议，或者经公司章程、股东会授权由董事会决议，可以发行可转换为股票的公司债券，并规定具体的转换办法。公司章程或者股东会可以授权董事会在3年内决定发行不超过已发行股份50%的股份。

（3）监事会。监事会除依据公司法等法律法规和公司章程履行职责外，还应当重点关注以下事项：监督董事会确立稳健的经营理念、价值准则和制定符合公司情况的发展战略；对公司发展战略的科学性、合理性和稳健性进行评估，形成评估报告；对公司经营决策、风险管理和内部控制等进行监督检查并督促整改；对董事的选聘程序进行监督；对公司薪酬管理制度实施情况及高级管理人员薪酬方案的科学性、合理性进行监督；法律法规、监管规定和公司章程规定的其他事项。

此外，《银行保险机构公司治理准则》还对商业银行的高级管理层、利益相关者与社会责任、信息披露、风险管理、内部控制等作出了详细的规定。

## 四、商业银行的设立、变更、接管与终止

### （一）商业银行的设立

商业银行的设立，是指商业银行的创办人依照法律规定的程序，通过人力、物力和财力的投资、筹建，使商业银行取得法律主体资格的行为。

1. 设立商业银行的条件

未经批准，任何单位和个人不得从事吸收公众存款等商业银行的业务，任何单位不得在名称中使用“银行”字样。在我国，设立商业银行必须具备以下条件。

（1）有符合《商业银行法》和《公司法》规定的章程。商业银行章程是指商业银行以法定程序制定的规定商业银行名称、经营范围、设立方式、注册资本、议事规则等重要事项的基本准则，是商业银行对内对外关系的根本法律文件，经银行监督管理部门审批后发生法律效力。

采用有限责任公司形式设立的商业银行，其章程应当载明下列事项：商业银行的名称和住所，经营范围，注册资本，股东姓名或者名称，股东的权利和义务，股东的出资方式和出资额，股东转让出资的条件，银行的机构及其产生办法、职权，议事规则，银行的法定代表人，银行的解散事由与清算办法，股东认为需要规定的其他事项。

采用国有独资形式设立的商业银行，其章程由履行出资人职责的机构依照《商业银行法》和《公司法》制定。

采用股份有限公司形式设立的商业银行，其章程应当载明下列事项：商业银行的名称和住所，经营范围，设立方式，银行股份总数、每股金额和注册资本，发起人的姓名或者名称、认购的股份数，股东的权利和义务，董事会的组成、职权、任期和议事规则，银行的利润分配办法，银行的解散事由与清算办法，银行的通知和公告办法，股东会认为需要规定的其他事项。

（2）有符合《商业银行法》规定的注册资本最低限额。在我国，设立全国性商业银行实缴注册资本的最低限额为10亿元人民币，城市商业银行为1亿元人民币，农村商业银行为5 000万人民币。同时还授权银行监管部门根据审慎监管的要求可以调整注册资本最低限额，但不得少于上述限额。

值得注意的是，2020年10月16日公布的《商业银行法（修改建议稿）》第13条规定：设立全国性商业银行的注册资本最低限额为100亿元人民币。设立城市商业银行的注册资本最低限额为10亿元人民币，设立农村商业银行的注册资本最低限额为1亿元人民币。

（3）有符合条件的股东或者发起人。商业银行的股东应当具有良好的社会声誉、诚信记录、纳税记录和财务状况。商业银行的主要股东、控股股东、实际控制人应当具备履行相应义务的能力和条件。商业银行的主要股东是指其出资额或持有股份占商业银行资本总额或股本总额5%以上、50%以下的股东，以及出资额或持有股份的比例不足5%，但对商业银行经营管理有重大影响的股东。企业法人成为商业银行主要股东、控股股东、实际控制人的，应当具备核心主业突出、资本实力雄厚、公司治理规范、股权结构清晰、管理能力达标、资产负债和杠杆水平适度，并符合其他审慎性条件。境外机构成为商业银行主要股东、控股股东、实际控制

人的，该境外机构及其控股股东、实际控制人应当符合《商业银行法》以及其他法律、行政法规、监管规定的要求。

商业银行的主要股东、控股股东不得有以下行为：1）以委托资金、负债资金等非自有资金或者资产管理产品、投资基金等金融产品所募集的资金出资；2）虚假出资、循环出资、抽逃出资；3）滥用股东权利和股东有限责任，损害商业银行、其他股东、债权人以及其他利益相关人的合法权益；4）以不正当手段干预董事会、高级管理层的经营管理；5）操纵市场、扰乱金融秩序或者以其他方式谋取不正当利益。商业银行的实际控制人不得滥用控制权，损害商业银行、股东、债权人以及其他利益相关人的合法权益。

（4）应有具备任职专业知识和业务工作经验的董事、监事和高级管理人员。习近平总书记强调，全面依法治国必须“抓住领导干部这个‘关键少数’”① “建好金融系统领导班子，强化对关键岗、重要人员特别是一把手的监督”②。目前，商业银行董事和高级管理人员任职资格的要求主要规定在《银行业金融机构董事（理事）和高级管理人员任职资格管理办法》中。根据该办法，金融机构拟任、现任董事（理事）和高级管理人员的任职资格基本条件包括：具有完全民事行为能力，具有良好的守法合规记录，具有良好的品行、声誉，具有担任金融机构董事（理事）和高级管理人员职务所需的相关知识、经验及能力，具有良好的经济、金融从业记录，个人及家庭财务稳健，具有担任金融机构董事（理事）和高级管理人员职务所需的独立性，履行对金融机构的忠实与勤勉义务。

（5）应有健全的组织机构和管理制度。商业银行的组织机构以有效发挥商业银行的职能、有效经营为设置原则。根据《商业银行法》和《公司法》的规定，商业银行应当有三个层次的组织机构，即决策机构、执行机构和监督机构。三个层次的组织机构各司其职，实行董事长（行长）经营目标负责制、业务部门责任制、工作人员岗位责任制及一些内部业务操作规程和管理制度等，使各个部门做到有章可循、有规可依。商业银行的管理制度是指保证其正常经营的制度，包括财务管理制度、资产负债比例管理制度、风险补偿制度、信贷管理制度、干部聘任考核制度等。

（6）有符合要求的营业场所、安全防范措施和与业务有关的其他措施。银行的营业场所是银行经营业务的地方。在传统线下业务模式下，没有固定场所，银行就无法从事存贷款等业务，他人也无法同银行进行业务联系。在现代互联网金融和数字金融语境下，虽然线上业务大力发展，但银行也必须有固定的线下网点和对线上数字金融业务的安全防范措施。由于商业银行业务涉及社会各个方面，对存款人、其他客户的合法权益和自身利益负有安全、保护的重大责任，对客户负有优质服务、保证交易安全的义务，因此，其工作场所及其工作设施必须适应业务经营的发展要求。银行的营业场所应相对固定，符合安全标准，具有防火防盗、通信、消防和电子计算机等安全防范设备和其他设施。

（7）其他审慎性条件。根据《中国银保监会中资商业银行行政许可事项实施办法（2022年修正）》，设立商业银行还应当符合其他审慎性条件，至少包括：具有良好的公司治理结构；具有健全的风险管理体系，能有效控制各类风险；发起人股东中应当包括合格的战略投资者；具有科学有效的人力资源管理制度，拥有高素质的专业人才；具备有效的资本约束与资本补充机制；有助于化解现有金融机构风险，促进金融稳定。

---

① 中共中央宣传部，中央全面依法治国委员会办公室．习近平法治思想学习纲要．北京：人民出版社，学习出版社，2021：139.

② 习近平．在第五次全国金融工作会议上的讲话．人民日报，2017－07－16（1）.

2. 设立商业银行的程序

设立商业银行要经过筹建和开业两个阶段。

（1）申请与批准。根据《中国银保监会中资商业银行行政许可事项实施办法（2022年修正）》，国有商业银行法人机构、股份制商业银行法人机构的筹建申请，应当由发起人各方共同向国家金融监督管理总局提交，国家金融监督管理总局受理、审查并决定。城市商业银行法人机构的筹建申请，应当由发起人各方共同向拟设地省级派出机构提交，拟设地省级派出机构受理并初步审查，国家金融监督管理总局审查并决定。

（2）审查。审查分为书面性审查和论证性审查。国务院银行业监督管理机构收到设立商业银行申请人的申请书后，要对申报材料进行书面审查。经书面审查符合申请要求的，由申请人正式填写申请表，并提交下列文件、资料：章程草案，拟任职的高级管理人员的资格证明，法定验资机构出具的验资证明，股东名册及其出资额、股份，持有注册资本5%以上的股东的资信证明和有关资料，经营方针和计划，营业场所、安全防范措施和与业务有关的其他设施的材料，监管部门规定的其他文件和资料。国务院银行业监督管理机构收到申请人正式申请和有关法定文件资料后，要对申报资料的事实进行可行性调查、论证，必要时进行实地考察。

（3）筹备与开业。中资商业银行法人机构的筹建期为批准决定之日起6个月。国有商业银行、股份制商业银行法人机构未能按期筹建的，该机构筹建组应当在筹建期限届满前1个月向国家金融监督管理总局提交筹建延期报告。筹建延期不得超过一次，筹建延期的最长期限为3个月。城市商业银行法人机构未能按期筹建的，该机构筹建组应当在筹建期限届满前1个月向所在地省级派出机构提交筹建延期报告。筹建延期不得超过一次，筹建延期的最长期限为3个月。该机构筹建组应当在前款规定的期限届满前提交开业申请，逾期未提交的，筹建批准文件失效，由决定机关办理筹建许可注销手续。

经批准设立的商业银行分支机构，由国务院银行业监督管理机构颁发经营许可证，并凭该许可证向市场监督管理部门办理登记，领取营业执照。经批准设立的商业银行及其分支机构，由国务院银行业监督管理机构予以公告。商业银行及其分支机构自取得营业执照之日起无正当理由超过6个月未开业的，或者开业后自行停业连续6个月以上的，由国务院银行业监督管理机构吊销其经营许可证，并予以公告。

（二）商业银行的变更

商业银行的变更是指经过法定机关依法定程序予以登记确认的商业银行某些要素的变化，包括形式变更与实质变更。商业银行的形式变更，是指商业银行的经济性质、财产状况、名称、住所等重要事项的变更。根据《商业银行法》，商业银行有下列变更事项之一的，应当经国务院银行业监督管理机构批准，变更名称，变更注册资本，变更总行或者分支行所在地，调整业务范围，变更持有资本总额或者股份总额5%以上的股东，修改章程，国务院银行业监督管理机构规定的其他变更事项。更换董事、高级管理人员时，应当报经国务院银行业监督管理机构审查其任职资格。商业银行的实质变更是指商业银行的合并和分立。商业银行的合并或者分立，应当由商业银行的股东会作出决议，并经国务院银行业监管机构审查批准。

《中国银保监会中资商业银行行政许可事项实施办法（2022年修正）》对商业银行变更的监管分为三类，即法人机构的变更、境内分支机构变更和境外机构变更，并对三类变更作出了具体的监管要求。

（三）商业银行的接管

商业银行的接管是指银行业监管机构依照法定的条件和程序全面控制被接管商业银行的业务活动，以保证商业银行经营的安全性和合法性的一种预防性拯救措施。

1. 接管的原因和意义

根据《银行业监督管理法》第38条和《商业银行法》第64条的规定，银行业金融机构已经或者可能发生信用危机，严重影响存款人和其他客户合法权益的，国务院银行业监督管理机构可以依法对该银行业金融机构实行接管或者促成机构重组，接管和机构重组依照有关法律和国务院的规定执行。商业银行接管的条件是已经发生信用危机，严重影响存款人利益，或者可能发生信用危机，将严重影响存款人利益。信用危机的主要表现为，商业银行不能应付存款人的提款，不能清偿到期的债务，同业拒绝拆借资金，为原客户和市场所普遍拒绝其服务。商业银行有以上这些情况之一的，即可被视为发生信用危机。

接管的目的是对被接管的商业银行采取必要措施，以保护存款人的利益，恢复商业银行的正常经营能力。接管实质上是对发生信用危机的商业银行实施的救济行动，它并未发生民事主体的改变，这与商业银行的合并和分立有本质的区别。被接管的商业银行的债权债务关系不因接管而变化。由此可知，从法律上而言，对银行实行接管是一种行政监管措施，采取该措施的目的在于通过对银行采取必要措施，化解信用风险，达到保护存款人利益和恢复银行正常经营能力的目的，接管本身并不导致银行债权债务关系的变化。

接管的作用不仅在于保护存款人利益和恢复商业银行的正常经营，还对实现货币政策目标，保证货币政策工具的正确实施，使商业银行的经营活动符合宏观调控的要求，实施正常的监督管理等具有重要意义。

2. 接管的内容和终止

（1）接管组织及接管期限。

根据《商业银行法》第65条的规定，接管由国务院银行业监督管理机构决定，并组织实施。接管决定应当载明下列内容：1）被接管的商业银行名称；2）接管理由；3）接管组织；4）接管期限。《商业银行法》第67条规定，接管期限届满，国务院银行业监督管理机构可以决定延期，但接管期限最长不得超过2年。

对商业银行的接管，自接管决定实施之日起开始。接管一旦开始，监管机构便行使对商业银行的经营管理权，并直接处理被接管银行的一切往来业务。被接管的商业银行必须配合监管机构的工作，服从监管机构的决定。但接管不同于兼并，并不发生债权债务关系的转移。在接管期间，被接管的商业银行既要对被接管的债权债务负责，又要对被接管期间发生的债权债务负责。

（2）接管措施。

《商业银行法》第66条规定，自接管开始之日起，由接管组织行使商业银行的经营管理权力。本条并未明确规定接管的具体配套措施。如此规定是由接管的法律性质所决定的。接管只是意味着行政权力在特定情况下强力介入银行的经营管理，由主管部门组成的接管组织临时行使商业银行的经营管理权力，接管本身并未改变银行的产权关系和债权债务关系。因此，接管组织可以在法律法规及银行公司章程允许的范围内，采取一切有利于化解银行信用风险、恢复经营能力的措施。

（3）民事诉讼及执行程序中止制度。

《商业银行法》等法律并未直接规定接管配套措施，而《企业破产法》恰有相应规定。根据《企业破产法》第134条，国务院金融监督管理机构依法对出现重大经营风险的金融机构采取接管、托管等措施的，可以向人民法院申请中止以该金融机构为被告或者被执行人的民事诉讼程序或者执行程序。

（4）法律后果。

根据《商业银行法》，有下列情形之一的，接管终止：接管决定规定的期限届满或者国务院银行业监督管理机构决定的接管延期届满；接管期限届满前，该商业银行已恢复正常经营能力；接管期限届满前，该商业银行被合并或者被依法宣告破产。

商业银行不能支付到期债务，经国务院银行业监督管理机构同意，由人民法院依法宣告其破产。商业银行被宣告破产的，由人民法院组织国务院银行业监督管理机构等有关部门和有关人员成立清算组，进行清算。商业银行因解散、被撤销和被宣告破产而终止。

《企业破产法》第 134 条规定，商业银行、证券公司、保险公司等金融机构有本法第二条规定情形的，国务院金融监督管理机构可以向人民法院提出对该金融机构进行重整或者破产清算的申请。

由上述规定可知，接管会在接管期限届满、银行已恢复正常经营能力、银行被合并或者被依法宣告破产等情形下终止，也即，银行接管终止后的命运：一是可能恢复正常经营能力，从而独立自主地经营发展；二是可能被合并；三是可能进入破产程序。

（四）商业银行的终止

1. 商业银行终止的事由

商业银行的终止是指商业银行法律地位的丧失，即商业银行不复存在。商业银行可因解散、撤销、破产而终止。

（1）解散。解散是指出现法定事由或由公司章程规定的情况而使商业银行法人资格消灭。它包括两种情况：一是因被其他商业银行吸收合并而解散。二是商业银行可因章程规定的事由发生而解散。

（2）破产。破产是指商业银行由于经营不善或其他原因，发生严重亏损或支付危机，不能清偿到期债务，被人民法院依法宣告结业清算的法律行为。

商业银行破产必须同时具备以下条件：

1）商业银行出现了法律规定的破产情形，发生了严重的支付危机，已缺乏偿还到期债务的能力，而且债权人也提出了偿还债务的请求。所谓缺乏偿还到期债务的能力，即是不但已资不抵债，而且失去了信用。

2）由人民法院宣告破产，其他任何单位或个人都无权宣告商业银行的破产。

3）人民法院宣告商业银行破产前，必须先征得银行业监管机构的同意。银行业监管机构可以根据该商业银行在国民经济中的地位和作用，对是否有挽救的必要和可能、是否有其他可行的办法解决商业银行资不抵债的问题提出意见。

（3）撤销。商业银行违反法律、行政法规的规定，可由有撤销权的行政机关依法撤销。

根据 2001 年 11 月 23 日发布的《金融机构撤销条例》的规定，撤销的性质是银行业监管机构实施的行政强制措施，而不是行政处罚；撤销只适用于批准设立的具有法人资格的金融机构；撤销的后果是被撤销商业银行必须终止其经营活动，经清算后予以解散。

2. 商业银行的终止清算

商业银行无论是解散、被撤销或破产都必须依法进行清算。

（1）依法组织清算组。商业银行的解散，应在 15 日内成立清算组。采用有限责任公司形式的商业银行的清算组由股东组成，采用股份有限公司形式的商业银行的清算组人选由股东大会决定，逾期不成立清算组进行清算的，债权人可以申请人民法院指定有关人员成立清算组进行清算。人民法院应受理申请，及时指定清算组人员进行清算。

商业银行被依法撤销的，由银行业监管机构出面组织成立清算组。清算组要有股东代表和有关专业人员参加，按法定程序进行清算。

无论哪种清算，银行业监管机构按照《商业银行法》《民事诉讼法》《企业破产法》的有关规定，有权对清算过程的各个阶段，包括清算组的组成、清算方案的制定、债权债务的清结、剩余财产的分配等行使监督权。

(2) 清算组的职权。依法成立的清算组，在清算期间行使下列职权：1) 清理银行财产，分别编制资产负债表和财务清单；2) 通知或者公告债权人；3) 处理与清算有关的银行未了结的业务；4) 清缴所欠税款；5) 清理债权债务；6) 处理商业银行清偿债务后的剩余财产；7) 代表商业银行参与民事诉讼活动。

清算完毕，清算组应缴回经营许可证，并持银行业监管机构的通知书，由清算组负责人签署注销登记申请书、法院破产裁定书或商业银行依法作出的决议、行政机关责令关闭的文件、清算报告等有关文件，向市场监督管理部门办理登记手续后，商业银行即告终止。

(3) 债权清偿顺序。商业银行在清算过程中，按下列顺序清偿债权：1) 清算费用；2) 商业银行所欠的职工工资和劳动保险费用；3) 个人储蓄存款的本金和利息；4) 商业银行所欠税款；5) 其他债权。

银行财产不足以清偿同一顺序清偿要求的，按比例分配。

在商业银行被解散、被撤销的清算过程中，清算组发现商业银行财产不足以清偿债权的，应当立即向人民法院申请宣告破产。经人民法院裁定宣告破产后，清算组应将清算事务移交给人民法院。

## 五、商业银行的经营原则

我国《商业银行法》把安全性、流动性、效益性作为商业银行的经营原则，把安全性原则摆到了商业银行经营原则的首位。

### （一）安全性原则

所谓安全性，是指商业银行的资产、收入、负债、信誉以及所有经营生存发展条件免遭损失的可靠性程度。如保证归还客户的存款，使自己的贷款本息能够按时足额收回。

在商业银行经营中常遇到的风险有信用风险、市场风险、利率风险、流动性风险、操作风险、法律风险以及声誉风险等。贯彻银行安全性原则就要防范上述风险的发生，其实践意义是多方面的。首先，它有助于商业银行降低业务经营中的各种风险，减少资产和资本损失，增强预期收益的可靠性。其次，有利于商业银行在社会公众中树立良好的形象。作为信用机构的商业银行，其立足于世的支柱在于信誉，而信誉主要依靠的是安全而不是盈利。最后，还有助于维护公众信心，稳定社会金融，稳定经济。

商业银行保证经营的安全性的措施是多方面的，如开业前备有一定的自有资本，对风险采取规避政策，将资产分散化和加强内部管理等。其中，加强内部管理更具有紧迫性。一方面，银行应对各项具体业务操作规定合理的差错率，并且严格地进行检查、考核，对超过正常差错率的，要查清原因，直至追究法律责任；另一方面，在防止诈骗、盗窃银行的资产方面，也应有一套经常性的严格的防范制度，以保证银行资金的安全可靠。

### （二）流动性原则

所谓流动性，是指商业银行能够随时应付客户提取存款或满足贷款需求的资金可用能力。商业银行的流动性体现在资产和负债两个方面。资产流动性是指商业银行持有的资产能够随时得以偿付或者在不损失价值的情况下迅速变现的能力。负债流动性是指商业银行能以较低的成本随时获得所需资金的能力。

商业银行在经营中必须坚持流动性原则，这是因为：首先，银行的资金来源主要是负债，银行有保证支付和偿还的责任。银行资金大部分来源于客户的存款和借入款。存款是以能随时提取和随时开出支票支付为前提的，借入款要按期归还或随时兑付。因此，资金运用必须保持与之相适应的流动性。其次，银行资金流动性频繁，存在不确定性。在银行业务经营中，资产业务和负债业务都表现为货币资金的流动，负债业务中存款此存彼取，可用于放款和投资的存款余额不确定；资产业务中贷款有放有收，到期能否收回也不确定。因此，为保证银行资金收付的动态平衡，要坚持流动性原则。最后，银行的特殊性质决定了其必须坚持流动性原则。银行是经营货币信用业务的特殊企业，各行各业、千家万户存在不同的债权债务关系，一旦流动性不足，不能应付提现要求或难以筹集到资金平衡头寸，就会引起挤兑风险，造成动荡。

因此，商业银行的经营者必须合理确定固定资产和流动资产的比例、长期资产和短期资产的比例，科学地安排资金来源和资金运用，保证资金的正常运转。要做到这些，首先，要对流动性需求作出正确的估测；其次，要保持某些资产投资的暂时性；最后，掌握获得资金的各种渠道和方法。

（三）效益性原则

效益是指社会生产活动中劳动占用和劳动消耗与有效劳动成果之间的对比关系，即效用与费用的对比关系。商业银行的效益表现为以比较少的资金投入取得较多的资金收入，促进经济发展。商业银行经营既要重视银行自身效益，又要讲求社会效益。效益性和营利性不仅是概念表述的差异，还反映了我国商业银行和西方国家商业银行经营目标的差异。效益性不仅包括营利性，还包括了社会利益问题。

社会金融化和金融社会化反映的是金融与社会在发展到一定阶段后所呈现出来的基本趋势、客观规律和内在要求。一方面，金融成为社会发展过程中资源配置的重要方式，各种社会资源和生产要素通过金融手段实现了分配与调整，金融渗透到了社会生活的各个环节并成为社会发展的重要依托和助力；另一方面，金融活动不再只是少数富人之间的游戏而是成为社会生活的基本需求，金融活动的意义和目标不再仅仅局限于交易活动而是拓展到社会的全面协调持续发展，金融也成为社会转型和进步的内生动力。

商业银行自身效益即银行利润，是指各项收入减去各项支出后的余额。影响银行利润的不仅仅是存贷利差、证券差价、服务费、管理费，银行管理水平和经营优劣也影响着盈利水平。商业银行作为独立的企业法人，追求自身经济效益是其经营的一贯目标，也是其经营的内在动力。

社会效益也就是银行经营的社会性，即银行通过业务经营对促进社会利益产生的影响。社会效益涉及政治、经济、文化诸多方面，对于商业银行的经营而言，最主要的是经济方面的社会效益，即社会总体经济效益。

## 六、商业银行的业务范围

根据《商业银行法》和已公布的《商业银行法（修改建议稿）》，商业银行可以经营下列部分或者全部业务：(1) 吸收公众存款；(2) 发放短期、中期和长期贷款；(3) 办理境内外结算；(4) 办理票据承兑与贴现；(5) 发行金融债券；(6) 代理发行、代理兑付、承销政府债券及其他债券，证券交易所发行的证券除外；(7) 买卖政府债券、金融债券及其他债券；(8) 从事同业拆借；(9) 买卖、代理买卖外汇；(10) 从事银行卡业务；(11) 提供信用证服务及担保；(12) 代理收付款项、代理保险及其他代理业务；(13) 办理托管业务；(14) 提供保管箱服务；(15) 办理衍生品交易业务；(16) 办理贵金属业务；(17) 办理离岸银行业务；(18) 经国务院银行业监督管理机构核准的其他业务。

上述商业银行业务，按照资金来源和用途可归为以下三类。

1. 负债业务

负债业务是指商业银行通过一定的形式，组织资金来源的业务，包括吸收存款、发行金融债券、同业借款、再贷款资金、向国外货币市场借款等。其中，最主要的负债业务是吸收存款，包括活期存款、定期存款、储蓄存款、大额可转让定期存单（CDs）、委托存款、保证金存款、通知存款、协定存款、协定透支存款等。在负债业务中，商业银行是债务人，各类存款人是债权人。

2. 资产业务

资产业务是指商业银行运用其积聚的货币资金从事各种信用活动的业务，是商业银行取得收益的主要业务类型，包括发放贷款、进行证券投资、现金资产投资以及合法的固定资产投资、租赁业务、买卖外汇、票据贴现等。其中，最主要的资产业务是贷款业务和投资业务，贷款业务包括短期贷款、中期贷款、长期贷款和高档消费品贷款等。在资产业务中，商业银行是债权人，借款人是债务人。

3. 中间业务

中间业务又称表外业务，是指商业银行并不运用自己的资金，而代理客户办理支付和其他委托事项并从中收取手续费的业务。中间业务主要包括办理国内外结算，代理发行、代理兑付、承销政府债券，代理买卖外汇，提供信用证服务及担保，代理收付款以及代理保险业务等。此外，信托等投资理财业务也属于中间业务，但在我国分业经营、分业监管的原则下，这些业务在《商业银行法》中，未作为法定业务加以规定。在经营中间业务时，商业银行并不运用自有资金或借入的资金，也即此类业务的开展不会引起商业银行资产负债表中资产与负债比例的变化，商业银行既非债权人也非债务人，而是代理人或金融中介人。

在分业经营、分业监管的体制下，我国商业银行业务依法受到以下限制：

（1）不得从事证券经营业务。《商业银行法》规定，商业银行在中华人民共和国境内不得从事信托投资和证券经营业务，不得向非自用不动产投资或者向非银行金融机构和企业投资，但国家另有规定的除外。

（2）不得从事信托投资业务。法律限制商业银行不得从事信托投资业务，主要是考虑到我国金融监管还缺乏实践经验和相应的手段，我国商业银行经营管理水平和业务水平不高等原因。限制商业银行涉及信托投资业务，有利于商业银行集中力量吸收存款，严格贷款管理，保护存款人和银行客户的合法权益。

（3）不得向非银行金融机构和企业投资。这是因为：其一，银行直接投资于非金融机构和企业形成长期投资，流动资产容易被固化，形成金融风险；其二，若银行成为非银行金融机构和企业的股东，它经营自身业务的精力和能力无法得到保障；其三，有可能形成垄断，破坏竞争和融资秩序。

## 第二节　政策性银行组织法律制度

### 一、政策性银行法律制度的概念和特征

#### （一）政策性银行法律制度的概念

政策性银行法从广义上讲应当包括所有有关政策性银行的法律规范，从狭义上讲是指国家立法机关制定的专门的政策性银行法。一般而言，政策性银行法是有关政策性银行设立宗旨、

经营目标、业务领域、业务方式、组织体制的法律规范的总称。它主要调整政策性银行的业务关系和监管关系。前者是政策性银行与其他金融主体之间在法律许可的范围内从事业务活动而产生的经济关系，如融资关系、交易关系和中介服务关系等；后者是指金融宏观调控部门和监管部门在组织和管理政策性银行的过程中形成的调制关系，包括主体资格监管关系、业务监管关系以及由此而产生的金融处罚关系等。

（二）政策性银行法律制度的特征

（1）政策性银行法律制度是国家重要的经济宏观调控法律制度。它规范的对象是为贯彻政府的经济政策而专门经营政策性货币信用业务的银行机构。

（2）政策性银行法律制度是由多个政策性银行法组成的有机整体。不同的政策性银行有不同的业务对象，体现不同的产业政策，因而调整政策性银行的立法多以专门的、单独的法律、条例出现。这些单独的政策性银行法之间又是协调的、统一的，它们在调整宏观金融关系中具有内在的联系，共同构成了政策性银行法律制度体系。

（3）政策性银行法律制度的规范对象是政府的银行。政策性银行成立的宗旨是保证国家产业政策的实现。多数政策性银行由政府创办，虽然有的政策性银行的投资主体不限于国家，但国家投资仍占主导地位。

（4）政策性银行法是政策性银行的机构组织法，是政策性银行的组织机构建立和运作的法律依据；是政策性银行的业务法，是其开展业务活动、实现既定目标和宗旨、发挥职能作用的法律依据；同时是政策性银行的监管法，是国家对其进行监管的法律依据。因此，政策性银行法是机构组织法、业务法和监管法的有机结合和统一。

（5）政策性银行法较商业银行法具有更强的国家干预性，即政府通过立法更多地约束政策性银行的业务活动，因而具有强烈的公法色彩。

## 二、政策性银行的外部关系

1. 政策性银行与商业银行的关系

政策性银行承担政策性、专业性金融服务，而商业银行是商业性的，追求最大化的利润。两者既存在区别，又有相同的地方。

政策性银行与商业银行的相同点是：（1）两者地位平等。政策性银行与商业银行都是依法成立的法人，在法律地位上是平等的关系，他们有各自的法律性质、业务范围和经营规则，是互相独立的、平等的两种性质的金融机构，不存在隶属关系。（2）两者都从事融资服务。商业银行作为金融体系的主体，承担大部分的融资业务，而政策性银行补充商业银行所不愿或不能从事的融资活动。两者是互相补充、并行不悖的合作关系，共同为社会、政府、企业提供金融服务。

政策性银行与商业银行的区别是：（1）政策性银行和商业银行的法人性质不同。政策性银行不是企业法人，它以追求社会整体利益为基础，主要是政府为实施政策、维护社会公共利益而创办的专门性金融机构，带有公益法人的性质；商业银行则必须遵循安全性、流动性、效益性的经营原则，融资活动追求高额利润回报，以营利为目的和经营宗旨，属于企业法人。（2）两者与政府和中央银行的关系不同。政策性银行从其成立开始就与政府有割不断的联系，多数是由政府出资或参股而设立的，并且其经营必须保证贯彻和实施政府的政策意图，亏损也是由财政补贴承担的；而商业银行是自主经营、自负盈亏、自我约束和自我发展的企业法人，政府除依法管理和进行宏观调控外，不能直接干预其正常经营活动。商业银行受中央银行的制约更大，关系较为紧密；而政策性银行与中央银行的关系相对松散，中央银行一般不直接管理政策性银行。(3) 两者适用的法律不同。商业银行适用《商业银行法》，政策性银行一般不受《商业银行法》的制约与规范，其有单独的业务范围、经营方式、组织体制等，一般由专门的政策性银行法调整。

2. 政策性银行与中央银行的关系

中央银行一般不直接管理政策性银行，但不可否认，政策性银行的运营与中央银行的宏观调控之间存在一定的联系。这表现在：(1) 中央银行对政策性银行给予必要的资金援助，向政策性银行提供专项基金贷款和短期再贷款；(2) 中央银行在银行间市场上购买政策性银行发行的金融债券，以满足政策性银行的资金需要。同时，中央银行对政策性银行的业务经营给予必要的指导和监督。中央银行还与政策性银行的人事相结合，一般来讲，政策性银行的董事会或决策机构中均有中央银行的代表。

3. 政策性银行与政府其他部门的关系

政策性银行既不是纯粹的国家机关，又不是纯粹的金融企业，而是具有国家机关和金融企业双重性质的一种特殊金融机构，因此对它的管理既不能像对其他政府机构那样实行严格的行政管理，又不能令其像其他企业那样以营利为目的充分地行使经营自主权。合理的管理模式应该是：一方面，资本金全部或主要由政府拨付，主要领导人由政府任命，经营的原则、目标、业务范围也由政府决定，使政府对政策性银行具有较强的控制力；另一方面，在具体业务的经营和操作上，赋予政策性银行较大的自主权，如具体的贷款对象、贷款期限、贷款利率等，只要大的方向在政府划定的范围内，均由政策性银行灵活操作。这样，既保证了政府的社会经济政策在宏观上圆满实现，又给了政策性银行施展自身作用的活动空间。

4. 政策性银行与客户之间的关系

政策性银行与客户之间的关系主要表现为债权债务的信用关系，由政策性银行自己选定客户并直接与其签订借款合同，然后将资金划拨到客户所在的业务代理行开设的存款账户上，并委托业务代理行管理支付。政策性银行与客户的关系还包括间接信用关系，即政策性银行不直接与客户发生债权债务关系，而是通过业务代理行间接地与客户建立借贷关系。此外，政策性银行与客户之间还存在服务与被服务、监督与被监督的关系。

## 三、中国的政策性银行法律制度

依照国务院 1993 年 12 月 25 日发布的《关于金融体制改革的决定》中“建立政策性金融与商业性金融分离，以国有商业银行为主体、多种金融机构并存的金融组织体系”的规定，我国于 1994 年相继组建了国家开发银行、中国农业发展银行、中国进出口银行三家政策性银行。目前，我国政策性银行开展业务的依据主要是各自的银行章程、《中国人民银行法》《银行业监督管理法》以及中国人民银行、国家金融监督管理总局对其提供的业务指引等相关部门规章、规范性文件。

### （一）国家开发银行

国家开发银行是国家出资设立、直属国务院领导、支持中国经济重点领域和薄弱环节发展、具有独立法人地位的国有开发性金融机构。

国家开发银行的资金来源主要有几个渠道：(1) 资本金。(2) 原“拨付改贷”和经营性建设基金贷款回收的本息。几十年前，我国很多基本建设的投资都是由财政无偿拨款，后来改为通过中国人民银行以贷款方式供应的制度，对国家开发银行来说，以前无偿拨付的财政回收的本息，也是它的发展资金之一。(3) 财政贴息资金。(4) 对外发金融债。(5) 财政担保建设债券。这种有财政担保的建设债券与国债大同小异，只是收益率比国债略高。(6) 同业拆借。

(7) 向央行借款。(8) 吸收对公存款。国家开发银行不吸收居民存款，但它可以吸收对公存款，这些对公存款包括企业、事业单位、团体的存款。(9) 向政府及其他金融机构借款。(10) 资本公积。国家开发银行在其营业净利润中扣除各项开支之后，会有一定的资本公积，这些资本公积有部分最终会转化为国家开发银行的资本金。

国家开发银行的资金运用参照世界银行的运行机制。贷款主要分为两个部分：一是"软贷款"，属于国家开发银行注册资本金的运用，是以长期优惠贷款的方式，按项目配股需要，贷给国家控股公司和中央企业集团，由它们对项目进行参股、控股。二是"硬贷款"，其资金来源属于国家开发银行借入资金，由其直接贷给项目，到期回收资金。

根据《国家开发银行章程》，国家开发银行业务范围包括：(1) 管理和运用国家核拨的预算内经营性建设基金和贴息资金；(2) 向国内金融机构发行金融债券和向社会发行财政担保建设债券；(3) 办理有关的外国政府和国际金融组织贷款的转贷，经国家批准在国外发行债券，根据国家利用外资计划筹借国际商业贷款等；(4) 向国家基础设施、基础产业和支柱产业的大中型基本建设和技术改造等政策性项目及其配套工程发放政策性贷款；(5) 办理建设项目贷款条件评审、咨询和担保等业务。为重点建设项目物色国内外合资伙伴，提供投资机会和投资信息；(6) 经批准的其他业务。

### （二）中国农业发展银行

中国农业发展银行是根据国务院《关于组建中国农业发展银行的通知》成立的国有农业政策性银行，直属国务院领导。中国农业发展银行实行独立核算，自主、保本经营，企业化管理。其在业务上接受中国人民银行和国家金融监督管理总局的指导和监督，并设立中国农业发展银行监事会，对银行的业务经营状况和国家农业产业政策执行情况进行监督。

中国农业发展银行运营资金的来源包括：业务范围内开户企事业单位的存款，发行金融债券，财政支农资金，向中国人民银行申请再贷款，同业存款，协议存款，境外筹资。长期以来，中国农业发展银行的运营资金来源主要是中国人民银行的再贷款，从 2005 年开始，其加大了市场化筹资的力度，不过目前暂未开展境外筹资业务。中国农业发展银行的运营资金目前主要用于粮棉油收购等流动性资金贷款。

中国农业发展银行的业务范围包括：(1) 办理粮食、棉花、油料收购、储备、调销贷款。(2) 办理肉类、食糖、烟叶、羊毛、化肥等专项储备贷款。(3) 办理粮食、棉花、油料加工企业和农、林、牧、副、渔业的产业化龙头企业贷款。(4) 办理粮食、棉花、油料种子贷款。(5) 办理粮食仓储设施及棉花企业技术设备改造贷款。(6) 办理农业小企业贷款和农业科技贷款。(7) 办理农业基础设施建设贷款。支持范围限于农村路网、电网、水网（包括饮水工程）、信息网（邮政、电信）建设，农村能源和环境设施建设。(8) 办理农业综合开发贷款。支持范围限于农田水利基本建设、农业技术服务体系和农村流通体系建设。(9) 办理农业生产资料贷款。支持范围限于农业生产资料的流通和销售环节。(10) 代理财政支农资金的拨付。(11) 办理业务范围内企事业单位的存款及协议存款、同业存款等业务。(12) 办理开户企事业单位结算。(13) 发行金融债券。(14) 资金交易业务。(15) 办理代理保险、代理资金结算、代收代付等中间业务。(16) 办理粮棉油政策性贷款企业进出口贸易项下的国际结算业务以及与国际业务相配套的外汇存款、外汇汇款、同业外汇拆借、代客外汇买卖和结汇、售汇业务。(17) 办理经国务院或国务院银行业监督管理机构批准的其他业务。(18) 办理投资业务。

### （三）中国进出口银行

中国进出口银行是由国家出资设立、直属国务院领导、支持中国对外经济贸易投资发展与国际经济合作、具有独立法人地位的国有政策性银行。中国进出口银行运营资金来源主要是：

(1) 向中国人民银行申请再贷款，再贷款纳入中央银行信贷计划统一管理；(2) 在境内发行金融债券和境外发行有价证券筹集资金，该资金纳入社会信用和外债计划管理体系；(3) 向国内外金融机构筹资，包括贷款、转贷、资金拆借等；(4) 采用其他方式获得必要的资金，如向外国政府与国际金融组织贷款、业务咨询与服务收入等。

中国进出口银行的主要经营范围包括：经批准办理配合国家对外贸易和“走出去”领域的短期、中期和长期贷款，含出口信贷、进口信贷、对外承包工程贷款、境外投资贷款、中国政府援外优惠贷款和优惠出口买方信贷等；办理国务院指定的特种贷款；办理外国政府和国际金融机构转贷款（转赠款）业务中的三类项目及人民币配套贷款；吸收授信客户项下存款；发行金融债券；办理国内外结算和结售汇业务；办理保函、信用证、福费廷等其他方式的贸易融资业务；办理与对外贸易相关的委托贷款业务；办理与对外贸易相关的担保业务；办理经批准的外汇业务；买卖、代理买卖和承销债券；从事同业拆借、存放业务；办理与金融业务相关的资信调查、咨询、评估、见证业务；办理票据承兑与贴现；代理收付款项及代理保险业务；买卖、代理买卖金融衍生产品；资产证券化业务；企业财务顾问服务；组织或参加银团贷款；海外分支机构在进出口银行授权范围内经营当地法律许可的银行业务；按程序经批准后以子公司形式开展股权投资及租赁业务；经国务院银行业监督管理机构批准的其他业务。

### 四、完善我国政策性金融法体系

我国目前尚无专门的政策性银行法。为了解决政策性银行的法律地位、性质、宗旨、功能、组织机构、与政府的关系等问题，应尽快制定政策性银行法。考虑到制定法律需要有一个过程，可先颁布各政策性银行的相关条例，以此作为完善政策性金融体系的依据，待时机成熟再颁布专门法律。2005 年 4 月 4 日国务院发布《关于 2005 年深化经济体制改革的意见》，其中也明确提到“研究政策性银行的职能和定位，择机出台政策性银行条例”。由此可见，政策性银行的单独立法已是大势所趋。

我国政策性金融体系应包括开发促进型银行、专业政策性银行、区域性政策性银行和社会开发互助性金融机构。开发促进型银行的主要功能是依据经济发展战略承担培植主导产业、构筑经济发展基础的重任；专业政策性银行根据需要应扩大其种类，如住房信贷银行等；区域性政策性银行主要是地区性的开发银行；社会开发互助性金融机构主要承担教育、社区服务业的扶持任务，由政府牵头，充分发挥地方政府和社会公益资金的作用。这四类政策性金融机构均需相应的法律规范作为其融资的依据。

立法应明确政策性银行的性质。政策性银行具有政策性、金融性和社会性的属性。政策性是其基本属性。金融性是银行的内在属性，它要求必须按金融规律把政策性银行办成真正的银行，因此需要建立法人治理结构。社会性是政策性银行区别于商业银行追求自身利润最大化的重要特征。因此，立法必须界定政府和政策性银行的关系，做到政策性、金融性和社会性的统一。

## 第三节　其他银行机构组织法律制度

其他银行机构组织是指除商业银行和政策性银行以外，其他的经营存贷类业务的金融机构，《银行保险机构关联交易管理办法》（中国银行保险监督管理委员会令〔2022〕1 号）第 2 条第 2 款规定：“银行机构是指在中华人民共和国境内依法设立的商业银行、政策性银行、村镇银行、农村信用合作社、农村合作银行。”在实务中，其他银行机构是一个更广的概念，具体包括农村信用合作社、农村合作银行、农村商业银行、村镇银行、城市信用合作社、城市商业银行等。在这些存贷类金融机构中，农村商业银行与城市商业银行是从原来的农村信用合作社、城市信用合作社改制而来，均按照《商业银行法》《公司法》设立，接受中国人民银行和国家金融监督管理总局的金融宏观调控与金融监管，与其他国有商业银行和股份制商业银行无异。而农村信用合作社、农村合作银行、村镇银行、城市信用合作社则跟前述商业银行存在较大的差别：农村合作银行、村镇银行在本质上属于银行业金融机构，但鉴于其特殊的职能定位，法律对其实施特殊的监管；严格来讲，农村信用合作社、城市信用合作社属于非银行金融机构，法律也对其实施差异化监管，但在实务中，《银行保险机构关联交易管理办法》等监管规定依然称其为银行机构。鉴于城市信用社目前几乎都改制为城市商业银行，农村合作银行目前也几乎实现了改制，截至2023年12月末，我国现存的农村合作银行仅有23家，且中国银监会颁布的《农村合作银行管理暂行规定》业已失效，本书重点对农村信用合作社和村镇银行法律制度进行介绍。

## 一、农村信用合作社

农村信用合作社简称农村信用社、农信社，是指经国家金融监督管理总局批准设立、由农村社员入股组成、实行民主管理、主要为农村社员提供金融服务的农村合作金融机构。农村信用社是独立的企业法人，以其全部资产对农村信用社债务承担责任，依法享有民事权利。其财产、合法权益和依法开展的业务活动受国家法律保护。其主要任务是筹集农村闲散资金，为“三农”提供金融服务。依照国家法律和金融政策规定，组织和调节农村基金，支持农业生产和农村综合发展，支持各种形式的合作经济和社员家庭经济，限制和打击高利贷。

农村信用合作社作为存贷类金融机构有其自身的特点，主要表现为：

（1）它是由农民和农村的其他个人集资联合组成，以互助为主要宗旨的合作金融组织。其业务经营是在民主选举基础上由社员指定人员管理经营，并对社员负责。其最高权力机构是社员代表大会，负责具体事务的管理和业务经营的执行机构是理事会。

（2）它的主要资金来源是合作社成员缴纳的股金、留存的公积金和吸收的存款。贷款主要用于解决其成员的资金需求。农村信用合作社起初主要发放短期生产生活贷款和消费贷款，后来随着经济发展，渐渐扩宽放款渠道，和商业银行贷款无异。

（3）业务对象是合作社成员，业务手续相对简便灵活。农村信用合作社的主要任务是：依照国家法律和金融政策的规定，组织和调节农村基金，支持农业生产和农村综合发展，支持各种形式的合作经济和社员家庭经济，限制和打击高利贷。

农村信用合作社还可以设立省（自治区、直辖市）联合社，其主要法律依据是《农村信用社省（自治区、直辖市）联合社管理暂行规定》。农村信用合作社省联社是由所在省（自治区、直辖市）内的农村信用合作社市（地）联合社、县（市、区）联合社、县（市、区）农村信用合作联社、农村合作银行自愿入股组成，实行民主管理，主要履行行业自律管理和服务职能，具有独立企业法人资格的地方性金融机构。其不吸收其他法人和自然人入股。省联社每股股金10万元人民币。单个社员的出资比例不得超过省联社股本总额的10%，社员入股金额不得超过其实收资本的30%。社员必须以货币资金入股，股金必须一次募足，社员省联社股权证书依法可以继承和转让。

2003年6月27日，国务院颁发了《深化农村信用社改革试点方案》，并确定浙江、山东、贵州、江西、吉林、重庆、陕西和江苏等八省市进行农村信用社改革试点工作，随后改革在全国范围全面展开。目前，我国大多数的农村信用社已经改制为农村商业银行，与农村信用合作社相类似的城市信用社则改制为城市商业银行。根据国家金融监管总局的数据，截至 2023 年末，我国共有农村信用社 499 家，农村商业银行 1 607 家，城市商业银行 124 家。

## 二、村镇银行

村镇银行是指经国务院银行业监督管理部门依据有关法律、法规批准，由境内外金融机构、境内非金融机构企业法人、境内自然人出资，在农村地区设立的主要为当地农民、农业和农村经济发展提供金融服务的银行业金融机构。村镇银行的建立，有效地填补了农村地区金融服务的空白，加大了农村地区的金融支持力度。

村镇银行的特点有：(1) 规模小，法定最低注册资本标准较低；(2) 服务对象仅限农村，仅限于本县域或乡镇范围之内，而且业务对象也仅是农村、农业和农民，一般不设分支机构；(3) 业务领域受到限制，村镇银行受到地域范围、服务对象、设置目标以及注册资本的限制，其业务范围小于商业银行，其设立条件也低于商业银行。

目前，村镇银行监管的主要法律依据是中国银监会关于印发《村镇银行组建审批工作指引》的通知、中国银监会办公厅《关于加强村镇银行公司治理的指导意见》、中国银监会《关于调整村镇银行组建核准有关事项的通知》和《关于进一步促进村镇银行健康发展的指导意见》。

村镇银行的组建须具备以下条件：(1) 主要发起人。设立村镇银行，其股东至少有 1 家为持股比例不低于 20%的银行业金融机构，且主要发起人为出资额最多的银行业金融机构。(2) 筹建工作小组及其组成。筹建工作小组由作为主要发起人的银行业金融机构商其他发起人（出资人）成立；其成员组成及职责须经发起人大会（出资人会议）审议通过。(3) 设立方式。村镇银行按照《公司法》的相关规定设立，其中采用股份有限公司形式的村镇银行以发起方式设立。(4) 公司治理。村镇银行应实行简洁、灵活的公司治理，针对其机构规模小、业务简单的特点，按照因地制宜、运行科学、治理有效的原则，建立和设置公司组织架构。村镇银行要科学设置业务流程和管理流程，精简设置职能部门，确保机构高效、安全、稳健运行。村镇银行可根据本地产业结构或信贷管理的实际需要，在同等条件下，适量选聘具有农业技术专长的人员作为其董事、高级管理人员，或从事信贷管理工作。(5) 从业资格考试。对村镇银行分支机构负责人不需进行任职资格审查，相关人员应参加银行业从业资格考试，成绩合格并报监管部门备案后即可任职。(6) 符合条件的银行业金融机构可出资组建一人有限责任公司形式的村镇银行，其筹建相关工作需由其有权机构出具相关决议及授权文件。

村镇银行的公司治理结构应当符合以下要求：(1) 优化股权结构。在坚持主发起行最低持股比例的基础上，村镇银行应按照有利于防范风险、有利于拓展支农支小特色服务、有利于完善公司治理的原则，推动实现股权本地化、多元化、民营化。(2) 构建差异化的公司治理结构。鼓励村镇银行依据《公司法》规定构建完善的公司治理结构。允许根据自身组织形式、发展战略、资产规模、业务复杂程度及社区性银行特点，按照“简洁、灵活、有效”的原则，建立差异化的公司治理结构。(3) 明晰治理主体的权责边界。村镇银行应围绕加强风险管理和支农支小市场定位要求，按照有效制衡、有序运转的原则，着力明晰公司治理主体的职责边界和运行机制。股东应书面承诺支持村镇银行支农支小发展战略，根据村镇银行经营发展需要和监管要求持续注资，按照关联交易相关规定依法合规与村镇银行开展业务往来等。参与发起设立村镇银行的股东所持有的股份 3 年内不得转让。(4) 规范主发起行职责。主发起行应依法有效履行出资人及大股东职责，积极维护村镇银行的独立法人地位和经营自主权，不得损害中小股东利益。主发起行应通过村镇银行股东会和董事会等行使相关职责，支持村镇银行做好支农支小服务，并实施并表管理。严禁主发起行不当干预村镇银行贷款审批、经营目标制订、员工招聘等日常经营管理活动。（5）强化激励约束机制建设。村镇银行应根据市场定位和风险控制要求建立特色化的绩效考核指标体系和薪酬体系。（6）提高监管有效性。各级银行业监管机构应强化对村镇银行的差异化监管，不断提高公司治理监管的水平。

## 第四节　信托公司组织法律制度

### 一、信托的概念

信托起源于英国，发展于美国，在英美法系国家相当流行，后来逐步为大陆法系的日本、韩国、德国等国家接纳和认可。信托业现今已成为社会经济生活中不可或缺的一个行业，甚至被视为金融业四大支柱之一。信托极富弹性、灵活性、适应性，不论在民事、商事还是社会公益领域，信托均被广泛运用。

我国《信托法》第 2 条规定：“本法所称信托，是指委托人基于对受托人的信任，将其财产权委托给受托人，由受托人按委托人的意愿以自己的名义，为受益人的利益或者特定目的，进行管理或者处分的行为。”从信托产生的原因来看，信托是一种引起委托人、受托人、受益人之间权利义务关系的法律行为或者法律事实；从信托产生的法律后果来看，信托是一种民事法律关系，即委托人、受托人、受益人之间的权利义务关系；从规范信托行为、信托关系的角度来看，信托是一种民商事法律制度。信托是基于信任关系而产生的，是委托人将财产的所有权转移给受托人，通过受托人对该财产进行管理或处分，将所得利益交给受益人的财产管理制度。信托的本质在于使受托人为了受益人的利益而管理或处分由委托人转移而来的信托财产。

### 二、信托的分类

#### （一）意定信托与法定信托

依据信托成立的法律事实的不同，可将其分为意定信托和法定信托。意定信托是指依据合同或者遗嘱等法律行为而成立的信托。法定信托是指依照法律的明文规定而设立的信托。

#### （二）私益信托与公益信托

依据设立信托的目的不同，可将信托区分为私益信托和公益信托。私益信托是指为了私人利益而设立的信托。这是最主要的一种信托形式。根据这种信托，委托人既可以为自己设立信托（自益信托），也可以为他人设立信托（他益信托）；委托人既可以为一人设立信托，也可以为多数人设立信托。公益信托，又称为慈善信托，是指为了公共利益或者不特定多数人的利益而设立的信托，包括济贫信托、教育信托、宗教信托以及其他有利于公共目的的信托。

#### （三）自益信托与他益信托

以委托人与受益人是否为同一人作为标准，信托可以分为自益信托与他益信托。自益信托是指委托人以自己为受益人而设立的信托。在这种情况下，委托人与受益人发生资格上的兼并。自益信托只能是私益信托，公益信托不存在自益信托的问题。他益信托是指委托人为了他人的利益而设立的信托。他益信托既可能是私益信托，也可能是公益信托，但公益信托肯定是他益信托。

#### （四）营业信托和民事信托

依据受托人是否是信托营业机构，信托可分为营业信托和民事信托。营业信托是指受托人为从事信托营业的具有法人资格的金融机构，以营利为目的而设立的信托，诸如投资基金信托、融通资金的公司信托、设备信托、公司经营的表决权信托等。民事信托是指不以营利为目的，由非信托营业机构从事的信托，诸如英美国家的隔代信托、累积信托、管理信托、自由裁量信托与保护信托等。

（五）生前信托与死后信托

依据信托是在委托人生前发生效力还是在死后发生效力，可将信托区分为生前信托和死后信托。生前信托是指委托人在其生前创设的并在其生前发生效力的信托，它既可以是自益信托也可以是他益信托。死后信托亦称遗嘱信托，是指由委托人在其生前以遗嘱方式设立的并在其死后发生效力的信托，它只能是一种他益信托。

（六）可撤销信托与不可撤销信托

依据信托契约中是否保留了委托人的撤销权，可将信托区分为可撤销信托与不可撤销信托。可撤销信托是指委托人在信托契约中保留了随时可以终止信托契约并取回信托财产的权利的信托。在这种信托中，委托人往往保留了变更信托条款以及随时增减信托财产的权利，因此信托极富弹性，这使得委托人可以随时调整信托关系以适应自己的需要。不可撤销信托是指除依照信托契约所记载的条款外，不得由委托人终止的信托。在这种信托中，委托人没有变更信托条款的权利，其虽然可以增加信托财产，但不得减少信托财产。

以上是常见的信托种类，除此之外，还有很多其他种类的信托，如宣言信托、自由裁量信托、保护信托、积极信托、消极信托等。

## 三、信托法及其基本原则

（一）信托法的概念

信托法是调整信托关系的法律规范的总称。信托关系是指委托人、受托人、受益人互相之间围绕财产权的转移、财产的管理及受益而发生的权利义务关系，包括委托人与受托人之间的委托与财产转移关系，受托人与受益人之间的利益转移关系。信托法有广义和狭义之分，狭义的信托法仅指国家立法机关制定的信托法律，我国《信托法》就是狭义的信托法。广义的信托法不仅包括信托法律，还包括行政机关、司法机关制定的信托行政法规和信托司法解释，如原中国银监会颁布并于 2007 年 3 月 1 日起施行的《信托公司管理办法》和《信托公司集合资金信托计划管理办法》等。现代信托法均起源于英国。

（二）信托法的基本原则

1. 信托财产所有权与利益相分离原则

信托作为一种财产管理制度，其载体是信托财产。信托财产权的法律性质极为特殊，其在财产上的权利具有所有权与受益权二元并存的性质，表现为所有权与利益相分离、权利主体与利益主体相分离。一方面，受托人享有信托财产的所有权，他可以像真正的财产所有权人那样管理和处分信托财产，并与第三人从事各种交易活动；另一方面，受托人又不能为自己的利益而使用信托财产，不能将行使信托财产所有权所产生的收益归于自己。受托人对信托财产的处分权也受到一定的限制，即信托目的的限制。受托人必须妥善地管理和处分信托财产，并负有将行使信托财产所有权所产生的收益交付给委托人指定的受益人的义务。信托财产所有权与利益相分离、权利主体与利益主体相分离，这是信托制度与其他财产管理制度的根本区别所在，是信托制度的基石，体现了信托制度的本质，因而是信托法的一项基本原则。

2. 信托财产独立性原则

信托财产独立性是指信托一旦有效设立，信托财产即从信托人、受托人和受益人的固有财产中分离出来而成为一项独立的财产。就信托人而言，其一旦将财产交付信托，即丧失了对该财产的所有权，从而使信托财产完全独立于信托人的固有资产。信托财产的独立性还表现在：(1) 信托财产在管理方面的独立性。某项财产一旦设定信托，就应当对其单独建账，使其与受托人的自有财产相分离，与受托人管理的其他信托财产相分离，并且分别进行管理。(2) 信托财产在损益方面具有独立性。受托人处理信托事务所产生的利益，除依信托条款约定应支付给受益人外，应归属于信托财产；所产生的损失，除受托人失职所造成的外，也应用信托财产来承担。(3) 信托财产在清偿方面具有独立性，在信托法律关系存续期间，受托人仅能用信托财产清偿从事信托行为所产生的债务，不得用信托财产清偿与信托无关的债务。(4) 信托财产在继承方面具有独立性。在信托法律关系存续期间，虽然受托人是信托财产的所有权人，但为受托人占有与管理的信托财产在受托人死亡后，并不能成为受托人的遗产而按照继承法所规定的程序进行转移，也即信托财产不属于受托人可供继承的财产，不应由受托人的继承人来继承。信托财产独立性原则也体现了信托财产的本质，故亦是信托法的一项基本原则。

3. 信托责任有限性原则

信托责任有限性原则体现了信托法的基本理念。信托责任有限性是指信托法律关系当事人因信托行为而产生的给付责任仅以信托财产为限。信托责任有限性源于信托财产的独立性，在信托法律制度中，它是全面的，既贯穿于信托的内部给付关系之中，也体现在信托的外部给付关系之中。首先，在信托的内部给付关系即受托人与受益人之间的权利义务关系中，受托人因信托行为而对受益人所承担的给付信托利益的责任仅以信托财产为限。其次，在信托的外部给付关系即受托人在处理信托事务过程中与第三人发生的权利义务关系中，受托人虽然是以信托财产名义所有人的身份对第三人承担责任，但由于受托人作为信托财产名义所有人并不享受信托利益，因而其并非真正意义上的所有人。基于此，信托法一般规定以信托财产为限对第三人承担有限责任。

4. 信托管理承继性原则

信托管理承继性原则是信托财产管理制度长期性和稳定性的保障。信托管理承继性原则主要表现在四个方面：一是信托不因受托人的欠缺而影响其成立和效力。二是信托依法成立后其存续和效力不因受托人的欠缺或更迭而受影响。三是受益权的承继。受益权为享受信托利益的权利，因其本质上属于一种财产权，故原则上可以转让和继承。在转让受益权时，只要法律和信托行为没有特别规定，可以不经委托人的同意。四是公益信托的承继。公益信托不仅具有私益信托的承继性，而且还因“类似原则”的适用而具有特殊的承继性。在私益信托中，如果信托目的不能实现，信托关系即告消灭。与此不同，当公益信托所指定的公益目的不能实现或实现已无意义时，只要信托人在信托文件中有将全部信托财产运用于公共事业的一般性意思表示，则公益信托并不终止，法院将使信托财产用于与其初始信托“尽可能类似”的其他一些公益目的，从而使公益信托存续下来。这就是英美法上著名的“类似原则”。可见，公益信托效力不因原定目的不能实现或实现已无意义而受影响，可借助“类似目的”而存续下去。

5. 利益冲突的防范原则

受托人应为受益人的利益管理和处分信托财产，但由于受托人实际上拥有和控制信托财产，因而很容易利用其地位为自己或他人就信托财产谋求不当利益。为防范利益冲突，英美信托法强加于受托人一项法定义务——忠实义务，即受托人应当诚信地管理信托财产，忠实于受益人的利益，须以受益人的利益为处理信托事务的唯一目的，不得利用信托为自己或为他人谋利，不得使自己或者他人处于与受益人利益相冲突的地位。各国信托法一般都规定有利益冲突的防范原则。

## 四、信托公司的设立、业务范围变更和终止

目前，我国调整信托业的规范，除《信托法》外，主要有《信托公司管理办法》《信托公司集合资金信托计划管理办法》《信托公司受托境外理财业务管理暂行办法》《信托公司治理指引》《信托公司行政许可事项实施办法》《中国银保监会关于规范信托公司信托业务分类的通知》等。

### （一）信托公司的设立

1. 信托公司的设立制度

经信托主管机关审核批准后，信托公司方可登记注册，开展营业活动。在我国，由国家金融监督管理总局负责审核批准信托公司的设立。设立信托公司，应当采取有限责任公司或者股份有限公司的形式，必须经国家金融监督管理总局批准，并领取“金融许可证”。未经批准，任何单位和个人不得经营信托业务，任何经营单位不得在其名称中使用“信托”字样，但法律、法规另有规定的除外。

2. 信托公司的设立条件

根据《信托公司管理办法》和《信托公司行政许可事项实施办法》的规定，我国信托公司的设立条件如下：（1）有符合《公司法》和监管部门规定的公司章程；（2）有具备监管部门规定的入股资格的股东，包括境内非金融机构、境内金融机构、境外金融机构和监管部门认可的其他出资人；（3）具有《信托公司管理办法》规定的最低限额的注册资本，注册资本为一次性实缴货币资本，最低限额为 3 亿元人民币或等值的可自由兑换货币；（4）有符合监管部门规定任职资格的董事、高级管理人员和与其业务相适应的信托从业人员；（5）具有健全的公司治理结构、组织机构、管理制度、风险控制机制和投资者保护机制；（6）建立了与业务经营和监管要求相适应的信息科技架构，具有支撑业务经营的必要、安全且合规的信息系统，具备保障业务持续运营的技术与措施；（7）监管部门规定的其他条件。

### （二）信托公司的业务范围

1. 固有业务

固有业务是信托公司的自营业务，根据《信托公司管理办法》，信托公司固有业务项下可以开展存放同业、拆放同业、贷款、租赁、投资等业务。投资业务限定为金融类公司股权投资、金融产品投资和自用固定资产投资。信托公司不得以固有财产进行实业投资，但监管部门另有规定的除外。信托公司不得开展除同业拆入业务以外的其他负债业务，且同业拆入余额不得超过其净资产的 20%。中国银行业监督管理委员会另有规定的除外。

信托公司开展固有业务，不得有下列行为：向关联方融出资金或转移财产；为关联方提供担保；以股东持有的本公司股权作为质押进行融资。

2. 信托业务

信托业务是指信托公司运用受托资金开展的业务，即表外业务，是信托公司以经营业务和收取报酬为目的，承诺以受托人身份管理和处理信托事务的业务行为，信托业务属于资产管理业务。根据《信托公司管理办法》第 16 条，信托公司可以申请经营下列部分或者全部本外币业务：资金信托；动产信托；不动产信托；有价证券信托；其他财产或财产权信托；作为投资基金或者基金管理公司的发起人从事投资基金业务；经营企业资产的重组、购并及项目融资、公司理财、财务顾问等业务；受托经营国务院有关部门批准的证券承销业务；办理居间、咨询、资信调查等业务；代保管及保管箱业务；法律法规规定或中国银行业监督管理部门批准的

其他业务。

3. 新增调整业务

根据《信托公司行政许可事项实施办法》第 36 条，信托公司依据本办法可申请开办的业务范围和业务品种包括：企业年金基金管理业务资格、特定目的信托受托机构资格、受托境外理财业务资格、股指期货交易等衍生产品交易业务资格、以固有资产从事股权投资业务资格。

为促进各类信托业务回归本源，规范发展，2023 年 3 月 20 日，《中国银保监会关于规范信托公司信托业务分类的通知》（银保监规〔2023〕1 号）正式实施，要求信托公司应当以信托目的、信托成立方式、信托财产管理内容作为分类维度，将信托业务分为资产服务信托、资产管理信托、公益慈善信托三大类。对于具体的业务规则，本书将在后续的信托交易法律制度部分详细介绍。

（三）信托公司的变更和终止

信托公司成立后，有下列情形之一的，应当经国务院银行业监督管理机构批准：（1）变更名称；（2）变更注册资本；（3）变更公司住所；（4）改变组织形式；（5）调整业务范围；（6）更换董事或高级管理人员；（7）变更股东或者调整股权结构，但持有上市公司流通股份未达到公司总股份 5%的除外；（8）修改公司章程；（9）合并或者分立；（10）中国银行业监督管理部门规定的其他情形。

信托公司有下列情形之一的，信托终止：（1）信托文件约定的终止事由发生；（2）信托的存续违反信托目的；（3）信托目的已经实现或者不能实现；（4）信托当事人协商同意；（5）信托期限届满；（6）信托被解除；（7）信托被撤销；（8）全体受益人放弃信托受益权。

信托终止的，信托公司应当依照信托文件的约定作出处理信托事务的清算报告。受益人或者信托财产的权利归属人对清算报告无异议的，信托公司就清算报告所列事项解除责任，但信托公司有不当行为的除外。信托财产不属于清算财产或破产财产之列。

## 第五节　保险公司组织法律制度

### 一、保险和保险法概述

对保险的概念可以从两个方面来分析：一方面，从经济角度分析，保险是分散风险、消化损失的经济制度，它借助多数经济单位的集合集中建立保险基金，对意外灾害事故进行补偿；另一方面，从法律角度分析，保险是一种因保险契约的订立而产生的权利义务关系，本质上属于一种法律关系。我国《保险法》第 2 条规定，保险是指投保人根据合同约定，向保险人支付保险费，保险人对于合同约定的可能发生的事故因其发生所造成的财产损失承担赔偿保险金责任，或者当被保险人死亡、伤残、疾病或者达到合同约定的年龄、期限等条件时承担给付保险金责任的商业保险行为。

保险法是以保险关系为调整对象的法律规范的总称。它可以分为保险合同法、保险业法和保险特别法。保险合同法是保险法的核心，是调整保险关系的双方当事人权利和义务的法律。保险业法是国家对保险业进行监督和管理的法律。保险特别法是专门规定特定的保险险种的法律、法规，如《海商法》中关于海上保险的规定。1992 年 11 月 7 日，第七届全国人大常委会第二十八次会议通过了《海商法》，这是我国第一次以法律的形式对海上保险作了明确规定。1995 年 6 月 30 日，第八届全国人大常委会第十四次会议通过了《保险法》，这是新中国成立以来第一部保险基本法。该法历经三次修正实施至今。

保险法具有如下特征：

（1）广泛的社会性。保险法的社会性是由保险的社会性决定的。构成保险的条件之一是必须集合多数单位的共筹资金，如果仅少数人参加保险，保险就无法运用大数法则，也无法起到分散风险的作用。保险的社会性决定保险法必须充分体现社会利益，充分保障参加保险的成员的利益。

（2）严格的强制性。由于保险涉及社会公益并具有社会性，因而保险法中有许多强制性规定，例如，关于被保险人故意造成的损失，保险人不负赔偿责任的强制规定，又如，在保险合同中，当事人的一些权利是不能放弃的，如保险人放弃合同约定的收取保险费的权利，因其有悖于保险原理，归于无效。

（3）至善的伦理性。保险行为是一种射幸行为。法律为防止道德风险，要求保险契约须以特定的善意订立。因此，保险契约又称为“最大善意契约”。保险契约的这种善意要求，决定了调整保险关系的保险法具备特别的善意，即伦理性。

（4）特定的技术性。保险业的经营对象是各种风险，在一定时间内，保险人收取的保险费总量须同将要出现的危险损失赔偿形成一种平衡关系。这就要求运用大数法则和概率论，以风险损失为基础，建立起符合保险经营原理、保证保险人财政稳定的数学模型。在保险法中，一般都有关于保险费率的厘定、保险事故损失计算以及保险赔款计算、保险投资等方面的规定。

（5）趋同的国际性。从中世纪海上保险商人的习惯法发展至今，保险法越来越有国际统一化的趋势。为了方便不同国家当事人之间处理因保险而发生的争议，各国通过协商已形成一些国际通行的保险规则或者公约，例如《海牙规则》《约克—安特卫普规则》等。

## 二、保险公司

1. 保险公司的概念和特点

保险公司是指专门经营各类保险业务，自主经营、自负盈亏的独立的金融机构。其特点主要表现在以下四个方面：

（1）保险公司的经营具有风险性。保险公司的经营以大数法则为基础，为法定的或约定的保险事故承担保险责任。

（2）保险公司具有金融性。投保人缴纳的保险费形成保险基金，保险公司可根据法律的规定将其投入金融市场进行投资。

（3）保险公司受到严格的经营监管。由于保险具有广泛的社会性，各国立法都对保险业的经营进行严格的监管。

（4）保险公司的组织形式具有法定性，必须采用有限责任保险公司和股份有限保险公司的组织形式。

2. 保险公司的设立

设立保险公司应当经国务院保险监督管理机构批准。审查保险公司的设立申请时，应当考虑保险业的发展和公平竞争的需要。

设立保险公司应符合以下条件：（1）主要股东具有持续盈利能力，信誉良好，最近 3 年内无重大违法违规记录，净资产不低于人民币 2 亿元；（2）有符合《保险法》和《公司法》规定的章程；（3）有符合《保险法》规定的注册资本；（4）有具备任职专业知识和业务工作经验的董事、监事和高级管理人员；（5）有健全的组织机构和管理制度；（6）有符合要求的营业场所和与经营业务有关的其他设施；（7）法律、行政法规和国务院保险监督管理机构规定的其他条件。

设立保险公司，其注册资本的最低限额为人民币 2 亿元。国务院保险监督管理机构根据保险公司的业务范围、经营规模，可以调整其注册资本的最低限额，但不得低于前述最低限额。保险公司的注册资本必须为实缴货币资本。

3. 保险公司的设立程序

保险公司的设立必须经过申请和批准程序。

（1）提出申请，并同时递交：设立申请书；可行性研究报告；筹建方案；投资人的营业执照或者其他背景资料，经会计师事务所审计的上一年度财务会计报告；投资人认可的筹备组负责人和拟任董事长、经理名单及本人认可证明；国务院保险监督管理机构规定的其他材料。

（2）筹建。审查合格后，申请人应自收到批准筹建通知之日起 1 年内完成筹建工作；筹建期间不得从事保险经营活动。

（3）批准。筹建工作完成后，申请人具备保险公司设立条件的，可以向国务院保险监督管理机构提出开业申请。保险监管部门收到申请书后 60 日内应作出是否批准的决定。决定批准的，颁发经营保险业务许可证。

（4）成立。申请人持保险监管部门颁发的保险业务许可证到市场监督管理部门办理登记，领取营业执照，取得法人资格。公司自领取营业执照之日起正式成立。保险公司可以依法申请设立分支机构。

4. 保险公司的变更

保险公司有变更名称，变更注册资本，变更公司或分支机构的营业场所，撤销分支机构，公司分立或者合并，修改公司章程，变更出资额占有限责任公司资本总额 5%以上的股东，或者变更持有股份有限公司股份 5%以上的股东等其他情形的，应当经国务院保险监督管理机构批准。

5. 保险公司的终止

保险公司的终止是指保险公司主体资格的消灭。《保险法》第 89 条、第 90 条、第 92 条就保险公司的终止事由作了规定：（1）保险公司因分立、合并需要解散，或者股东会决议解散，或者公司章程规定的解散事由出现，经国务院保险监督管理机构批准后解散。（2）因违法被保险监管部门吊销保险经营业务许可证而予以撤销。（3）经保险监管部门同意被依法宣告破产而终止。

经营有人寿保险业务的保险公司，除因分立、合并或者被依法撤销外，不得解散。保险公司解散，应当依法成立清算组进行清算。

保险公司有《企业破产法》第 2 条规定情形的，经国务院保险监督管理机构同意，保险公司或者其债权人可以依法向人民法院申请重整、和解或者破产清算；国务院保险监督管理机构也可以依法向人民法院申请对该保险公司进行重整或者破产清算。

保险公司破产财产在优先清偿破产费用和共益债务后，按照下列顺序清偿：（1）所欠职工工资和医疗、伤残补助、抚恤费用，所欠应当划入职工个人账户的基本养老保险、基本医疗保险费用，以及法律、行政法规规定应当支付给职工的补偿金；（2）赔偿或者给付保险金；（3）保险公司欠缴的除第 1 项规定以外的社会保险费用和所欠税款；（4）普通破产债权。破产财产不足以清偿同一顺序的清偿要求的，按照比例分配。破产保险公司的董事、监事和高级管理人员的工资，按照该公司职工的平均工资计算。

经营有人寿保险业务的保险公司被依法撤销或者被依法宣告破产的，其持有的人寿保险合同及责任准备金，必须转让给其他经营有人寿保险业务的保险公司；不能同其他保险公司达成转让协议的，由国务院保险监督管理机构指定经营有人寿保险业务的保险公司接受转让。转让或者由国务院保险监督管理机构指定。接受转让前款规定的人寿保险合同及责任准备金的，应当维护被保险人、受益人的合法权益。

## 三、保险经营规则

1. 分业经营

这是指同一保险公司不得同时兼营财产保险业务和人身保险业务。这是因为：第一，实行两种保险的混合经营难以保证财产保险和人身保险核算的真实性和准确性；第二，为避免保险公司挪用长期人寿保险资金弥补财产保险亏损，防止损害寿险被保险人利益行为的发生。但经批准，财产保险公司可以经营短期健康保险业务和意外伤害保险业务。

2. 提取保证金和提取结转责任准备金

保险公司在业务经营过程中，除要缴存注册资本的20%作为保证金以外，还要依法提取和结转未到期责任准备金、未决赔偿准备金、保险保障基金、公积金等，以保证被保险人的利益、保证保险公司的偿付能力、保证保险公司的正常经营。

3. 当年自留保险费

为了限制财产保险公司无节制地展业，《保险法》中规定："经营财产保险业务的保险公司当年自留保险费，不得超过其实有资本金加公积金总和的四倍。"

4. 保障偿付能力

保险公司应当具有与其业务规模和风险程度相适应的最低偿付能力。保险公司的认可资产减去认可负债的差额不得低于国务院保险监督管理机构规定的数额；低于规定数额的，应当按照国务院保险监督管理机构的要求采取相应措施达到规定的数额。

5. 保险公司的运营应当遵循合法性原则、安全性原则、效益性原则、分散性原则和流动性原则

保险公司的资金运用，限于下列形式：(1) 银行存款；(2) 买卖债券、股票、证券投资基金份额等有价证券；(3) 投资不动产；(4) 国务院保险监督管理机构规定的其他资金运用形式。

6. 再保险业务经营

根据《再保险业务管理规定》(中国银行保险监督管理委员会令2021年第8号)，再保险业务分为寿险再保险和非寿险再保险。保险人对寿险再保险和非寿险再保险应当单独列账、分别核算。保险人应当依照《保险法》的规定，确定当年总自留保险费和每一危险单位自留责任；超过的部分，应当办理再保险。保险人对危险单位的划分应当符合国家金融监督管理总局的相关规定。

7. 关联交易信息披露制度

保险公司的控股股东、实际控制人、董事、监事、高级管理人员不得利用关联交易损害公司的利益；应真实、准确、完整地披露财务会计报告、风险管理状况、保险产品经营情况，便于社会监督。

8. 公平竞争规则

保险公司应当遵循公平竞争原则，不得从事不正当竞争。

## 四、对保险中介人的规范

保险中介人是指保险合同的当事人及关系人之外的为保险合同的订立和履行提供辅助作用的人或者组织，也叫保险辅助人。保险市场作为一个完整的体系，其主体主要包括保险

人、投保人和保险中介人三种。按照其各自不同的功能，保险中介人又可分为保险代理人、保险经纪人和保险公估人。除《保险法》外，我国对保险中介人进行法律规制的主要依据是原中国银保监会出台的《保险代理人监管规定》（自 2021 年 1 月 1 日起实施）、《保险经纪人监管规定》（自 2018 年 5 月 1 日起实施）和《保险公估人监管规定》（自 2018 年 5 月 1 日起实施）。

1. 保险代理人

保险代理人是指根据保险人的委托向保险人收取佣金，并在保险人授权的范围内代为办理保险业务的机构或个人。保险代理关系在法律性质上属于民事代理。根据《保险代理人监管规定》第 41 条之规定，保险专业代理机构可以经营下列全部或者部分业务：（1）代理销售保险产品；（2）代理收取保险费；（3）代理相关保险业务的损失勘查和理赔；（4）国务院保险监督管理机构规定的其他相关业务。

值得注意的是，对于保险代理人从业人员的资格管理，自 2015 年 6 月 13 日起，保险代理人资格证已经停止统一考试，改为由各家公司自行组织考试。

2. 保险经纪人

我国《保险法》规定，保险经纪人是基于投保人的利益，为投保人与保险人订立保险合同提供中介服务，并依法收取佣金的机构。保险经纪人并不直接承保保险业务，不是保险合同的当事人，仅是代表投保人购买保险并收取佣金，为投保人与保险人订立保险合同提供中介服务活动，并承担由此产生的法律后果。我国《保险法》第 128 条规定，保险经纪人因过错给投保人、被保险人造成损失的，依法承担赔偿责任。

《保险经纪人监管规定》对保险经纪人的经营业务范围进行了明确，保险经纪人可以经营下列全部或者部分业务：（1）为投保人拟订投保方案、选择保险公司以及办理投保手续；（2）协助被保险人或者受益人进行索赔；（3）再保险经纪业务；（4）为委托人提供防灾、防损或者风险评估、风险管理咨询服务；（5）国务院保险监督管理机构规定的与保险经纪有关的其他业务。

3. 保险公估人

保险公估人是接受他人委托，为投保标的或受损标的提供评估、鉴定或查勘、估损和理算，并出具公估报告书的保险中介服务机构。我国《保险法》规定，保险活动当事人可以委托保险公估机构等依法设立的独立评估机构或者具有相关专业知识的人员，对保险事故进行评估和鉴定。

《保险公估人监管规定》第 43 条规定，保险公估人可以经营下列全部或者部分业务：（1）保险标的承保前和承保后的检验、估价及风险评估；（2）保险标的出险后的查勘、检验、估损理算及出险保险标的残值处理；（3）风险管理咨询；（4）国务院保险监督管理机构规定的其他业务。

## 五、法律责任

违反《保险法》规定，擅自设立保险公司、保险资产管理公司或者非法经营商业保险业务的，由保险监督管理机构予以取缔，没收违法所得，并处违法所得 1 倍以上 5 倍以下的罚款；没有违法所得或者违法所得不足 20 万元的，处 20 万元以上 100 万元以下的罚款。

违反《保险法》规定，擅自设立保险专业代理机构、保险经纪人，或者未取得经营保险代理业务许可证、保险经纪业务许可证从事保险代理业务、保险经纪业务的，由保险监督管理机构予以取缔，没收违法所得，并处违法所得 1 倍以上 5 倍以下的罚款；没有违法所得或者违法所得不足5万元的，处5万元以上30万元以下的罚款。

## 第六节　金融租赁公司组织法律制度

### 一、金融租赁的概念、交易结构、法律特征和分类

（一）金融租赁的概念

租赁是一种古老的商品信用活动，从产生至今，已经历了古代租赁、传统租赁和现代租赁三个阶段。我国《融资租赁公司监督管理暂行办法》规定，融资租赁业务是指出租人根据承租人对出卖人、租赁物的选择，向出卖人购买租赁物，提供给承租人使用，承租人支付租金的交易活动。我国《民法典》中关于融资租赁合同的规定也大致沿袭了这样的定义。

（二）金融租赁的交易结构

（1）融资租赁具有融资和融物的双重职能，是资金流动与货物流动相结合的形式。融资租赁由出租方融通资金为承租方提供所需设备，它不同于一般借钱还钱、借物还物的信用形式，而是通过借物达到借钱的目的，借物还钱使融资与融物相结合，租赁公司兼有金融机构（融通资金）和贸易机构（提供设备）的双重职能。

（2）融资租赁一般包括三方当事人和至少两个合同。除售后回租以外，融资租赁包括三方当事人，即出租人、承租人和供货人，而传统租赁只有出租人和承租人两方当事人。传统租赁中只有一个租赁合同，而融资租赁至少包括两个合同，即出租人与承租人之间的租赁合同和出租人与供货人之间的购买合同。这两个合同紧密联系：租赁合同的签订和履行是购货合同签订与履行的前提，购货合同的履行是一笔租赁业务完成不可缺少的组成部分。以上述关系为前提，出租方有根据购货合同购买物件并且支付货款的义务，承租方则有根据租赁合同获得物件的使用权并且按合同规定的条款支付租金的义务。

（3）承租人对租赁设备及供货人具有选择权并承担责任。在融资租赁中，租赁的设备、设备生产人、供货都是由承租人选定的。出租人是根据承租人要求且以拟将设备出租给承租人为目的而出资购买的。承租人应参加购买合同的谈判，并会签合同，以表示确认购买合同的条款。承租人对购进设备的数量、质量、规格、技术要求及验收承担责任。但出租人为了承租人的利益，也可以介绍可靠的供货人或设备供承租人选择。

（4）租赁财产的所有权与使用权相分离。在租赁期间，租赁财产的所有权属于出租人，承租人享有使用权，所有权与使用权相分离。租赁期满后，承租人对租赁财产的处置可以是留购、续租或退回。

（5）出租人在一个较长的租赁时期内，通过收取租金来收回全部投资，即租金采用分期归还的形式。由于租赁期是一个连续的、不间断的期间，加之融资租赁承租人的特定性和租赁物件的被指定性，因此租赁合同具有不可解约性。

（6）租赁财产的保养、维修、保险及无形损耗的风险均由承租人承担。因为融资租赁的主要功能是融资，它与传统租赁不同，租赁设备是出租人应承租人的特定要求而专门购入的，出租人不具备对租赁设备维修、保养的技能，也不应对此负责。设备的保养、维修、保险以及无形损耗的风险都由承租人承担。

（三）融资租赁的法律性质

关于融资租赁的法律性质，在理论上主要有以下几种不同的观点：

1. 分期付款买卖契约说

该学说认为，融资租赁的性质是一种分期付款的买卖。在这种关系中，出租人对于租赁物享有的仅限于担保利益，承租人支付的租金相当于购买租赁物的价金，并且在支付完最后一笔租金后，承租人只要支付名义价格即可取得标的物所有权，符合分期付款买卖契约的特征。这种学说为德国学者艾本罗斯首创。

2. 租赁契约说

租赁契约说又分为典型租赁契约说与特殊租赁契约说。典型租赁契约说为德国学者福勒姆首创，认为融资租赁是以物的使用为目的，而不是以物本身为目的，租金是物的使用的对价，而非物的对价，因此，融资租赁应理解为通常的租赁。特殊租赁契约说强调融资租赁的融资机能，重视契约内容中的特约，认为融资租赁不是纯粹的租赁。

3. 金钱消费借贷契约说

该学说认为，在融资租赁中，出租人将标的物借贷给承租人，承租人到期以货币的形式返还本金，承租人所支付的价金并非使用租赁标的物的对价，而是偿还租赁公司购买租赁标的物所支出的本金及利息。

4. 新型契约说

该学说认为，融资租赁不同于传统民事法律关系中的各种典型契约制度，它是一种独立于既存典型契约的新型契约。新型契约说能够做到融资租赁的法律形式与经济实质并重，即既注重融资租赁所采取的类似传统租赁契约的租赁的法律形式，又不忽视此法律形式背后所蕴藏的融资的经济性质，承认其兼有租赁和融资的双重法律性质。

（四）融资租赁的种类

1. 直接租赁

直接租赁是购进租出的方式，即出租人筹集资金，按承租人的要求，向供货商或制造厂商购进设备后直接出租给承租人。

2. 转租赁

转租赁是指出租人先作为承租人（第一承租人）向其他租赁机构（第一出租人）租入机器设备，再将该机器设备以出租人（第二出租人）的身份租赁给使用单位（第二承租人）使用的一种租赁方式。

3. 售后回租

售后回租是指承租人将自制或外购的机器设备先按账面价格或重估价卖给租赁公司，然后再以租赁方式租回使用的租赁。

4. 杠杆租赁

杠杆租赁也称衡平租赁，是指出租人一般只出占全部出租成本的20%～40%的资金，即可在法律上和经济上拥有租赁设备的所有权，然后以出租设备为抵押向金融机构融资取得出租设备成本的大部分资金（60%～80%）的一种融资租赁方式。

## 二、金融租赁公司的设立、变更、业务经营范围与业务监管

根据《金融租赁公司管理办法》，我国对金融租赁公司的设立、变更、业务经营范围与监管有以下规定。

（一）金融租赁公司的设立与变更

1. 设立

申请设立金融租赁公司，应当具备以下条件：（1）有符合《公司法》和国务院银行业监督

管理部门规定的公司章程；(2) 有符合规定条件的发起人；(3) 注册资本为一次性实缴货币资本，最低限额为1亿元人民币或等值的可自由兑换货币；(4) 有符合任职资格条件的董事、高级管理人员，并且从业人员中具有金融或融资租赁工作经历3年以上的人员应当不低于总人数的50%；(5) 建立了有效的公司治理、内部控制和风险管理体系；(6) 建立了与业务经营和监管要求相适应的信息科技架构，具有支撑业务经营的必要、安全且合规的信息系统，具备保障业务持续运营的技术与措施；(7) 有与业务经营相适应的营业场所、安全防范措施和其他设施；(8) 国务院银行业监督管理部门规定的其他审慎性条件。

为保证金融租赁业的安全和正常的经营，金融租赁公司应有合格的出资人，《金融租赁公司管理办法》规定，金融租赁公司的发起人包括在中国境内外注册的具有独立法人资格的商业银行，在中国境内注册的、主营业务为制造适合融资租赁交易产品的大型企业，在中国境外注册的融资租赁公司以及国务院银行业监督管理部门认可的其他发起人。

金融租赁公司发起人应当在金融租赁公司章程中约定，在金融租赁公司出现支付困难时，给予流动性支持；当经营损失侵蚀资本时，及时补足资本金。

2. 变更

金融租赁公司根据业务发展的需要，经国务院银行业监督管理部门批准，可以设立分公司、子公司。金融租赁公司董事和高级管理人员实行任职资格核准制度。金融租赁公司有下列变更事项之一的，须报经国务院银行业监督管理部门或其派出机构批准：变更公司名称，变更组织形式，调整业务范围，变更注册资本，变更股权或调整股权结构，修改公司章程，变更公司住所或营业场所，变更董事和高级管理人员，合并或分立，国务院银行业监督管理部门规定的其他变更事项。金融租赁公司变更股权及调整股权结构，拟投资入股的出资人需符合新设金融租赁公司发起人条件。

金融租赁公司有以下情况之一的，经国务院银行业监督管理部门批准可以解散：公司章程规定的营业期限届满或者公司章程规定的其他解散事由出现，股东决定或股东会决议解散，因公司合并或者分立需要解散，依法被吊销营业执照、责令关闭或者被撤销，其他法定事由。

金融租赁公司有以下情形之一的，经国务院银行业监督管理部门批准，可以向法院申请破产：不能支付到期债务，自愿或债权人要求申请破产的；因解散或被撤销而清算，清算组发现财产不足以清偿债务，应当申请破产的。金融租赁公司不能清偿到期债务，并且资产不足以清偿全部债务或者明显缺乏清偿能力的，国务院银行业监督管理部门可以向法院提出对该金融租赁公司进行重整或者破产清算的申请。金融租赁公司因解散、依法被撤销或被宣告破产而终止的，其清算事宜，按照国家有关法律法规办理。

### (二) 金融租赁公司的业务经营范围

经国务院银行业监督管理部门批准，金融租赁公司可以经营下列部分或全部本外币业务：融资租赁业务，转让和受让融资租赁资产，固定收益类证券投资业务，接受承租人的租赁保证金，吸收非银行股东3个月（含）以上定期存款，同业拆借，向金融机构借款，境外借款，租赁物变卖及处理业务，经济咨询。

经国务院银行业监督管理部门批准，经营状况良好、符合条件的金融租赁公司可以开办下列部分或全部本外币业务：发行债券，在境内保税地区设立项目公司开展融资租赁业务，资产证券化，为控股子公司、项目公司对外融资提供担保，国务院银行业监督管理部门批准的其他业务。

金融租赁公司业务经营中涉及外汇管理事项的，需遵守国家外汇管理有关规定。

（三）金融租赁公司的业务监管

金融租赁公司应当遵守以下监管指标的规定：

（1）资本充足率。金融租赁公司资本净额与风险加权资产的比例不得低于国务院银行业监督管理部门的最低监管要求。

（2）单一客户融资集中度。金融租赁公司对单一承租人的全部融资租赁业务余额不得超过资本净额的30%。

（3）单一集团客户融资集中度。金融租赁公司对单一集团的全部融资租赁业务余额不得超过资本净额的50%。

（4）单一客户关联度。金融租赁公司对一个关联方的全部融资租赁业务余额不得超过资本净额的30%。

（5）全部关联度。金融租赁公司对全部关联方的全部融资租赁业务余额不得超过资本净额的50%。

（6）单一股东关联度。对单一股东及其全部关联方的融资余额不得超过该股东在金融租赁公司的出资额，且应同时满足本办法对单一客户关联度的规定。

（7）同业拆借比例。金融租赁公司同业拆入资金余额不得超过资本净额的100%。

经国务院银行业监督管理部门认可，特定行业的单一客户融资集中度和单一集团客户融资集中度要求可以适当调整。国务院银行业监督管理部门根据监管需要可以对上述指标做出适当调整。

## 第七节　非银行业金融机构组织法律制度

### 一、金融资产管理公司

金融资产管理公司（AMC）在国际金融市场上共有两类：从事“优良”资产管理业务的AMC和从事“不良”资产管理业务的AMC。前者外延较广，涵盖诸如商业银行、投资银行以及证券公司设立的资产管理部或资产管理方面的子公司，主要面向个人、企业和机构等，提供的服务主要有账户分立、合伙投资、单位信托等；后者是专门处置银行剥离的不良资产的金融资产管理公司。

我国的国有金融资产管理公司是经国务院决定设立的收购国有独资商业银行不良贷款，管理和处置因收购国有独资商业银行不良贷款形成的资产的国有独资非银行金融机构。金融资产管理公司以最大限度保全资产、减少损失为主要经营目标，依法独立承担民事责任。我国有四家国有资产管理公司，即中国华融资产管理公司、中国长城资产管理公司、中国东方资产管理公司、中国信达资产管理公司，分别接收从中国工商银行、中国农业银行、中国银行、中国建设银行剥离出来的不良资产。与国外先制定有关的法律法规再依据这些法律法规设立资产管理公司不同，我国先成立资产管理公司再制定相关的法律法规。这四家金融资产管理公司成立一年后，国务院于2000年11月10日公布了《金融资产管理公司条例》，作为赋予资产管理公司合法身份和地位的行政法规，为资产管理公司高效运作提供法律依据。

（一）公司的设立和业务范围

设立金融资产管理公司的目的是处理国有银行不良贷款，促进国有银行和国有企业的改革和发展。金融资产管理公司的主要经营目标是最大限度地保全资产，减少损失。金融资产管理公司的注册资本由财政部核拨。金融资产管理公司在其收购的国有银行不良贷款范围内，管理和处置因收购国有银行不良贷款形成的资产时，可以从事下列业务活动：(1) 追偿债务；(2) 对所收购的不良贷款形成的资产进行租赁或者以其他形式转让、重组；(3) 债权转股权，并对企业阶段性持股；(4) 资产管理范围内公司的上市推荐及债券、股票承销；(5) 发行金融债券，向金融机构借款；(6) 财务及法律咨询，资产及项目评估；(7) 中国人民银行、中国证监会批准的其他业务活动。金融资产管理公司可以向中国人民银行申请再贷款。

(二) 收购不良贷款的范围、额度及资金来源

金融资产管理公司按照国务院确定的范围和额度收购国有银行不良贷款，超出确定的范围或者额度收购的，须经国务院专项审批。在国务院确定的额度内，金融资产管理公司按照账面价值收购有关贷款本金和相对应的计入损益的应收未收利息；对未计入损益的应收未收利息，实行无偿划转。金融资产管理公司收购不良贷款后，即取得原债权人对债务人的各项权利。原借款合同的债务人、担保人及有关当事人应当继续履行合同规定的义务。

金融资产管理公司收购不良贷款的资金来源包括：(1) 划转中国人民银行发放给国有独资商业银行的部分再贷款；(2) 发行金融债券。中国人民银行发放给国有独资商业银行的再贷款划转给金融资产管理公司，实行固定利率，年利率为 2.25%。

(三) 处置不良资产的形式

(1) 债转股，即将收购国有银行不良贷款取得的债权转为对借款企业的股权。债权转股权包含两个法律关系：一是金融资产管理公司与国有银行之间的债权转让关系；二是金融资产管理公司与国有企业之间的债权转股权的关系。债权转股权后，金融资产管理公司作为企业的股东，可以派人员参加董事会、监事会，依法行使股东的权利；金融资产管理公司持有的企业股权，可以按照国家有关规定向境内外投资者转让，也可由债权转股权企业依法回购。

(2) 转让资产。金融资产管理公司处置因收购国有银行不良贷款形成的资产，应遵循公开、竞争、择优的原则运作，转让资产主要采取招标、拍卖等方式。

(四) 金融资产管理公司的法律地位

金融资产管理公司的成立实质上是一种以金融资产管理公司为中介的产融结合过程，是一种以政府为主导的金融创新，它实际上是在由法律分离开的两大块——银行与非银行金融机构之间架设的一座桥梁。实行债转股，尽管有政府部门参与提名和审议，但最后转与不转的决策权，应由金融资产管理公司自主行使。金融资产管理公司作为国有独资的金融企业，其主要任务是运用投资银行手段收购、管理和处置由银行剥离出来的不良资产，最大限度地保全资产、减少损失。同时，金融资产管理公司还担负着支持国有企业摆脱困境的重大历史使命。这均要求尽快从法律上明确其特殊的企业法人地位，以保证公司财产独立、利益独立、责任独立，保障其受益权、管理权、监督权的有效行使。

## 二、企业集团财务公司

根据《企业集团财务公司管理办法》，财务公司是指以加强企业集团资金集中管理和提高企业集团资金使用效率为目的，依托企业集团、服务企业集团，为企业集团成员单位提供金融服务的非银行金融机构。所谓企业集团，是指在中华人民共和国境内依法登记，以资本为联结纽带、以母子公司为主体、以集团章程为共同行为规范，由母公司、子公司、参股公司及其他成员企业或机构共同组成的企业法人联合体。财务公司的最大特点是注册资本额较少、机构小、业务活、人员精干，可以弥补商业银行金融服务的不足。

目前，我国的财务公司分为两类：一类是企业集团财务公司（主要是中资企业集团财务公司），是以加强企业集团资金集中管理和提高企业集团资金使用效率为目的，为企业集团成员单位提供财务管理服务的非银行金融机构；另一类是一般性的财务公司，主要包括外资财务公司、中外合资财务公司，其是中外金融机构按中国法律规定，经批准在中国境内投资设立，面向社会提供较为广泛金融业务的非银行金融机构。

2022 年 10 月 13 日公布的《企业集团财务公司管理办法》不仅适用于中资企业集团财务公司，也适用于外资投资性公司为其在中国境内的投资企业提供财务管理服务而设立的财务公司。其主要内容如下。

### （一）企业集团财务公司的设立和变更

设立财务公司法人机构应当具备下列条件：(1) 确属集中管理企业集团资金的需要，经合理预测能够达到一定的业务规模。(2) 有符合《中华人民共和国公司法》和国务院银行业监督管理部门规定的公司章程。(3) 有符合规定条件的出资人。(4) 注册资本为一次性实缴货币资本，最低限额为 10 亿元人民币或等值的可自由兑换货币，国务院银行业监督管理部门根据财务公司的发展情况和审慎监管的需要，可以调整财务公司注册资本金的最低限额。(5) 有符合任职资格条件的董事、高级管理人员，并且在风险管理、资金管理、信贷管理、结算等关键岗位上至少各有 1 名具有 3 年以上相关金融从业经验的人员。(6) 财务公司从业人员中从事金融或财务工作 3 年以上的人员应当不低于总人数的 2/3、5 年以上的人员应当不低于总人数的 1/3，且至少引进 1 名具有 5 年以上银行业从业经验的高级管理人员。(7) 建立了有效的公司治理、内部控制和风险管理体系。(8) 建立了与业务经营和监管要求相适应的信息科技体系，具有支撑业务经营的必要、安全且合规的信息管理系统，具备保障业务持续运营的技术与措施。(9) 有与业务经营相适应的营业场所、安全防范措施和其他设施。(10) 国务院银行业监督管理部门规章规定的其他审慎性条件。

财务公司有下列变更事项之一的，应当报经国务院银行业监督管理部门或其派出机构批准：(1) 变更名称；(2) 变更注册资本金；(3) 变更住所；(4) 调整业务范围；(5) 变更股东或者调整股权结构；(6) 更换董事、高级管理人员；(7) 修改章程；(8) 合并或分立；(9) 国务院银行业监督管理部门规定的其他变更事项。财务公司分支机构变更事项，按照国务院银行业监督管理部门相关规定执行。

### （二）企业集团财务公司的业务范围

财务公司可以经营下列部分或者全部本外币业务：(1) 吸收成员单位存款；(2) 办理成员单位贷款；(3) 办理成员单位票据贴现；(4) 办理成员单位资金结算与收付；(5) 提供成员单位委托贷款、债券承销、非融资性保函、财务顾问、信用鉴证及咨询代理业务。

除上述一般业务以外，经监管部门批准，符合条件的财务公司，还可以申请从事下列本外币业务：(1) 从事同业拆借；(2) 办理成员单位票据承兑；(3) 办理成员单位产品买方信贷和消费信贷；(4) 从事固定收益类有价证券投资；(5) 从事套期保值类衍生产品交易；(6) 国务院银行业监督管理部门批准的其他业务。

财务公司不得从事除中国人民银行或国家外汇管理局政策规定之外的离岸业务或资金跨境业务。财务公司不得发行金融债券，不得向金融机构和企业投资。

### （三）企业集团财务公司的监督管理

财务公司经营业务，应当遵守以下监管指标的要求：(1) 资本充足率不低于国务院银行业监督管理部门的最低监管要求。(2) 流动性比例不得低于 25%。(3) 贷款余额不得高于存款余额与实收资本之和的 80%。(4) 集团外负债总额不得超过资本净额。(5) 票据承兑余额不得超过资产总额的 15%。(6) 票据承兑余额不得高于存放同业余额的 3 倍。(7) 票据承兑和转贴现总额不得高于资本净额。(8) 承兑汇票保证金余额不得超过存款总额的 10%。(9) 投资总额不得高于资本净额的 70%。(10) 固定资产净额不得高于资本净额的 20%。(11) 国务院银行业监督管理部门规定的其他监管指标。国务院银行业监督管理部门视审慎监管需要可以对上述指标做出适当调整。

财务公司对单一股东发放贷款余额超过财务公司注册资本金 50%或者该股东对财务公司的出资额的，应当及时向国务院银行业监督管理部门派出机构报告。对于影响财务公司稳健运行的行为，国务院银行业监督管理部门派出机构应予以监督指导，并可区别情形采取早期干预措施。

财务公司应当按照中国人民银行的规定缴存法定存款准备金；应当按照有关规定及时足额计提资产减值准备，核销不良资产；应当遵守中国人民银行有关利率、支付结算管理的规定；经营外汇业务的，应当遵守国家外汇管理的有关规定。财务公司可成立行业性自律组织。国务院银行业监督管理部门对财务公司行业性自律组织进行业务指导。

## 三、小额贷款公司

根据《贷款公司管理规定》，贷款公司是经国务院银行业监督管理部门依法批准，由境内商业银行或农村合作银行在农村地区设立的专门为县域农民、农业和农村经济发展提供贷款服务的非银行业金融机构。由于贷款公司发放的贷款相较于商业银行等金融机构更加小额与分散，也被称为小额贷款公司。其不得吸收公众存款而只能发放贷款，也被称为准金融机构。

1. 设立小额贷款公司的条件

设立贷款公司应当符合下列条件：(1) 有符合规定的章程；(2) 注册资本不低于 50 万元人民币，为实收货币资本，由投资人一次足额缴纳；(3) 有具备任职专业知识和业务工作经验的高级管理人员；(4) 有具备相应专业知识和从业经验的工作人员；(5) 有必需的组织机构和管理制度；(6) 有符合要求的营业场所、安全防范措施和与业务有关的其他设施；(7) 国务院银行业监督管理部门规定的其他条件。

设立贷款公司，其投资人应符合下列条件：(1) 投资人为境内商业银行或农村合作银行；(2) 资产规模不低于 50 亿元人民币；(3) 公司治理良好，内部控制健全有效；(4) 主要审慎监管指标符合监管要求；(5) 国务院银行业监督管理部门规定的其他审慎性条件。

2. 小额贷款公司的组织机构和经营管理

贷款公司可不设立董事会、监事会，但必须建立健全经营管理机制和监督机制。投资人可委派监督人员，也可聘请外部机构履行监督职能。贷款公司可经营下列业务：(1) 办理各项贷款；(2) 办理票据贴现；(3) 办理资产转让；(4) 办理贷款项下的结算；(5) 经国务院银行业监督管理部门批准的其他资产业务。贷款公司的营运资金来源主要为实收资本、向投资人的借款、向其他金融机构取得的融资。其中，融资资金余额不得超过其资本净额的 50%。

贷款公司对同一借款人的贷款余额不得超过资本净额的 10%，对单一集团企业客户的授信余额不得超过资本净额的 15%。贷款公司应当确保资本充足率在任何时点不低于 8%，资产损失准备充足率不低于 100%。

3. 小额贷款公司的监督管理

贷款公司开展业务，依法接受银行业监督管理机构监督管理，与投资人实施并表监管。银行业监督管理机构应当依据法律、法规对贷款公司的资本充足率、不良贷款率、风险管理、内部控制、风险集中、关联交易等实施持续、动态监管。

银行业监督管理机构应根据贷款公司资本充足状况和资产质量状况，适时采取下列监管措施：(1) 对资本充足率大于8%，且不良贷款率在5%以下的，可适当减少检查频率，支持其稳健发展；(2) 对资本充足率低于8%、大于4%，或不良贷款率在5%以上的，要加大非现场监管和现场检查力度，并督促其限期补充资本、改善资产质量；(3) 对资本充足率降至4%以下，或不良贷款率高于15%的，适时采取责令其调整高级管理人员、停办所有业务、限期重组等措施；(4) 对限期内不能实现有效重组、资本充足率降至2%以下的，应责令投资人适时接管或由银行业监督管理机构予以撤销。

4. 互联网借贷平台机构向互联网小额贷款公司的转型

严格来说，互联网借贷平台机构并不属于借贷类金融机构，从本质上讲，其应当属于信息中介机构和借贷辅助机构。互联网平台借贷也被称为P2P网贷，是一种将小额资金聚集起来借贷给有资金需求人群的一种民间小额借贷模式，是一种典型的互联网金融产品。

P2P网贷囿于自身商业模式的局限和平台的冒险经营行为，呈现出越来越高的风险。2019年11月27日，国务院互联网金融风险专项整治工作领导小组办公室、网络借贷风险专项整治工作领导小组办公室联合下发《关于网络借贷信息中介机构转型为小额贷款公司试点的指导意见》（“83号文”）。该转型指导意见要求积极引导部分符合条件的互联网借贷平台机构转型为互联网小额贷款公司。2021年1月15日，广西壮族自治区地方金融监督管理局同意广西林海互联网金融服务股份有限公司转型为小额贷款公司。中国人民银行《2021年第四季度中国货币政策执行报告》披露，我国P2P网贷平台已经全部退出经营。

## 四、典当行

典当，是指当户将其动产、财产权利作为当物质押或者将其房地产作为当物抵押给典当行，交付一定比例费用，取得当金，并在约定期限内支付当金利息、偿还当金、赎回当物的行为。典当行，是指依照《典当管理办法》设立的专门从事典当活动的企业法人，其组织形式与组织机构适用《公司法》的有关规定。目前，规范我国典当行为的法律规范是《典当管理办法》。

1. 典当行的设立

申请设立典当行，应当具备下列条件：(1) 有符合法律、法规规定的章程；(2) 有符合《典当管理办法》规定的最低限额的注册资本；(3) 有符合要求的营业场所和办理业务必需的设施；(4) 有熟悉典当业务的经营管理人员及鉴定评估人员；(5) 有两个以上法人股东，且法人股相对控股；(6) 符合《典当管理办法》规定的治安管理要求；(7) 符合国家对典当行统筹规划、合理布局的要求。

典当行注册资本最低限额为300万元；从事房地产抵押典当业务的，注册资本最低限额为500万元；从事财产权利质押典当业务的，注册资本最低限额为1 000万元。典当行的注册资本最低限额应当为股东实缴的货币资本。此外，《典当管理办法》还对典当行经营的治安管理要求从安全制度和安全防范设施两个方面进行了明确。

2. 典当行的经营范围

经批准，典当行可以经营下列业务：(1) 动产质押典当业务；(2) 财产权利质押典当业务；(3) 房地产（外省、自治区、直辖市的房地产或者未取得商品房预售许可证的在建工程除外）抵押典当业务；(4) 限额内绝当物品的变卖；(5) 鉴定评估及咨询服务；(6) 商务部依法批准的其他典当业务。

3. 典当行的经营规则

典当行不得委托其他单位和个人代办典当业务，不得向其他组织、机构和经营场所派驻业务人员从事典当业务。

当物的估价金额及当金数额应当由双方协商确定。典当期限由双方约定，最长不得超过6个月。典当当金利率，按中国人民银行公布的银行机构6个月期法定贷款利率及典当期限折算后执行。典当当金利息不得预扣。典当期内或典当期限届满后5日内，经双方同意可以续当，续当一次的期限最长为6个月。续当期自典当期限或者前一次续当期限届满日起算。续当时，当户应当结清前期利息和当期费用。典当期限或者续当期限届满后，当户应当在5日内赎当或者续当。逾期不赎当也不续当的，为绝当。

当户于典当期限或者续当期限届满至绝当前赎当的，除须偿还当金本息、综合费用外，还应当根据中国人民银行规定的银行等金融机构逾期贷款罚息水平、典当行制定的费用标准和逾期天数，补交当金利息和有关费用。

典当行在当期内不得出租、质押、抵押和使用当物。质押当物在典当期内或者续当期内发生遗失或者损毁的，典当行应当按照估价金额进行赔偿。遇有不可抗力导致质押当物损毁的，典当行不承担赔偿责任。典当行经营房地产抵押典当业务，应当和当户依法到有关部门先行办理抵押登记，再办理抵押典当手续。典当行经营机动车质押典当业务，应当到车辆管理部门办理质押登记手续。典当行经营其他典当业务，有关法律、法规要求登记的，应当依法办理登记手续。

典当行的资产应当按照下列比例进行管理：（1）典当行自初始营业起至第一次向省级商务主管部门及所在地商务主管部门报送年度财务会计报告的时期内从商业银行贷款的，贷款余额不得超过其注册资本。典当行第一次向省级商务主管部门及所在地商务主管部门报送财务会计报告之后从商业银行贷款的，贷款余额不得超过上一年度向主管部门报送的财务会计报告中的所有者权益。典当行不得从本市（地、州、盟）以外的商业银行贷款。典当行分支机构不得从商业银行贷款。（2）典当行对同一法人或者自然人的典当余额不得超过注册资本的25%。（3）典当行对其股东的典当余额不得超过该股东入股金额，且典当条件不得优于普通当户。（4）典当行净资产低于注册资本的90%时，各股东应当按比例补足或者申请减少注册资本，但减少后的注册资本不得违反本办法关于典当行注册资本最低限额的规定。（5）典当行财产权利质押典当余额不得超过注册资本的50%。房地产抵押典当余额不得超过注册资本。注册资本不足1 000万元的，房地产抵押典当单笔当金数额不得超过100万元。注册资本在1 000万元以上的，房地产抵押典当单笔当金数额不得超过注册资本的10%。

4. 典当行的监督管理

商务主管部门对典当业实施监督管理，公安机关对典当业进行治安管理。与此同时，典当行业协会作为典当行业的自律组织，进行自律监管。其包括全国性典当行业协会和地方性典当行业协会，分别经国务院民政部门、当地民政部门核准登记后成立，分别接受国务院商务、公安等部门和所在地商务、公安等部门的业务指导。

## 五、汽车金融公司

汽车金融是指在汽车生产、销售、使用过程中，由金融及非金融机构向汽车生产、流通及消费环节提供的融资及其他金融服务，是汽车生产、流通、消费的各个环节中所涉及的资金融通的方式、路径、渠道。汽车金融公司，是指经国家金融监督管理总局批准设立的、专门提供汽车金融服务的非银行金融机构。我国目前对汽车金融公司进行法律规制的主要依据是2023年7月11日国家金融监督管理总局颁布的《汽车金融公司管理办法》。根据该办法，汽车金融公司必须在如下方面接受监管。

1. 汽车金融公司的设立

设立汽车金融公司应具备下列条件：

（1）具有符合管理办法规定的出资人。

汽车金融公司的出资人为中国境内外依法设立的非银行企业法人，其中主要出资人须为汽车整车制造企业或非银行金融机构。主要出资人是指出资数额最大且出资额不低于拟设汽车金融公司全部股本30%的出资人。汽车金融公司出资人中至少应当有1名具备5年以上丰富的汽车消费信贷业务管理和风险控制经验，或为汽车金融公司引进合格的专业管理团队，其中至少包括1名有丰富汽车金融从业经验的高级管理人员和1名风险管理专业人员。

（2）具有符合《汽车金融公司管理办法》规定的最低限额注册资本：汽车金融公司注册资本的最低限额为10亿元人民币或等值的可自由兑换货币。注册资本为一次性实缴货币资本。国家金融监督管理总局可以根据汽车金融业务发展情况及审慎监管需要，调高注册资本的最低限额。

（3）具有符合《公司法》和国家金融监督管理总局规定的公司章程。

（4）有符合任职资格条件的董事、高级管理人员和熟悉汽车金融业务的合格从业人员。

（5）建立了有效的公司治理、内部控制和风险管理体系。

（6）建立了与业务经营和监管要求相适应的信息科技架构，具有支撑业务经营的必要、安全且合规的信息系统，具备保障业务持续运营的技术与措施。

（7）有与业务经营相适应的营业场所、安全防范措施和其他设施。

（8）国家金融监督管理总局规定的其他审慎性条件。

2. 汽车金融公司机构的变更

汽车金融公司可以在全国范围内开展业务。未经国家金融监督管理总局批准，汽车金融公司不得设立分支机构。经国家金融监督管理总局批准，汽车金融公司可以设立境外子公司。国家金融监督管理总局对汽车金融公司董事和高级管理人员实行任职资格核准制度。

汽车金融公司有下列变更事项之一的，应依据有关行政许可规定报国家金融监督管理总局或其派出机构批准：（1）变更公司名称；（2）变更公司注册资本；（3）变更住所或营业场所；（4）调整业务范围；（5）变更股权或调整股权结构；（6）修改章程；（7）变更公司董事及高级管理人员；（8）合并或分立；（9）国家金融监督管理总局规定的其他变更事项。

3. 汽车金融公司的业务范围

汽车金融公司可从事下列部分或全部本外币业务：（1）接受股东及其所在集团母公司和控股子公司的定期存款或通知存款；（2）接受汽车经销商和售后服务商贷款保证金和承租人汽车租赁保证金；（3）同业拆借业务；（4）向金融机构借款；（5）发行非资本类债券；（6）汽车及汽车附加品贷款和融资租赁业务；（7）汽车经销商和汽车售后服务商贷款业务，包括库存采购、展厅建设、零配件和维修设备购买等贷款；（8）转让或受让汽车及汽车附加品贷款和融资租赁资产；（9）汽车残值评估、变卖及处理业务；（10）与汽车金融相关的咨询、代理和服务。前款所称控股子公司是指股东所在集团母公司持股50%（含）以上的公司。

符合条件的汽车金融公司，可以向国家金融监督管理总局及其派出机构申请经营下列部分或者全部本外币业务：（1）发行资本工具；（2）资产证券化业务；（3）套期保值类业务；（4）国家金融监督管理总局批准的其他业务。汽车金融公司申请开办上述业务的具体条件和程序，按照行政许可有关规定执行。

4. 汽车金融公司的监督管理

汽车金融公司应当遵守以下监管指标：（1）资本充足率、杠杆率不低于国家金融监督管理总局的最低监管要求；(2) 对单一借款人的授信余额不得超过资本净额的15%；(3) 对单一集团客户的授信余额不得超过资本净额的50%；(4) 对单一股东及其关联方的授信余额不得超过该股东在汽车金融公司的出资额；(5) 自用固定资产比例不得超过资本净额的40%；(6) 流动性比例不得低于50%。国家金融监督管理总局可根据监管需要对上述指标做出适当调整。

## 六、货币经纪公司

根据《货币经纪公司试点管理办法》，货币经纪公司是指经批准在中国境内设立的，通过电子技术或其他手段，专门从事促进金融机构间资金融通和外汇交易等经纪服务，并从中收取佣金的非银行金融机构。

1. 货币经纪公司的设立

一是出资人应具备的条件：(1) 出资人应为中国境内外依法设立的企业法人。(2) 境外出资人应从事货币经纪业务20年以上、经营稳健，有完善的内部控制制度，每年税后净收益不低于500万美元或等值的自由兑换货币，具有从事货币经纪服务所必需的全球机构网络和资讯通讯网络，在中国境内设立代表机构2年以上。(3) 境内出资人为依法设立的非银行金融机构，从事货币市场、外汇市场等代理业务5年以上。目前符合这些条件的主要是信托投资公司。(4) 出资人经营业绩良好，最近3年连续盈利。(5) 出资人有完善的内部控制制度。按照国际惯例，为了规避利益冲突，《货币经纪公司试点管理办法》不允许商业银行投资入股货币经纪公司。

二是货币经纪公司设立应当具备的条件，主要有：(1) 货币经纪公司注册资本的最低限额为2 000万元人民币或等值的自由兑换货币。注册资本为实缴货币资本。(2) 具有符合《公司法》等相关法律和《货币经纪公司试点管理办法》要求的章程。(3) 具有熟悉货币经纪及相关业务的高级管理人员。(4) 具有健全的组织机构、管理制度和风险控制制度。(5) 具有与业务经营相适应的营业场所、安全防范措施和其他设施等条件。(6) 国务院银行业监督管理部门规定的其他审慎性条件。

2. 货币经纪公司的经营规则与经营范围

货币经纪公司及其分公司按照国务院银行业监督管理部门批准经营的业务范围，可以经营下列全部或者部分经纪业务：(1) 境内外外汇市场交易；(2) 境内外货币市场交易；(3) 境内外债券市场交易；(4) 境内外衍生产品交易；(5) 经国务院银行业监督管理部门批准的其他业务。货币经纪公司及其分公司从事证券交易所相关业务的经纪服务，需报经中国证监会审批。

3. 对货币经纪公司的监督管理

银行业监督管理部门对货币经纪公司进行监督管理。货币经纪公司在银行间市场进行同业拆借、债券买卖和外汇交易等经纪业务活动应同时接受中国人民银行和国家外汇管理局的监管和检查；其业务涉及外汇管理事项的，应当执行国家外汇管理部门的有关规定，并接受国家外汇管理部门的监督和检查。货币经纪公司应当按照审慎经营的原则，制定本公司的各项业务规则，建立全面有效的风险管理程序和内部控制制度。

## 七、非银行支付机构

### (一) 非银行支付机构的概念

2023年11月24日，国务院第19次常务会议通过了《非银行支付机构监督管理条例》。根据该条例，非银行支付机构是指在中华人民共和国境内依法设立，除银行业金融机构外，取得支付业务许可，从事根据收款人或者付款人（以下统称用户）提交的电子支付指令转移货币资金等支付业务的有限责任公司或者股份有限公司。中华人民共和国境外的非银行机构拟为境内用户提供跨境支付服务的，应当依照本条例规定在境内设立非银行支付机构，国家另有规定的除外。中国人民银行依法对非银行支付机构实施监督管理。中国人民银行的分支机构根据中国人民银行的授权，履行监督管理职责。

（二）非银行支付机构的设立

设立非银行支付机构，应当经中国人民银行批准，取得支付业务许可。非银行支付机构的名称中应当标明“支付”字样。未经依法批准，任何单位和个人不得从事或者变相从事支付业务，不得在单位名称和经营范围中使用“支付”字样，法律、行政法规和国家另有规定的除外。支付业务许可被依法注销后，该机构名称和经营范围中不得继续使用“支付”字样。

1. 基本条件

设立非银行支付机构，应当符合《公司法》的规定，并具备以下条件：(1) 有符合《非银行支付机构监督管理条例》规定的注册资本。(2) 主要股东、实际控制人财务状况和诚信记录良好，最近3年无重大违法违规记录；主要股东、实际控制人为公司的，其股权结构应当清晰透明，不存在权属纠纷。(3) 拟任董事、监事和高级管理人员熟悉相关法律法规，具有履行职责所需的经营管理能力，最近3年无重大违法违规记录。(4) 有符合规定的经营场所、安全保障措施以及业务系统、设施和技术。(5) 有健全的公司治理结构、内部控制和风险管理制度、退出预案以及用户权益保障机制。(6) 法律、行政法规以及中国人民银行规章规定的其他审慎性条件。

2. 注册资本要求

设立非银行支付机构的注册资本最低限额为人民币1亿元，且应当为实缴货币资本。中国人民银行根据非银行支付机构的业务类型、经营地域范围和业务规模等因素，可以提高前款规定的注册资本最低限额。非银行支付机构的股东应当以自有资金出资，不得以委托资金、债务资金等非自有资金出资。

（三）非银行支付机构的变更和终止

1. 变更

非银行支付机构办理下列事项，应当经中国人民银行批准：(1) 变更名称、注册资本、业务类型或者经营地域范围；(2) 跨省、自治区、直辖市变更住所；(3) 变更主要股东或者实际控制人；(4) 变更董事、监事或者高级管理人员；(5) 合并或者分立。

非银行支付机构申请变更名称、注册资本的，中国人民银行应当自受理申请之日起1个月内作出批准或者不予批准的书面决定；申请办理前款所列其他事项的，中国人民银行应当自受理申请之日起3个月内作出批准或者不予批准的书面决定。经批准后，非银行支付机构依法向市场监督管理部门办理相关登记手续。

2. 终止

非银行支付机构拟终止支付业务的，应当向中国人民银行申请注销支付业务许可。非银行支付机构申请注销支付业务许可或者被中国人民银行吊销支付业务许可证、撤销支付业务许可的，应当按照规定制定切实保障用户资金和信息安全的方案，并向用户公告。非银行支付机构解散的，还应当依法进行清算，清算过程接受中国人民银行的监督。非银行支付机构办理支付业务许可注销手续后，方可向市场监督管理部门办理变更或者注销登记手续。

（四）支付业务规则

非银行支付业务根据能否接收付款人预付资金，分为储值账户运营和支付交易处理两种类型，但是单用途预付卡业务不属于《非银行支付机构监督管理条例》规定的支付业务。储值账户运营业务和支付交易处理业务的具体分类方式和监督管理规则由中国人民银行制定。非银行支付机构应当按照支付业务许可证载明的业务类型和经营地域范围从事支付业务，未经批准不得从事依法需经批准的其他业务。非银行支付机构不得涂改、倒卖、出租、出借支付业务许可证，或者以其他形式非法转让行政许可。

非银行支付机构应当按照审慎经营要求，建立健全并落实合规管理制度、内部控制制度、业务管理制度、风险管理制度、突发事件应急预案以及用户权益保障机制。非银行支付机构应当具备必要和独立的业务系统、设施和技术，按照强制性国家标准以及相关网络、数据安全管理要求，确保支付业务处理的及时性、准确性和支付业务的连续性、安全性、可溯源性。非银行支付机构的业务系统及其备份应当存放在境内。非银行支付机构为境内交易提供支付服务的，应当在境内完成交易处理、资金结算和数据存储。非银行支付机构为跨境交易提供支付服务的，应当遵守跨境支付、跨境人民币业务、外汇管理以及数据跨境流动的有关规定。

非银行支付机构应当与用户签订支付服务协议。非银行支付机构应当按照公平原则拟定协议条款，并在其经营场所、官方网站、移动互联网应用程序等的显著位置予以公示。支付服务协议应当明确非银行支付机构与用户的权利义务、支付业务流程、电子支付指令传输路径、资金结算、纠纷处理原则以及违约责任等事项，且不得包含排除、限制竞争以及不合理地免除或者减轻非银行支付机构责任、加重用户责任、限制或者排除用户主要权利等内容。对于协议中足以影响用户是否同意使用支付服务的条款，非银行支付机构应当采取合理方式提示用户注意，并按照用户的要求对该条款予以说明。非银行支付机构拟变更协议内容的，应当充分征求用户意见，并在显著位置公告满 30 日后方可变更。非银行支付机构应当以数据电文等书面形式与用户就变更的协议内容达成一致。

非银行支付机构应当建立持续有效的用户尽职调查制度，按照规定识别并核实用户身份，了解用户交易背景和风险状况，并采取相应的风险管理措施。非银行支付机构不得将涉及资金安全、信息安全等的核心业务和技术服务委托第三方处理。非银行支付机构应当自行完成特约商户尽职调查、支付服务协议签订、持续风险监测等业务活动。非银行支付机构不得为未经依法设立或者从事非法经营活动的商户提供服务。

从事储值账户运营业务的非银行支付机构为用户开立支付账户的，应当遵守法律、行政法规以及中国人民银行关于支付账户管理的规定。国家引导、鼓励非银行支付机构与商业银行开展合作，通过银行账户为单位用户提供支付服务。非银行支付机构应当建立健全支付账户开立、使用、变更和撤销等业务管理和风险管理制度，防止开立匿名、假名支付账户，并采取有效措施保障支付账户安全，开展异常账户风险监测，防范支付账户被用于违法犯罪活动。支付账户，是指根据用户真实意愿为其开立的，用于发起支付指令、反映交易明细、记录资金余额的电子簿记载体。支付账户应当以用户实名开立。任何单位和个人不得非法买卖、出租、出借支付账户。从事储值账户运营业务的非银行支付机构应当将从用户处获取的预付资金及时等值转换为支付账户余额或者预付资金余额。用户可以按照协议约定提取其持有的余额，但是非银行支付机构不得向用户支付与其持有的余额有关的利息等收益。

非银行支付机构应当将收款人和付款人信息等必要信息包含在电子支付指令中，确保所传递的电子支付指令的完整性、一致性、可跟踪稽核和不可篡改。非银行支付机构不得伪造、变造电子支付指令。非银行支付机构应当以清算机构、银行业金融机构、其他非银行支付机构认可的安全认证方式访问账户，不得违反规定留存银行账户、支付账户敏感信息。

非银行支付机构应当根据用户发起的支付指令划转备付金，用户备付金被依法冻结、扣划的除外。非银行支付机构不得以任何形式挪用、占用、借用备付金，不得以备付金为自己或者他人提供担保。

非银行支付机构净资产与备付金日均余额的比例应当符合中国人民银行的规定。非银行支付机构应当将备付金存放在中国人民银行或者符合中国人民银行要求的商业银行。任何单位和个人不得对非银行支付机构存放备付金的账户申请冻结或者强制执行，法律另有规定的除外。

非银行支付机构应当通过中国人民银行确定的清算机构处理与银行业金融机构、其他非银行支付机构之间合作开展的支付业务，遵守清算管理规定，不得从事或者变相从事清算业务。非银行支付机构应当向清算机构及时报送真实、准确、完整的交易信息。非银行支付机构应当按照结算管理规定为用户办理资金结算业务，采取风险管理措施。

非银行支付机构应当妥善保存用户资料和交易记录。有关机关依照法律、行政法规的规定，查询用户资料、交易记录及其持有的支付账户余额或者预付资金余额，或者冻结、扣划用户资金的，非银行支付机构应当予以配合。

非银行支付机构处理用户信息，应当遵循合法、正当、必要和诚信原则，公开用户信息处理规则，明示处理用户信息的目的、方式和范围，并取得用户同意，法律、行政法规另有规定的除外。非银行支付机构应当依照法律、行政法规、国家有关规定和双方约定处理用户信息，不得收集与其提供的服务无关的用户信息，不得以用户不同意处理其信息或者撤回同意等为由拒绝提供服务，处理相关信息属于提供服务所必需的除外。非银行支付机构应当对用户信息严格保密，采取有效措施防止未经授权的访问以及用户信息泄露、篡改、丢失，不得非法买卖、提供或者公开用户信息。非银行支付机构与其关联公司共享用户信息的，应当告知用户该关联公司的名称和联系方式，并就信息共享的内容以及信息处理的目的、期限、方式、保护措施等取得用户单独同意。非银行支付机构还应当与关联公司就上述内容以及双方的权利义务等作出约定，并对关联公司的用户信息处理活动进行监督，确保用户信息处理活动依法合规、风险可控。用户发现非银行支付机构违反法律、行政法规、国家有关规定或者双方约定处理其信息的，有权要求非银行支付机构删除其信息并依法承担责任。用户发现其信息不准确或者不完整的，有权要求非银行支付机构更正、补充。

非银行支付机构相关网络设施、信息系统等被依法认定为关键信息基础设施，或者处理个人信息达到国家网信部门规定数量的，其在境内收集和产生的个人信息的处理应当在境内进行。确需向境外提供的，应当符合法律、行政法规和国家有关规定，并取得用户单独同意。非银行支付机构在境内收集和产生的重要数据的出境安全管理，依照法律、行政法规和国家有关规定执行。

非银行支付机构应当依照有关价格法律、行政法规的规定，合理确定并公开支付业务的收费项目和收费标准，进行明码标价。非银行支付机构应当在经营场所的显著位置以及业务办理途径的关键节点，清晰、完整标明服务内容、收费项目、收费标准、限制条件以及相关要求等，保障用户知情权和选择权，不得收取任何未予标明的费用。

非银行支付机构应当及时妥善处理与用户的争议，履行投诉处理主体责任，切实保护用户合法权益。国家鼓励用户和非银行支付机构之间运用调解、仲裁等方式解决纠纷。

（五）监督管理

非银行支付机构的控股股东、实际控制人应当遵守非银行支付机构股权管理规定，不得存在以下情形：通过特定目的载体或者委托他人持股等方式规避监管，通过违规开展关联交易等方式损害非银行支付机构或者其用户的合法权益，其他可能对非银行支付机构经营管理产生重大不利影响的情形。

同一股东不得直接或者间接持有两个及以上同一业务类型的非银行支付机构10%以上股权或者表决权。同一实际控制人不得控制两个及以上同一业务类型的非银行支付机构，国家另有规定的除外。

非银行支付机构应当按照规定向中国人民银行报送支付业务信息、经审计的财务会计报告、经营数据报表、统计数据，以及中国人民银行要求报送的与公司治理、业务运营相关的其他资料。中国人民银行按照规定对非银行支付机构进行分类评级，并根据分类评级结果实施分类监督管理。中国人民银行依法制定系统重要性非银行支付机构的认定标准和监督管理规则。

中国人民银行依法履行职责，有权采取下列措施：(1) 对非银行支付机构进行现场检查和非现场监督管理；(2) 进入涉嫌违法违规行为发生场所调查取证；(3) 询问当事人和与被调查事件有关的单位和个人，要求其对与被调查事件有关的事项作出说明；(4) 查阅、复制当事人和与被调查事件有关的单位和个人的相关文件、资料和业务系统；对可能被转移、隐匿或者毁损的文件、资料和业务系统，可以予以封存、扣押；(5) 经中国人民银行或者其省一级派出机构负责人批准，查询当事人和与被调查事件有关的单位账户信息。为防范风险、维护市场秩序，中国人民银行可以采取责令改正、监管谈话、出具警示函、向社会发布风险提示等措施。

非银行支付机构发生对其经营发展、支付业务稳定性和连续性、用户合法权益产生重大影响事项的，应当按照规定向中国人民银行报告。非银行支付机构的主要股东拟质押非银行支付机构股权的，应当按照规定向中国人民银行报告，质押的股权不得超过该股东所持有该非银行支付机构股权总数的50%。非银行支付机构不得实施垄断或者不正当竞争行为，妨害市场公平竞争秩序。中国人民银行在履行职责中发现非银行支付机构涉嫌垄断或者不正当竞争行为的，应当将相关线索移送有关执法部门，并配合其进行查处。

非银行支付机构发生风险事件的，应当按照规定向中国人民银行报告。中国人民银行可以根据需要将风险情况通报非银行支付机构住所所在地地方人民政府。地方人民政府应当配合中国人民银行做好相关风险处置工作，维护社会稳定。

非银行支付机构发生风险事件影响其正常运营、损害用户合法权益的，中国人民银行可以区分情形，对非银行支付机构采取下列措施：责令主要股东履行补充资本的监管承诺，限制重大资产交易，责令调整董事、监事、高级管理人员或者限制其权利。

中国人民银行应当依照法律、行政法规和国家有关规定，完善非银行支付机构行业风险防范化解措施，化解非银行支付机构风险。

## 思考题

1. 试述商业银行的概念、性质和立法模式。
2. 论我国商业银行法的特点。
3. 论单一银行制的特点及不足。
4. 试述商业银行接管的原因和意义。
5. 试述商业银行破产和撤销的区别。
6. 试述政策性银行与政策性银行法律制度的特征。
7. 试述村镇银行公司治理结构的特征。
8. 论信托法的基本原则。
9. 试述保险法的特征。
10. 试述保险经营的规则。

11. 试述对保险中介人的法律规制。
12. 谈谈你对融资租赁法律性质的理解。
13. 试分析对资产管理公司、企业集团财务公司、汽车金融公司风险监管的主要手段。
14. 简述中国人民银行对第三方支付机构的监管要求。

# 第三章
# 直接金融市场组织法律制度

直接金融市场是指由资金供求双方直接进行融资所形成的市场。在直接金融市场上，筹资者发行债务凭证或所有权凭证，投资者出资购买这些凭证，双方完成投融资，不需要通过银行等信用中介机构。直接金融市场组织也被称为直接金融机构，是在直接融资领域，为投资者和筹资者提供中介服务的金融机构。本章重点介绍证券经营机构、期货经营机构以及投资基金管理机构组织法律制度。

## 第一节　证券经营机构组织法律制度

证券市场经营服务机构组织法律制度主要包括证券经营机构组织法律制度和证券服务机构组织法律制度。证券经营机构主要是证券公司，证券服务机构主要是从事证券中介机构服务的会计师事务所、律师事务所、资产评估事务所等机构。证券市场经营服务机构组织法律制度是除证券交易所、证券自律组织、证券投资者以外，其他的证券市场组织相关的法律制度。证券交易所属于金融市场基础设施，本书将在下一节进行介绍。证券投资者将在本书的金融消费者权益保护编部分进行介绍。鉴于证券服务机构组织法律制度主要是对这些中介机构的行为进行规制，本书将在金融交易法编进行专门介绍。本节将在介绍证券与证券法基本知识的基础上，重点对我国证券公司组织法律制度进行介绍。

### 一、证券与证券法

#### （一）证券的概念和特征

证券是指为证明或设定权利所做成的书面凭证，它表明证券持有人有权取得该证券所拥有的权利。证券具有以下特征：（1）证券是一种权利凭证。证券所载明的内容是对特定财产关系的确认，直接关涉证券持有人的物质利益。（2）证券是一种要式凭证。在民事法律体系中，对民事法律行为的形式要求有口头形式、书面形式、特殊形式三种。证券作为一种特殊的财产凭证，其书面形式要求相当严格，包括对券样、券面记载内容、印制机构、印制程序等的统一要求，不规范的证券将直接影响持有人的权利。（3）证券是一种流通凭证。证券只是作为一定权利的载体，通过证券的合法转让，可以发生依附于证券上的权利转移的效果。（4）证券是一种占有凭证。证券与权利的紧密结合性及其高度的流通性，都使证券持有人在行使权利时必须出示证券，否则将影响其权利的实现甚至使其权利丧失。

证券法上证券的范围要小于民法上有价证券的范围。通常证券法上的证券不包括商业上的货币证券，如支票、汇票等，也不包括代表商品财物的实物证券，如提单、仓单等，而主要是指股票、债券等资本证券。

证券法上证券的种类及范围因世界各国立法体例的差异而有不同。如美国证券法上证券的范围十分广泛，美国《1933年证券法》规定，除非本法律另有规定，“证券”一词系指任何票据、股票、库存股票、债券、公司信用债券、债务凭证、盈利分享协议下的权益证书或参与证书、以证券作抵押的信用证书，组建前证书或认购书、可转让股票、投资契约、股权信托证，证券存款单、石油、煤气或其他矿产小额利息滚存权、或一般来说被普遍认为是“证券”的任何权益和票据，或上述任一种证券的权益或参与证书、暂时或临时证书、收据、担保证书、或认股证书或订购权或购买权。此外，美国在司法实践中开创了将“投资合同”认定为证券的先例。美国联邦最高法院通过豪威测试（Howey Test）来判断一项合同是否构成证券法意义上的“投资合同”。“豪威测试”包含四大条件：1）金钱的投资；2）该投资期待利益的产生；3）该投资是针对特定事业的；4）利益的产生源自发行人或第三人的努力。

我国《证券法》并未对“证券”下明确的定义，仅表明证券法适用的范围是“在中华人民共和国境内，股票、公司债券、存托凭证和国务院依法认定的其他证券的发行和交易”，以及“政府债券、证券投资基金份额的上市交易”。

### （二）证券法的概念和特点

证券法是调整证券关系的法律规范的总称。证券关系是在证券发行、交易、监管以及其他相关活动中所产生的社会关系。

证券法具有以下特点：

（1）证券法是行为法。证券法是对证券发行、交易及监管等行为进行调整、规范和约束的法律，属于典型的行为法。

（2）证券法是强制法。证券法中有大量的强制性规范，如强制发行人公开披露信息，禁止从事内幕交易、操纵市场、欺诈客户、虚假陈述等欺诈行为。证券法的强制性还体现在严格的法律责任上。违反证券法的法律责任，不仅有民事责任，还有行政责任、刑事责任。我国《证券法》设专门一章规定法律责任。

（3）证券法是实体法与程序法的结合。证券法既包括诸多的实体性规范，也包括为数不少的程序性规范。前者如股东权利范围、债券持有人之还本付息请求权、证券发行人信息披露义务的范围、上市公司收购人义务等；后者如证券发行、上市、交易程序以及证券代表人诉讼等。

（4）证券法兼具国家制定法和习惯法的特点。国家制定法通常仅就证券发行交易的基本原则和重大问题进行规定，而在证券上市标准、上市程序、证券交易业务规则等方面一般由证券交易所等自律组织依照证券法原则实施。各国证券法普遍承认自律监管的有效性，允许自律组织通过制定章程、营业规则和管理制度来规范、约束证券从业机构及人员的行为。这些自律组织属于习惯法的范畴。

（5）证券法以公开为其最重要的基本原则。对证券法基本原则的表述，学者莫衷一是，“三公”原则、诚实信用原则、保护投资者合法权益原则都是证券法的基本原则。党的二十大报告明确指出，“坚持以人民为中心的发展思想”①。证券法一切的初衷，都可归结为保护投资者，而作为直接金融法，其实现保护投资者的基本形式就是发行人信息公开，因此，证券法以

① 习近平．高举中国特色社会主义伟大旗帜 为全面建设社会主义现代化国家而团结奋斗：在中国共产党第二十次全国代表大会上的报告．北京：人民出版社，2022：10.

公开为其最重要的基本原则。

（三）证券法的调整对象

证券法的调整对象是证券关系，即证券融资关系。它既包括证券发行人、证券投资人和证券商等平等主体之间因证券发行和交易而发生的社会经济关系，也包括证券监管机关因监督管理市场参与者所产生的证券监管关系。

我国《证券法》第 2 条规定：在中华人民共和国境内，股票、公司债券、存托凭证和国务院依法认定的其他证券的发行和交易，适用本法；本法未规定的，适用《公司法》和其他法律、行政法规的规定。政府债券、证券投资基金份额的上市交易，适用本法；其他法律、行政法规另有规定的，适用其规定。资产支持证券、资产管理产品发行、交易的管理办法，由国务院依照本法的原则规定。在中华人民共和国境外的证券发行和交易活动，扰乱中华人民共和国境内市场秩序，损害境内投资者合法权益的，依照本法有关规定处理并追究法律责任。

关于本条有三点值得注意：

（1）在我国境内发行和交易的股票、公司债券、存托凭证和国务院依法认定的其他证券是《证券法》的主要调整对象。2019 年修订的《证券法》将存托凭证这一基于信托原理的证券品种纳入《证券法》的调整范围，增加了法定证券的种类。

（2）2019 年修订的《证券法》特意将资产支持证券和资产管理产品纳入其中，授权国务院按照《证券法》的原则规定发行、交易管理办法，从立法的层面规定了资产支持证券和资产管理产品受《证券法》的约束，有利于监管标准的统一，更好地防范金融风险。

（3）为维护国家金融利益，增加规定特定情形下《证券法》的域外适用效力。

## 二、证券公司的概念和法律特征

证券公司是指依照《公司法》和《证券法》的规定设立、并经国务院证券监督管理机构审查批准而成立的、专门经营证券业务、具有独立法人地位的金融机构。证券公司的组织形式可以为有限责任公司或者股份有限公司。证券公司是证券市场的重要主体，是连接证券发行、上市、交易、清算、交收等环节，保持证券市场稳步发展的媒介和纽带。根据证券公司在具体的证券发行和交易活动中承担的职责和功能的不同，通常又将其称为保荐人、承销商、证券交易商、证券自营商或证券经纪商等。

我国证券公司具有如下法律特征：

（1）证券公司是专门经营证券业务的商事主体。一方面，证券公司是经营证券业务的公司，其以经营证券业务而营利为目的。证券公司可以经营证券经纪、证券投资咨询、与证券交易和证券投资活动有关的财务顾问、证券承销与保荐、证券融资融券、证券做市交易、证券自营等证券业务；另一方面，证券公司是专营证券业务的公司。证券业和银行业、信托业、保险业实行分业经营、分业管理，证券公司与银行、信托、保险业务机构分别设立，国家另有规定的除外。

（2）证券公司采取有限责任公司和股份有限公司的组织形式。根据《证券法》，证券公司不能是自然人或者非法人组织。

（3）证券公司的设立、变更和终止、经营管理、公司治理等均受到相应的监督管理。由于证券经营业务的重要性和特殊性，我国《证券法》对证券公司的设立、变更和终止进行特殊规定。除《证券法》外，我国还制定了《证券公司监督管理条例》（2014 年修正）、《证券公司风险处置条例》（2023 年修正）、《证券公司治理准则》（2020 年修正）、《证券公司风险控制指标管理办法》（2020 年修正）以及证监会发布的其他规范性文件。此外，证券交易所和证券业协会对会员实行自律管理过程中制定的章程和相关业务规则，对于作为会员的证券公司也具有直接法律拘束力。

## 三、证券公司的设立条件

设立证券公司，应当具备下列条件，并经国务院证券监督管理机构批准：（1）有符合法律、行政法规规定的公司章程；（2）主要股东及公司的实际控制人具有良好的财务状况和诚信记录，最近3年无重大违法违规记录；（3）有符合《证券法》规定的公司注册资本；（4）董事、监事、高级管理人员、从业人员符合《证券法》规定的条件；（5）有完善的风险管理与内部控制制度；（6）有合格的经营场所、业务设施和信息技术系统；（7）法律、行政法规和经国务院批准的国务院证券监督管理机构规定的其他条件。

关于证券公司注册资本的要求，《证券法》规定，证券公司经营证券经纪、证券投资咨询、与证券交易和证券投资活动有关的财务顾问业务的，注册资本最低限额为人民币5 000万元；经营证券承销与保荐、证券融资融券、证券做市交易、证券自营以及其他证券业务之一的，注册资本最低限额为人民币1亿元；经营证券承销与保荐、证券融资融券、证券做市交易、证券自营以及其他证券业务中两项以上的，注册资本最低限额为人民币5亿元。证券公司的注册资本应当是实缴资本。另外，《证券法》规定，国务院证券监督管理机构根据审慎监管原则和各项业务的风险程度，可以调整注册资本最低限额，但不得低于前述限额。

## 四、证券公司的经营规则

根据《证券法》和相关配套法规的规定，证券公司的业务经营规则主要有：

（1）证券公司应遵守国家有关风险控制指标体系的规定，加强内部控制，防范经营风险。根据《证券公司风险控制指标管理办法》（2020修正），证券公司应当按照中国证监会的有关规定，遵循审慎、实质重于形式的原则，计算净资本、风险覆盖率、资本杠杆率、流动性覆盖率、净稳定资金率等各项风险控制指标，编制净资本计算表、风险资本准备计算表、表内外资产总额计算表、流动性覆盖率计算表、净稳定资金率计算表、风险控制指标计算表等监管报表。

（2）证券公司不得为其股东或者股东的关联人提供融资或者担保。

（3）证券公司应依法缴纳证券投资者保护基金；应按规定比例从每年的税后利润中提取交易风险准备金，用于弥补证券交易的损失。

（4）证券公司应当建立健全内部控制制度，采取有效隔离措施，防范公司与客户之间、不同客户之间的利益冲突；必须将其证券经纪业务、证券承销业务、证券自营业务和证券资产管理业务分开办理，不得混合操作。

（5）证券公司的自营业务必须以自己的名义进行，不得假借他人名义或以个人名义进行；其自营业务的开展必须使用自有资金和依法筹集的资金；证券公司不得将其自营账户借给他人使用。

（6）证券公司客户的交易结算资金应当存放在商业银行，以每个客户的名义单独立户管理。证券公司不得将客户的交易结算资金和证券归入其自有财产。禁止任何单位或个人以任何形式挪用客户的交易结算资金和证券。证券公司在破产或清算时，客户的交易结算资金和证券不属于其破产财产或清算财产。非因客户本身的债务或法律规定的其他情形，不得查封、冻结、扣划或强制执行客户的交易结算资金和证券。

(7) 证券公司办理经纪业务，应当置备统一制定的证券买卖委托书，供委托人使用。采取其他委托方式的，必须作出委托记录；客户的证券买卖委托，不论是否成交，其委托记录应当按照规定的期限，保存于证券公司。

(8) 证券公司接受证券买卖的委托，应当根据委托书载明的证券名称、买卖数量、出价方式、价格幅度等，按照交易规则代理买卖证券，如实记载交易记录；买卖成交后，应当按照规定制作买卖成交报告单交付客户。证券交易中确认交易行为及其交易结果的对账单必须真实，并由交易经办人员以外的审核人员逐笔审核，保证账面证券余额与实际持有的证券相一致。

(9) 证券公司为客户买卖证券提供融资融券服务，应当按照国务院的规定并经国务院证券监督管理机构批准。

(10) 证券公司办理经纪业务，不得接受客户的全权委托而决定证券买卖、选择证券种类、决定买卖数量或者买卖价格。

(11) 证券公司不得以任何方式对客户证券买卖的收益或者赔偿证券买卖的损失作出承诺。

(12) 证券公司及其从业人员不得未经过其依法设立的营业场所私下接受客户委托买卖证券。

(13) 证券公司的从业人员在证券交易活动中，执行所属的证券公司的指令或者利用职务违反交易规则的，由所属的证券公司承担全部责任。

(14) 证券公司应当妥善保存客户开户资料、委托记录、交易记录和与内部管理、业务经营有关的各项资料，任何人不得隐匿、伪造、篡改或者毁损。上述资料的保存期限不得少于20年。

(15) 证券公司应当按照规定向国务院证券监督管理机构报送业务、财务等经营管理信息和资料。国务院证券监督管理机构有权要求证券公司及其主要股东、实际控制人在指定的期限内提供有关信息和资料。证券公司及其主要股东、实际控制人向国务院证券监督管理机构报送或者提供的信息、资料，必须真实、准确、完整。

## 第二节 期货经营机构组织法律制度

2022年4月20日，第十三届全国人大常委会第三十四次会议表决通过了《中华人民共和国期货和衍生品法》(以下简称《期货和衍生品法》)。这标志着期货行业的法律空白被正式填补。《期货和衍生品法》规定，期货经营机构是指依照《公司法》和本法设立的期货公司以及国务院期货监督管理机构核准从事期货业务的其他机构。期货经营机构是期货市场发展的重要主体，而期货公司则是最主要的一类期货经营机构。本节首先介绍期货与期货法的基本知识，然后重聚焦于期货公司组织法律制度。

### 一、期货交易及其种类

#### (一) 期货交易的概念与特征

1. 期货交易的概念

期货交易是指交易主体按照标准期货合同条款在规定的场所通过竞价的方式进行期货买卖的行为。它是为转移市场价格波动风险，而对那些大批量均质商品所采取的，通过经纪人在商品交易所内，以公开竞争的形式进行期货合约的买卖形式。现代期货交易不仅包括传统期货合约还包括标准化期权合约。我国《期货和衍生品法》规定，期货交易是指以期货合约或者标准化期权合约为交易标的的交易活动。

2. 期货交易的特征

期货交易有以下明显的特征：

（1）期货交易是一种标准化的合约交易。在期货交易所进行期货买卖，交易各方并不需要把商品实物带到交易所，买卖的只是期货合约。期货合约在期满之前，买卖双方可以采用卖出或买进一个时间和数量相同的合同来对冲原有合同，也可以实际交割实物，从而相互解除义务。每一份期货合约都是由期货交易所事先拟定的，交易各方仅仅需要协商商品的价格条款。

（2）期货交易中的商品具有特殊性。在实物商品期货中，合约规定实物交割要经过一段法定的期间。这就决定了能够进入期货市场的商品是具有特殊性的。由于合约有可能被进行多次的转手买卖，为了确保履约方在交收商品上符合合同持有人的要求，因此，首先必须要求商品是标准的种类物，能够制定等级和质量标准，其次必须要求商品是交易数量较大，价格容易受波动的大宗商品，这样才能够体现期货市场分散和避免价格风险的功能，最后是在当前的技术条件下能够储存耐久的商品。目前，鸡蛋、生猪等期货合约均已在我国大连商品交易所上市交易。

（3）期货交易场所是法定的。期货交易的当事人必须在法律规定的交易所进行交易，这样有利于制定相关的规章制度、提供相应的设备和服务、实施有效的监管。

（4）期货交易是一种带有投机性质的交易。期货交易者通过预测某种商品在未来的价格涨落，或者预测汇率、股票价格指数等金融信息的情况而获得盈利，具有现实的投机保值或者投机盈利的意图，而且期货交易允许使用杠杆作用机制，使得收益与风险存在以倍数放大的情况，加大了投机的色彩。

（5）期货交易是一种虚拟交易。期货市场是虚拟的市场，标的物只是品名的标注，商品标的物在没有交割转化为实物时，商品的转移只是名称的转移，数量体现的是数字变化，盈亏也是用数字体现而不是实物转移。如果要转化为实体物流，必须先将虚拟物流通过现货交割变成实体经济，所以期货交易是一种虚拟交易。

（6）期货交易具有价格发现、套期保值、提高资源配置效率的功能。交易主体在期货交易所中对期货通过公开集中竞价，把众多交易者对未来价格的不同预期汇集到一起，通过预买、预卖和公平、平等竞争的方式发现“真实”价格。通过期货市场，利用先买后卖或者先卖后买期货合约的方式，可以实现交易中套期保值的功能。期货交易信息对社会的经济调整起着指导性作用，促使经济主体作出更为理性的决策，更好、更快地优化资源的配置。

（二）期货的种类

（1）商品期货。在20世纪70年代以前，一直上溯到期货交易的源头，期货的品种主要是农产品和工矿产品，称为物质商品期货，如金、银、铜、粮食、油料作物等。

（2）金融期货。在20世纪70年代以后，随着市场经济从低级向高级发展，在新技术和金融理论的推动下，金融市场上的商品越来越多，金融衍生品也逐渐丰富。金融期货业随之产生。

金融期货包括货币期货、利率期货、股票及股票价格指数期货、黄金期货等。货币期货是指以汇率为标的物的期货合约；利率期货是指以债券类证券为标的物的期货合约，它可以规避银行利率波动所引起的证券价格变动的风险；股票价格指数期货是全球股市剧烈波动的产物，是指以股票价格指数为标的物的期货合约。

期货合约作为金融衍生工具，已经与期权、远期合约和互换合约一起成为金融工程创新的组合工具。

## 二、期货法的概念及调整对象

期货法是调整期货关系的法律规范的总称。期货法的调整对象是期货关系，主要包括两层社会关系。

（一）期货监督管理关系

期货交易不同于一般的民事交易，它和证券交易一样，需要政府主管机关的监督管理。政府对于期货交易的监管主要体现在以下几个方面。

1. 对期货交易主体设立的监管

期货交易主体除自然人外，还有法人和其他组织，与期货交易相关法人（如期货交易所、期货公司等）的设立、变更、终止及其设立后的管理与运作都要依照法律进行。期货交易主体的规定与《公司法》的规定有所不同，期货交易主体的设立与运作比一般公司的要求严格，必须经过政府的主管机关审批，以确保对期货法人主体能进行有效的监管，从而防范风险，更好地维护期货市场的秩序。

2. 对期货交易行为的监管

期货交易必须在期货交易所按照相关的法律法规及其他相关规则进行。在这些规则中，对期货交易进行监管的既有政府主管机关，也有期货交易所及期货行业协会。政府主管机关对期货交易的监管主要体现在制定相应的法律法规，对期货主体及其行为进行监督管理，属于行政监管；而期货交易所的监管主要体现在通过制定和实施期货交易规则，监督管理各期货交易协会的章程，调解纠纷，协调会员关系，通过对会员的相关期货从业人员进行培训，以提高整个行业的业务水平和职业道德水平。

（二）期货交易关系

在期货交易中，除了相关的监督管理关系，还有平等主体间的财产关系，包括期货交易关系、期货经纪关系、期货投资咨询服务关系以及期货交易委托关系等。这些交易关系同时受到特殊的期货法交易规则和民商事法律的调整，对于这部分交易关系政府并不直接进行监督管理，体现了主体的意思自治。但是这部分社会关系由于具有一定的特殊性，也属于期货法调整的对象。

## 三、期货法律关系及其构成要素

期货法律关系是指期货主体在期货交易及其监管中所形成的权利义务关系。与其他法律关系一样，期货法律关系也包含了主体、客体和内容三个要素，并且缺一不可。

（一）期货法律关系的主体

期货法律关系的主体是指在期货交易及期货交易监管中享有权利和承担义务的自然人、法人和其他组织。

（1）国家期货主管机关，是指对期货市场进行调控、管理、监督的国家行政机关。我国对期货进行监管的国家机关是中国证监会。

（2）期货交易所，是指依法设立的买卖期货合约的场所，是期货市场的核心。我国的期货交易所有：上海期货交易所、上海国际能源交易中心、郑州商品交易所、大连商品交易所、中国金融期货交易所、广州期货交易所等。

（3）期货经纪商，是指依法设立的，接受期货投资者委托，以自身名义为期货投资者的利益进行期货交易的法人。

（4）期货交易投资者，是指在期货市场上进行投资并获取利益的主体；依据交易目的，可以将其分为套期保值者和投机者两类。

（5）期货投资咨询机构，也称期货投资顾问，是指依法设立的向投资主体提供期货市场行情、期货市场分析、期货投资咨询或期货交易建议的经济组织。

（6）期货投资基金管理机构，是指依法设立的，接受基金公司委托或以发行收益凭证的方式募集资金、设立基金，并运用基金财产进行期货交易的经济组织。

（7）期货结算机构，是指依法设立的，负责期货交易结算并承担每笔交易的清算以及期货合约到期履约等职责的组织。各国对于期货交易结算机构的设置有所不同，有的是独立的，有的隶属于期货交易所。

### （二）期货法律关系的客体

期货法律关系的客体是指期货法律关系主体的权利和义务所共同指向的对象，是权利和义务的载体和具体目的，包括行为和期货合约。

#### 1. 行为

期货法律关系中的行为包括监管行为和与投资相关的其他行为。监管行为是指期货主管机关、期货交易所和期货业协会对期货市场及期货交易进行监督管理的行为；与投资相关的其他行为是指期货交易投资者、期货经纪商、期货投资咨询机构以及期货投资基金管理机构在进行期货交易活动中的买卖、经纪代理、咨询服务、基金委托交易等行为。

#### 2. 期货合约

《期货和衍生品法》第 3 条规定："本法所称期货合约，是指期货交易场所统一制定的、约定在将来某一特定的时间和地点交割一定数量标的物的标准化合约。"期货合约具有如下特征：（1）期货合约是一种标准化的合约。（2）期货合约必须经期货交易所设计和期货主管机关审批。（3）期货合约签订地固定在期货交易所内。（4）期货合约是有担保的可对冲合约。由于期货交易中实行保证金制度，期货交易的主体在期货交易所或者在期货结算机构中均有保证金对履行期货合约进行担保。倘若交易当事人不愿意进行交割，可以实施对冲。（5）期货合约是一种交易目的复杂的合约。期货合约与普通的民事合同不同，普通的商品买卖合同，双方当事人的目的就是交付货物和支付价款；而期货合同的交易目的可能是交割实物或金融产品、套期保值规避风险和赚取风险利润。

### （三）期货法律关系的内容

期货法律关系的内容是指期货法律关系主体所享有的权利和承担的义务。期货交易主体的权利义务大致可以分为两类：一类是民商事合同上的权利义务，另一类是非民商事合同上的权利义务，后者带有"公法"性质。

#### 1. 期货法律权利

它具体包括期货交易监督管理权、期货交易财产权、期货交易过程中的请求权以及期货交易过程中的各种代理权。其中，期货交易过程中的请求权有两种：一是平等的期货交易主体在交易过程中请求对方履行期货合同项下义务的权利；二是当期货交易主体所享有的合法权益受到侵犯时，请求侵害人停止侵害的私力救济权和向有权机关请求保护的权利。

#### 2. 期货法律义务

期货法律义务包括法定义务和约定义务。法定义务是指根据期货法律法规、有权机关制定的规则规定相关期货法律关系主体必须履行的义务；约定义务是指在期货交易过程中，期货法律关系主体应订立各种合同而产生的义务。前者如公平竞争和自由竞争的义务、诚实信用义务、交纳营业保证金义务、业务限制义务等，后者如执行客户交易指令义务、报告交易情况义务、亲自履行义务等。

## 四、期货公司的设立、变更和终止

期货公司是指依照《公司法》《期货和衍生品法》及其他法律法规规定，经国务院主管部门批准并在公司登记机关登记注册的经营期货业务的金融机构。

（一）设立

我国《期货和衍生品法》第 60 条规定，设立期货公司，应当具备下列条件，并经国务院期货监督管理机构核准：（1）有符合法律、行政法规规定的公司章程；（2）主要股东及实际控制人具有良好的财务状况和诚信记录，净资产不低于国务院期货监督管理机构规定的标准，最近 3 年无重大违法违规记录；（3）注册资本不低于人民币 1 亿元，且应当为实缴货币资本；（4）从事期货业务的人员符合《期货和衍生品法》规定的条件，董事、监事和高级管理人员具备相应的任职条件；（5）有良好的公司治理结构、健全的风险管理制度和完善的内部控制制度；（6）有合格的经营场所、业务设施和信息技术系统；（7）法律、行政法规和国务院期货监督管理机构规定的其他条件。

（二）变更

我国《期货和衍生品法》第 62 条规定，期货公司办理下列事项，应当经国务院期货监督管理机构核准：（1）合并、分立、停业、解散或者申请破产；（2）变更主要股东或者公司的实际控制人；（3）变更注册资本且调整股权结构；（4）变更业务范围；（5）国务院期货监督管理机构规定的其他重大事项。

（三）终止

我国《期货和衍生品法》第 76 条规定，期货经营机构有下列情形之一的，国务院期货监督管理机构应当依法办理相关业务许可证注销手续：（1）营业执照被依法吊销；（2）成立后无正当理由超过 3 个月未开始营业，或者开业后无正当理由停业连续 3 个月以上；（3）主动提出注销申请；（4）《行政许可法》和国务院期货监督管理机构规定应当注销行政许可的其他情形。

期货经营机构在注销相关业务许可证前，应当结清相关期货业务，并依法返还交易者的保证金和其他资产。

## 五、期货公司的治理结构

（一）对期货公司运作方面的规定

1. 财务制度

期货公司与其控股股东在业务、人员、资产、财务、场所等方面应当严格分开，独立经营，独立核算。

2. 报告及通知制度

根据《期货公司监督管理办法》（2019 年），期货公司有下列情形之一的，应当立即书面通知全体股东或进行公告，并向住所地中国证监会派出机构报告：（1）公司或者其董事、监事、高级管理人员因涉嫌违法违规被有权机关立案调查或者采取强制措施；（2）公司或者其董事、监事、高级管理人员因违法违规行为受到行政处罚或者刑事处罚；（3）风险监管指标不符合规定标准；（4）客户发生重大透支、穿仓，可能影响期货公司持续经营；（5）发生突发事件，对期货公司或者客户利益产生或者可能产生重大不利影响；（6）其他可能影响期货公司持续经营的情形。

3. 董事会制度的特别要求

期货公司应当设立董事会，并按照《公司法》的规定设立监事会或监事，切实保障监事会和监事对公司经营情况的知情权。期货公司可以设立独立董事，期货公司的独立董事不得在期货公司担任董事会以外的职务，不得与本期货公司存在可能妨碍其作出独立、客观判断的关系。

4. 首席风险官制度

期货公司应当设首席风险官，对期货公司经营管理行为的合法合规性、风险管理进行监督、检查。首席风险官发现涉嫌占用、挪用客户保证金等违法违规行为或者可能发生风险的，应当立即向住所地中国证监会派出机构和公司董事会报告。

5. 期货公司特别禁止的行为

期货公司的董事长、总经理、首席风险官之间不得存在近亲属关系。期货公司应当对分支机构实行集中统一管理，不得与他人合资、合作经营管理分支机构，不得将分支机构承包、租赁或者委托给他人经营管理。分支机构经营的业务不得超出期货公司的业务范围，并应当符合中国证监会对相关业务的规定。期货公司应当按照规定对分支机构实行统一结算、统一风险管理、统一资金调拨、统一财务管理和会计核算。期货公司向股东、实际控制人及其关联人提供服务的，不得降低风险管理要求。

6. 对期货公司损害客户利益的行为限制

禁止期货经营机构从事下列损害交易者利益的行为：（1）向交易者作出保证其资产本金不受损失或者取得最低收益承诺；（2）与交易者约定分享利益、共担风险；（3）违背交易者委托进行期货交易；（4）隐瞒重要事项或者使用其他不正当手段，诱骗交易者交易；（5）以虚假或者不确定的重大信息为依据向交易者提供交易建议；（6）向交易者提供虚假成交回报；（7）未将交易者交易指令下达到期货交易场所；（8）挪用交易者保证金；（9）未依照规定在期货保证金存管机构开立保证金账户，或者违规划转交易者保证金；（10）利用为交易者提供服务的便利，获取不正当利益或者转嫁风险；（11）其他损害交易者权益的行为。

### （二）对期货公司控股股东的行为规制

（1）期货公司的控股股东、实际控制人不得超越期货公司股东会、董事会的权限任免期货公司的董事、监事、高级管理人员，或者非法干预客户保证金存管、交易、结算、风险管理、财务会计和营业部管理等经营管理活动。

（2）期货公司主要股东或者实际控制人出现下列情形之一的，应当主动、准确、完整地在3个工作日内通知期货公司：1）所持有的期货公司股权被冻结或者被强制执行；2）质押或解除质押所持有的期货公司股权；3）决定转让所持有的期货公司股权；4）不能正常行使股东权利或者承担股东义务，可能造成期货公司治理的重大缺陷；5）股权变更或者业务范围、经营管理发生重大变化；6）董事长、总经理或者代为履行相应职务的董事、高级管理人员等发生变动；7）因国家法律法规、重大政策调整或者不可抗力等因素，可能对公司经营管理产生重大不利影响；8）涉嫌重大违法违规被有权机关调查或者采取强制措施；9）因重大违法违规行为受到行政处罚或者刑事处罚；10）变更名称；11）合并、分立或者进行重大资产、债务重组；12）被采取停业整顿、撤销、接管、托管等监管措施，或者进入解散、破产、关闭程序；13）其他可能影响期货公司股权变更或者持续经营的情形。

## 第三节　证券投资基金管理机构组织法律制度

为了规范证券投资基金活动，保护投资人及相关当事人的合法权益，促进证券投资基金和资本市场的健康发展，2003 年 10 月 28 日十届全国人大常委会第五次会议通过了《中华人民共和国证券投资基金法》(以下简称《证券投资基金法》)。2015 年 4 月 24 日第十二届全国人民代表大会常务委员会第十四次会议对该法进行了修正。2022 年 3 月 24 日，中国证监会 2022 年第二次委务会议审议通过了《公开募集证券投资基金管理人监督管理办法》。2023 年 6 月 16 日，国务院第八次常务会议通过了《私募投资基金监督管理条例》。本节主要介绍证券投资基金管理机构组织法律制度。

## 一、证券投资基金管理机构的概念和特征

### (一) 证券投资基金管理机构的概念

证券投资基金，是指通过发售基金份额募集资金形成独立的基金财产，由基金管理人管理、基金托管人托管，以资产组合方式进行证券投资，基金份额持有人按其所持份额享受收益和承担风险的投资工具。证券投资基金是以集资的方式集合资金用于证券投资，其主要是建基于信托关系和信义义务的基本原理而进行的证券投资。同时，证券投资基金也是一种间接的证券投资方式。

证券投资基金管理机构是指依据有关法律法规设立的对基金的募集、基金份额的申购和赎回、基金财产的投资和收益分配等基金运作活动进行管理的机构。证券投资基金按照是否面向社会公众募集，可以分为公募证券投资基金和私募证券投资基金。无论是公募证券投资基金还是私募证券投资基金，证券投资基金管理机构均可以是公司，也可以是合伙企业。

### (二) 证券投资基金管理机构的特征

证券投资基金管理机构具有三个方面的特征：

(1) 证券投资基金管理机构是特殊的非银行金融机构。证券投资基金管理机构依据《公司法》《合伙企业法》《证券投资基金法》等法律而设立，它是一种有别于银行和证券公司的特殊金融机构。其经营对象主要是基金等证券产品，经营方式则主要是将募集到的资金投向资本市场。

(2) 证券投资基金管理机构的经营模式较为特殊。证券投资基金管理机构采取“受人之托，代人理财”以及“聚他人之财，实行专家管理”的经营模式，并不存在传统商业银行和保险公司的那种负债经营，不存在信用创造，其经营风险相对于商业银行、保险公司等较低。

(3) 证券投资基金管理机构的收入具有特殊性。证券投资基金管理机构的经营收入主要来自以资产管理规模为基础的管理费，以及经营业绩的提成，因而资产管理规模的扩大对基金管理机构具有重要意义。此外，证券投资基金管理能力也是证券投资基金管理机构的核心竞争力。

## 二、证券投资基金管理机构的设立

根据《证券投资基金法》，设立管理公开募集基金的基金管理公司，应当具备下列条件，并经国务院证券监督管理机构批准：(1) 有符合本法和《公司法》规定的章程；(2) 注册资本不低于 1 亿元人民币，且必须为实缴货币资本；(3) 主要股东应当具有经营金融业务或者管理金融机构的良好业绩、良好的财务状况和社会信誉，资产规模达到国务院规定的标准，最近 3 年没有违法记录；(4) 取得基金从业资格的人员达到法定人数；(5) 董事、监事、高级管理人员具备相应的任职条件；(6) 有符合要求的营业场所、安全防范设施和与基金管理业务有关的其他设施；(7) 有良好的内部治理结构、完善的内部稽核监控制度、风险控制制度；(8) 法

律、行政法规规定的和经国务院批准的国务院证券监督管理机构规定的其他条件。

有下列情形之一的，不得担任公开募集基金的基金管理人的董事、监事、高级管理人员和其他从业人员：(1) 因犯有贪污贿赂、渎职、侵犯财产罪或者破坏社会主义市场经济秩序罪，被判处刑罚的；(2) 对所任职的公司、企业因经营不善破产清算或者因违法被吊销营业执照负有个人责任的董事、监事、厂长、高级管理人员，自该公司、企业破产清算终结或者被吊销营业执照之日起未逾5年的；(3) 个人所负债务数额较大，到期未清偿的；(4) 因违法行为被开除的基金管理人、基金托管人、证券交易所、证券公司、证券登记结算机构、期货交易所、期货公司及其他机构的从业人员和国家机关工作人员；(5) 因违法行为被吊销执业证书或者被取消资格的律师、注册会计师和资产评估机构、验证机构的从业人员、投资咨询从业人员；(6) 法律、行政法规规定不得从事基金业务的其他人员。

公开募集基金的基金管理人应当履行下列职责：(1) 依法募集资金，办理基金份额的发售和登记事宜；(2) 办理基金备案手续；(3) 对所管理的不同基金财产分别管理、分别记账，进行证券投资；(4) 按照基金合同的约定确定基金收益分配方案，及时向基金份额持有人分配收益；(5) 进行基金会计核算并编制基金财务会计报告；(6) 编制中期和年度基金报告；(7) 计算并公告基金资产净值，确定基金份额申购、赎回价格；(8) 办理与基金财产管理业务活动有关的信息披露事项；(9) 按照规定召集基金份额持有人大会；(10) 保存基金财产管理业务活动的记录、账册、报表和其他相关资料；(11) 以基金管理人名义，代表基金份额持有人利益行使诉讼权利或者实施其他法律行为；(12) 国务院证券监督管理机构规定的其他职责。

公开募集基金的基金管理人及其董事、监事、高级管理人员和其他从业人员不得有下列行为：(1) 将其固有财产或者他人财产混同于基金财产从事证券投资；(2) 不公平地对待其管理的不同基金财产；(3) 利用基金财产或者职务之便为基金份额持有人以外的人牟取利益；(4) 向基金份额持有人违规承诺收益或者承担损失；(5) 侵占、挪用基金财产；(6) 泄露因职务便利获取的未公开信息、利用该信息从事或者明示、暗示他人从事相关的交易活动；(7) 玩忽职守，不按照规定履行职责；(8) 法律、行政法规和国务院证券监督管理机构规定禁止的其他行为。

除证券投资基金外，《私募投资基金监督管理条例》和国家发展改革委印发的《政府出资产业投资基金管理暂行办法》还对创业投资基金和政府出资产业投资基金的设立和监管进行了规范。

## 思考题

1. 结合美国对证券概念的界定，谈谈我国证券概念的扩大。
2. 论证券法的基本特征。
3. 有学者提出用反欺诈原则替代证券法诚实信用原则，如何看待这种观点？
4. 试述证券公司的经营规则。
5. 试述期货交易的概念与特征。
6. 试述《期货和衍生品法》调整的法律关系的类型。
7. 试述期货合约的特征。
8. 试述我国期货公司设立的原则和条件。
9. 论对期货公司控股股东行为的法律规制。
10. 论投资基金管理机构的概念和特征。

第四章

# 金融交易所与自律组织法律制度

金融交易与普通的商品交易相比具有特殊性，金融交易伴随着更大的风险。金融交易有场内交易和场外交易之分，随着金融工具的标准化和交易量的剧增，场内交易日益增加。所有的场内交易都有特定的交易场所，这些交易场所为标准化金融产品、金融工具和金融合约的交易提供了基础平台。为控制交易风险、保护投资者权益，各国法律都对金融交易所实施适当的规制。与此同时，除交易所外，行业协会的自律也是金融业自律监管的重要组成部分。本章主要介绍金融交易所与自律组织法律制度。

## 第一节　证券交易所与证券业协会组织法律制度

证券交易所与证券业协会是证券业自律监管的重要主体。本节重点对我国证券交易所与证券业协会法律制度进行介绍。

### 一、证券交易所法律制度

1. 证券交易所的概念

证券交易所是为证券集中交易提供场所和设施，组织和监督证券交易，实行自律管理的法人。从世界各国的情况看，证券交易所有公司制的营利性法人和会员制的非营利性法人。中国目前有上海证券交易所、深圳证券交易所和北京证券交易所 3 家证券交易所。其中，上海证券交易所和深圳证券交易所属于会员制，北京证券交易所是经国务院批准设立的我国第一家公司制证券交易所。证券交易所是一种特殊的法律主体，具有法人资格，属于特许法人。

2. 证券交易所的组织形式

证券交易所的组织形式有公司制和会员制两种。

公司制证券交易所是以股份有限公司形式组织并以营利为目的的法人团体，一般由金融机构及各类民营公司组建。交易所章程中明确规定作为股东的证券经纪商和证券自营商的名额、资格和公司存续期限。公司制证券交易所必须遵守本国公司法的规定，在政府证券主管机关的管理和监督下，吸收各类证券挂牌上市。同时，任何成员公司的股东、高级职员、雇员都不能担任证券交易所的高级职员，以保证交易的公正性。公司制证券交易所组织机构与普通股份有限公司相似，由股东会、董事会、监事会和经理层构成。股东会是公司制证券交易所的最高权力机构，董事会是股东会的执行机构和经营决策机构，监事会是监督机构，经理层负责日常的经营管理活动。

会员制证券交易所是一个由会员自愿组成的、不以营利为目的的社会法人团体。会员制证券交易所设会员大会、理事会和监察委员会。

设立证券交易所必须制定章程，证券交易所章程的制定和修改，必须经国务院证券监督管理机构批准。

3. 证券交易所的监管职能

证券交易所的监管职能主要体现在对证券交易、证券公司和上市公司的监管方面。

(1) 对证券交易的监管。证券交易所作为场内交易的组织者和管理者，除承担证券的上市审核职责外，还承担着对证券交易的监管职责。首先，证券交易所应当制定证券交易的监管规则。其次，证券交易所对证券交易所内的交易情况及交易秩序必须进行实时和全面的监控。再次，证券交易所必须向社会公开与证券交易有关的各种信息。最后，因不可抗力、意外事件、重大技术故障、重大人为差错等突发性事件而影响证券交易正常进行时，为维护证券交易正常秩序和市场公平，证券交易所可以按照业务规则采取技术性停牌、临时停市等处置措施，并应当及时向国务院证券监督管理机构报告并公告。

(2) 对证券公司的监管。在对证券公司实施监管方面，《证券交易所管理办法》第五章规定了证券交易所对证券公司的各种监管措施，《证券法》就证券公司的市场准入规则所作的规定，都需要借助证券交易所的具体监管活动才能最终实现。市场准入是指证券交易所有权对进入证券交易所的人员及其活动加以限制和监督。进入证券交易所参与集中竞价交易的证券公司，必须具备证券交易所会员资格或依法取得交易席位资格。其他投资者参加证券交易的，应当在证券公司开立证券交易账户，以委托方式进行证券买卖，由证券公司按照交易规则申报，参与场内交易。证券经营机构在证券交易所的出市代表，必须按照规定取得证券从业人员资格证书，才能在相应专业岗位工作。在证券交易所从事证券交易的人员违反证券交易所有关交易规则的，由证券交易所给予纪律处分；情节严重的，撤销其资格，禁止其入场进行证券交易。

(3) 对上市公司的监管。证券交易所是集中交易场所的核心和枢纽。对上市公司实施监管是证券交易所监管职能的重要组成部分。《证券法》在第七章“证券交易所”、《证券交易所管理办法》在第六章“证券交易所对证券上市交易公司的监管”中就证券交易所对上市公司的监管作了专门规定。

证券交易所依照法律、行政法规的规定，办理股票、公司债券的暂停上市、恢复上市或者终止上市的业务。上市公司必须遵守证券交易所的各项规则，并接受证券交易所的监管。证券交易所有权制定并执行具体的上市规则，与上市公司订立并执行上市协议；证券交易所有权复核上市公司提出的信息披露文件，有权监督上市公司依法披露定期报告和临时报告，可以采取暂停上市等特别措施。

## 二、证券业协会法律制度

### （一）证券业协会的法律地位

我国《证券法》对证券业协会的自律监管进行了专门规定。证券业协会是证券业的自律性组织，是社会团体法人。证券公司应当加入证券业协会。证券业协会的权力机构为全体会员组成的会员大会。中国证券业协会成立于 1991 年 8 月 28 日。它设立的目的是完善证券市场管理，使投资者的利益和社会公共利益得到有效维护，促进证券业自身的健康发展。

证券业协会属于民间组织，实行自治自律的管理体制，不隶属于政府。但是证券业协会也必须接受证券主管部门的领导和监督。证券业协会必须经国家证券主管机关的审核批准后方可设立。

### （二）证券业协会的职责

我国《证券法》规定，证券业协会履行下列职责：

（1）教育和组织会员及其从业人员遵守证券法律、行政法规，组织开展证券行业诚信建设，督促证券行业履行社会责任。

（2）依法维护会员的合法权益，向证券监督管理机构反映会员的建议和要求。

（3）督促会员开展投资者教育和保护活动，维护投资者合法权益。

（4）制定和实施证券行业自律规则，监督、检查会员及其从业人员行为，对违反法律、行政法规、自律规则或者协会章程的，按照规定给予纪律处分或者实施其他自律管理措施。

（5）制定证券行业业务规范，组织从业人员的业务培训。

（6）组织会员就证券行业的发展、运作及有关内容进行研究，收集整理、发布证券相关信息，提供会员服务，组织行业交流，引导行业创新发展。

（7）对会员之间、会员与客户之间发生的证券业务纠纷进行调解。

（8）证券业协会章程规定的其他职责。

2019 年《证券法》的修订对证券业协会的职责作了三个方面的重大修改：一是增加了诚信建设和督促履行社会责任的职能，二是增加了投资者教育和替投资者维权的职能，三是增加了制定业务规范和业务培训的职能。

（三）会员

1. 会员资格

证券业协会是实行会员制的社会团体法人，其会员分为团体会员和个人会员两种。凡依法批准设立的证券交易所、专业证券公司、兼营证券业务的金融机构，在承认会员章程、遵守协会各项规则的条件下，均可以申请加入证券业协会，成为协会的团体会员。而协会的个人会员则是指根据需要所吸收的证券市场管理部门的有关官员以及从事证券研究和业务工作的专家和学者。

2. 团体会员的权利

证券业协会的团体会员享有的权利包括：（1）选举权和被选举权；（2）对协会的决议事项表决权；（3）对协会工作提出批评和建议的权利；（4）优先参加协会举办的各种活动的权利；（5）享受协会提供的各种服务的权利；（6）向协会提出维护其合法权益不受损害的权利；（7）请求退会的权利（但应提前 3 个月提出书面申请，并经常务理事会批准后，履行其退会手续）；（8）协会章程议定的其他权利。

3. 团体会员的义务

证券业协会的团体会员应承担下列义务：（1）遵守协会章程和协会规章制度及各项决议；（2）按协会规定缴纳会费；（3）按协会规定提供经济、金融证券信息及统计资料；（4）积极参加协会组织的各项活动，承办协会交办的事宜；（5）服从协会的协调；（6）协会规定的其他义务；

4. 个人会员的权利和义务

证券业协会的个人会员与团体会员在法律上地位平等，但在权利义务上则因其性质不同而有所区别。个人会员的权利主要是参加协会的各项活动，获取协会提供的有关信息资料等；其义务主要是为协会提供咨询，参加协会有关项目的论证等。

## 第二节　期货交易所组织法律制度

### 一、期货交易所概述

期货交易所是专门从事标准化期货合约买卖的有组织的固定场所，其主要作用是提供交易的场所、设施及服务，并监督期货交易所场内交易活动。在期货市场中，期货交易所处于期货交易的核心地位。期货交易所的组织形式一般有两种，一种是会员制期货交易所，另一种是公司制期货交易所。我国上海期货交易所、郑州商品交易所和大连商品交易所采用的是会员制形式，中国金融期货交易所属于公司制期货交易所。

根据《期货和衍生品法》和中国证监会2023年修订的《期货交易所管理办法》，我国期货交易所主要有以下职能：(1) 提供交易的场所、设施和服务；(2) 组织期货交易的结算、交割；(3) 制定并实施期货交易所的业务规则；(4) 设计期货合约、标准化期权合约品种，安排期货合约、标准化期权合约品种上市；(5) 对期货交易进行实时监控和风险监测；(6) 发布市场信息；(7) 办理与期货交易的结算、交割有关的信息查询业务；(8) 依照章程和业务规则对会员、交易者、期货服务机构等进行自律管理；(9) 开展交易者教育和市场培育工作；(10) 保障信息技术系统的安全、稳定；(11) 查处违规行为；(12) 中国证监会规定的其他职责。

## 二、期货交易所的设立、变更和终止

### （一）期货交易所的设立

期货交易所的设立是指创办人依据法律法规成立期货交易所的一系列法律行为的总称。我国设立期货交易所采用许可主义，由国务院期货监督管理机构审批，国务院期货监督管理机构对期货交易所的负责人享有任免权。设立期货交易所应当具备的条件如下。

1. 具有期货交易所的章程

章程是期货交易所内部治理的“宪法性”法律文件，应当载明如下事项：(1) 设立目的和职责；(2) 名称、住所和营业场所；(3) 注册资本或者开办资金及其构成；(4) 营业期限；(5) 组织机构的组成、职责、任期和议事规则；(6) 管理人员的产生、任免及其职责；(7) 基本业务制度；(8) 风险准备金管理制度；(9) 财务会计、内部控制制度；(10) 变更、终止的条件、程序及清算办法；(11) 章程修改程序；(12) 需要在章程中规定的其他事项。

2. 具有完善的内部管理制度和交易规则、结算规则

交易所必须制定一套完善的管理制度和交易规则、结算规则来保障交易活动安全、顺利地进行。期货交易所交易规则、结算规则应当载明下列事项：(1) 期货交易、结算和交割制度；(2) 风险管理制度和交易异常情况的处理程序；(3) 保证金的管理和使用制度；(4) 期货交易信息的发布办法；(5) 违规、违约行为及其处理办法；(6) 交易纠纷的处理方式；(7) 需要在交易规则、结算规则中载明的其他事项。

3. 完备的风险管理制度

期货交易与证券交易相比风险更大，为了保证期货市场的健康发展，防范风险，必须建立一套完善的风险管理制度。该制度主要包括：(1) 保证金制度；(2) 当日无负债结算制度；(3) 涨跌停板制度；(4) 持仓限额和大户持仓报告制度；(5) 风险准备金制度；(6) 实行会员分级结算制度的期货交易所还应当建立、健全结算担保金制度；(7) 国务院期货监督管理机构规定的其他风险管理制度。

4. 具备合适的管理人员和从业人员

期货交易所从事的都是专业性强的交易活动，必须具备具有从事金融、证券工作资格的专业人员，从事金融管理工作的管理人员以及经过专业培训的法律工作者和财务会计人员。但具有《公司法》《证券法》规定的法定禁止性条件者不得任职。

5. 优良的通信设施和交易操作系统

完备的通信设施和交易操作系统是准确、高效地执行交易委托，迅速、及时、持续地向投

资者提供市场行情信息的基本保证。

6. 由中国证监会批准，获得许可证

（二）期货交易所的变更和终止

根据《期货和衍生品法》《期货交易所管理办法》，期货交易所变更名称、注册资本或者开办资金、组织形式、股权结构的，应当由中国证监会批准。期货交易所合并、分立的，应当事前向中国证监会报告。期货交易所合并可以采取吸收合并和新设合并两种方式，合并前各方的债权、债务由合并后存续或者新设的期货交易所承继。期货交易所分立的，其债权、债务由分立后的期货交易所承继。期货交易所与债权人、债务人另有约定的除外。期货交易所联网交易的，应当于决定之日起十日内报告中国证监会。未经中国证监会批准，期货交易所不得设立分所或者其他任何期货交易场所。

期货交易所因下列情形之一解散：(1) 章程规定的营业期限届满；(2) 会员大会或者股东大会决定解散；(3) 中国证监会决定关闭。期货交易所解散的，应当由中国证监会批准。期货交易所因合并、分立或者解散而终止的，由中国证监会予以公告。期货交易所终止的，应当成立清算组进行清算。清算组制定的清算方案，应当事前向中国证监会报告。

## 三、期货交易所的组织结构

期货交易所采用的组织结构由于采用的组织形式不同而有所不同。

（一）会员制期货交易所的组织结构

会员制期货交易所的组织结构主要由会员大会、理事会和总经理组成。会员大会是期货交易所的权力机构，由全体会员组成。理事会是期货交易所的执行机构。期货交易所设总经理一人、副总经理若干人。总经理由中国证监会任免。

根据《期货交易所管理办法》，期货交易所的会员大会、理事会、总经理应当行使下列职权。

(1) 会员大会的职权：审定期货交易所章程、交易规则、结算规则及其修改草案，选举、更换会员理事，审议批准理事会和总经理的工作报告，审议批准期货交易所的财务预算方案、决算报告，审议期货交易所风险准备金使用情况，决定增加或者减少期货交易所注册资本或者开办资金，决定期货交易所的合并、分立、变更组织形式、解散和清算事项，决定期货交易所理事会提交的其他重大事项，期货交易所章程规定的其他职权。

(2) 理事会的职权：召集会员大会，并向会员大会报告工作；拟订期货交易所章程、交易规则、结算规则及其修改草案，提交会员大会审定；审议总经理提出的财务预算方案、决算报告，提交会员大会通过；审议期货交易所合并、分立、变更组织形式、解散和清算的方案，提交会员大会通过；决定专门委员会的设置；决定会员的接纳和退出；决定对违规行为的纪律处分；决定期货交易所变更名称、住所或者营业场所；审议批准根据章程和交易规则、结算规则制定的细则和办法；审议结算担保金的使用情况；审议批准风险准备金的使用方案；审议批准总经理提出的期货交易所发展规划和年度工作计划；审议批准期货交易所收费项目、收费管理办法；审议批准期货交易所对外投资计划；监督总经理组织实施会员大会和理事会决议的情况；监督期货交易所高级管理人员和其他工作人员遵守国家有关法律、行政法规、规章、政策和期货交易所章程、业务规则的情况；组织期货交易所年度财务会计报告的审计工作，决定会计师事务所的聘用和变更事项；期货交易所章程规定和会员大会授予的其他职权。

(3) 总经理的职权：组织实施会员大会、理事会通过的制度和决议；主持期货交易所的日常工作；根据章程和交易规则、结算规则拟订有关细则和办法；决定结算担保金的使用；拟订风险准备金的使用方案；拟订并实施经批准的期货交易所发展规划、年度工作计划；拟订并实施经批准的期货交易所对外投资计划；拟订期货交易所财务预算方案、决算报告；拟订期货交易所合并、分立、变更组织形式、解散和清算的方案；拟订期货交易所变更名称、住所或者营业场所的方案；拟订期货交易所机构设置方案；拟订期货交易所员工聘任方案，提出解聘建议；拟订期货交易所员工的工资和奖惩方案；决定重大交易者教育和保护工作事项；决定调整收费标准；期货交易所章程规定的或者理事会授予的其他职权。总经理因故临时不能履行职权的，由总经理指定的副总经理代其履行职权。

（二）公司制期货交易所的组织结构

公司制期货交易所的组织结构由权力机构股东会、执行机构董事会、总经理组成。

（1）股东会的职权：审定期货交易所章程、交易规则、结算规则及其修改草案，审议批准期货交易所的财务预算方案、决算报告，审议期货交易所风险准备金使用情况，决定增加或者减少期货交易所注册资本或者开办资金，决定期货交易所的合并、分立、变更组织形式、解散和清算事项，选举和更换非由职工代表担任的董事，审议批准董事会和总经理的工作报告，决定期货交易所董事会提交的其他重大事项，决定股权结构变更方案，期货交易所章程规定的其他职权。

（2）董事会的职权。董事会对股东会负责，行使下列职权：召集股东会会议，并向股东会报告工作；拟订期货交易所章程、交易规则、结算规则及其修改草案，提交股东会审定；审议总经理提出的财务预算方案、决算报告，提交股东会通过；审议期货交易所合并、分立、变更组织形式、变更股权结构、解散和清算的方案，提交股东会通过；监督总经理组织实施股东会和董事会决议的情况；决定专门委员会的设置；决定会员的接纳和退出；决定对违规行为的纪律处分；决定期货交易所变更名称、住所或者营业场所；审议批准根据章程和交易规则、结算规则制定的细则和办法；审议结算担保金的使用情况；审议批准风险准备金的使用方案；审议批准总经理提出的期货交易所发展规划和年度工作计划；审议批准期货交易所收费项目、收费管理办法；审议批准期货交易所对外投资计划；监督期货交易所高级管理人员和其他工作人员遵守国家有关法律、行政法规、规章、政策和期货交易所章程、业务规则的情况；组织期货交易所年度财务会计报告的审计工作，决定会计师事务所的聘用和变更事项；期货交易所章程规定和股东大会授予的其他职权。

（3）总经理的职权：组织实施股东会、董事会通过的制度和决议；主持期货交易所的日常工作；根据章程和交易规则、结算规则拟订有关细则和办法；决定结算担保金的使用；拟订风险准备金的使用方案；拟订并实施经批准的期货交易所发展规划、年度工作计划；拟订并实施经批准的期货交易所对外投资计划；拟订期货交易所财务预算方案、决算报告；拟订期货交易所合并、分立、变更组织形式、解散和清算的方案；拟订期货交易所变更名称、住所或者营业场所的方案；拟订期货交易所机构设置方案；拟订期货交易所员工聘任方案，提出解聘建议；拟订期货交易所员工的工资和奖惩方案；决定重大交易者教育和保护工作事项；决定调整收费标准；期货交易所章程规定或者董事会授予的其他职权。

## 四、期货交易所与会员的关系

会员制期货交易所与公司制期货交易所的会员和交易所的关系不尽相同，但两者存在共同的地方：（1）都要接受期货交易所的监督和管理，期货交易所应当制定会员管理办法，规定会员资格的取得与终止的条件和程序、对会员的监督管理等内容；（2）都要在期货交易所制定的章程制度下进行交易；(3) 会员都将期货保证金存入协助期货交易所办理结算业务的银行，因此，期货交易所与会员之间存在一个保证金保管合同关系；(4) 会员在期货交易所中会需要交易所提供一些服务，因此，两者之间存有一个服务合同关系；(5) 由于期货交易所知道会员的详细资料，对其中涉及商业秘密部分的，期货交易所需要遵守保密义务。

两者的不同点在于：会员制期货交易所与公司制期货交易所中的会员享有的权利义务不同。第一，会员制期货交易所是由会员缴纳会费组成的，会员是会员大会的成员，属于交易所内部权力机构的一分子，可以行使法定的表决权；公司制期货交易所的会员不一定是公司的股东，因此，不一定享有股东的地位和权利。第二，两种期货交易所缴纳的会费性质不同。会员制期货交易所的会费是交易所的成立费用，会员属于期货交易所的创建主体；公司制期货交易所会员所缴纳的会费带有管理的性质，会员属于被管理者。

## 第三节　金融登记结算机构组织法律制度

金融登记结算机构，即为证券、期货或其他金融衍生产品交易提供集中登记、托管、结算和金融产品交割等服务的法人或非法人机构。金融登记结算机构种类繁多，包括证券登记结算机构、期货登记结算机构、中央国债登记结算机构等。金融登记结算机构可以是营利性法人也可以是非营利性组织，但我国《证券法》规定的证券登记结算机构属于为证券交易提供集中登记、存管与结算服务，不以营利为目的的法人组织。

### 一、证券登记结算机构法律制度

证券登记结算机构是一种重要的金融市场基础设施。国际支付结算体系委员会（CPSS）和国际证监会组织（IOSCO）在 2012 年颁布了《金融市场基础设施原则》(FMI 原则)，要求各成员国（地区）金融监管部门将 FMI 原则纳入监管框架，并指导本辖区金融市场基础设施尽快将 FMI 原则付诸实施。

#### （一）证券登记结算机构的概念和特征

我国《证券法》规定，证券登记结算机构为证券交易提供集中登记、存管与结算服务，不以营利为目的，依法登记，取得法人资格。设立证券登记结算机构必须经国务院证券监督管理机构批准。

我国证券登记结算机构具有如下特征。

(1) 证券登记结算机构为法人组织。我国《证券法》将证券登记结算机构定性为法人组织，确定了其在组织形式上独立的法律地位，其在开展业务过程中也是独立地享有民事权利并承担民事义务。这使得证券登记结算机构得以规范化、独立化运行，对证券投资者利益保护具有重要意义。

(2) 证券登记结算机构为非营利法人。中国证券登记结算公司并不以营利为目的，即不以分配盈余给其成员为目的，所得盈余仅用于维持、发展和实现自身功能和作用。

(3) 证券登记结算机构是证券市场的一种专业服务机构。我国《证券法》第 160 条规定："会计师事务所、律师事务所以及从事证券投资咨询、资产评估、资信评级、财务顾问、信息技术系统服务的证券服务机构，应当勤勉尽责、恪尽职守，按照相关业务规则为证券的交易及相关活动提供服务。"显然，2019 年《证券法》对证券服务机构的范围进行了扩张，将信息技术服务系统机构纳入调整范围，证券登记结算机构就是一种典型的证券服务中介机构。也就是说，证券登记结算机构在证券交易中发挥着交易服务的功能，其本身并不是证券交易的直接参与者，也不能以托管证券进行投资或者融资。

（4）证券登记结算机构是一种特许法人。根据《证券法》《证券登记结算管理办法》，证券登记结算机构的设立和申请解散必须获得国务院证券监督管理机构的批准，并且其名称中应当标明“证券登记结算”字样。

### （二）证券登记结算机构的主要职能和法定义务

根据我国《证券法》，证券登记结算机构履行下列职能：证券账户、结算账户的设立，证券的存管和过户，证券持有人名册登记，证券交易的清算和交收，受发行人的委托派发证券权益，办理与上述业务有关的查询、信息服务，国务院证券监督管理机构批准的其他业务。

证券登记结算机构的法定义务有：

（1）证券登记结算机构不得挪用客户的证券。

（2）证券登记结算机构应当向证券发行人提供证券持有人名册及有关资料。证券登记结算机构应当根据证券登记结算的结果，确认证券持有人持有证券的事实，提供证券持有人登记资料。

（3）证券登记结算机构应当采取下列措施保证业务的正常进行：具有必备的服务设备和完善的数据安全保护措施，建立完善的业务、财务和安全防范等管理制度，建立完善的风险管理系统。

（4）证券登记结算机构应当妥善保存登记、存管和结算的原始凭证及有关文件和资料。其保存期限不得少于 20 年。

（5）证券登记结算机构应当设立证券结算风险基金，用于垫付或者弥补因违约交收、技术故障、操作失误、不可抗力造成的证券登记结算机构的损失。证券登记结算机构以证券结算风险基金赔偿后，应当向有关责任人追偿。

（6）证券登记结算机构作为中央对手方提供证券结算服务的，是结算参与人共同的清算交收对手，进行净额结算，为证券交易提供集中履约保障。

（7）证券登记结算机构按照业务规则收取的各类结算资金和证券，必须存放于专门的清算交收账户，只能按业务规则用于已成交的证券交易的清算交收，不得被强制执行。

### （三）证券登记结算机构的监管

根据《证券法》《证券登记结算管理办法》之规定，我国对证券登记结算机构的监管包括以下内容：

（1）重大事项履行事先批准或报告义务。证券登记结算机构的下列事项和文件，应当向中国证监会报告：业务实施细则；制定或修改业务管理制度、业务复原计划、紧急应对程序；办理新的证券品种的登记结算业务，变更登记结算业务模式；结算参与人和结算银行资格的取得和丧失等变动情况；发现重大业务风险和技术风险，发现重大违法违规行为，或涉及重大诉讼；有关经营情况和国家有关规定执行情况的年度工作报告；经会计师事务所审计的年度财务报告，财务预决算方案和重大开支项目，聘请或更换会计师事务所；与证券交易场所签订的主要业务合作协议，与证券发行人、结算参与人和结算银行签订的主要业务协议的样本格式；重大国际合作与交流活动、涉港澳台重大事务；与证券登记结算有关的主要收费项目和标准的制定或调整；中国证监会要求报告的其他事项和文件。

（2）证券登记结算机构不得从事明令禁止的业务。证券登记结算机构不得从事下列活动：与证券登记结算业务无关的投资，购置非自用不动产，在依法交收结算之外买卖证券，法律、行政法规和中国证监会禁止的其他行为。

(3) 证券登记结算机构违反法律规定可能承担的法律责任。我国《证券法》规定了证券登记结算机构未按照规定保存有关文件和资料的行政法律责任。《证券登记结算管理办法》规定，证券登记结算机构违反《证券法》《证券登记结算管理办法》规定的，中国证监会依法对其予以行政处罚；对直接负责的主管人员和其他直接责任人员，依法给予行政处分。

## 二、期货登记结算机构法律制度

期货登记结算机构，简称期货结算机构，是负责期货结算的机构。之所以成立专门的期货结算机构是由于日趋增加的交易而引起的复杂结算需求，以及顺应提供交易结算交割的安全性要求。

### (一) 期货结算机构的类型

《期货和衍生品法》第 91 条规定："期货结算机构是指依法设立，为期货交易提供结算、交割服务，实行自律管理的法人。"期货结算机构的设置有三种类型：一是交易所内部设立结算部门，如我国境内的期货交易所；二是交易所的子公司，如香港期货结算有限公司；三是完全独立的结算公司，如美国的期权清算中心（OCC)。前两种属于垂直型结算模式，交易所垂直管理结算机构，是一家结算机构为一家交易所进行结算的业务模式；第三种属于平行型结算模式，结算由专门、独立的结算机构实施，结算机构与交易所之间呈平等关系，是一家结算机构为多家交易所进行结算的业务模式。目前，我国境内期货结算机构均为内部设有结算部门的期货交易场所，即上海期货交易所、大连商品交易所、郑州商品交易所、中国金融期货交易所、上海国际能源交易中心以及广州期货交易所，目前均未设立独立的期货结算机构。

### (二) 期货结算机构的设立条件与职能

1. 期货结算机构的设立条件

《期货和衍生品法》规定，在我国境内设立独立的期货结算机构的具体条件是：具备良好的财务状况，注册资本最低限额符合国务院期货监督管理机构的规定；有具备任职专业知识和业务工作经验的高级管理人员；具备完善的治理结构、内部控制制度和风险控制制度；具备符合要求的营业场所、信息技术系统以及与期货交易的结算有关的其他设施；国务院期货监督管理机构规定的其他条件。独立的期货结算机构的设立、变更和解散，应当经国务院期货监督管理机构批准。

2. 期货结算机构的职能

根据《期货和衍生品法》，期货结算机构有五大基本职能。

(1) 提供履约保障。

《期货和衍生品法》第 93 条规定："期货结算机构作为中央对手方，是结算参与人共同对手方，进行净额结算，为期货交易提供集中履约保障。"《期货和衍生品法》以法律的形式确立了期货结算机构中央对手方的地位 2023 年修订的《期货交易所管理办法》第 82 条吸收了《期货和衍生品法》第 93 条的规定，确认了期货交易所的中央对手方法律地位。2019 年，证监会正式批复上海期货交易所、郑州商品交易所、大连商品交易所及中国金融期货交易所为合格中央对手方（QCCP)，2020 年上海黄金交易所被中国人民银行认定为合格中央对手方。

《期货和衍生品法》第 42 条第 1 款规定："结算参与人在结算过程中违约的，期货结算机构按照业务规则动用结算参与人的保证金、结算担保金以及结算机构的风险准备金、自有资金等完成结算；期货结算机构以其风险准备金、自有资金等完成结算的，可以依法对该结算参与人进行追偿。"在期货交易成交之后，期货结算机构就承担起保证每笔交易按期履约的责任，一旦一方结算参与人违约，期货结算机构就要代替违约方履行合约。

（2）结算交易盈亏。

《期货和衍生品法》第 39 条规定："期货交易实行当日无负债结算制度。在期货交易场所规定的时间，期货结算机构应当在当日按照结算价对结算参与人进行结算；结算参与人应当根据期货结算机构的结算结果对交易者进行结算。结算结果应当在当日及时通知结算参与人和交易者。"当日无负债结算制度，也称"逐日盯市"制度，结算机构按当日结算价对结算参与人结算所有合约的盈亏、交易保证金及手续费，对应收应付的款项实行净额一次划转，相应增加或减少保证金。一旦结算参与人的保证金余额低于规定的标准，将会收到追加保证金的通知，要求结算参与人在规定时间内补足账户内的保证金，否则将执行包括强行平仓的风控措施或违约处置机制。

（3）组织交割。

《期货和衍生品法》中规定："期货合约采取实物交割的，由期货结算机构负责组织货款与标准仓单等合约标的物权利凭证的交付。期货合约采取现金交割的，由期货结算机构以交割结算价为基础，划付持仓双方的盈亏款项。""结算参与人在交割过程中违约的，期货结算机构有权对结算参与人的标准仓单等合约标的物权利凭证进行处置。交易者在交割过程中违约的，结算参与人有权对交易者的标准仓单等合约标的物权利凭证进行处置。"可见，期货结算机构组织交割的职责体现在货款以及组织标准仓单等权利凭证的交付。

（4）控制市场风险。

就期货结算机构而言，其设置本身就降低了市场上的信用风险。且其履约保障的义务使得其在市场出现风险，有结算参与人违约或破产时，仍然向所有结算参与人履约。期货结算机构采当日无负债结算机制也具有风险控制功能，将潜在的违约风险敞口控制在每日盈亏轧差后的净额内。期货结算机构收取保证金制度也是控制市场风险的一方面。《期货和衍生品法》第 41 条第 1 款规定："结算参与人的保证金不符合期货结算机构业务规则规定标准的，期货结算机构应当按照业务规则的规定通知结算参与人在规定时间内追加保证金或者自行平仓；结算参与人未在规定时间内追加保证金或者自行平仓的，通知期货交易场所强行平仓。"值得注意的是，该条规定中结算机构只有通知追保、自行平仓、强行平仓的职责，强行平仓的具体措施还是应由期货交易场所来执行。此外，在期货市场出现异常情况时，交易场所可单独或者会同期货结算机构采取紧急措施，包括调整保证金，调整涨跌停板幅度，调整会员、交易者的交易限额或持仓限额标准，限制开仓，强行平仓，暂时停止交易，等等。

（5）自律管理。

《期货和衍生品法》第 94 条第 2 项规定，期货结算机构有义务按照章程和业务规则对交易者、期货经营机构、期货服务机构、非期货经营机构结算参与人等进行自律管理。

### （三）期货结算机构在期货实物交割中的责任边界

《期货和衍生品法》赋予了期货结算机构中央对手方的地位，明确其为期货交易提供集中履约保障，同时也规定了期货结算机构负责组织货款与标准仓单等合约标的物权利凭证的交付或持仓双方的盈亏款项的划付。但是，该法并未明确期货结算机构在交割阶段应当承担责任的边界，即期货结算机构履约保障责任在交割阶段是否仅延及标准仓单的配对交付，是否还应当对后续交割库提货阶段承担责任？从境外期货交易实践来看，期货交易场所或结算机构一般并不需要对交割仓库后续交货行为负责。

但在我国目前的期货实物交割实践中，期货交易场所事实上是对交割仓库提货行为承担责任的，《最高人民法院关于审理期货纠纷案件若干问题的规定》第 47 条第 1 款规定："交割仓库不能在期货交易所交易规则规定的期限内，向标准仓单持有人交付符合期货合约要求的货物，造成标准仓单持有人损失的，交割仓库应当承担责任，期货交易所承担连带责任。”

## 三、中央国债登记结算机构法律制度

中央国债登记结算有限责任公司（简称“中央结算公司”）是与中国证券登记结算有限责任公司并行设立的一家专司国债结算的机构。中央结算公司是国务院批准、国家财政独家投资设立的中央企业。中央结算公司成立于1996年12月。2011年3月24日，中国人民银行印发了《中央国债登记结算有限责任公司业务监督管理规则》，对中央结算公司的业务和监管问题进行了明确。

### （一）中央结算公司的主要业务

中央结算公司主要从事以下业务：设立和管理债券账户，债券登记、托管、结算、代理还本付息、债券等质押物的管理服务，为中国人民银行公开市场业务系统和债券发行提供技术支持，承担银行间债券市场债券交易结算的日常监测职能，监督柜台交易承办银行的二级托管业务，提供业务相关的信息、查询、咨询、培训服务，经中国人民银行批准的其他业务。

### （二）中国人民银行对中央结算公司的监管

中央结算公司办理下列事项，应当报中国人民银行批准：章程的制定和修改，并购、合并、重组、分立等重大事项，内部控制制度、风险管理制度、业务规则以及应急预案的制定和重大修改，开展新业务或变更现有业务模式，与境内外其他市场中介机构的重大业务合作，中国人民银行要求的其他事项。

中央结算公司办理下列事项，应当报中国人民银行备案：制定和修改中长期业务发展规划，高级管理人员变动，中国人民银行要求的其他事项。

中央结算公司办理下列事项，应当定期向中国人民银行报告：每月前5个工作日内向中国人民银行报送上月债券市场有关数据和统计信息、市场交易结算监测报告，上半年结束后10个工作日内向中国人民银行报送半年度工作报告，每年度结束后20个工作日内向中国人民银行报送年度工作报告，中国人民银行要求的其他报告事项。

中央结算公司办理下列事项，应当及时向中国人民银行报告：市场交易结算发生重大异常情况；自身工作中出现重大违规或失误行为；与其他组织或机构发生重大法律纠纷；业务系统的建设和重大改造；业务系统和信息系统出现严重故障，无法提供相应服务；出现其他事件，导致中央结算公司无法正常、全面、充分履行职责；与其他市场中介机构的业务合作进展情况；客户服务协议文本的修订情况；中国人民银行要求报告的其他事项。

中央结算公司应当根据中国人民银行的要求，随时提供市场运行、业务系统运行、各项制度及业务规则实施情况以及相关统计信息等。

中国人民银行可按照有关规定开展现场检查，并在检查结束后15个工作日内向中央结算公司通报结果；对不符合有关规定的，责令中央结算公司进行整改，并对整改情况进行复查。

## 思考题

1. 简述证券交易所的概念和组织形式。
2. 简述证券交易所对证券公司的监管。
3. 简述证券交易所对上市公司的监管。
4. 试述证券业协会的法律地位。

5. 试述我国期货交易所的组织形式。
6. 试述证券登记结算机构的主要职能和法定义务。
7. 试述我国对证券登记结算机构的监管措施。
8. 试述我国期货结算机构的职能。

第二编

# 金融交易法律制度

金融交易法是指规范金融市场中各类交易行为的法律制度。金融交易法主要属于金融商法的范畴，一般体现为一种横向的金融法律关系，属于金融私法。金融交易法在金融法中具有重要的基础性地位，一切金融宏观调控法和金融监管法都必须尊重金融交易规律和金融交易法。本编重点介绍货币市场交易法律制度，证券发行、上市与交易法律制度，信托、证券投资基金与资产管理产品交易法律制度，保险、期货与衍生品、金融租赁交易法律制度。

# 第五章
# 货币市场交易法律制度

## 第一节　人民币发行与现金管理法律制度

### 一、货币管理法与货币制度概述

货币是在商品交换过程中自发地从商品中分离出来，固定地充当一般等价物的特殊商品，经历了一般商品、金银等贵金属和纸币等不同的形态。随着商品经济的发展，货币的职能逐渐得到了充分的显现。现代货币具有价值尺度、流通手段、支付手段、贮藏手段、世界货币的职能。为了使货币规范化，维护货币流通的秩序，更好地发挥货币的职能，促进经济的发展，世界各国很早就颁布了相应的货币法，建立了自己的货币制度，形成了包括通货管理法、外汇管理法和金银管理法在内的货币法律体系。货币管理法是确认和调整货币的发行、流通、回笼和管理关系的法律规范的总称，它是一国货币制度的法律依据。

货币制度经历了从金银复本位制、金本位制到纸币本位制的历史演变过程。我国最早的货币产生于秦汉时期。秦建立统一的国家后，很快颁布了统一货币的法令和管理货币流通的《金布律》。宋初，在四川成都产生了代表铁钱流通的纸币——交子。此后历朝历代也几乎都有货币立法。我国现行关于货币管理的法律、法规、行政规章主要有：《中国人民银行法》中关于人民币管理的规定、《人民币管理条例》（2018 年修订）、《现金管理暂行条例》（2011 年修订）、《金银管理条例》（2011 年修订）、《金银管理条例施行细则》（1983 年实施）、《人民币发行库管理办法》（银发〔2007〕235 号）、《中国人民银行货币鉴别及假币收缴、鉴定管理办法》（2020 年实施）、《中国人民银行残缺污损人民币兑换办法》（2004 年实施）、《中国人民银行残损人民币销毁管理办法》（银发〔2005〕402 号）、《中华人民共和国外汇管理条例》（2008 年实施）等。

### 二、人民币管理法律制度

#### （一）人民币的法律地位

根据《中国人民银行法》，人民币是我国的法定货币，以人民币支付中华人民共和国境内的一切公共和私人的债务，任何单位和个人不得拒收。

人民币迄今为止共发行了五套。我国人民币的主币计量单位是元，辅币计量单位是角、分。人民币作为我国的法定货币，在我国境内具有无限法偿性，一切境内交易和计价结算均可使用人民币。我国法律笼统规定人民币具有无限法偿性，不分主币和辅币。但依据国际通行惯例，辅币仅具有有限法偿性，其每次支付的数额受到法律的限制，若超过了法定的数额，收方可以拒绝接受。

（二）人民币的发行管理

广义的人民币发行是指中国人民银行代表国家发行、投放、回笼、调拨、销毁、保管及调节各地货币流通等业务活动的总称。狭义的人民币发行是指中国人民银行向流通市场投放现金的行为。此处的人民币发行取狭义解释。为了保持货币币值的稳定，并以此促进经济增长，人民币的发行必须坚持如下原则：

（1）集中统一发行原则。人民币由中国人民银行统一发行，在中华人民共和国境内，其他任何地方、单位和个人都无权发行货币或发行变相货币。

（2）经济发行原则。货币发行必须适应商品流通的需要。按照货币流通规律的要求，市场货币流通量应与商品流通量相适应，从而保证经济的健康发展。与经济发行相对应的是财政发行，它是为弥补国家财政赤字或应付财政支出紧张局面而采取的发行措施。货币发行的理论和实践均证明，财政发行不符合经济发展的客观规律，容易导致通货膨胀，应坚决予以杜绝。

（3）计划发行原则。人民币的发行按货币发行计划进行，由中国人民银行提出货币发行计划，报国务院审批后实施。坚持计划发行可以保证市场物价和币值的稳定。

（三）人民币的流通管理

人民币的流通管理应包括现金管理和非现金管理。非现金管理包括对信用卡、银行卡和支付卡的管理，各开户银行对客户持有的单位信用卡、银行卡、支付卡一律不得支付现金。个人信用卡、银行卡、支付卡提取现金时，取现金额必须符合发卡银行规定的限额，超过规定限额的，必须取得发卡银行的授权。

现金管理是指银行和非银行金融机构根据法律的规定，对开户单位的现金收支活动进行监督和管理的一项财经制度。根据《反洗钱法》、《现金管理暂行条例》、《金融机构大额交易和可疑交易报告管理办法》、《关于〈金融机构大额交易和可疑交易报告管理办法〉有关执行要求的通知》（银发〔2017〕99号）、《人民币银行结算账户管理办法》（中国人民银行令〔2003〕第5号）、《人民币银行结算账户管理办法实施细则》（中国人民银行公告〔2020〕3号最新修订）等相关规定，我国人民币现金管理的主要内容如下。

1. 现金管理的机关

中国人民银行是现金管理的主管部门，商业银行和其他金融机构负责现金管理的具体实施，对开户单位收支、使用现金进行监督管理。

2. 现金管理的对象

凡在银行和其他金融机构开立账户的机关、团体、部队、企业事业单位和其他单位都必须接受开户金融机构的监督，实行现金管理。

3. 现金使用范围

一个单位只能在一家银行开设基本结算账户支取现金。开户单位使用现金的范围是：（1）职工工资、各种工资性津贴；（2）个人劳务报酬；（3）根据国家规定颁发给个人的科学技术、文化艺术、体育等各种奖金；（4）各种劳保、福利费用以及国家规定的对个人的其他支出；（5）向个人收购农副产品和其他物资的价款；（6）出差人员必须随身携带的差旅费；（7）结算起点以下的零星支出；（8）中国人民银行确定需要支付现金的其他支出。除以上（5）（6）项外，开户单位支付给个人的款项超过使用现金限额的部分，应当以支票或者银行本票支付；确需全额支付现金的，经开户银行审核后予以支付现金。前述结算起点定为1 000元。结算起点的调整，由中国人民银行确定，报国务院备案。机关、团体、部队、全民所有制企业事业单位购置国家规定的专项控制商品，必须采用转账结算方式，不得使用现金。

4. 对开户单位库存现金限额的管理

库存现金限额由开户单位提出计划，报开户的金融机构审查核定。一般单位可以保留3～5天的日常零星开支所需的现金，边远地区和交通不发达地区的开户单位可以适当放宽，可保留多于5天但最多不得超过15天的日常零星开支所需现金。进行核定的库存现金限额，开户单位必须严格遵守。需要增加或者减少库存现金限额的，应当向开户银行提出申请，由开户银行核定。

5. 开户单位现金收付的管理

开户单位收入现金应于当日送存开户的金融机构，当日送存确有困难的，由开户的金融机构确定送存时间。开户单位支付现金，可以从本单位库存现金限额中支付，或从开户的金融机构提取，不得坐支（从单位现金收入中直接支付的行为）。确需坐支的，应事先报经开户的金融机构审查批准，并核定坐支范围和限额。

开户单位必须建立健全现金账目，逐笔记载现金支付，账目日清月结，做到账款相符。开户单位须遵守以下禁止规定：（1）不准白条抵库；（2）不准单位之间相互借用现金；（3）不准谎报用途套取现金；（4）不准利用银行账户代其他单位和个人存入或支取现金；（5）不准将单位存入的现金以个人名义储蓄；（6）不准保留账外公款（“小金库”）；（7）禁止发行变相货币；（8）不准以任何票券代替人民币在市场上流通；（9）开户单位在购销活动中，不准对现金结算给予比转账结算优惠的待遇；（10）不准只收现金拒收支票、银行汇票、银行本票和其他转账结算凭证。

### （四）残缺人民币的兑换

为维护人民币信誉，保护国家财产安全和人民币持有人的合法权益，确保人民币正常流通，中国人民银行根据《中国人民银行法》《人民币管理条例》，制定了《中国人民银行残缺污损人民币兑换办法》。该兑换办法明确规定，残缺、污损的人民币可向办理人民币存取款业务的金融机构进行兑换。残缺、污损人民币兑换分全额、半额两种情况：（1）能辨别面额，票面剩余3/4（含3/4）以上，其图案、文字能按原样连接的残缺、污损人民币，金融机构应向持有人按原面额全额兑换。（2）能辨别面额，票面剩余1/2（含1/2）至3/4以下，其图案、文字能按原样连接的残缺、污损人民币，金融机构应向持有人按原面额的一半兑换。纸币呈正十字形缺少1/4的，按原面额的一半兑换。兑付额不足1分的，不予兑换；5分按半额兑换的，兑付2分。金融机构在办理残缺、污损人民币兑换业务时，应向残缺、污损人民币持有人说明认定的兑换结果。不予兑换的残缺、污损人民币，应退回原持有人。残缺、污损人民币持有人同意金融机构认定结果的，对兑换的残缺、污损人民币纸币，金融机构应当面将带有本行行名的“全额”或“半额”戳记加盖在票面上；对兑换的残缺、污损人民币硬币，金融机构应当面使用专用袋密封保管，并在袋外封签上加盖“兑换”戳记。

### （五）人民币图样使用管理

人民币图样是指中国人民银行发行的货币的完整图案或主景图案。所谓人民币图样的使用，是指在宣传品、出版物、网络或其他商品上使用放大、缩小和同样大小人民币图样的行为。为了维护人民币的信誉，中国人民银行于2019年10月15日修订了《人民币图样使用管理办法》。该办法规定，人民币图样的使用实行“一事一批”的审批制度，由使用人提出申请，由中国人民银行的分支机构受理。申请使用人民币图样应为弘扬民族优秀文化和反映国内外新的科学文化成果；宣传爱护人民币和人民币防伪知识，展示人民币设计艺术，促进钱币文化健康发展。

使用人民币图样应遵守以下原则：使用与人民币同样大小的人民币图样，必须加盖“图样禁止流通”的非隐形文字字样，字样大小应覆盖图样幅面的 1/3 以上；使用放大和缩小的人民币图样，放大和缩小的比例必须不低于 25%。

违反上述规定非法使用人民币图样，中国人民银行应当责令改正，并销毁非法使用的人民币图样，没收违法所得，并处 5 万元以下罚款。

（六）经营、装帧流通人民币管理

经营流通人民币是指以营利为目的，买卖流通人民币的行为。装帧流通人民币是指，将流通人民币进行外部包装或采取其他方式进行装饰的行为。2016 年 5 月 19 日，中国人民银行修订《装帧流通人民币管理办法》取消了对经营流通人民币的行政许可事项。

装帧流通人民币实行“一事一批”的审批制度。各分支机构为申请受理机关，由中国人民银行总行按总量控制限量装帧的原则，根据流通人民币发行量和流通形式，对单一许可的流通人民币装帧数量限额作出审批。申请装帧流通人民币的申请人应为中华人民共和国境内依法设立的法人，申请装帧目的正当。申请装帧流通人民币 1 万枚（套）以上的申请人，应为在中国境内依法设立的企业法人，且连续经营 3 年以上。未经中国人民银行批准，擅自装帧流通人民币的，依《人民币管理条例》第 44 条进行处罚。

（七）假币的收缴与管理

假币，即伪造的货币。根据《中国人民银行法》《人民币管理条例》《中国人民银行货币鉴别及假币收缴、鉴定管理办法》《关于加强假币实物管理的通知》，有关假币的收缴、鉴定、管理的主要规定有：

（1）发现假币应立即报告。发现他人持有伪造、变造的人民币的，应立即向公安机关报告；办理人民币存取款业务的金融机构发现伪造、变造的人民币，数量较多、有新版的伪造人民币或者有其他制造、贩卖伪造、变造的人民币线索的，应立即报告公安机关。

（2）假币的上交、收缴和没收。单位和个人持有伪造、变造的人民币的，应当及时上交中国人民银行、公安机关或办理人民币存取款业务的金融机构；办理人民币存取款业务的金融机构，发现假币较少的，由该金融机构两名以上工作人员当面予以收缴；中国人民银行、公安机关发现伪造、变造的人民币，应当予以没收。

（3）对假币的处理。对上交、收缴和没收的假币，由两名以上工作人员在场，当面盖上“假币”的戳记，用统一格式的专用袋加封，加盖“假币”戳记，并在专用纸袋上标明券张（枚数）、金额、冠字号码、收缴人、复核人名字等。收缴单位向被收缴人出具按照中国人民银行统一规范制作的“假币收缴凭证”，加盖收缴单位业务公章，并告知被收缴人如对被收缴的货币真伪判断有异议，可以向鉴定单位申请鉴定。假币由中国人民银行统一销毁。

（4）假币的鉴定。持币人如对被收缴的货币真伪有异议，可向当地的中国人民银行分支机构或经中国人民银行授权的鉴定机构申请鉴定。持有人如对鉴定结果或收缴鉴定的具体行政行为有异议，还可向中国人民银行的有关分支机构申请行政复议。

此外，《中国人民银行法》《刑法》等规定了伪造、变造人民币的法律责任，印制、发售变相货币使其流通的法律责任，非法买卖流通人民币的法律责任，违反现金管理的法律责任。

## 第二节　存款法律制度

### 一、存款的概念和种类

存款是指企业、事业、机关等单位和居民个人把货币资金存入银行或其他金融机构的一种信用形式。吸收存款是商业银行最基本的负债业务。商业银行的存款可分为传统的银行存款和结构性存款。

（一）传统的银行存款

存款可以按不同的标准作如下分类：按存款的来源不同，存款可分为单位存款和个人储蓄存款。按存款形成的原因不同，存款可分为原始存款和派生存款。按存款的币种不同，存款可分为本币存款和外币存款。按存款的性质不同，存款可分为活期存款、定期存款和储蓄存款。

（1）活期存款，即交易存款，是指客户可随时对其账户签发支票，并主要利用它来进行日常支付的存款。活期存款无须任何事先通知，存款人可随时存取和转让存款。其形式有支票存款账户、保付支票、本票、旅行支票和信用证等。活期存款占一国货币供应的最大部分，也是商业银行的重要资金来源。活期存款不仅有货币支付手段和流通手段的职能，同时还具有较强的派生能力，是商业银行业务的重点。活期存款利率一般较低，在西方国家商业银行一般不支付利息，有的甚至收取一定的手续费。

（2）定期存款，亦称“定期存单”，是银行与存款人在存款时事先约定期限、利率，到期后支取本息的存款。一般来说，存期越长利率越高，以补偿存款人在流动性方面的损失。定期存款在银行存储时间长、支取频率低，是商业银行稳定的资金来源，故商业银行特别注意吸收定期存款。

（3）储蓄存款。根据《储蓄管理条例》，储蓄存款是指个人将其所有的人民币或外币存入储蓄机构，储蓄机构开具存折或存单作为凭证，个人凭存折或存单可以支取本金和利息的存款，包括活期储蓄存款和定期储蓄存款两大类。

近年来，上述三种传统存款业务的区别逐渐模糊，并在此基础上发展了多种存款形式，如可转让大额定期存单、定活两便存款账户、货币市场存款账户、可转让支付命令账户等。

（二）结构性存款

随着金融创新的不断发展，商业银行开始办理吸收嵌入金融衍生产品的存款业务类型，其典型代表就是结构性存款。所谓结构性存款，是指商业银行吸收的嵌入金融衍生产品的存款，通过与利率、汇率、指数等的波动挂钩或者与某实体的信用情况挂钩，使存款人在承担一定风险的基础上获得相应的收益。结构性存款受到《关于进一步规范商业银行结构性存款业务的通知》（银保监办发〔2019〕204号）的规范。

## 二、存款的监管规则

（一）个人储蓄存款的监管规则

1. 个人储蓄存款五原则

根据《商业银行法》《储蓄管理条例》《个人存款账户实名制规定》的规定，商业银行办理个人储蓄存款业务，应当遵循存款自愿、取款自由、存款有息、为存款人保密以及个人存款账户实名的原则。

存款自愿是指公民是否参加储蓄，参加何种储蓄，在哪家银行的储蓄机构储蓄，应由其本人选择。取款自由是指存款人要求支取存款时，只要符合法律规定和双方的约定，储蓄机构必须保证付款，不得以任何理由拒绝兑付或者拖延兑付，不得查询存款人支取存款的目的和用途，不得限制存款人支取存款的数额。存款有息是指储蓄机构对所吸收的个人储蓄存款应当根据储蓄存款的种类和期限、法律规定的计息方法和中国人民银行公布的利率，向存款人计付利息。为存款人保密是指储蓄机构对存款人的姓名、地址、职业、工作单位、职务、存款变动情况及其余额、预留印鉴、密码等与存款相关的信息和资料，负有保密责任，不得披露；除法律另有规定外，储蓄机构应当拒绝任何单位或个人对个人储蓄存款的查询、冻结和扣划。个人存款账户实名原则是指个人在金融机构开立存款账户办理储蓄存款时，必须出示本人的身份证件，使用身份证件上的姓名。实行个人存款账户实名有利于保护存款人的合法权益，有利于建立与完善以个人信息为基础的信用法律制度，有利于税收制度的实施与完善，也有利于打击与预防以获取非法所得为特征的经济犯罪。

2. 储蓄存款的提前支取、挂失和过户

个人储蓄存款不同于单位存款，即使存款未到期，也可持存单和本人居民身份证提前办理支取手续。

储蓄存单挂失，如属记名式存单，可以申请挂失；如属不记名式存单，银行不受理挂失。申请挂失，应持本人身份证明，并提供存款时间、种类、金额、账号及住所地等有关情况，书面向储蓄机构正式声明挂失止付。储蓄机构在确认该笔存款未被支取的前提下，方可办理挂失手续，或补发新存单或取出存款。

储蓄存款人死亡的，合法继承人应向储蓄机构所在地的公证处（未设公证处的地区向县、市人民法院）申请办理继承权证明书，储蓄机构凭此办理过户手续或支付存款。该项存款的继承权发生争执的，储蓄机构则凭人民法院的判决书、裁定书和调解书办理过户或支付手续。

在国外的华侨、港澳同胞，在我国定居的外国公民、无国籍者存入我国境内的存款，原存款人死亡、继承人在国内的，原则上与我国公民的存款过户或提取手续相同；继承人在国外、境外的，则应根据具体情况，按有关规定办理。

存款人死亡，无法确定继承人又无遗嘱的，经当地公证机关证明，全民所有制单位、国家机关、群众团体的职工存款，上缴国库收归国有；集体所有制企事业单位的职工存款，可转归集体所有。上缴国库或收归集体所有的存款都不计利息。

### （二）单位存款的监管规则

由于我国实行现金管理制度，故对单位的存款带有一定的强制性。其表现为：(1) 各单位的现金收入必须存入银行。(2) 各单位的现金必须按照规定存入不同账户。按照国务院的规定，实行财政资金与信贷资金、基本建设资金与流动资金分口管理，预算内资金与预算外资金分别核算的原则。各单位在银行应分别开设有关账户，不同款项来源要存入相应的账户。(3) 各单位视其资金性质不同，可在银行开立活期存款账户和定期存款账户，定期存款账户只能整存整取，不得提前支取。(4) 各单位的存款，其所有权属于存款单位，各单位有权依法自主支配，除财政性存款外，单位存款有权要求银行支付利息。

### （三）存款合同中商业银行的义务

1. 对存款人的身份识别义务

2000 年 4 月 1 日起施行的《个人存款账户实名制规定》要求，个人在金融机构开立个人存款账户时，应当出示本人身份证件，使用实名。代理他人在金融机构开立个人存款账户的，代理人应当出示被代理人和代理人的身份证件。这是对商业银行的客户身份识别义务的基本概括。

2022 年 3 月 1 日起施行的《金融机构客户尽职调查和客户身份资料及交易记录保存管理办法》（该办法因技术原因暂缓施行）明确规定，金融机构应当勤勉尽责，遵循“了解你的客户”的原则，识别并核实客户及其受益所有人身份，针对具有不同洗钱或者恐怖融资风险特征的客户、业务关系或者交易，采取相应的尽职调查措施。实践中，对存款人身份识别义务履行的争议焦点主要在于，金融机构到底是进行形式审查还是实质审查。我国现行法律体系中既有形式审查标准，亦不乏实质审查标准。

规定形式审查标准的如：

《支付结算办法》第17条规定："银行以善意且符合规定和正常操作程序审查，对伪造、变造的票据和结算凭证上的签章以及需要交验的个人有效身份证件，未发现异常而支付金额的，对出票人或付款人不再承担受委托付款的责任，对持票人或收款人不再承担付款的责任。"

《中国人民银行关于储蓄存单、存折密码更换手续有关问题的批复》（银复〔1999〕44号）规定，储蓄机构对储户提供的身份证明只进行形式审查，即审查身份证明所用材料和记载的内容在表面上是否符合身份证明管理部门的规定。储蓄机构不负有鉴别身份证明真伪的责任。

规定实质审查标准的如：

《最高人民法院关于审理票据纠纷案件若干问题的规定》第68条规定："付款人或者代理付款人未能识别出伪造、变造的票据或者身份证件而错误付款，属于票据法第五十七条规定的'重大过失'，给持票人造成损失的，应当依法承担民事责任。付款人或者代理付款人承担责任后有权向伪造者、变造者依法追偿。"

本书认为，应当根据不同的身份证件类型来确定银行的具体审查标准，并从法律解释的角度向该方向靠拢。比如，对于居民身份证而言，目前已普遍使用第二代身份证，由于其采用了先进的数字防伪技术并且金融机构与公安机关实现了联网，可采用实质审查标准；而对于除此之外的身份证件，比如军人身份证件、武警身份证件、港澳居民往来内地通行证、台湾居民往来大陆通行证或者其他有效旅行证件、外国公民的护照等，金融机构负形式审查义务即可。

对存款人的身份识别义务的具体法律规定有：（1）开立账户。按照《个人存款账户实名制规定》第7条要求进行实名认证。（2）提供现金汇款、现钞兑换、票据兑付等一次性大额金融服务。按照《金融机构客户尽职调查和客户身份资料及交易记录保存管理办法》（该办法因技术原因暂缓施行）第9条执行。（3）提前支取。严格落实《中国人民银行关于执行〈储蓄管理条例〉的若干规定》第34条的规定。（4）挂失。按照《中国人民银行关于执行〈储蓄管理条例〉的若干规定》第37条的要求进行。

2. 安全保障义务

根据《消费者权益保护法》，消费者因购买、使用商品或者接受服务受到人身、财产损失的，享有依法获得赔偿的权利。同时，银行经营场所的经营者，应当对消费者尽到安全保障义务。此外，根据《民法典》的规定，银行经营场所的经营者未尽到安全保障义务造成他人损害的，应当承担侵权责任。因第三人的行为造成他人损害的，由第三人承担侵权责任；银行未尽到安全保障义务的，应当承担相应的补充责任。当然，银行承担补充责任后，可以向第三人追偿。需要注意的是，随着金融科技的发展，现代商业银行的安全保障义务已经扩展到了金融数据安全的保障方面。

3. 告知义务

根据《商业银行法》《储蓄管理条例》，商业银行的告知义务主要有以下几种：（1）在缔结存款合同时，商业银行应将存款合同有关条款的具体含义告知存款人。如果商业银行未向存款人履行这一义务，则在存款合同相关条款的解释产生分歧时，应当按照一般社会生活常识和普遍认知对所涉事项进行解读。（2）商业银行应将其营业时间告知存款人。（3）商业银行应告知存款人利率变动的情况。（4）其他依据诚信原则应当履行的附随义务。

4. 保密义务

根据为存款人保密的基本原则，对个人存款和个人在银行的其他金融资产，商业银行有权拒绝任何单位或者个人查询、冻结、扣划，但法律另有规定的除外。对单位存款和单位在银行的其他金融资产，商业银行有权拒绝任何单位或者个人查询，但法律、行政法规另有规定的除外；有权拒绝任何单位或者个人冻结、扣划，但法律另有规定的除外。

（四）存款密码的法律效力问题

在现代商业银行交易实践中，存款密码可视为纸面存款合同当中的签名，也可将其理解为一种“电子签名”。2019 年 4 月 23 日修正的《电子签名法》第 2 条规定：“本法所称电子签名，是指数据电文中以电子形式所含、所附用于识别签名人身份并表明签名人认可其中内容的数据。本法所称数据电文，是指以电子、光学、磁或者类似手段生成、发送、接收或者储存的信息。”

密码的独占性、唯一性、秘密性对交易者身份的鉴别具有重要意义。一般认为只要存款人在电子交易中使用了私人密码，原则上就视为本人同意相关的交易行为，并承担相应的法律责任。在使用密码作为身份鉴别的场合，银行的义务在于确认客户提供的密码与存款人预设的密码是否相符，只要密码一致即可认为银行履行了识别义务。

对密码法律效力的规定体现在以下法律制度中：

《银行卡业务管理办法》第 52 条第 6 项要求，“发卡银行应当在有关卡的章程或使用说明中向持卡人说明密码的重要性及丢失的责任”。

《电子银行业务管理办法》第 89 条规定：“金融机构在提供电子银行服务时，因电子银行系统存在安全隐患、金融机构内部违规操作和其他非客户原因等造成损失的，金融机构应当承担相应责任。因客户有意泄漏交易密码，或者未按照服务协议尽到应尽的安全防范与保密义务造成损失的，金融机构可以根据服务协议的约定免于承担相应责任，但法律法规另有规定的除外。”

此外，还有关于密码挂失的业务规则。密码挂失是指用户忘记了自己的密码或者密码被盗用、泄露等情况，需要通过一定的流程和方式来重新设置或找回密码的过程。在银行、电子商务、社交媒体等各种账户中，密码挂失是一种常见的情况。当用户忘记密码或者密码被盗用时，需要及时采取措施，通过账户绑定的手机号码、邮箱等方式来进行密码重置或找回，以保障账户的安全性。为了保护客户资金安全、减少资金损失或为了相关业务的正常办理，银行经营机构审查客户密码挂失手续符合条件的，应当及时予以办理。并且，根据《关于银行业金融机构免除部分服务收费的通知》，密码重置免收手续费。

（五）对存款人权利的保护

1. 商业银行依法缴纳存款准备金和备付金

存款准备金是商业银行依据法律和中央银行的规定，按照其吸收存款的一定比例缴存于中央银行的存款。存款准备金是中央银行实施货币政策的重要工具，也是对存款人利益进行保护的重要措施之一。存款准备金的范围是其吸收的一般存款。我国从 1984 年起开始实行法定存款准备金制度。

备付金，亦称支付备用金，是指商业银行和其他金融机构为保证存款支付和资金清算而保留的清偿资金。备付金制度的核心是备付金率，即备付金占商业银行全部存款的比例。具体比例由中央银行根据各行情况核定。

2. 商业银行必须依法执行查询、冻结和扣划制度

我国《商业银行法》第 29 条规定：“对个人储蓄存款，商业银行有权拒绝任何单位或者个人查询、冻结、扣划，但法律另有规定的除外。”我国《民事诉讼法》《税收征收管理法》等法律有对储蓄存款的查询、冻结、扣划的相关规定。查询、冻结、扣划个人储蓄存款，必须按法

定程序办理。

我国《商业银行法》第30条规定："对单位存款，商业银行有权拒绝任何单位或者个人查询，但法律、行政法规另有规定的除外；有权拒绝任何单位或者个人冻结、扣划，但法律另有规定的除外。"根据这一规定，商业银行受理对单位存款的查询，可以按照法律和行政法规的规定办理，而对单位存款的冻结和扣划，则只能在法律有明确规定的情况下才能办理。之所以作这样的规定，是因为扣划存款是剥夺单位存款所有权的行为，冻结存款是在一定时期内限制单位存款的使用权和处分权，而查询存款的行为只涉及存款人的保密权。扣划、冻结对存款单位利益的侵害程度更重，所以法律对扣划、冻结存款的规定要求更严。

我国《民事诉讼法》《税收征收管理法》等法律对冻结、扣划单位存款也作出了规定。

3. 存款保险制度

为了建立和规范存款保险制度，依法保护存款人的合法权益，及时防范和化解金融风险，维护金融稳定，2014年10月29日，国务院第67次常务会议通过了《存款保险条例》。

（1）存款保险的概念、保障对象、资金来源和投保机构。

所谓存款保险，是指投保机构向存款保险基金管理机构交纳保费，形成存款保险基金，存款保险基金管理机构依照《存款保险条例》的规定向存款人偿付被保险存款，并采取必要措施维护存款以及存款保险基金安全的制度。

存款保险基金的来源包括：投保机构交纳的保费，在投保机构清算中分配的财产，存款保险基金管理机构运用存款保险基金获得的收益，其他合法收入。

存款保险的被保险存款包括投保机构吸收的人民币存款和外币存款。但是，金融机构同业存款、投保机构的高级管理人员在本投保机构的存款以及存款保险基金管理机构规定不予保险的其他存款除外。

在中华人民共和国境内设立的商业银行、农村合作银行、农村信用合作社等吸收存款的银行业金融机构（以下统称投保机构），应当依照《存款保险条例》的规定投保存款保险。投保机构在中华人民共和国境外设立的分支机构，以及外国银行在中华人民共和国境内设立的分支机构不适用前述规定。但是，中华人民共和国与其他国家或者地区之间对存款保险制度另有安排的除外。

（2）存款保险的偿付限额。

存款保险实行限额偿付，最高偿付限额为人民币50万元。中国人民银行会同国务院有关部门可以根据经济发展、存款结构变化、金融风险状况等因素调整最高偿付限额，报国务院批准后公布执行。

同一存款人在同一家投保机构所有被保险存款账户的存款本金和利息合并计算的资金数额在最高偿付限额以内的，实行全额偿付；超出最高偿付限额的部分，依法从投保机构清算财产中受偿。

存款保险基金管理机构偿付存款人的被保险存款后，即在偿付金额范围内取得该存款人对投保机构相同清偿顺序的债权。

社会保险基金、住房公积金存款的偿付办法由中国人民银行会同国务院有关部门另行制定，报国务院批准。

（3）存款保险基金管理机构的职责。

存款保险基金管理机构的职责包括：制定并发布与其履行职责有关的规则；制定和调整存款保险费率标准，报国务院批准；确定各投保机构的适用费率；归集保费；管理和运用存款保险基金；依照《存款保险条例》的规定采取早期纠正措施和风险处置措施；在《存款保险条例》规定的限额内及时偿付存款人的被保险存款；国务院批准的其他职责。存款保险基金管理机构由国务院决定。

（4）存款保险费率。

存款保险费率由基准费率和风险差别费率构成。费率标准由存款保险基金管理机构根据经济金融发展状况、存款结构情况以及存款保险基金的累积水平等因素制定和调整，报国务院批准后执行。各投保机构的适用费率，由存款保险基金管理机构根据投保机构的经营管理状况和风险状况等因素确定。投保机构应当按照存款保险基金管理机构的规定，每6个月交纳一次保费。

（5）存款保险基金管理机构报告制度。

存款保险基金管理机构应当自每一会计年度结束之日起3个月内编制存款保险基金收支的财务会计报告、报表，并编制年度报告，按照国家有关规定予以公布。

（6）存款保险基金管理机构的核查权。

存款保险基金管理机构发现有下列情形之一的，可以进行核查：投保机构风险状况发生变化，可能需要调整适用费率的，对涉及费率计算的相关情况进行核查；投保机构保费交纳基数可能存在问题的，对其存款的规模、结构以及真实性进行核查；对投保机构报送的信息、资料的真实性进行核查。对核查中发现的重大问题，存款保险基金管理机构应当告知银行业监督管理机构。

（7）存款保险基金管理机构对存款保险基金的运用。

存款保险基金管理机构可以选择下列方式使用存款保险基金，保护存款人利益：在《存款保险条例》规定的限额内直接偿付被保险存款；委托其他合格投保机构在《存款保险条例》规定的限额内代为偿付被保险存款；为其他合格投保机构提供担保、损失分摊或者资金支持，以促成其收购或者承担被接管、被撤销或者申请破产的投保机构的全部或者部分业务、资产、负债。存款保险基金管理机构在拟订存款保险基金使用方案选择前款规定方式时，应当遵循基金使用成本最小的原则。

有下列情形之一的，存款人有权要求存款保险基金管理机构在《存款保险条例》规定的限额内，使用存款保险基金偿付存款人的被保险存款：存款保险基金管理机构担任投保机构的接管组织，存款保险基金管理机构实施被撤销投保机构的清算，人民法院裁定受理对投保机构的破产申请，经国务院批准的其他情形。存款保险基金管理机构应当依照《存款保险条例》的规定，在前款规定情形发生之日起7个工作日内足额偿付存款。

（8）存款保险基金管理机构的处罚权。

投保机构有下列情形之一的，由存款保险基金管理机构责令限期改正；逾期不改正或者情节严重的，予以记录并作为调整该投保机构的适用费率的依据：未依法投保，未依法及时、足额交纳保费，未按照规定报送信息、资料或者报送虚假的信息、资料，拒绝或者妨碍存款保险基金管理机构依法进行的核查，妨碍存款保险基金管理机构实施存款保险基金使用方案。投保机构有前述情形的，存款保险基金管理机构可以对投保机构的主管人员和直接责任人员予以公示。投保机构有未依法及时、足额交纳保费的，存款保险基金管理机构还可以按日加收未交纳保费部分0.05%的滞纳金。

## 三、存单纠纷案件的司法裁判规则

为正确审理存单纠纷案件，2020年12月23日，最高人民法院审判委员会第1823次会议对《关于审理存单纠纷案件的若干规定》（简称《存单纠纷司法解释》）进行了修订。《存单纠纷司法解释》对存单纠纷案件的认定与处理作出了详细的规定，现举要介绍如下。

(一) 存单纠纷案件的范围

存单纠纷案件包括存单持有人以存单为重要证据向人民法院提起诉讼的纠纷案件，当事人以进账单、对账单、存款合同等凭证为主要证据向人民法院提起诉讼的纠纷案件，金融机构向人民法院起诉要求确认存单、进账单、对账单、存款合同等凭证无效的纠纷案件，以存单为表现形式的借贷纠纷案件。

(二) 一般存单纠纷案件的认定与处理

1. 认定

根据《存单纠纷司法解释》第 5 条的规定，当事人以存单或进账单、对账单、存款合同等凭证为主要证据向人民法院提起诉讼的存单纠纷案件和金融机构向人民法院提起的确认存单或进账单、对账单、存款合同等凭证无效的存单纠纷案件，为一般存单纠纷案件。

2. 处理

人民法院在审理一般存单纠纷案件中，除应审查存单、进账单、对账单、存款合同等凭证的真实性外，还应审查持有人与金融机构间存款关系的真实性，并以存单、进账单、对账单、存款合同等凭证的真实性以及存款关系的真实性为依据，作出正确处理。

(1) 持有人以上述真实凭证为证据提起诉讼的，金融机构应当对持有人与金融机构间是否存在存款关系负举证责任。如金融机构有充分证据证明持有人未向金融机构交付上述凭证所记载的款项的，人民法院应当认定持有人与金融机构间不存在存款关系，并判决驳回原告的诉讼请求。

(2) 持有人以上述真实凭证为证据提起诉讼的，如金融机构不能提供证明存款关系不真实的证据，或仅以金融机构底单的记载内容与上述凭证记载内容不符为由进行抗辩的，人民法院应认定持有人与金融机构间存款关系成立，金融机构应当承担兑付款项的义务。

(3) 持有人以在样式、印鉴、记载事项上有别于真实凭证，但无充分证据证明系伪造或变造的瑕疵凭证提起诉讼的，持有人应对瑕疵凭证的取得提供合理的陈述。如持有人对瑕疵凭证的取得提供了合理陈述，而金融机构否认存款关系存在的，金融机构应当对持有人与金融机构间是否存在存款关系负举证责任。如金融机构有充分证据证明持有人未向金融机构交付上述凭证所记载的款项的，人民法院应当认定持有人与金融机构间不存在存款关系，判决驳回原告的诉讼请求；如金融机构不能提供证明存款关系不真实的证据，或仅以金融机构底单的记载内容与上述凭证记载内容不符为由进行抗辩的，人民法院应认定持有人与金融机构间存款关系成立，金融机构应当承担兑付款项的义务。

(4) 存单纠纷案件的审理中，如有充足证据证明存单、进账单、对账单、存款合同等凭证系伪造、变造，人民法院应在查明案件事实的基础上，依法确认上述凭证无效，并可驳回持上述凭证起诉的原告的诉讼请求或根据实际存款数额进行判决。

(三) 对以存单为表现形式的借贷纠纷案件的认定和处理

1. 认定

在出资人直接将款项交与用资人使用，或通过金融机构将款项交与用资人使用，金融机构向出资人出具存单或进账单、对账单或与出资人签订存款合同，出资人从用资人或从金融机构取得或约定取得高额利差的行为中发生的存单纠纷案件，为以存单为表现形式的借贷纠纷案件。但符合《存单纠纷司法解释》第 7 条所列委托贷款和信托贷款的除外。

2. 处理

以存单为表现形式的借贷，属于违法借贷，出资人收取的高额利差应充抵本金，出资人，金融机构与用资人因参与违法借贷均应当承担相应的民事责任。可分以下几种情况处理：

（1）出资人将款项或票据（统称为资金）交付给金融机构，金融机构给出资人出具存单或进账单、对账单或与出资人签订存款合同，并将资金自行转给用资人的，金融机构与用资人对偿还出资人本金及利息承担连带责任；利息按人民银行同期存款利率计算至给付之日。

（2）出资人未将资金交付给金融机构，而是依照金融机构的指定将资金直接转给用资人，金融机构给出资人出具存单或进账单、对账单或与出资人签订存款合同的，首先由用资人偿还出资人本金及利息，金融机构对用资人不能偿还出资人本金及利息部分承担补充赔偿责任；利息按人民银行同期存款利率计算至给付之日。

（3）出资人将资金交付给金融机构，金融机构给出资人出具存单或进账单、对账单或与出资人签订存款合同，出资人再指定金融机构将资金转给用资人的，首先由用资人返还出资人本金和利息。利息按人民银行同期存款利率计算至给付之日。金融机构因其帮助违法借贷的过错，应当对用资人不能偿还出资人本金部分承担赔偿责任，但不超过不能偿还本金部分的40％。

（4）出资人未将资金交付给金融机构，而是自行将资金直接转给用资人，金融机构给出资人出具存单或进账单、对账单或与出资人签订存款合同的，首先由用资人返还出资人本金和利息。利息按人民银行同期存款利率计算至给付之日。金融机构因其帮助违法借贷的过错，应当对用资人不能偿还出资人本金部分承担赔偿责任，但不超过不能偿还本金部分的20％。

### （四）对存单纠纷案件中存在的委托贷款关系和信托贷款关系的认定和纠纷的处理

#### 1. 认定

存单纠纷案件中，出资人与金融机构、用资人之间按有关委托贷款的要求签订有委托贷款协议的，人民法院应认定出资人与金融机构间成立委托贷款关系。金融机构向出资人出具的存单或进账单、对账单或与出资人签订的存款合同，均不影响金融机构与出资人间委托贷款关系的成立。出资人与金融机构间签订委托贷款协议后，由金融机构自行确定用资人的，人民法院应认定出资人与金融机构间成立信托贷款关系。

委托贷款协议和信托贷款协议应当用书面形式。口头委托贷款或信托贷款，当事人无异议的，人民法院可予以认定；有其他证据能够证明金融机构与出资人之间确系委托贷款或信托贷款关系的，人民法院亦予以认定。

#### 2. 处理

构成委托贷款的，金融机构出具的存单或进账单、对账单或与出资人签订的存款合同不作为存款关系的证明，借款方不能偿还贷款的风险应当由委托人承担。如有证据证明金融机构出具上述凭证是对委托贷款进行担保的，金融机构对偿还贷款承担连带担保责任。委托贷款中约定的利率超过人民银行规定的部分无效。构成信托贷款的，按人民银行有关信托贷款的规定处理。

### （五）对存单质押的认定和处理

存单可以质押。存单持有人以伪造、变造的虚假存单质押的，质押合同无效。接受虚假存单质押的当事人如以该存单质押为由起诉金融机构，要求兑付存款优先受偿的，人民法院应当判决驳回其诉讼请求，并告知其可另案起诉出质人。

存单持有人以金融机构开具的、未有实际存款或与实际存款不符的存单进行质押，以骗取或占用他人财产的，该质押关系无效。接受存单质押的人起诉的，该存单持有人与开具存单的金融机构为共同被告。利用存单骗取或占用他人财产的存单持有人对侵犯他人财产权承担赔偿责任，开具存单的金融机构因其过错致他人财产权受损，对所造成的损失承担连带赔偿责任。

接受存单质押的人在审查存单的真实性上有重大过失的，开具存单的金融机构仅对所造成的损失承担补充赔偿责任。明知存单虚假而接受存单质押的，开具存单的金融机构不承担民事赔偿责任。

以金融机构核押的存单出质的，即便存单系伪造、变造、虚开，质押合同均为有效，金融机构应当依法向质权人兑付存单所记载的款项。

## 第三节 银行贷款法律制度

### 一、银行贷款的概念、分类和原则

（一）银行贷款的概念

商业银行贷款是商业银行最重要的资产业务。根据《贷款通则》，贷款人系指在中国境内依法设立的经营贷款业务的中资金融机构。借款人，系指从经营贷款业务的中资金融机构取得贷款的法人、其他经济组织、个体工商户和自然人。贷款系指贷款人对借款人提供的并按约定的利率和期限还本付息的货币资金。贷款币种包括人民币和外币。根据我国《商业银行法》第34条之规定，商业银行应当根据国民经济和社会发展的需要，在国家产业政策指导下开展贷款业务。

（二）银行贷款的分类

1. 自营贷款、委托贷款和特定贷款

按照贷款资金来源和经营模式的不同，可将银行贷款分为自营贷款、委托贷款和特定贷款。自营贷款，系指贷款人以合法方式筹集的资金自主发放的贷款，其风险由贷款人独立承担，并由贷款人收回本金和利息。委托贷款，系指由政府部门、企事业单位及个人等委托人提供资金，由贷款人（受托人）根据委托人确定的贷款对象、用途、金额期限、利率等代为发放、监督使用并协助收回的贷款。贷款人（受托人）只收取手续费，不承担贷款风险。特定贷款，系指国务院批准并对贷款可能造成的损失采取相应补救措施后责成国有独资商业银行发放的贷款。

2. 短期贷款、中期贷款和长期贷款

按照贷款期限的不同，银行贷款可分为短期贷款、中期贷款和长期贷款。短期贷款，系指贷款期限在1年以内（含1年）的贷款。中期贷款，系指贷款期限在1年以上（不含1年）5年以下（含5年）的贷款。长期贷款，系指贷款期限在5年以上（不含5年）的贷款。

3. 信用贷款、担保贷款和票据贴现

信用贷款，系指以借款人的信誉发放的贷款。担保贷款，系指保证贷款、抵押贷款、质押贷款等。票据贴现，系指贷款人以购买借款人未到期商业票据的方式发放的贷款。

4. 单独贷款、联合贷款、银团贷款

除《贷款通则》规定的上述贷款分类以外，在国际商业银行贷款实践中，按照贷款组织放贷方式的不同，银行贷款可以分为单独贷款、联合贷款和银团贷款。单独贷款，即由某一家商业银行独立向借款人协议提供的国际贷款，其贷款资金由贷款人单独组织安排。银团贷款又称为“辛迪加贷款”，是指由两家或两家以上银行基于相同贷款条件，依据同一贷款合同，按约定时间和比例，通过代理行向借款人提供的本外币贷款或授信业务。银团贷款的银团成员通常分为牵头行、代理行和参加行等角色。联合贷款是指，在不超过法律限制的条件下，由几家国际商业银行共同作为贷款人，联合向借款人协议提供的国际贷款。联合贷款的金额一般小于银团贷款，组织形式比银团贷款简单，没有牵头行，一般只有一家银行担任代理行，负责同其他银行的联系，并对贷款进行管理。

（三）银行贷款的原则

贷款原则是各类贷款活动的行为规范，也是借款人借款和使用贷款的基本条件。安全性、流动性、效益性既是商业银行的经营原则，也是对信贷行为的基本要求。根据我国目前的实际情况，贷款原则应为：

（1）分散原则，即商业银行的放款不应集中在某一行业、某一企业，而应把资金分布在各种类型的放款上。

（2）保险保护原则。商业银行为了避免贷款风险，在放款时必须要求借款人参加各种必要的保险，一旦出现风险，银行可以通过保险的手段把风险转移出去。

（3）择优放款原则。商业银行通过信用分析，可以识别借款人的风险大小和信用等级。在此基础上，择优放款，保证贷款质量。

（4）贷款与负债对称的原则。商业银行坚持贷款规模和结构与负债规模和结构对称，负债到期，放款也到期，通过放款资金的收回，偿还负债。其根本目的是协调流动性与营利性的矛盾，保证银行经营目标的实现。

## 二、银行贷款的法律程序

（一）银行贷款的申请

借款人需要贷款，应当向主办银行或者其他银行的经办机构直接申请。借款人应当填写包括借款金额、借款用途、偿还能力及还款方式等主要内容的“借款申请书”并提供以下资料：借款人及保证人基本情况；财政部门或会计（审计）事务所核准的上年度财务报告，以及申请借款前一期的财务报告；原有不合理占用的贷款的纠正情况；抵押物、质物清单和有处分权人的同意抵押、质押的证明及保证人拟同意保证的有关证明文件；项目建议书和可行性报告；贷款人认为需要提供的其他有关资料。

（二）对借款人的信用等级进行评估

商业银行应当根据借款人的领导者素质、经济实力、资金结构、履约情况、经营效益和发展前景等因素，评定借款人的信用等级。商业银行一般从五个方面对借款人进行全面分析（“5C”），以判别借款人的还款意愿和还款能力：借款人的道德品质（Character）、还款能力（Capacity）、资本实力（Capital）、担保（Collateral）和经营环境条件（Condition）。

（三）贷款调查

贷款人受理借款人申请后，应当对借款人的信用等级以及借款的合法性、安全性、营利性等情况进行调查，核实抵押物、质物、保证人情况，测定贷款的风险度。

（四）贷款审批、签订借款合同、贷款发放

贷款人应当建立审贷分离、分级审批的贷款管理制度。审查人员应当对调查人员提供的资料进行核实、评定，复测贷款风险度，提出意见，按规定权限报批。

所有贷款应当由贷款人与借款人签订借款合同。借款合同应当约定借款种类，借款用途、金额、利率，借款期限，还款方式，借、贷双方的权利、义务，违约责任和双方认为需要约定的其他事项。

保证贷款应当由保证人与贷款人签订保证合同，或保证人在借款合同上载明与贷款人协商一致的保证条款，加盖保证人的法人公章，并由保证人的法定代表人或其授权代理人签署姓名。抵押贷款、质押贷款应当由抵押人、出质人与贷款人签订抵押合同、质押合同，需要办理登记的，应依法办理登记。

贷款人要按借款合同规定按期发放贷款。贷款人不按合同约定按期发放贷款的，应偿还违约金。借款人不按合同约定用款的，应偿付违约金。

（五）贷后检查、贷款归还

贷款发放后，贷款人应当对借款人执行借款合同情况及借款人的经营情况进行追踪调查和检查。

借款人应当按照借款合同规定按时足额归还贷款本息。贷款人在短期贷款到期 1 个星期之前、中长期贷款到期 1 个月之前，应当向借款人发送还本付息通知单；借款人应当及时筹备资金，按时还本付息。

贷款人对逾期的贷款要及时发出催收通知单，做好逾期贷款本息的催收工作。贷款人对不能按借款合同约定期限归还的贷款，应当按规定加罚利息；对不能归还或者不能落实还本付息事宜的，应当督促归还或者依法起诉。

借款人提前归还贷款，应当与贷款人协商。

## 三、商业银行借款合同

（一）借款合同的概念和特征

借款合同是指，借款人向贷款人借款，到期返还借款并支付利息的合同。

根据《民法典》与《贷款通则》，借款合同事实上包括以下两类合同：一是自然人之间的借款合同。此类合同中双方当事人均为自然人，可以约定利息，也可以不约定利息，约定利息的，不得违反国家有关限制借款利率的规定。二是金融机构与法人、其他经济组织、个体工商户以及自然人之间的借款合同。此类合同一方当事人必须是金融机构，另一方当事人必须是经市场监督管理部门核准登记的企（事）业法人、其他经济组织、个体工商户或具有完全民事行为能力的自然人。本书此处讲的借款合同主要是指后者。

借款合同具有以下特征：(1) 借款合同标的只能是货币；(2) 借款合同中贷款人只能是依法设立的金融机构；(3) 借款合同的基准利率由国家统一规定，由中国人民银行统一管理。(4) 借款合同因借款主体的不同，其成立时间亦有重大差异。普通借款人与金融机构之间的借款合同是一种诺成性合同，而自然人之间的民间借贷合同是一种实践性合同。

（二）借款合同的当事人

借款合同的当事人主要是借款人和贷款人。《贷款通则》对借款人的主体资格、权利义务和贷款人的权利义务以及借款人和贷款人的限制进行了详细规定。此处重点介绍以下内容。

1. 对借款人的限制

借款人不得在一个贷款人同一辖区内的两个或两个以上同级分支机构取得贷款。不得向贷款人提供虚假的或者隐瞒重要事实的资产负债表、损益表等。不得用贷款从事股本权益性投资，国家另有规定的除外。不得用贷款在有价证券、期货等方面从事投机经营。除依法取得经营房地产资格的借款人以外，不得用贷款经营房地产业务；依法取得经营房地产资格的借款人，不得用贷款从事房地产投机。不得套取贷款用于借贷牟取非法收入。不得违反国家外汇管理规定使用外币贷款。不得采取欺诈手段骗取贷款。

2. 对贷款人的限制

第一，贷款的发放必须严格执行《商业银行法》第 39 条关于资产负债比例管理的有关规定，第 40 条关于不得向关系人发放信用贷款、向关系人发放担保贷款的条件不得优于其他借款人同类贷款条件的规定。

第二，借款人有下列情形之一者，不得对其发放贷款：不具备《贷款通则》第四章第 17 条所规定的资格和条件的；生产、经营或投资国家明文禁止的产品、项目的；违反国家外汇管理规定的；建设项目按国家规定应当报有关部门批准而未取得批准文件的；生产经营或投资项目未取得环境保护部门许可的；在实行承包、租赁、联营、合并（兼并）、合作、分立、产权有偿转让、股份制改造等体制变更过程中，未清偿原有贷款债务、落实原有贷款债务或提供相应担保的；有其他严重违法经营行为的。

第三，未经中国人民银行批准，不得对自然人发放外币币种的贷款。

第四，自营贷款和特定贷款，除按中国人民银行规定计收利息之外，不得收取其他任何费用；委托贷款，除按中国人民银行规定计收手续费之外，不得收取其他任何费用。

第五，不得给委托人垫付资金，国家另有规定的除外。

第六，严格控制信用贷款，积极推广担保贷款。

（三）借款合同的主要内容

借款合同应当采用书面形式，但是自然人之间借款另有约定的除外。借款合同的内容一般包括借款种类、币种、用途、数额、利率、期限和还款方式等条款。需要指出的是，《民法典》关于借款合同内容的规定并非强制性规定，而是提示性规定。司法实践中，不能因借款合同欠缺法律法规规定的某些条款而确认借款合同无效。

## 四、商业银行贷款管理的法律规定

贷款是商业银行的资金运用。商业银行如何决定贷款的数量、安排贷款的结构，如何协调贷款人之间的各种关系，如何有效地收回贷款，不仅关系到银行经营的安全可靠，还关系到国家宏观信贷政策的贯彻与落实，因此，贷款的管理就成为商业银行管理的重点内容之一。

（一）贷款管理的一般性规定

1. 行长（经理、主任）负责制

贷款实行分级经营管理，各级行长应当在授权范围内对贷款的发放和收回负全部责任。行长可以授权副行长或贷款管理部门负责审批贷款，副行长或贷款管理部门负责人应当对行长负责。贷款人各级机构应当建立有行长或副行长和有关部门负责人参加的贷款审查委员会（小组），负责贷款的审查。贷款调查评估人员负责贷款调查评估，承担调查失误和评估失准的责任；贷款审查人员负责贷款风险的审查，承担审查失误的责任。

2. 对商业银行贷款比例的限制

《商业银行法》规定，商业银行贷款应当遵守下列资产负债比例管理的规定：资本充足率不得低于 8%，流动性资产余额与流动性负债余额的比例不得低于 25%，对同一借款人的贷款余额与商业银行资本余额的比例不得超过 10%，国务院银行业监督管理机构对资产负债比例管理的其他规定。

3. 对内部贷款的限制

商业银行不得向关系人发放信用贷款，向关系人发放担保贷款的条件不得优于其他借款人同类贷款的条件。所称关系人是指：商业银行的董事、监事、管理人员、信贷业务人员及其近亲属，前述人员投资或者担任高级管理职务的公司、企业和其他经济组织。违反规定发放内部贷款或者提供担保造成损失的，应当承担全部或部分责任。

（二）不良贷款监管的法律规定

贷款人应当建立和完善贷款的质量监管制度，对不良贷款进行分类、登记、考核和催收。《贷款通则》《贷款风险分类指引》对商业银行不良贷款的管理作出了规定。

《贷款风险分类指引》第5条规定，商业银行应按照《贷款风险分类指引》，至少将贷款划分为正常、关注、次级、可疑和损失五类，后三类合称为不良贷款。正常：借款人能够履行合同，没有足够理由怀疑贷款本息不能按时足额偿还。关注：尽管借款人目前有能力偿还贷款本息，但存在一些可能对偿还产生不利影响的因素。次级：借款人的还款能力出现明显问题，完全依靠其正常营业收入无法足额偿还贷款本息，即使执行担保，也可能会造成一定损失。可疑：借款人无法足额偿还贷款本息，即使执行担保，也肯定要造成较大损失。损失：在采取所有可能的措施或一切必要的法律程序之后，本息仍然无法收回，或只能收回极少部分。

不良贷款的登记：商业银行的不良贷款由会计、信贷部门提供数据，由稽核部门负责审核并按规定权限认定，贷款人应当按季填报不良贷款情况表。在报上级行的同时，应当报中国人民银行当地分支机构。

不良贷款的考核：商业银行的不良贷款不得超过中国人民银行规定的比例。贷款人应当对所属分支机构下达和考核不良贷款的有关指标。信贷部门负责不良贷款的催收，稽核部门负责对催收情况的检查。贷款人应当按照国家有关规定提取呆账准备金。

## 第四节 同业拆借市场交易法律制度

同业拆借市场是金融机构之间进行短期、临时性头寸调剂的市场。通过同业拆借市场交易，资金多余者向资金不足者贷出款项，称为资金拆出；资金不足者向资金多余者借入款项，称为资金拆入。一个金融机构的资金拆入大于资金拆出的叫净拆入，反之，叫净拆出。

### 一、同业拆借交易的概念和特征

《同业拆借管理办法》规定，同业拆借是指经中国人民银行批准进入全国银行间同业拆借市场的金融机构之间，通过全国统一的同业拆借网络进行的无担保资金融通行为。全国统一的同业拆借网络包括：全国银行间同业拆借中心的电子交易系统、中国人民银行分支机构的拆借备案系统、中国人民银行认可的其他交易系统。

同业拆借交易具有以下特征：

（1）融通资金的期限比较短。我国同业拆借资金的最长期限为4个月，同业拆借资金主要用于金融机构短期、临时性资金需要。

（2）同业拆借的参与者是商业银行和其他金融机构。参与拆借的机构在中央银行开立存款账户，在拆借市场交易的主要是金融机构存放在该账户上的多余资金。

（3）同业拆借基本上是信用拆借。拆借活动在金融机构之间进行，市场准入条件较严格，金融机构主要以其信誉参与拆借活动。

（4）利率相对较低。同业拆借利率以中央银行再贷款利率和再贴现率为基准，再根据社会资金的松紧程度和供求关系由拆借双方自由议定。由于拆借双方都是商业银行或其他金融机构，其信誉比一般工商企业要高，拆借风险较小，加之拆借期限较短，因而利率水平较低。

### 二、同业拆借交易的法律规则

1. 同业拆借的主体

根据《同业拆借管理办法》第 6 条，下列金融机构可以向中国人民银行申请进入同业拆借市场：政策性银行，中资商业银行，外商独资银行、中外合资银行，城市信用合作社，农村信用合作社县级联合社，企业集团财务公司，信托公司，金融资产管理公司，金融租赁公司，汽车金融公司，证券公司，保险公司，保险资产管理公司，中资商业银行（不包括城市商业银行、农村商业银行和农村合作银行）授权的一级分支机构，外国银行分行，中国人民银行确定的其他机构。

2. 同业拆借的参与条件

申请进入同业拆借市场的金融机构应当具备以下条件：在中华人民共和国境内依法设立，有健全的同业拆借交易组织机构、风险管理制度和内部控制制度，有专门从事同业拆借交易的人员，主要监管指标符合中国人民银行和有关监管部门的规定，最近 2 年未因违法、违规行为受到中国人民银行和有关监管部门处罚，最近 2 年未出现资不抵债情况，中国人民银行规定的其他条件。

3. 同业拆借交易的基本行为规则

（1）同业拆借交易以询价方式进行，自主谈判、逐笔成交。同业拆借利率由交易双方自行商定。（2）同业拆借交易必须在全国统一的同业拆借网络中进行。政策性银行、企业集团财务公司、信托公司、金融资产管理公司、金融租赁公司、汽车金融公司、证券公司、保险公司、保险资产管理公司以法人为单位，通过全国银行间同业拆借中心的电子交易系统进行同业拆借交易。（3）通过中国人民银行分支机构拆借备案系统进行同业拆借交易的金融机构应按照中国人民银行当地分支机构的规定办理相关手续。

4. 同业拆借交易的清算规则和风险控制

（1）同业拆借的资金清算可以在同一银行完成的，应以转账方式进行。任何同业拆借清算均不得使用现金支付。（2）同业拆借的资金清算涉及不同银行的，应直接或委托开户银行通过中国人民银行大额实时支付系统办理。（3）金融机构应当将同业拆借风险管理纳入本机构风险管理的总体框架之中，并根据同业拆借业务的特点，建立健全同业拆借风险管理制度，设立专门的同业拆借风险管理机构，制定同业拆借风险管理内部操作规程和控制措施。（4）商业银行同业拆借的拆入资金用途应符合《商业银行法》的有关规定。

## 第五节　商业银行中间业务法律制度

### 一、商业银行中间业务的概念

商业银行的中间业务是指，在资产业务和负债业务的基础上，商业银行不需要动用自己的资金，凭借自身在技术、信息、机构、资金、信誉和人才等方面的优势接受客户的委托，不运用或较少运用银行的资财，以中间人和代理人的身份替客户办理收付、咨询、代理、担保、租赁及其他委托事项，提供各类金融服务并收取一定佣金的经营活动。商业银行的中间业务不构成商业银行表内资产、表内负债，但其经营可能形成商业银行的非利息收入。

商业银行的中间业务包括两大类：一类是不形成或有资产、或有负债的中间业务，这主要是指一般意义上的金融服务类业务；另一类是形成或有资产、或有负债的中间业务，即一般意义上的表外业务。

金融服务类业务是指，商业银行以代理人的身份为客户办理的各种业务，以获取手续费收入，其主要包括银行卡业务、支付结算类业务、代理类中间业务、基金托管类业务和咨询顾问类业务。

表外业务是指虽未列入资产负债表，但同表内的资产业务或负债业务密切相关，并在一定条件下可转化为表内资产业务和负债业务的经营活动，其主要包括担保类或类似的或有负债业务、承诺类业务和金融衍生品业务三大类。

商业银行的中间业务有以下特点：一是不运用或不直接运用银行的自有资金；二是不承担或不直接承担市场风险；三是以接受客户委托为前提，为客户办理业务；四是以收取服务费和赚取价差的方式获取收益。

## 二、商业银行中间业务的种类

### （一）银行卡与银行卡收单业务

银行卡是指经批准由商业银行向社会发行的具有消费信用、转账结算、存取现金等全部或部分功能的信用支付工具。银行卡按是否给予持卡人授信额度被分为信用卡和借记卡。信用卡又分为贷记卡和准贷记卡。贷记卡是指发卡银行给予持卡人一定的信用额度，持卡人可在信用额度内先消费、后还款的信用卡。准贷记卡是指持卡人先按银行要求交存一定金额的备用金，当备用金不足支付时，可在发卡银行规定的信用额度内透支的信用卡。借记卡按功能不同又可以分为转账卡、专用卡和储值卡。借记卡不能透支。转账卡具有转账、存取现金和消费功能。专用卡是在特定区域、专用用途使用的借记卡，具有转账、存取现金的功能。储值卡是银行根据持卡人要求将资金转至卡内储存，交易时直接从卡内扣款的预付钱包式借记卡。

根据中国人民银行《银行卡收单业务管理办法》，银行卡收单业务是指收单机构与特约商户签订银行卡受理协议，在特约商户按约定受理银行卡并与持卡人达成交易后，为特约商户提供交易资金结算服务的行为。银行卡收单业务的参与主体至少有“两家用户”和“三家机构”。“两家用户”即持卡人和特约商户，“三家机构”即发卡机构、清算机构和收单机构。

持卡人在银行卡市场中处于中心地位，是银行卡产品及其衍生产品需求的市场基础，是银行卡的使用者和发卡机构、特约商户及银行卡组织利益的创造者，是市场营销的主要对象。

特约商户是与收单机构签订协议，受理银行卡结算的零售商、个人、公司或其他组织。

发卡机构是向持卡人发行银行卡，并通过提供相关的银行卡服务收取一定费用的一方，是银行卡市场的发起者、组织者及银行卡市场的卖方。发卡机构必须是银行。

清算机构，也被称为银行卡清算组织，是指经中国人民银行批准的经营银行卡清算业务的机构。中国银联是国内第一家银行卡清算组织。

收单机构包括从事银行卡收单业务的银行业金融机构，获得银行卡收单业务许可、为实体特约商户提供银行卡受理并完成资金结算服务的支付机构，以及获得网络支付业务许可、为网络特约商户提供银行卡受理并完成资金结算服务的支付机构。收单机构应加入中国支付清算协会，接受行业协会自律管理。

### （二）支付结算类中间业务

支付结算类中间业务是指由商业银行为客户办理因债权债务关系引起的与货币支付、资金划拨有关的收费业务。具言之，支付结算业务是银行为单位客户和个人客户采用票据、汇款、托收、信用证、信用卡等结算方式进行货币支付及资金清算提供的服务。传统的结算方式主要包括“三票一汇”，即汇票、本票、支票和汇款。在银行为国际贸易提供的支付结算和代用贸易融资功能的支付结算方式中，通常是采用汇款、信用证和托收。从信用证和托收中又派生出带有融资功能的服务，如打包贷款、出口押汇、出口托收融资、出口票据贴现、进口押汇、提货担保等。近年来，又出现了网上支付、电子汇兑等方式。

1. 汇票

汇票是出票人签发的，委托付款人在见票时或在指定日期无条件支付确定的金额给收款人或持票人的票据，分为银行汇票（由出票银行签发）和商业汇票（由一般商业企业签发）。

2. 本票

银行本票是银行签发的，承诺自己在见票时无条件支付确定金额给收款人或持票人的票据。用于单位和个人在同一区域支付款项。银行本票提示付款期限为两个月。

3. 支票

支票是出票人签发的，委托出票人支票账户所在的银行在见票时无条件支付确定的金额给收款人或持票人的票据，可用于单位和个人的各种款项结算。其可分为现金支票和转账支票等。现金支票上印有“现金”字样，用来支取现金，收款人或持票人在支票账户所在银行可以当场兑现支票，提取现金。转账支票是支票上印有“转账”字样，只能转账，不能用于支取现金。

4. 汇款

汇款是银行接受客户的委托，通过银行间的资金划拨、清算、通汇网络，将款项汇往收款方的一种结算方式。

5. 信用证

信用证是银行根据申请人的要求，向受益人开立的载有一定金额，在一定期限内凭规定的单据在指定地点付款的书面保证文件，是一种有条件的银行支付承诺。

6. 托收

托收是委托人（收款人）向其账户所在银行（托收行）提交凭以收取款项的金融票据或商业单据，要求托收行通过其联行或代理行向付款人收取款项。托收属于商业信用，托收银行对款项是否能够收到不承担责任。

（三）担保类中间业务

担保类中间业务是指商业银行为客户债务清偿能力提供担保，承担客户违约风险的业务，主要包括银行承兑汇票、备用信用证、各类保函业务等。

1. 担保类中间业务的分类

（1）银行承兑汇票，是指由收款人或付款人（或承兑申请人）签发，并由承兑申请人向开户银行申请，经银行审查同意承兑的商业汇票。

（2）备用信用证：开证行应借款人要求，以放款人作为信用证的受益人而开具的一种特殊信用证，以保证在借款人破产或不能及时履行义务的情况下，由开证行向受益人及时支付本利。

（3）各类保函业务，包括投标保函、承包保函、借款保函等。

2. 金融机构分支机构开立的保函的法律适用

银行保函是其中间业务的重要组成部分。银行保函又称“银行保证书”“银行信用保证书”，是银行作为保证人向受益人开立的保证文件。银行保证被保证人未向受益人尽到某项义务时，由银行承担保函中所规定的付款责任。保函内容根据具体交易的不同而多种多样，在形式上无一定的格式，对有关方面的权利和义务的规定、处理手续等未形成一定的惯例。

从我国金融担保法律实践来看，有两类保函的法律适用问题尤其值得关注。第一类是金融机构分支机构开立的保函的程序和效力，第二类是金融机构开立的独立保函的法律适用。前者主要适用《最高人民法院关于适用〈中华人民共和国民法典〉有关担保制度的解释》（简称《民法典担保制度解释》），后者主要适用《最高人民法院关于审理独立保函纠纷案件若干问题的规定》（简称《独立保函司法解释》）。

《民法典担保制度解释》第11条对公司的分支机构对外担保的决议程序和效力作出了专门规定。公司的分支机构未经公司股东会或者董事会决议以自己的名义对外提供担保，相对人请求公司或者其分支机构承担担保责任的，人民法院不予支持，但是相对人不知道且不应当知道分支机构对外提供担保未经公司决议程序的除外。但其对金融机构的分支机构的对外担保作出了例外的规定：金融机构的分支机构在其营业执照记载的经营范围内开立保函，或者经有权从事担保业务的上级机构授权开立保函，金融机构或者其分支机构以违反公司法关于公司对外担保决议程序的规定为由主张不承担担保责任的，人民法院不予支持。金融机构的分支机构未经金融机构授权提供保函之外的担保，金融机构或者其分支机构主张不承担担保责任的，人民法院应予支持，但是相对人不知道且不应当知道分支机构对外提供担保未经金融机构授权的除外。

金融机构的分支机构对外开立保函有两种情形：第一种是分支机构在其营业执照记载的经营范围内开立保函，这里的保函是指金融机构提供的标准化、程序化、风控严格的产品。该行为的特殊性在于，它无须经过金融机构内部决议程序，因为它本身作为金融机构的一种常规业务，已经载入金融机构营业执照记载的经营范围内，而法人的分支机构对外提供担保，则必须经过法人内部的决议程序，否则担保合同原则上无效。

金融机构的分支机构对外开立保函的第二种情形，是有权从事担保业务的上级机构授权开立保函。如果分支机构的营业执照未记载保函业务，则只有在经有权从事担保业务的上级机构授权后，担保合同才有效。

另外，根据《民法典担保制度解释》的规定，金融机构分支机构对外提供保函以外的担保与一般的法人分支机构对外提供担保的法律适用相同，应适用一般法人分支机构对外提供担保的法律规定，即必须取得总行的授权。未取得授权的，该担保合同无效，除非相对人能证明自己不知道且不应当知道未经金融机构授权，适用《民法典》第504条有关表见代表或第172条有关表见代理的法律规定。

之所以作此规定，是因为保函以外的其他担保并非银行的常规业务，实践当中金融机构分支机构提供的其他担保往往是作为保证人和他人订立书面保证合同。在这种情形下金融机构的内部控制、风险评估等机制难以发挥作用，分支机构的负责人或者其他工作人员可能和相对人恶意串通，以分支机构的名义和他人订立保证合同，使金融机构利益受损，因此《民法典担保制度解释》区分了提供保函以及保函以外的担保业务。

3. 金融机构开立独立保函的法律适用

根据最高人民法院关于审理独立保函纠纷案件若干问题的规定（简称《独立保函司法解释》），独立保函是指银行或非银行金融机构作为开立人，以书面形式向受益人出具的，同意在受益人请求付款并提交符合保函要求的单据时，向其支付特定款项或在保函最高金额内付款的承诺。独立保函的运行流程如图5-1所示。

（1）开立主体。

独立保函的开立人只能是银行或非银行金融机构。独立保函具有独立性和跟单性：独立性

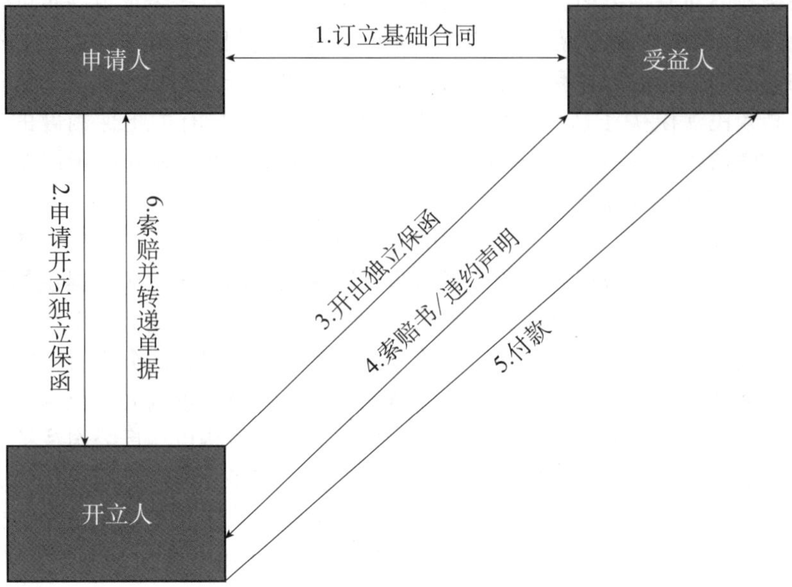


**图 5－1　独立保函运行流程**

是指开立人承担的付款责任独立于申请人和受益人的基础合同；跟单性是指只要受益人提供独立保函要求的单据，开立人都必须付款。

（2）独立保函的认定。

保函具有下列情形之一，当事人主张保函性质为独立保函的，人民法院应予支持，但保函未载明据以付款的单据和最高金额的除外：保函载明见索即付；保函载明适用国际商会《见索即付保函统一规则》等独立保函交易示范规则；根据保函文本内容，开立人的付款义务独立于基础交易关系及保函申请法律关系，其仅承担相符交单的付款责任。当事人以独立保函记载了对应的基础交易为由，主张该保函性质为一般保证或连带保证的，人民法院不予支持。当事人主张独立保函适用民法典关于一般保证或连带保证规定的，人民法院不予支持。

独立保函的开立时间为开立人发出独立保函的时间。独立保函一经开立即生效，但独立保函载明生效日期或事件的除外。独立保函未载明可撤销，当事人主张独立保函开立后不可撤销的，人民法院应予支持。

（3）开立人的审查义务。

受益人提交的单据与独立保函条款之间、单据与单据之间表面相符，受益人请求开立人依据独立保函承担付款责任的，人民法院应予支持。开立人以基础交易关系或独立保函申请关系对付款义务提出抗辩的，人民法院不予支持，但有《独立保函司法解释》第 12 条情形的除外，即独立保函具有下列情形之一，当事人主张独立保函权利义务终止的，人民法院应予支持：独立保函载明的到期日或到期事件届至，受益人未提交符合独立保函要求的单据；独立保函项下的应付款项已经全部支付；独立保函的金额已减额至零；开立人收到受益人出具的免除独立保函项下付款义务的文件；法律规定或者当事人约定终止的其他情形。独立保函具有前款权利义务终止的情形，受益人以其持有独立保函文本为由主张享有付款请求权的，人民法院不予支持。

（4）独立保函欺诈。

独立保函欺诈的情形与信用证欺诈的情形类似，可与本书后面相应的内容对照学习。具有下列情形之一的，人民法院应当认定构成独立保函欺诈：1）受益人与保函申请人或其他人串通，虚构基础交易的。2）受益人提交的第三方单据系伪造或内容虚假的。3）法院判决或仲裁裁决认定基础交易债务人没有付款或赔偿责任的。4）受益人确认基础交易债务已得到完全履行或者确认独立保函载明的付款到期事件并未发生的。5）受益人明知其没有付款请求权仍滥用该权利的其他情形。

（5）独立保函的止付。

人民法院裁定中止支付独立保函项下的款项，必须同时具备下列条件：1）止付申请人提交的证据材料证明《独立保函司法解释》第12条情形的存在具有高度可能性。2）情况紧急，不立即采取止付措施，将给止付申请人的合法权益造成难以弥补的损害。3）止付申请人提供了足以弥补被申请人因止付可能遭受损失的担保。

止付申请人以受益人在基础交易中违约为由请求止付的，人民法院不予支持。开立人在依指示开立的独立保函项下已经善意付款的，对保障该开立人追偿权的独立保函，人民法院不得裁定止付。因止付申请错误造成损失，当事人请求止付申请人赔偿的，人民法院应予支持。

人民法院受理止付申请后，应当在48小时内作出书面裁定。裁定应当列明申请人、被申请人和第三人，并包括初步查明的事实和是否准许止付申请的理由。裁定中止支付的，应当立即执行。止付申请人在止付裁定作出后30日内未依法提起独立保函欺诈纠纷诉讼或申请仲裁的，人民法院应当解除止付裁定。

当事人对人民法院就止付申请作出的裁定有异议的，可以在裁定书送达之日起10日内向作出裁定的人民法院申请复议。复议期间不停止裁定的执行。人民法院应当在收到复议申请后10日内审查，并询问当事人。

当事人约定在国内交易中适用独立保函，一方当事人以独立保函不具有涉外因素为由，主张保函独立性的约定无效的，人民法院不予支持。

### （四）代理类中间业务

代理类中间业务是指商业银行接受客户委托，代为办理客户指定的经济事务并收取一定费用的业务。代理类中间业务包括：

（1）代理政策性银行业务，是指商业银行接受政策性银行委托，代为办理政策性银行因服务功能和网点设置等方面的限制而无法办理的业务，包括代理贷款项目管理等。

（2）代理中国人民银行业务，是指根据政策、法规应由中国人民银行承担，但由于机构设置、专业优势等方面的原因，由中国人民银行指定或委托商业银行承担的业务，主要包括财政性存款代理业务、国库代理业务、发行库代理业务、金银代理业务。

（3）代理商业银行业务，是指商业银行之间相互代理的业务，如为委托行办理支票托收等业务。

（4）代收代付业务，是指商业银行利用自身的结算便利，接受客户的委托代为办理指定款项的收付事宜的业务，例如，代理各项公用事业收费、代理行政事业性收费和财政性收费、代发工资、代扣住房按揭消费贷款还款等。

（5）代理证券业务，是指银行接受委托办理的代理发行、兑付、买卖各类有价证券的业务，还包括接受委托代办债券还本付息、代发股票红利、代理证券资金清算等业务。此处有价证券主要包括国债、公司债券、金融债券、股票等。

（6）代理保险业务，是指商业银行接受保险公司委托代其办理的保险业务。商业银行代理保险业务，可以受托代个人或法人投保各险种的保险事宜，也可以作为保险公司的代表，与保险公司签订代理协议，代保险公司承接有关的保险业务。代理保险业务一般包括代售保单业务和代付保险金业务。

（7）其他代理业务，包括代理财政委托业务、代理其他银行银行卡收单业务等。

（五）承诺类中间业务

承诺类中间业务是指商业银行在未来某一日期按照事前约定的条件向客户提供约定信用的业务，主要指贷款承诺，包括可撤销承诺和不可撤销承诺两种。

（1）可撤销承诺，是指附有客户在取得贷款前必须履行的特定条款，在银行承诺期内，客户如果没有履行条款，则银行可撤销该项承诺。

（2）不可撤销承诺，是指银行不经客户允许不得随意取消的贷款承诺，具有法律约束力，包括备用信用额度、回购协议、票据发行便利等。

（六）咨询顾问类中间业务

咨询顾问类中间业务是指商业银行依靠自身在信息、人才、信誉等方面的优势，收集和整理有关信息，并通过对这些信息以及银行和客户资金运作的记录和分析，形成系统的资料和方案，提供给客户的服务活动。具体有：

（1）信息咨询业务。信息咨询业务包括项目评估、企业信用等级评估、验证企业注册资金、资信证明、企业管理咨询等。

（2）资产管理顾问业务。资产管理顾问业务是指为机构投资者或个人投资者提供全面的资产管理服务，包括投资组合建议、投资分析、税务服务、信息提供、风险控制等。

（3）财务顾问业务。财务顾问业务包括债券承销业务收入、私募股权融资财务顾问收入、首次公开募股财务顾问收入、再融资财务顾问收入、并购财务顾问收入、债务融资财务顾问收入、结构化融资财务顾问收入（包括销售管理费、产品管理费等）、银团贷款财务顾问收入（包括牵头费、管理费、代理费、承诺费等）、其他财务顾问收入。

（4）现金管理业务。现金管理业务是指商业银行协助企业，科学合理地管理现金账户头寸及活期存款余额，以达到提高资金流动性和使用效益的目的。

（七）交易类中间业务

交易类中间业务是指商业银行为满足客户保值或自身风险管理等方面的需要，利用各种金融工具进行的资金交易活动，主要包括金融衍生业务，具体有：

（1）远期合约，是指交易双方约定在未来某个特定时间以约定价格买卖约定数量的资产，包括远期利率合约和远期外汇合约。

（2）金融期货，是指交易双方在金融市场上以约定的时间和价格买卖某种金融产品的标准化合约。

（3）互换，是指交易双方基于自己的比较利益，对各自的现金流量进行交换，一般分为利率互换和货币互换。

（4）期权，是指期权的买方支付给卖方一笔权利金，获得一种权利，可在期权的存续期内或到期日当天，以执行价格与期权卖方进行约定数量的特定标的的交易。按交易标的，期权可分为股票指数期权、外汇期权、利率期权、期货期权、债券期权等。

（八）基金托管类业务

基金托管业务是指具有托管资格的银行或其他金融机构，接受基金管理公司或其他客户的委托，对其所托管的基金资产进行安全保管，并进行有关资金清算、安全估值、会计核算及监督基金管理人投资运作等业务的经营活动。根据《证券投资基金法》，基金托管人由依法设立的商业银行或其他金融机构担任。其中，商业银行担任基金托管人的，由国务院证券监督管理机构会同国务院银行业监督管理机构核准；其他金融机构担任基金托管人的，由国务院证券监督管理机构核准。

## 第六节　银行结算法律制度

银行结算是指通过银行账户的资金转移所实现收付的行为，即银行接受客户委托代收代付，从付款单位存款账户划出款项，转入收款单位存款账户，以此完成经济主体之间债权债务的清算或资金的调拨。银行结算是商品交换的媒介，是社会经济活动中清算资金的中介。国内银行结算方式主要有银行汇票、商业汇票、银行本票、支票、汇兑、委托收款、托收承付、信用卡、信用证等。本章上一节讲的银行卡业务其实就是一种中央的银行结算工具。

鉴于银行结算法律制度体系异常庞杂，本节主要介绍银行结算法律制度的基本原理以及非票据类的银行结算法律制度。关于票据类的银行结算法律制度，将在下一节作专门介绍。

### 一、银行结算的基本问题

#### （一）银行结算的概念与结算合同

1. 银行结算的概念

银行结算是指银行对因商品交易、劳务供应和货币调拨等产生的债权债务所进行的货币清算和了结。用现金方式来清偿，称现金结算；用银行票据或转账方式来清偿，称非现金结算或转账结算。银行结算具有强制性，除在规定范围内可以使用现金外，必须通过银行或其他金融机构来进行。根据《支付结算办法》，商业银行的结算应遵循三大原则：恪守信用，履约付款；谁的钱进谁的账，由谁支配；银行不垫款。

2. 结算合同的特征

结算合同是指调整结算关系中当事人权利义务关系的协议，它具有以下特征：

（1）结算合同涉及四方当事人和三种关系。四方当事人是指收款单位、收款单位的开户银行、付款单位和付款单位的开户银行。三种关系是指银行和收款单位之间、银行和付款单位之间以及收款单位和付款单位之间的关系。

（2）在结算关系中，开户银行具有双重身份，一方面是合同的当事人，与客户处于平等地位，享有民事权利，承担民事义务，另一方面根据国家法律授权，享有依法对客户进行货币管理和结算监督的权利。

（3）结算合同与其他民事合同不同，立户人按结算法律制度规定的条件可以解除结算合同，撤销结算账户。

3. 结算合同当事人的权利和义务

（1）开户银行的权利：银行有权使用立户人的存款；银行有权对立户人进行结算监督、工资基金监督和现金管理；对于违反合同和结算纪律的客户，银行有权采取必要的强制措施；银行在办理结算业务的过程中，有权收取费用。

（2）开户银行的义务：银行应保证立户人的存款权益，为立户人存款保守秘密；银行应按照立户人的委托，准确、及时地代收或代付款项；银行应按规定实行结算凭证挂失制度；银行有义务回答客户有关结算业务的询问。

（3）立户人的权利：有权根据需要随时自主支配和使用其全部存款；在结算合同规定的范围内，有权选择结算方式；有权获取法定存款利息；有权要求银行准确、及时安全地代其办理收付业务。

（4）立户人的义务：遵守转账结算的规定，除按规定可以使用现金外，一律要通过银行办理转账结算；不得出租账户，不签发空头支票和无期支票，不套取银行信用；按规定填写银行票据和结算凭证；按约定支付费用。

（二）我国的支付结算管理体制

根据《支付结算办法》，我国支付结算实行集中统一和分级管理相结合的管理体制。中国人民银行总行负责制定统一的支付结算制度，组织、协调、管理、监督全国的支付结算工作，调解、处理银行之间的支付结算纠纷。中国人民银行省、自治区、直辖市分行根据统一的支付结算制度制定实施细则，报总行备案；根据需要可以制定单项支付结算办法，报经中国人民银行总行批准后执行。中国人民银行各级分行负责组织、协调、管理、监督本辖区的支付结算工作，调解、处理本辖区银行之间的支付结算纠纷。政策性银行、商业银行总行可以根据统一的支付结算制度，结合本行情况，制定具体管理实施办法，报经中国人民银行总行批准后执行。政策性银行、商业银行负责组织、管理、协调本行内的支付结算工作，调解、处理本行内分支机构之间的支付结算纠纷。

## 二、银行结算账户管理规定

### （一）单位银行结算账户管理规定

根据《人民币银行结算账户管理办法》，银行存款账户有单位银行存款账户与个人银行存款账户之分。单位银行存款账户按用途可以分为基本存款账户、一般存款账户、专用存款账户、临时存款账户。基本存款账户是存款人因办理日常转账结算和现金收付需要开立的银行结算账户。一般存款账户是存款人因借款或其他结算需要，在基本存款账户开户银行以外的银行营业机构开立的银行结算账户。专用存款账户是存款人按照法律、行政法规和规章，对其特定用途资金进行专项管理和使用而开立的银行结算账户。临时存款账户是存款人因临时需要并在规定期限内使用而开立的银行结算账户。以上单位存款账户中，基本存款账户只能开立一个。个人银行结算账户是自然人因投资、消费、结算等而开立的可办理支付结算业务的存款账户。

单位银行存款账户的开立应当符合下列条件。

1. 基本存款账户的开立条件

开立基本存款账户的应是独立预算单位、独立核算单位、独立核算单位内对外业务往来较多的分支机构，包括：企业法人，非法人企业，机关、事业单位，团级（含）以上军队、武警部队及分散执勤的支（分）队，社会团体，民办非企业组织，异地常设机构，外国驻华机构，个体工商户，居民委员会、村民委员会、社区委员会，单位设立的独立核算的附属机构，其他组织。

2. 一般存款账户的开立条件

申请开立一般存款账户，应具备的条件是：在基本存款账户开户银行以外的银行营业机构借款或办理其他结算业务的单位。申请开立一般存款账户应向拟开户的银行提供下列证明文件：开立基本存款账户的证明文件、基本存款账户开户登记证等。

3. 专用存款账户的开立条件

存款人开立专用存款账户，其资金用途应系下列之一：基本建设资金，更新改造资金，财政预算外资金，粮、棉、油收购资金，证券交易结算资金，期货交易保证金，信托基金，金融机构存放同业资金，政策性房地产开发资金，单位银行卡备用金，住房基金，社会保障基金，收入汇缴资金和业务支出资金，党、团、工会设在单位的组织机构经费，其他需要专项管理和使用的资金。

4. 临时存款账户的开立条件

开立临时存款账户应具备下列资格之一：设立临时机构、异地临时经营活动、注册验资。

（二）个人银行结算账户管理规定

根据《个人存款账户实名制规定》，个人在中华人民共和国境内的金融机构开立个人存款账户时，应当出示本人身份证件，使用实名。中国人民银行发布的《关于〈个人存款账户实名制规定〉施行后有关问题处置意见的通知》对实名身份证件作了补充规定：

(1) 居住在境内的16周岁以上的中国公民，在有关金融机构开立个人存款账户或在原账户上办理第一笔存款时，其实名身份证件除居民身份证或者临时居民身份证外，还包括户口簿、护照。

(2) 军队（武装警察）离退休干部以及在解放军军事院校学习的现役军人，在有关金融机构开立个人存款账户或在原账户上办理第一笔存款时，其实名身份证件还包括：离休干部荣誉证、军官退休证、文职干部退休证和军事院校学员证。

(3) 居住在境内或境外的中国籍的华侨在有关金融机构开立个人存款账户或在原账户上办理第一笔存款时，其实名身份证可以是中国护照。

(4) 外国边民在我国边境地区的金融机构开立个人存款账户或在原账户上办理第一笔存款时，其实名身份证件除护照外，还可是所在国制发的“边民出入境通行证”。

（三）同业银行结算账户的管理规定

根据《关于加强银行业金融机构人民币同业银行结算账户管理的通知》，同业银行结算账户是指银行业金融机构为境内其他银行开立的、与本银行或者第三方发生资金划转的人民币银行存款账户，按结算用途分为结算性与投融资性两类账户。结算性同业银行结算账户是指用于代理现金解缴、代理支付结算等支付结算业务的账户；投融资性同业银行结算账户是指用于同业存款（结算性存款除外）、同业借款、买入返售（卖出回购）、同业投资等融资和投资业务的账户。同业银行结算账户按中国人民银行《关于加强银行业金融机构人民币同业银行结算账管理的通知》《人民币银行结算账户管理办法》等银行结算账户制度管理。同业银行结算账户除基本存款账户外，只能开立专用存款账户。

## 三、银行卡结算法律制度

根据《银行卡业务管理办法》，银行卡是指由商业银行向社会发行的具有消费信用、转账结算、存取现金等全部或部分功能的信用支付工具。商业银行未经中国人民银行批准不得发行银行卡。关于银行卡的分类，本书在商业银行的中间业务部分已作介绍，下面主要介绍银行卡的申领、银行卡账户与交易管理以及银行业务风险管理的内容。

（一）银行卡的申领

个人申领银行卡（储值卡除外），应当向发卡银行提供公安部门规定的本人有效身份证件，经发卡银行审查合格后，为其开立记名账户；凡在中国境内金融机构开立基本存款账户的单位，应当凭中国人民银行核发的开户许可证申领单位卡；银行卡及其账户只限经发卡银行批准的持卡人本人使用，不得出租和转借。

（二）银行卡账户及交易的管理

1. 银行卡账户资金的管理

单位人民币卡账户的资金一律从其基本存款账户转账存入，不得存取现金，不得将销货收入存入单位卡账户。单位外币卡账户的资金应从其单位的外汇账户转账存入，不得在境内存取外币现钞。

个人人民币卡账户的资金以其持有的现金存入或以其工资性款项、属于个人的合法的劳务报酬、投资回报等收入转账存入。个人外币卡账户的资金以其个人持有的外币现钞存入或从其外汇账户（含外钞账户）转账存入。该账户的转账及存款均按国家外汇管理局《个人外汇管理办法》办理。个人外币卡在境内提取外币现钞时应按照我国个人外汇管理制度办理。除国家外汇管理局指定的范围和区域外，外币卡原则上不得在境内办理外币计价结算。持卡人在还清全部交易款项、透支本息和有关费用后，可申请办理销户。销户时，单位人民币卡账户的资金应当转入其基本存款账户，单位外币卡账户的资金应当转回相应的外汇账户，不得提取现金。

2. 银行卡交易业务的管理

根据《银行卡业务管理办法》《中国人民银行关于改进个人支付结算服务的通知》，单位人民币可办理商品交易和劳务供应款项的结算，但不得透支；超过中国人民银行规定起点的，应当经中国人民银行当地分行办理转汇。发卡银行对贷记卡的取现应当每笔授权，每卡每日累计取现不得超过 2 000 元人民币。发卡银行应当对持卡人在自动柜员机（ATM）机取款设定交易上限，每卡每日累计提款不得超过 5 000 元人民币。储值卡的面值或卡内币值不得超过 1 000 元人民币。商业银行发行认同卡时，不得从其收入中向认同单位支付捐赠等费用。发卡银行依据密码等电子信息为持卡人办理的存取款、转账结算等各类交易所产生的电子信息记录，均为该项交易的有效凭据。发卡银行可凭交易明细记录或清单作为记账凭证。银行卡通过联网的各类终端交易的原始单据至少保留 2 年备查。

（三）银行卡业务风险管理

发卡银行应当遵守下列信用卡业务风险控制指标：

(1) 同一持卡人单笔透支发生额个人卡不得超过 2 万元（含等值外币）、单位卡不得超过 5 万元（含等值外币）。

(2) 同一账户月透支余额个人卡不得超过 5 万元（含等值外币），单位卡不得超过发卡银行对该单位综合授信额度的 3%。无综合授信额度可参照的单位，其月透支余额不得超过 10 万元（含等值外币）。

(3) 外币卡的透支额度不得超过持卡人保证金（含储蓄存单质押金额）的 80%。

(4) 从《银行卡业务管理办法》施行之日起新发生的 180 天（含 180 天，下同）以上的月均透支余额不得超过月均总透支余额的 15%。

准贷记卡的透支期限最长为 60 天。贷记卡的首月最低还款额不得低于其当月透支余额的 10%。

发卡银行可通过下列途径追偿透支款项和诈骗款项：(1) 扣减持卡人保证金、依法处理抵押物和质物；(2) 向保证人追索透支款项；(3) 通过司法机关的诉讼程序进行追偿。

此外，《银行卡业务管理办法》还对银行卡当事人的权利义务进行了明确。

## 四、汇兑与委托收款结算法律制度

### （一）汇兑法律制度

汇兑是汇款人委托银行将其款项支付给收款人的结算方式。单位和个人的各种款项的结算，均可使用汇兑结算方式。汇兑分为信汇和电汇两种，信汇是以邮寄方式将汇款凭证转给外地收款人指定的汇入行，电汇则是以电报方式将汇款凭证转发给收款人指定的汇入行。由于汇兑结算手续简便，不受金额起点限制，长期以来一直是银行异地汇划资金的主要结算方式之一。汇兑不适用于同城范围内的资金结算。在汇兑结算业务中，参与汇兑的银行只是接受委托负责款项的收付，其属于一种典型的商业信用，而非银行信用行为。汇兑结算的相关法律制度主要为《支付结算办法》第四章第二节的相关规定。

汇兑业务的基本流程如图 5-2 所示。

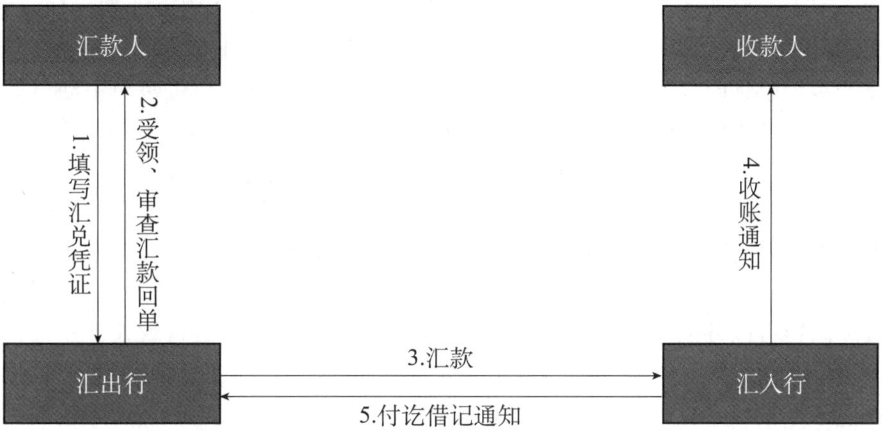


**图 5-2　汇兑业务基本流程图**

（1）汇款人按要求签发汇兑凭证。汇款人签发汇兑凭证时，必须记载相关事项并签章。汇兑凭证上记载收款人为个人的，收款人需要到汇入银行领取汇款，汇款人应在汇兑凭证上注明“留行待取”字样。

（2）汇出银行受理、审查汇款人签发的汇兑凭证。汇出银行经审查无误后，应及时向汇入银行办理汇款，并向汇款人签发汇款回单。汇款回单只能作为汇出银行受理汇款的依据，不能作为该笔汇款已转入收款人账户的证明。

（3）汇入银行接收汇出银行的汇兑凭证，经审核无误后，根据收款人的不同情况进行审查并办理付款手续。

1）汇入银行对开立存款账户的收款人，应将汇给其的款项直接转入收款人账户，并向其发出收账通知。收账通知是银行将款项确已收入收款人账户的凭据。

2）未在银行开立存款账户的收款人，凭信、电汇的取款通知或“留行待取”的，向汇入银行支取款项，必须交验本人的身份证件，在信、电汇凭证上注明证件名称、号码及发证机关，并在“收款人签盖章”处签章；信汇凭签章支取的，收款人的签章必须与预留信汇凭证上的签章相符。银行审查无误后，以收款人的姓名开立应解汇款及临时存款账户，该账户只付不收，付完清户，不计付利息。

3）支取现金的，信、电汇凭证上必须有按规定填明的“现金”字样，才能办理。未填明“现金”字样，需要支取现金的，由汇入银行按照国家现金管理规定审查支付。

4）收款人还可以委托他人向汇入银行支取款项，或者转账支付到单位或个体工商户的存款账户（严禁转入储蓄和信用卡账户），或者办理转汇。

根据《支付结算办法》，签发汇兑凭证必须记载下列事项：表明“信汇”或“电汇”的字样，无条件支付的委托，确定的金额，收款人名称，汇款人名称，汇入地点、汇入行名称，汇出地点、汇出行名称，委托日期，汇款人签章。汇兑凭证上欠缺上列记载事项之一的，银行不予受理。汇兑凭证记载的汇款人名称、收款人名称，其在银行开立存款账户的，必须记载其账号。欠缺记载的，银行不予受理。委托日期是指汇款人向汇出银行提交汇兑凭证的当日。

（二）委托收款结算法律制度

委托收款是收款人委托银行向付款人收取款项的结算方式。单位和个人凭已承兑商业汇票、债券、存单等付款人债务证明办理款项的结算，均可以使用委托收款结算方式。这种方式便于单位主动收款，它不受同城与异地及金额起点的限制。其款项的划回方式分邮寄和电报两种，由收款人根据需要选用。另外，在同城范围内，收款人收取公用事业费，如水电、邮电、电话等费用或根据有关规定，也可以使用同城特约委托收款。即收、付款双方事先签订合同，收款单位委托银行收款时，由付款人向开户银行授权，银行从付款单位账户主动付款或直接从付款人处收取现金转入收款人账户的一种结算方式。

《支付结算办法》第四章第四节就委托收款的基本规则作了以下规定：

签发委托收款凭证必须记载下列事项：表明“委托收款”的字样，确定的金额，付款人名称，收款人名称，委托收款凭据名称及附寄单证张数，委托日期，收款人签章。欠缺记载前列事项之一的，银行不予受理。

委托收款以银行以外的单位为付款人的，委托收款凭证必须记载付款人开户银行名称；以银行以外的单位或在银行开立存款账户的个人为收款人的，委托收款凭证必须记载收款人开户银行名称；以未在银行开立存款账户的个人为收款人的，委托收款凭证必须记载被委托银行名称。欠缺记载的，银行不予受理。

收款人办理委托收款应向银行提交委托收款凭证和有关的债务证明。银行接到寄来的委托收款凭证及债务证明，审查无误后办理付款，将款项划给收款人。银行在办理划款时，付款人存款账户不足支付的，应通过被委托银行向收款人发出未付款项通知书。付款人审查有关债务证明后，对收款人委托收取的款项需要拒绝付款的，可以出具拒绝证明，连同有关证明、凭证寄给被委托银行，办理拒绝付款。

## 五、托收承付与托收结算法律制度

托收承付与托收二者具有相似的结算原理，同为商业信用而非银行信用。托收承付主要适用于国内贸易，其法律依据是中国人民银行出台的《支付结算办法》。托收是一种国际贸易结算方式，其主要的法律依据是国际商会制定的《托收统一规则》。

（一）托收承付结算法律制度

1. 托收承付的概念

托收承付是指根据购销合同由收款人发货后委托银行向异地购货单位收取货款，购货单位根据合同对单或对证验货后，向银行承认付款的一种结算方式。托收承付包括“托收”与“承付”两个环节：“托收”是指销货单位（收款单位）委托其开户银行收取款项的行为；承付是指购货单位（付款单位）在承付期限内，向银行承认付款的行为。承付方式有两种，即验单承付和验货承付。

2. 使用托收承付结算的条件

使用托收承付结算方式的收款单位和付款单位，必须是国有企业、供销合作社以及经营管理较好，并经开户银行审查同意的城乡集体所有制工业企业。办理托收承付结算的款项，必须是商品交易，以及因商品交易而产生的劳务供应的款项。代销、寄销、赊销商品的款项，不得办理托收承付结算。收付双方使用托收承付结算必须签有合法的购销合同，并在合同上订明使用托收承付结算方式。收款人办理托收，必须具有商品确已发运的证件，没有发运证件的，特殊情况可凭其他有关证件办理托收；托收承付结算金额的起点为每笔1万元，新华书店系统每笔起点为1 000元。

3. 托收承付凭证的签发

签发托收承付凭证必须记载下列事项：表明“托收承付”的字样，确定的金额，付款人名称及账号，收款人名称及账号，付款人开户银行名称，收款人开户银行名称，托收附寄单证张数或册数，合同名称、号码，委托日期，收款人签章。托收承付凭证上欠缺记载上列事项之一的，银行不予受理。

4. 拒绝付款

对有下列情况之一的，付款人在承付期内，可向银行提出全部或部分拒绝付款：

（1）没有签订购销合同或购销合同未订明托收承付结算方式的款项。

（2）未经双方事先达成协议，收款人提前交货或因逾期交货付款人不再需要该项货物的款项。

（3）未按合同规定的到货地址发货的款项。

（4）代销、寄销、赊销商品的款项。

（5）验单付款，发现所列货物的品种、规格、数量、价格与合同规定不符，或货物已到，经查验货物与合同规定或发货清单不符的款项。

（6）验货付款，经查验货物与合同规定或与发货清单不符的款项。

（7）货款已经支付或计算有错误的款项。

付款人对以上情况提出拒绝付款时，必须填写“拒绝付款理由书”并签章，注明拒绝付款理由，涉及合同的应引证合同上的有关条款。

5. 重办托收

收款人对被无理拒绝付款的托收款项，在收到退回的结算凭证及其所附单证后，需要委托银行重办托收，应当填写四联“重办托收理由书”，将其中三联连同购销合同、有关证据和退回的原托收凭证及交易单证，一并送交银行。经开户银行审查，确属无理拒绝付款，可以重办托收。

（二）托收结算法律制度

1. 托收的概念、信用属性及法律依据

在国际贸易支付结算实务中，托收（Collection）是指出口方开具以进口方为付款人的汇票，委托出口方银行通过其在进口方的分行或代理行向进口方收取货款的一种结算方式。托收包括付款交单（D/P）与承兑交单（D/A）两种交单形式。在托收方式下，信用工具的传递与资金的转移方向相反，因此托收是一种典型的逆汇法。

托收属于商业信用，银行办理托收业务时，既没有检查货运单据正确与否或是否完整的义务，也没有承担付款人必须付款的责任。托收虽然是通过银行办理，但银行只是作为出口人的受托人行事，并没有承担付款的责任，进口人不付款与银行无关。出口人向进口人收取货款靠的仍是进口人的商业信用。如果遭到进口人拒绝付款，除非另外有规定，银行没有代管货物的义务，出口人仍然应该关心货物的安全，直到对方付清货款为止。托收对出口人的风险较大，D/A比D/P的风险更大。

1995年，国际商会公布了修订的《托收统一规则》，又称522号出版物。该规则仅适用于银行托收，仅适用于托收指示中注明该规则的托收。该规则属于国际商事惯例。当事人在发出委托指示时应注明“受URC522约束”的字样。当事人可以作出不同的约定，该种约定优先于上述规则。在规则与一国的强制性法律规定抵触时，法律规定优先，即当事人的选择不得违背有关国家国内法中的强制性规定，如外汇管制的规定等。该规则并不涉及当事人的能力和有关效力问题。

2. 托收的分类

根据托收时是否向银行提交货运单据，托收可分为光票托收和跟单托收两种。

光票托收是指仅凭汇票或单纯的资金单据而不附有任何商业单据所进行的托收。在国际贸易中，光票托收主要用于小额交易货款、部分预付货款、分期支付货款、佣金以及贸易从属费用的收取。跟单托收是出口商根据合同备货出运后，将跟单汇票或将不带汇票的货运单据签送托收银行，委托代收货款的一种托收结算方式。

3. 托收的当事人、流程及其法律关系

托收涉及四方主要当事人，即委托人、付款人、托收行和代收行。

委托人（卖方）是委托银行办理托收业务的一方。在国际贸易实务中，出口人开具汇票，委托银行向国外进口人（债务人）收款。

付款人（买方）是银行根据托收指示书的指示提示单据的对象。托收业务中的付款人，即商务合同中的买方或债务人。

托收行又称寄单行，是指受委托人的委托办理托收的银行，通常为出口人所在地的银行。

代收行是指接受托收行委托，向付款人收款的银行，通常是托收行在付款人所在地的联行或代理行。

托收的流程如图 5－3 所示：

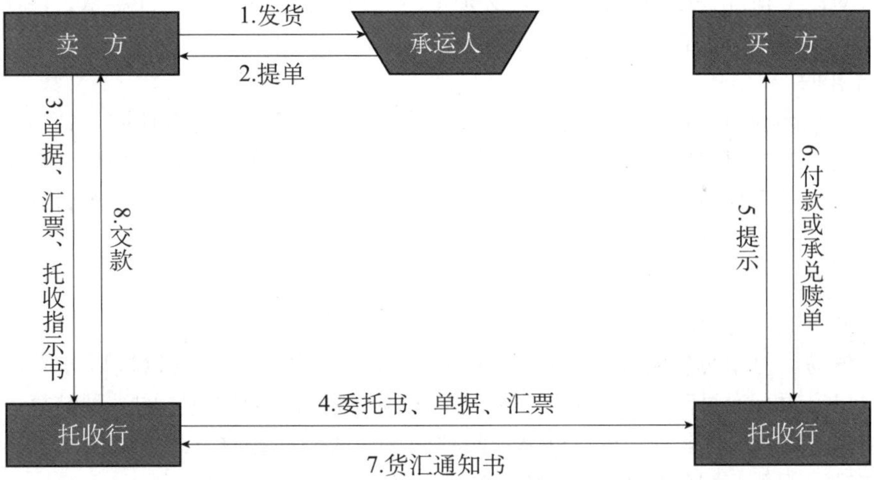


**图 5－3　托收流程图**

托收当事人之间的法律关系如图 5－4 所示：

4. 托收结算中银行的义务与免责

（1）银行的义务主要是“三及时、一审单”。“三及时”即及时提示、及时交款、及时通知。“一审单”是指银行必须严格履行审单义务：银行在接受委托后，应审查并确保汇票和货运单据与托收指示书在表面上一致。

（2）银行的免责。

1）银行不处理货物。

2）对单据真实性、有效性、合法性的免责。

3）对单据传递过程中的延误、遗失和专业性术语翻译的错误等免责。

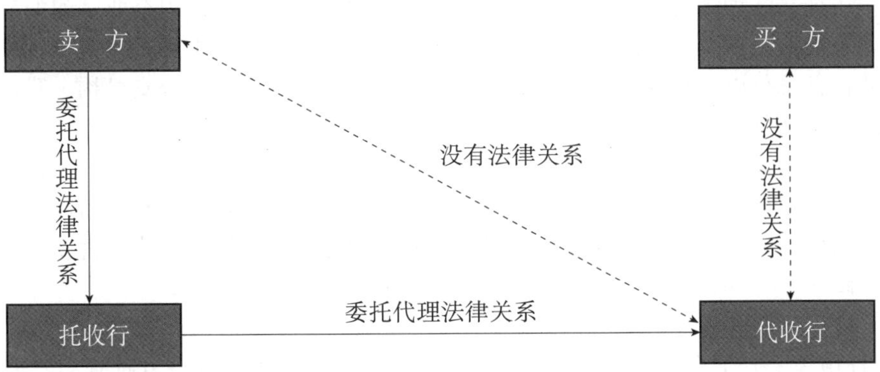


**图 5-4　托收当事人之间的法律关系图**

4）不可抗力免责。

5）除非托收指示书上有明确指示，在遭到拒付时，银行没有作成拒绝证书的义务。银行由于办理拒绝证书或其他法律手续而发生的手续费及/或其他费用一概由向其发出托收指示的一方承担。

6）对被指示方的行为免责。

7）提示行有责任确保汇票承兑形式看起来是完整和正确的，但是，对任何签字的真实性或签署承兑的任何签字人的权限不负责任。

## 六、信用证结算法律制度

信用证有国内信用证与国际信用证之分。国内信用证主要适用于国内货物和服务贸易的结算，而国际信用证主要适用于国际货物和服务贸易的结算。国内信用证一般不涉及国际贸易中的货运、外汇管制等问题。

无论是国内信用证还是国际信用证，信用证都是商业银行根据申请人的申请，向受益人开立的载有一定金额，并承诺在一定的期限内凭约定的单证，根据单单相符的原则代申请人付款的一种结算业务。信用证本质上都是银行（开证行）根据开证申请人的请求，开给受益人的有条件付款的书面保证。从某种意义上说，信用证其实也是一种单据买卖交易。根据不同的标准，对信用证可作不同的分类：以信用证项下的汇票是否附有货运单据为标准，信用证可分为跟单信用证及光票信用证。以有无另一银行加以保证兑付为依据，信用证可分为保兑信用证和不保兑信用证。根据付款时间不同，信用证可分为即期信用证和远期信用证。根据受益人对信用证的权利可否转让，信用证可分为可转让信用证和不可转让信用证。当然，根据国际商会制定的《跟单信用证统一惯例》的规定，银行不可开立可撤销信用证，因此，当前所有的信用证都是不可撤销的。

### （一）国内信用证结算法律制度

1. 国内信用证的概念

国内信用证是由银行应申请人的请求和指示，向受益人开立的载有一定金额，在一定期限内凭规定的单据在指定地点向受益人付款的书面保证文件。它适用于银行为国内企事业单位之间的货物和服务贸易提供的结算服务，主要法律依据是《国内信用证结算办法》、《国内信用证审单规则》和《最高人民法院关于审理信用证纠纷案件若干问题的规定》（以下简称《最高人民法院信用证纠纷司法解释》）。

国内信用证是一种不可撤销、不可转让的跟单信用证，适用于国内企业之间的商品交易的转账结算，不得支取现金。办理信用证结算业务的金融机构限于经中国人民银行批准经营结算业务的商业银行总行以及经商业银行总行批准开办信用证结算业务的分支机构。我国国内信用证全部以人民币计价。

2. 国内信用证的结算流程

采用国内信用证结算的，买卖双方一般必须在其签订的买卖合同中明确约定采用信用证的结算方式。随后，国内信用证的详细运转流程需要经过开证、通知、议付和付款四个步骤（其具体流程如图5-5所示）。

（1）开证。

1）开证申请。开证申请人使用信用证时，应委托其开户银行办理开证业务。开证申请人申请办理开证业务时，应当填具开证申请书、信用证申请人承诺书并提交有关买卖合同。

2）受理开证。开证行根据申请人提交的开证申请书、信用证申请人承诺书及购销合同决定是否受理开证业务。开证行在决定受理该项业务时，应向申请人收取不低于开证金额20％的保证金，并可根据申请人资信情况要求其提供抵押、质押或由其他金融机构出具保函。

（2）通知。

通知行收到信用证，应认真审核。审核无误的，应填制信用证通知书，连同信用证交付受益人。

（3）议付。

1）议付行必须是开证行指定的受益人开户行。议付仅限于延期付款信用证。受益人可以在交单期或信用证有效期内向议付行提示单据、信用证正本及信用证通知书，并填制信用证议付/委托收款申请书和议付凭证，请求议付。

2）议付行审核受益人提示的单据后，同意议付的，办理议付。实付议付金额按议付金额扣除议付日至信用证付款到期日前一日的利息计算，议付利率比照贴现利率。拒绝议付的，应及时作出书面议付通知，注明拒绝议付理由，通知受益人。议付行可以根据受益人的要求不作议付，仅为其办理委托收款。

3）议付行议付后，应通过委托收款将单据寄开证行索偿资金。议付行议付信用证后，对受益人具有追索权。到期不获付款的，议付行可从受益人账户收取议付金额。

（4）付款。

1）受益人在交单期或信用证有效期内向开证行交单收款，应向开户银行填制委托收款凭证和信用证议付/委托收款申请书，并出具单据和信用证正本。开户银行收到凭证和单证审查齐全后，应及时为其向开证行办理交单和收款。

2）开证行在收到议付行寄交的委托收款凭证、信用证单据及寄单通知书或受益人开户行寄交的委托收款凭证、信用证正本单据及信用证议付/委托收款申请书的次日起5个营业日内，及时核对单据表面与信用证条款是否相符。无误后，对即期付款信用证，从申请人账户收取款项支付给受益人。

3）对延期付款信用证应向议付行或受益人发出到期付款确认书，并于到期日从申请人账户收取款项支付给议付行或受益人。

4）申请人交存的保证金和其存款账户余额不足支付的，开证行仍应在规定的时间内进行付款。对不足支付的部分作逾期贷款处理。

5）对申请人提供抵押、质押、保函等担保的，按《民法典》的有关规定索偿。

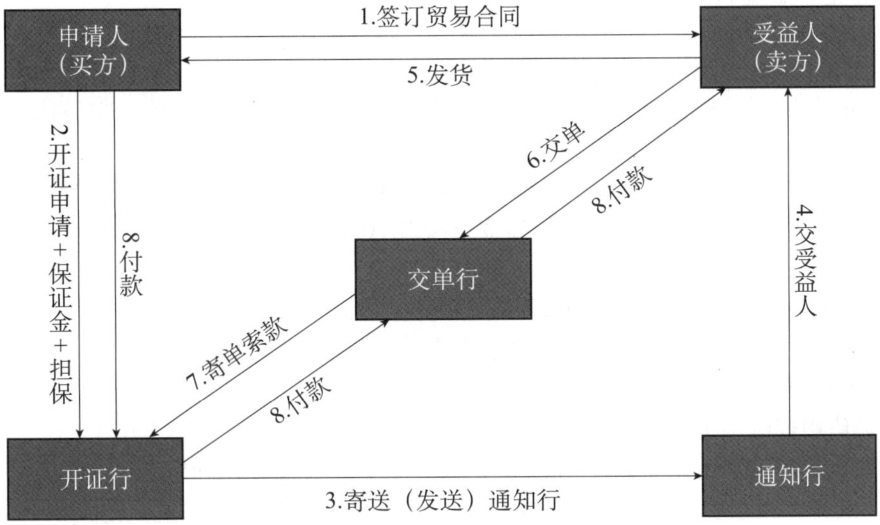


**图 5-5 国内信用证结算具体流程图**

3. 国内信用证的基本条款

国内信用证应使用中文开立，记载条款包括：(1) 表明“国内信用证”的字样。(2) 开证申请人名称及地址。(3) 开证行名称及地址。(4) 受益人名称及地址。(5) 通知行名称。(6) 开证日期。开证日期格式应按年、月、日依次书写。(7) 信用证编号。(8) 不可撤销信用证。(9) 信用证有效期及有效地点。(10) 是否可转让。可转让信用证须记载“可转让”字样并指定一家转让行。(11) 是否可保兑。保兑信用证须记载“可保兑”字样并指定一家保兑行。(12) 是否可议付。议付信用证须记载“议付”字样并指定一家或任意银行作为议付行。(13) 信用证金额。金额须以大、小写同时记载。(14) 付款期限。(15) 货物或服务描述。(16) 溢短装条款（如有)。(17) 货物贸易项下的运输交货或服务贸易项下的服务提供条款。其中，货物贸易项下运输交货条款包括：1) 运输或交货方式。2) 货物装运地（港），目的地、交货地（港)。3) 货物是否分批装运、分期装运和转运，未作规定的，视为允许货物分批装运和转运。4) 最迟货物装运日。服务贸易项下的服务提供条款包括：1) 服务提供方式。2) 服务提供地点。3) 服务是否分次提供、分期提供，未作规定的，视为允许服务分次提供。4) 最迟服务提供日。5) 服务贸易项下双方认为应记载的其他事项。(18) 单据条款，须注明据以付款或议付的单据，至少包括发票，表明货物运输或交付、服务提供的单据，如运输单据或货物收据、服务接受方的证明或服务提供方或第三方的服务履约证明。(19) 交单期。(20) 信用证项下相关费用承担方。未约定费用承担方时，由业务委托人或申请人承担相应费用。(21) 表明“本信用证依据《国内信用证结算办法》开立”的开证行保证文句。(22) 其他条款。

4. 国内信用证结算的基本当事人

(1) 开证申请人，是指向银行申请开立信用证的人，即买卖关系中的买方。

(2) 开证行，是指接受开证申请人的申请，开立信用证的银行，一般是买方的开户行。

(3) 通知行，是指接受开证行的委托向受益人通知信用证的银行，一般是开证行在卖方所在地的分行或代理行。

(4) 受益人，是指信用证所指定的有权享受信用证款项的人，即卖方。

(5) 议付行，是指愿意买进或贴现受益人交来的跟单汇票的卖方地指定银行，议付行通常是通知行，在我国议付行必须是开证行指定的受益人的开户行。

（6）付款行，是指信用证上指定的付款银行，通常是开证行。

5. 国内信用证结算当事人之间的法律关系

（1）开证申请人与受益人之间基于订立购销合同而产生合同关系，这是信用证结算的前提。

（2）开证申请人与开证行之间以开证申请书和承诺书建立委托代理关系。

（3）开证行和通知行之间基于合同建立的委托代理关系，通知行依约既可只履行通知义务，也可依约成为保兑行或议付行。

（4）通知行与受益人之间的通知关系。

（5）开证行与受益人之间的无条件付款关系。

（二）国际信用证结算法律制度

1. 国际信用证的基本概念

根据国际商会《跟单信用证统一惯例》（UCP600）的定义，国际贸易中的信用证是指一项不可撤销的安排，该项安排构成开证行对相符交单予以承付的确定承诺，无论该项安排的名称或描述如何。作为一种国际支付方式，信用证是一种银行信用，银行承担第一位的付款责任。只要卖方向银行提供了符合信用证规定的单据，并且不存在信用证欺诈的情形，银行就必须向卖方交付信用证项目下的款项。这是信用证区别于托收等国际支付结算方式的根本特征。

作为一种文件，信用证是开证行开出的凭信用证规定条件付款的一种书面承诺。银行信用证在国际贸易中的操作是，银行授权买方在符合信用证约定的项目下，以开证银行或指定银行作为付款人，开出不超过规定金额的汇票，并随附规定的货运单据，约定日期到期后在指定地点收取货款。信用证具有较强的独立性。其本质上是一种单据交易，信用证本身独立于买卖双方的基础合同，具有单据交易无因性的特征，只要不构成信用证欺诈，就不能根据买卖双方的基础合同的履行情况来对抗银行的付款义务。

2. 国际信用证结算的法律依据

早在1920年，国际商会在美国纽约制定了一套美国银行开出信用证的标准。1933年，国际商会在维也纳召开会议，制定了更加完备的信用证标准条款，称为《跟单信用证统一惯例》（英文简称UCP）。1951年、1962年和1974年，国际商会多次开会修订这个标准条款。1983年第四次修订时，将其名称改为《国际商会第400号出版物》（英文简称UCP400）。1993年国际商会出版了第500号出版物（英文简称UCP500）。2007年国际商会又出版了第600号出版物（英文简称UCP600）。UCP600是当前国际信用证最主要的国际惯例。对比UCP500原来的7章49条，UCP600作了较大修改，不再用章，而是直接用条款来规定，共39条。

UCP600在内容上对UCP500进行了大幅度的修正：

（1）更加明确了开证行的独立付款义务。当开证行指定其他银行付款、承兑或付款、议付，而其他银行没有按指令付款、承兑或付款、议付时，开证行要承担最终的付款责任。

（2）规定所有的信用证都应当是不可撤销的。删除UCP500第6条关于可撤销信用证的内容。由于可撤销信用证使受益人缺乏保障，被使用的机会也很小，因此，UCP600果断将该条予以删除，并在第2条关于信用证的定义中，开宗明义地指出信用证是不可撤销的。

（3）新增“兑付”（HONOUR）一词概括了开证行、保兑行、指定行在信用证下除议付以外的一切与支付相关的行为。该定义的引入表明，无论何种信用证，银行在信用证下的义务是同一性质的。明确了议付是对票据及单据的一种买入行为，并明确议付是对受益人的融资行为，即预付或承诺预付。

（4）明确了“相符的交单”的含义，强调要与信用证条款、适用的惯例条款以及国际银行标准实务相符合。应该做到三个“相符”，即“单证相符、单单相符、单内相符”。银行处理单据的时间最多为收单翌日起第 5 个（原为 7 个）工作日。

（5）明确单证或单单不符时，银行可以自行联系开证申请人，如接到开证申请人放弃不符点的通知，银行可以释放单据。

3. 国际信用证结算的流程

相比国内信用证，国际信用证涉及的主体和法律关系更为复杂。国际信用证关系通常涉及诸多主体，其中最基本的有四个：开证申请人（买方/进口方）、开证行、通知行和受益人（在不涉及可转让信用证时，为卖方/出口方）。详细的国际信用证结算流程如图 5－6 所示。

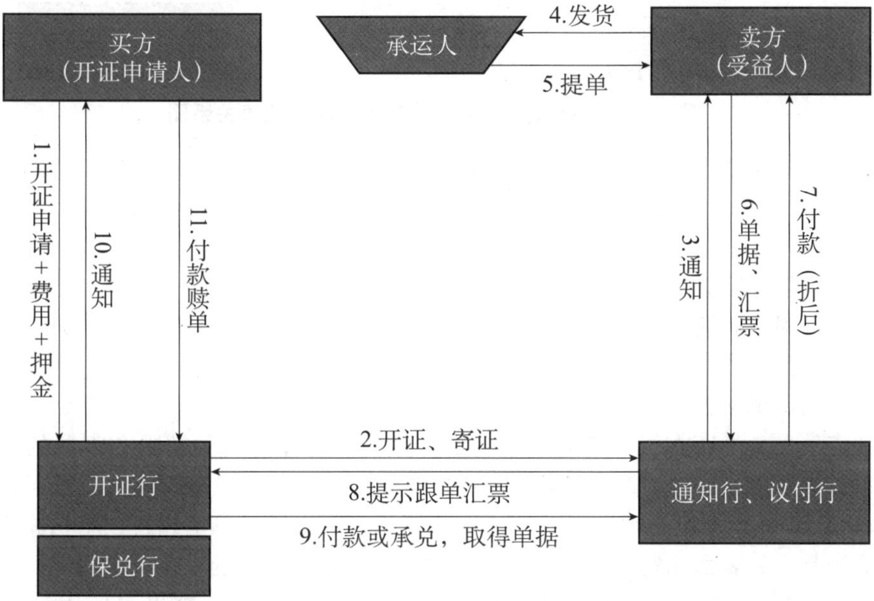


**图 5－6　国际信用证结算具体流程图**

4. 国际信用证结算当事人之间的法律关系

基于前述国际信用证结算的流程和当事人之间的交易实质，我们可对各当事人之间的法律关系作如下图 5－7 所示的描述。有几点需要特别强调：受益人和通知行之间没有合同关系，受益人与议付行之间是票据（单证）买卖关系，受益人和开证行之间是信用证合同关系。

5. 国际信用证结算中银行的义务

在国际信用证结算中银行的义务具体包括三类：开证行的义务、保兑行的义务、银行的审单义务。

（1）开证行的义务。

开证行的义务主要有兑付和偿付两个方面。兑付主要是指针对受益人的付款行为。如果开证行直接规定开证行有兑付义务，则开证行应该向受益人履行兑付义务；如果开证行规定其他银行有兑付义务而没有履行，则开证行还应承担最终的兑付义务。如果其他银行已经兑付或议付了信用证下的款项，并向开证行出具符合信用证规定的单据，则开证行应当对相关银行履行偿付义务。

（2）保兑行的义务。

保兑是指一家银行开立的信用证由另一家银行进行保证兑付。经过保兑的信用证被称为保

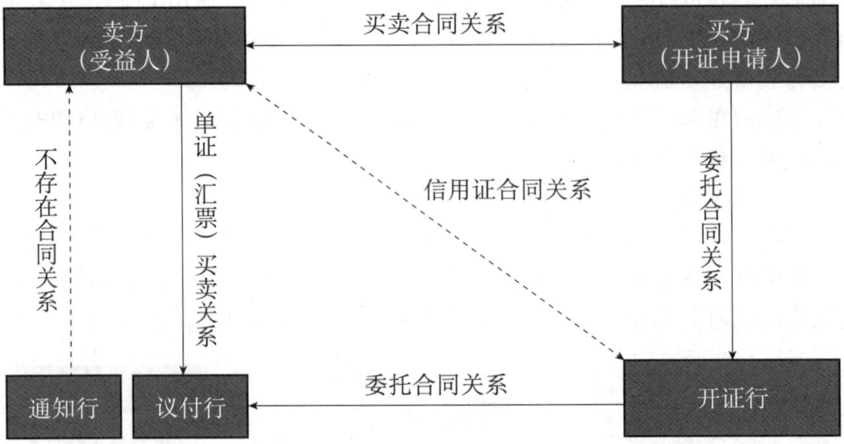


**图 5-7 国际信用证结算当事人之间的法律关系图**

兑信用证。保兑信用证上的保证可以理解为民法中的连带责任保证。存在保兑行的信用证意味着最终有两家银行对其承担最终的付款责任，保兑行承担独立的第一性付款义务，其本身相当于开证行，即使开证行破产，保兑行也应该履行保兑义务。需要指出的是，在国际融资担保实践中，有一种重要的独立的担保手段就是备用信用证，保兑信用证在本质上和备用信用证还略有不同，前者归根结底还是一种交易支付手段，或者说是国际贸易结算工具，只不过其本身附加了额外的保证而已。

（3）银行的审单义务。

银行的审单义务是所有银行都必须遵守的，主要体现在审单的期限和审单的要求两个方面。关于审单的期限，UCP600 的规定是，从收到单据的翌日起最多不超过 5 个工作日。对于审单的要求，UCP600 规定必须体现三个“相符”：“单证相符、单单相符、单内相符”。当然，这种相符应当是一种表面相符，而不是一种实质相符，因为银行的审单义务只涉及单证的表面一致，而不追究货物交接的实际情况。当然，从另一个角度讲，这也为信用证欺诈埋下了伏笔。

6. 国际信用证结算中银行的免责

在国际信用证结算中，银行的免责主要体现在五个方面：

（1）对买卖合同的免责，即银行对买卖合同的履行情况以及买卖当事人的资信等情况不负责。

（2）对单据的实质情况免责，即银行对单据的形式、完整性、真实性和准确性只作表面审查，对单据的伪造和法律效力不负责任，对单据上记载或附加的一般或特殊条件不负责任。

（3）对传递延误或遗失免责，即银行对于任何消息、信函或单据在传递过程中发生延误或遗失而引起的后果，或任何电讯在传递过程中发生延误、残缺或其他错误不负责任。

（4）对不可抗力免责，即银行对于天灾、暴乱、骚乱、叛乱、战争或本身无法控制的其他原因或者罢工、停工而中断营业所引起的法律后果不负责任。

（5）对被指示方的行为免责，即银行为了执行申请人的指示，银行及其指定的其他银行对指示未被执行的风险、开支、发生的费用等免责。

### （三）《最高人民法院信用证纠纷司法解释》

《最高人民法院信用证纠纷司法解释》是我国涉及信用证纠纷的重要司法解释，它普遍适用于在我国发生的国际和国内信用证纠纷。《最高人民法院信用证纠纷司法解释》出台的一个重要考量，就是限制信用证的开证申请人滥用信用证欺诈例外原则，即限制开证申请人滥用请求银行拒付或请求法院发布禁令强制银行拒付信用证项下款项的权利，而对受益人的合法权益进行合理的保护，并促进信用证在贸易实务中的选择适用。

1. 适用对象

《最高人民法院信用证纠纷司法解释》适用于在信用证开立、通知、修改、撤销、保兑、议付、偿付等环节产生的纠纷。该解释还适用于开证申请人与开证行之间因申请开立信用证而产生的欠款纠纷、委托人和受托人之间因委托开立信用证产生的纠纷、担保人为申请开立信用证或者委托开立信用证提供担保而产生的纠纷，以及信用证项下融资产生的纠纷。

人民法院在审理信用证纠纷案件中涉及单证审查的，应当根据当事人约定适用的相关国际惯例或者其他规定进行；当事人没有约定的，应当按照国际商会《跟单信用证统一惯例》以及国际商会确定的相关标准，认定单据与信用证条款、单据与单据之间是否在表面上相符。

因申请开立信用证而产生的欠款纠纷、委托开立信用证纠纷和因此产生的担保纠纷以及信用证项下融资产生的纠纷应当适用中华人民共和国相关法律。涉外合同当事人对法律适用另有约定的除外。

2. 信用证的独立性和单据审查标准

（1）开证行独立的审单权利和义务。

银行的审单义务是独立的，银行对单据的判定不受开证申请人的影响。是否接受不符点、是否释放单据等都是银行独立进行判断的一种权利，即使开证申请人接受不符点，银行仍旧可以拒绝接受不符点。

《最高人民法院信用证纠纷司法解释》规定，开证行有独立审查单据的权利和义务，有权自行作出单据与信用证条款、单据与单据之间是否在表面上相符的决定，并自行决定接受或者拒绝接受单据与信用证条款、单据与单据之间的不符点。开证行发现信用证项下存在不符点后，可以自行决定是否联系开证申请人接受不符点。开证申请人决定是否接受不符点，并不影响开证行最终决定是否接受不符点。开证行和开证申请人另有约定的除外。

开证行向受益人明确表示接受不符点的，应当承担付款责任。开证行拒绝接受不符点时，受益人以开证申请人已接受不符点为由要求开证行承担信用证项下付款责任的，人民法院不予支持。

（2）当事人以开证申请人与受益人之间的基础交易提出抗辩的，人民法院不予支持。

（3）银行仅进行单据的形式审查。单据与信用证条款、单据与单据之间在表面上相符即可。

（4）信用证项下单据与信用证条款之间、单据与单据之间在表面上不完全一致，但并不导致相互之间产生歧义的，不应认定为不符点。

3. 信用证欺诈的情形

受益人伪造单据或者提交记载内容虚假的单据；受益人恶意不交付货物或者交付的货物无价值；受益人和开证申请人或者其他第三方串通提交假单据，而没有真实的基础交易；其他进行信用证欺诈的情形。

4. 申请法院止付的条件

开证申请人、开证行或者其他利害关系人可以申请法院判令中止支付信用证项下的款项。当事人在起诉前申请中止支付信用证项下款项符合下列条件的，人民法院应予受理：

（1）受理申请的人民法院对该信用证纠纷案件享有管辖权。

（2）申请人提供的证据材料证明存在前述信用证欺诈的情形。

（3）如不采取中止支付信用证项下款项的措施，将会使申请人的合法权益受到难以弥补的损害。

（4）申请人提供了可靠、充分的担保。

（5）不存在下述不应当判令止付的情形。

法院受理申请后，应在48小时之内作出裁定，裁定中止的，立即执行。

5. 法院不应当判令止付的情形

人民法院认定存在信用证欺诈的，应当裁定中止支付或者判决终止支付信用证项下款项，但有下列情形之一的除外：

（1）开证行的指定人、授权人已按照开证行的指令善意地进行了付款。

（2）开证行或者其指定人、授权人已对信用证项下票据善意地作出了承兑。

（3）保兑行善意地履行了付款义务。

（4）议付行善意地进行了议付。

6. 裁定异议

当事人对人民法院作出中止支付信用证项下款项的裁定有异议的，可以在裁定书送达之日起10日内向上一级人民法院申请复议。上一级人民法院应当自收到复议申请之日起10日内作出裁定。复议期间，不停止原裁定的执行。

## 七、保理法律制度

### （一）保理的概念和分类

1. 保理的概念

国际保理商联合会（FCI）将保理业务界定为：保理是融合了资金融通、账务管理、应收账款收取和坏账担保四项业务的综合性金融服务。并且在其2013年7月修订的最新版《国际保理通则》中规定：保理合同系指一项契约。据此，供应商可能或将要向一家保理商转让应收账款，不论其目的是否为获得融资，至少要满足以下职能之一：（1）销售分户账管理；（2）账款催收；（3）坏账担保。

2. 保理的分类

依据不同标准，保理可以分为不同的类型。按照基础交易的性质和债权人、债务人所在地，保理可分为国际保理和国内保理。按照商品或服务贸易合同的债务人方是否存在保理商，保理可分为单保理和双保理。单保理是指债务人方不存在保理商的保理；双保理是指商品或服务贸易合同的债权人和债务人，即出口方和进口方各存在一个保理商的保理。按照是否将应收账款转让的事实通知债务人，保理可分为公开型保理和隐蔽型保理。按照银行在债务人破产、无理拖欠或无法偿付应收账款时，是否可以向债权人反转让应收账款，或要求债权人回购应收账款或归还融资，保理可分为有追索权保理和无追索权保理。另外，按照保理的开展主体，保理可分为银行保理和商业保理。

### （二）保理的流程

保理的基本业务流程如下：

（1）卖方企业与买方企业签署商品销售合同（或服务合同），赊销货物，形成应收账款债权；

（2）卖方企业向保理机构提出保理业务申请，保理机构核查商品销售合同（或服务合同）、近期财务报表、结算发票等，并实地尽调企业，落实贸易的真实性、买卖双方的企业信用、合同执行情况等问题；

（3）保理机构与卖方企业签署保理合同，并在中国人民银行应收账款抵押转让登记系统进行应收账款的登记转让手续，同时，通知买方企业，应收账款债权已经转让；

（4）保理机构根据与卖方保理合同约定的预付比率，支付融资款项；

（5）保理机构按照商品销售合同（或服务合同）约定的应收账款收款日向买方催收应收账款；

（6）买方企业按时向保理机构支付应收账款；

（7）保理机构在收到应收账款后，扣除融资本息和手续费，向卖方企业支付保理合同剩余款项；

（8）如果买方企业在规定的应收账款日，未能足额支付应收账款，卖方企业对保理额度内未收回的应收账款进行等额回购。

保理流程如图 5－8 所示：

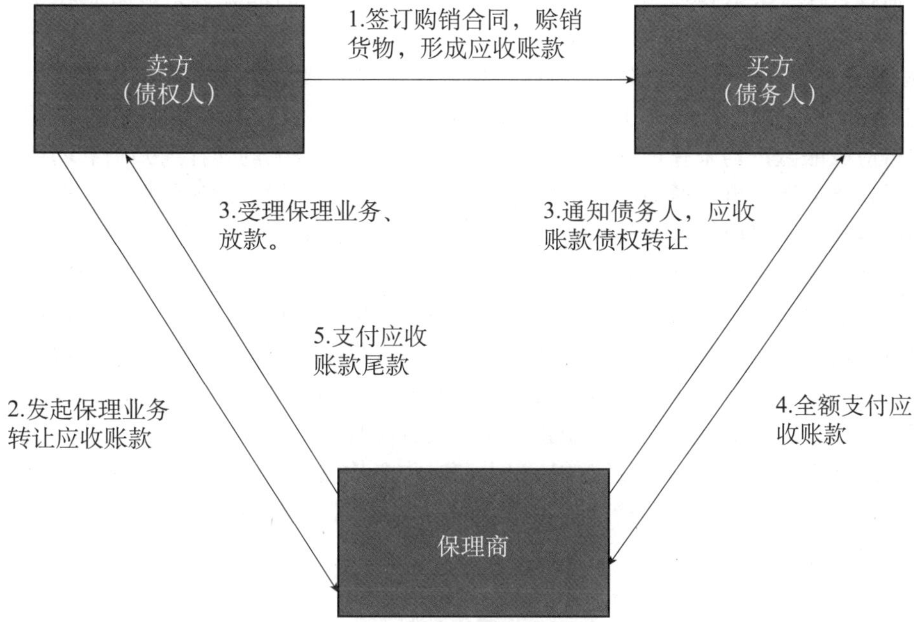


**图 5－8　保理流程图**

（三）保理的法律适用

现代保理制度发端于欧美，国际保理商联合会是目前国际上最大和最具影响力的国际保理组织，制定了包括《国际保理通则》《仲裁规则》《保理电子数据交换准则》在内的诸多制度规范。此外，国际统一私法协会制定了《国际保理公约》，联合国国际贸易法委员会制定了《联合国国际贸易应收款转让公约》等规范性文件。

在我国，《民法典》出台前保理合同一直是非典型合同，对保理业务进行规范的规范性文件主要为 2014 年 4 月中国银监会发布的《商业银行保理业务管理暂行办法》（以下简称《暂行办法》），以及中国银行业协会 2010 年 4 月发布的《中国银行业保理业务规范》。《民法典》第 761 条将保理合同定义为“应收账款债权人将现有的或者将有的应收账款转让给保理人，保理人提供资金融通、应收账款管理或者催收、应收账款债务人付款担保等服务的合同”。该定义从内容上看与中国银监会的《暂行办法》一脉相承，但首次明确了保理商可以基于将有的应收账款开展保理业务。“将有的应收账款”是指保理合同订立时尚未产生的应收账款，也被称为未来应收账款。这与此前中国银监会的《暂行办法》第 13 条有关商业银行不得基于未来应收账款而产生的付款请求权等开展保理融资业务的规定，有显著不同。也就是说《民法典》明确将“将有的应收账款”纳入可以续做保理的应收账款范围。

《民法典》明确了保理中存在虚构应收账款情形的法律后果，即以虚构应收账款作为转让标的与保理人签订保理合同的，应收账款债务人不得以应收账款不存在为由对抗保理人，但是保理人明知虚构的除外。保理人有向应收账款债务人发出转让通知时表明身份的义务。无正当理由终止或变更基础交易合同，对保理人产生不利影响的，对保理人无效。当事人也可以约定保理人是否有追索权，当事人约定有追索权保理的，保理人可以向应收账款债权人主张返还保理融资款本息或者回购应收账款债权，也可以向应收账款债务人主张应收账款债权。保理人向应收账款债务人主张应收账款债权，在扣除保理融资款本息和相关费用后有剩余的，剩余部分应当返还给应收账款债权人。当事人约定无追索权保理的，保理人应当向应收账款债务人主张应收账款债权，保理人取得超过保理融资款本息和相关费用的部分，无须向应收账款债权人返还。

《民法典》规定，应收账款债权人就同一应收账款订立多个保理合同，致使多个保理人主张权利的，已经登记的保理人先于未登记的取得应收账款；均已经登记的，按照登记时间的先后顺序取得应收账款；均未登记的，由最先到达应收账款债务人的转让通知中载明的保理人取得应收账款；既未登记也未通知的，按照保理融资款或者服务报酬的比例取得应收账款。由于保理合同的本质就是以应收账款债权转让为基础的综合性金融服务合同，因此，对保理合同未作规定的，适用债权转让规则的规定。

对于同一应收账款同时存在保理、应收账款质押和债权转让的，其优先顺序的确定可按照《民法典担保制度解释》第 66 条的规定处理，即同一应收账款同时存在保理、应收账款质押和债权转让，当事人主张参照《民法典》第 768 条的规定确定优先顺序的，人民法院应予支持。在有追索权的保理中，保理人以应收账款债权人或者应收账款债务人为被告提起诉讼，人民法院应予受理；保理人一并起诉应收账款债权人和应收账款债务人的，人民法院可以受理。应收账款债权人向保理人返还保理融资款本息或者回购应收账款债权后，请求应收账款债务人向其履行应收账款债务的，人民法院应予支持。

## 第七节　票据法律制度

### 一、票据法的概念和特点

票据是指依《票据法》的规定，由出票人签名于票上，无条件约定自己或委托他人以支付一定金额为目的的有价证券。票据法是在票据长期使用过程中形成的有关票据规则与习惯的法律，它是规范票据制度和票据上权利义务关系的法律规范的总称。我国《票据法》上的票据包括汇票、本票和支票。汇票是出票人签发的委托付款人在见票时或者在指定日期无条件支付确定的金额给收款人或者持票人的票据。本票是出票人签发的承诺自己见票时无条件支付确定的金额给收款人或者持票人的票据。支票是出票人签发的委托办理支票存款业务的银行或者其他金融机构在见票时无条件支付确定的金额给收款人或者持票人的票据。

票据法除具备一般商事法的保护交易安全、行为的要式性、采用短期消灭时效等特点外，还具备以下特点：

(1) 票据法为强行法。票据关系虽然属于债的关系，但是又不同于一般的债的关系。一般的债的关系多采用私法自治原则，由当事人的意思表示决定，但在票据关系中票据法律规范多为强行性规范。比如，票据法对记载事项的内容作了严格规定，对绝对必要记载事项未记载的，票据将无效。

（2）票据法为特别法。票据法作为规范票据债权债务关系的法律，仅适用于票据领域，所以票据法是民法的特别法。在适用法律时，票据法优先于民法。

（3）票据法具有极强的技术性。票据法的技术性是由票据具有较强的专业性决定的。为使当事人对票据事项都能清楚明白、操作方便，各项票据制度，诸如票据的法定要式、背书、承兑等的规定，都要求详细具体。

（4）票据法具有国际性。票据法属于商法，商法具有国际性，票据法表现得尤为突出。票据是一种货币支付工具，规定这种支付工具的票据法又具有极强的技术性，比较少受各国的人情风俗和政策的影响。加之当今国际间经济贸易往来日益频繁，商品经济超国界、超时空发展，因此，票据法上有众多的共同性技术规范。

## 二、票据行为的概念和特征

### （一）票据行为的概念

票据行为是票据当事人以发生票据债务为目的的法律行为，分为基本票据行为和附属票据行为。出票是创造票据的行为，票据上的权利和义务都是因票据的出票而产生的，故称为基本票据行为。其他诸如背书、承兑、保证、付款及追索等都是以出票为前提才发生的，所以叫附属票据行为。汇票可发生上述全部票据行为；本票由于是以出票人为付款人的票据，无须承兑，可发生出票、背书、保证等行为；支票是以银行或其他金融机构为付款人的票据，可发生出票、背书、付款等行为。

### （二）票据行为的特征

1. 要式性

要式性是指票据必须具备票据法所规定的应记载事项的全部要件，否则该票据无效。如缺少表明票据种类字样、出票人姓名、票据金额、出票日期等绝对应记载事项之一的票据，均属无效票据。

2. 无因性

无因性是指票据关系脱离票据基础关系中的原因关系而发生。票据行为的存在只追求票据的目的，即支付一定的金额，而不追求票据所产生的原因。票据的内容并不表示票据所产生的原因，而是只要具备了规定的形式要件就成立和生效。

3. 独立性

独立性是指票据行为之间互不依赖而各自独立发生效力的性质。比如在票据保证的场合，如果背书人的背书行为被认定为无效，并不影响其保证人独立承担保证责任，保证行为与背书行为各自独立。

4. 文义性

文义性是指票据行为的内容完全依据票据上记载的文义而定，即使其与实质关系的内容不一致，仍按票据上的记载而产生效力。

## 三、票据的出票

《票据法》第20条规定："出票是指出票人签发票据并将其交付给收款人的票据行为。"根据《票据管理实施办法》，商业汇票的出票人，为银行以外的企业和其他组织。向银行申请办理汇票承兑的商业汇票的出票人，必须具备下列条件：(1) 在承兑银行开立存款账户；(2) 资信状况良好，并具有支付汇票金额的可靠资金来源。支票的出票人，为在经中国人民银行批准办理支票存款业务的银行、城市信用合作社和农村信用合作社开立支票存款账户的企业、其他组织和个人。

出票由两个行为构成：一是签发票据，二是交付票据。签发票据是指记载法定内容并签名，交付票据是指基于自己的意思使票据脱离自己的占有而给予他人。签发，一般指将票据上的法定应记载事项记载完全，但空白票据的交付仍属出票人的出票行为。一般来说，如果没有相反证明，持票人所持票据就被认为是通过交付取得的。签发和交付都是出票人所为，背书人和其他票据关系人虽然也将票据交付他人，但他们的交付行为都不是出票。如果签发的票据被窃，不能算作出票。

出票行为是基本的票据行为，汇票、本票和支票都必须具有。从形式上看，三种票据的出票行为是相同的，但从票据当事人的意思表示看，三种票据又互有区别。汇票的出票是指出票人委托付款人无条件地在指定日期向持票人或收款人支付一定票据金额的行为，即创设票据关系的法律行为；本票的出票是出票人自己承诺由自己无条件支付给持票人或收款人票据金额的行为，即创设本票票据关系的行为；支票的出票是指出票人委托银行无条件向持票人支付一定金额的行为，即创设支票关系的法律行为。在出票行为中，创设票据的出票行为人称为出票人；接受票据交付的行为人称为收款人或者持票人。

关于汇票、本票和支票出票的要件，我国《票据法》第 22 条、第 27 条和第 85 条分别作了规定，无论哪种票据都必须标明属何种票据的字样，有确定的金额，汇票和支票有无条件支付的委托，本票有无条件支付的承诺，汇票、支票有付款人名称，汇票和本票有收款人名称。

## 四、票据背书

背书是指持票人以转让票据权利或者将一定的票据权利授予他人行使为目的，在票据背面或者粘单上记载有关事项并签章的票据行为。

票据权利转让和授予是要式行为，必须依法定方式背书并交付票据。背书行为有以下特征：

(1) 背书是一种附属票据行为。在票据法上，必须有出票这种基本票据行为，才能有背书行为。如果出票未依法定方式而致使票据无效，背书也因此无效。但是如果票据已具备形式要件，只是出票人的签名伪造，由于票据行为具有独立性，此时背书行为不能视为无效，背书人仍应承担票据上的责任。

(2) 背书的主要目的在于转让票据上的权利。背书也有以委任取款或设定质权为目的的，这类背书必须明示其目的，以区别于通常的转让背书。

(3) 背书是持票人所为的一种票据行为。出票、承兑等都属票据行为，它们分别是出票人、承兑人等所为的一种票据行为。所谓持票人，包括票据的收款人、因背书受让票据的人、偿还债务或履行保证债务而取得票据的人。背书种类不同，当事人的地位亦不同：让与背书的背书人只能是让与人，委任背书的背书人只能是委任人，设质背书的背书人则须是出质人。如果背书不是持票人所为，则持票人不负背书责任，被背书人也不能因此而取得持票人的地位。

(4) 背书是一种要式行为。背书应在票据背面或者粘单上记载有关事项并签章，以区别于出票人的出票行为及汇票付款人的承兑行为。比如票据设质，《票据法》第 35 条第 2 款第一句规定："汇票可以设定质押；质押时应当以背书记载'质押'字样。"可见，票据质权的设定应以背书记载“质押”字样为必要。

## 五、票据承兑

承兑是指汇票付款人承诺在汇票到期日支付汇票金额的票据行为。汇票的承兑通常是在汇票正面预先印制好的承兑栏内，由承兑人载明承兑文句。承兑商业汇票的银行，必须具备下列条件：(1) 与出票人具有真实的委托付款关系；(2) 具有支付汇票金额的可靠资金。承兑具有如下法律特征：

(1) 承兑是一种附属的票据行为。与背书一样，承兑也须以出票行为为前提。

(2) 承兑是汇票付款人所为的票据行为。只有远期汇票才需要承兑，即期汇票、本票、支票均无须承兑。并且远期汇票未记载出票日的，推定为即期汇票，不需要承兑。

(3) 承兑是表示愿意支付汇票金额的票据行为。票据经过承兑后，承兑人转换为主债务人，不但要保证向持票人付款，而且被追索的任何前手背书人和出票人最终均可以向其请求付款。

(4) 承兑是一种要式的票据行为。我国《票据法》第 42 条第 1 款第一分句规定，付款人承兑汇票的，应当在汇票正面记载“承兑”字样和承兑日期并签章。拒绝承兑的，承兑人或者付款人必须出具拒绝证明，或者出具退票理由书。未出具拒绝证明或者退票理由书的，应当承担由此产生的民事责任。

## 六、票据保证

票据保证是票据债务人以外的他人为担保票据债务的履行而为的一种附属票据行为。汇票、本票、支票都可存在保证行为。《票据管理实施办法》规定，具有代为清偿票据债务能力的法人、其他组织或者个人可作为保证人。国家机关、以公益为目的的事业单位、社会团体、企业法人的分支机构和职能部门不得为保证人；但是，法律另有规定的除外。保证人应当依照票据法的规定，在票据或者其粘单上记载保证事项。保证人为出票人、付款人、承兑人保证的，应当在票据的正面记载保证事项；保证人为背书人保证的，应当在票据的背面或者其粘单上记载保证事项。

票据保证具有以下特征：

(1) 票据保证是一种附属票据行为。

(2) 票据保证是为担保票据债务的履行而为的票据行为。票据债务既包括承兑人的付款债务，也包括出票人、背书人的偿还债务。

(3) 票据保证是票据债务人以外的第三人所为的票据行为。因为票据债务人本应以票据文义负其责任，如果票据债务人又是保证人，则不能增强票据信用。票据保证是一种单方的法律行为，只需保证一方在票据上作意思表示即可。

保证的效力是指保证人与被保证人负有同一责任，即被保证人承担什么样的责任保证人也应承担同样的责任。具体而言，这种保证责任包括：(1) 清偿票据金额及费用；(2) 被追索时的偿还责任。如果保证人系两人或两人以上，各保证人应负连带责任。清偿债务的保证人，可以行使持票人对承兑人、被保证人及其前手债务人的追索权，收回因清偿保证债务已支付的票款、利息及相关费用。

## 七、票据付款

付款是指汇票的承兑人或者本票、支票和汇票的付款人向持票人支付汇票金额的行为。付款有广义和狭义之分。广义的付款包括一切票据关系的债务人按照票据记载事项向票据债权人支付票据金额的行为。狭义的付款仅指汇票的承兑人或者票据付款人向票据关系的债权人即持票人付款。我国《票据法》规定的付款是狭义的付款，它在本质上是终止或者解除票据关系的行为。

我国《票据法》明确了票据付款的提示期限：(1) 见票即付的汇票，其提示付款的期限是自出票日起 1 个月；本票提示付款的期限是见票后最长为 2 个月；支票提示付款的期限为自出票日起 10 日内，异地使用的支票，其提示付款的期限另行规定。(2) 定日付款。出票后定期付款或者见票后定期付款的汇票，其提示付款的期限是自到期日起 10 日内。

根据我国《票据法》，票据付款必须当次足额，不得部分付款。

## 八、票据权利的限制——票据抗辩

### （一）票据抗辩的概念

票据抗辩是指票据债务人根据《票据法》的规定对票据债权人拒绝履行义务的行为。票据抗辩所根据的事由称为抗辩的原因，债务人提出抗辩以拒绝向票据债权人履行票据义务的权利称为抗辩权。

### （二）票据抗辩的事由

(1) 人的抗辩事由，即票据债务人对抗特定的票据债权人的抗辩，也称相对抗辩或主观抗辩。这种抗辩可以分为两类：一是票据上的一切债务人可以提出，但只能向特定的债权人行使的抗辩；二是只有特定的票据债务人可以向特定的债权人行使的抗辩。

(2) 物的抗辩事由，即基于票据本身内容发生的事由而提出的抗辩。这种抗辩完全来自票据本身，不论持票人是谁，也不论债务人是谁，都能成立。这种抗辩又称为绝对抗辩或客观抗辩。这种抗辩亦可分为两类：一是一切票据债务人可以行使的物的抗辩，二是特定票据债务人可以行使的物的抗辩。

(3) 对恶意持票人的抗辩。票据法把票据债务人以自己与出票人或持票人之前手之间的抗辩事由对抗持票人，称为对恶意持票人的对抗。因为票据是流通证券，票据法为保护善意第三人，即善意持票人，对抗辩要加以限制。《票据法》第 12 条第 1 款规定："以欺诈、偷盗或者胁迫等手段取得票据的，或者明知有前列情形，出于恶意取得票据的，不得享有票据权利。"可见恶意取得票据的，不存在票据权利问题。《票据法》第 13 条规定，持票人明知存在抗辩事由而取得票据的除外。所谓除外是指票据债务人对于明知存在抗辩事由的持票人不受直接票据当事人或者直接前后手之间的限制，仍可行使抗辩权。

(4) 对于无对价或不相当对价的持票人的抗辩。《票据法》规定：票据的取得，必须给付对价。因税收、继承、赠与可以依法无偿取得票据的，不受给付对价的限制。但是，所享有的票据权利不得优于其前手的权利。这里所说的前手是指直接前手，如果持票人以无对价或者不相当对价取得票据，被请求的债务人得以自己与其前手间所存在的抗辩，对抗持票人。无对价取得票据多见于委托收款背书的票据和赠与取得票据。从票据关系的理论上讲，票据关系不因对价关系有无而受影响，但是在直接当事人之间，如果以对价作为取得票据的条件，对价欠缺，票据当事人则可主张抗辩。

### （三）票据抗辩权的限制

票据的特性在于流通，法律虽然规定了票据抗辩制度，但如果任意以票据记载内容以外的事项作为抗辩理由，不但会使持票人蒙受损失，而且会使票据权利人缺乏安全感，从而阻碍票据流通。因此，为了保证票据权利的实现与票据流通，各国票据法都对票据抗辩作了不同的限制。这种限制可分为两个方面：一是票据债务人不能以自己与出票人之间所存在的抗辩事由来对抗持票人，二是票据债务人不能以自己与持票人的前手之间所存在的抗辩事由来对抗持票人。

## 九、票据权利的补救

（一）票据丧失的概念

票据丧失是指持票人并非出于本人的意愿而丧失对票据的占有。票据丧失必然影响到票据权利人行使票据权利，在没有经过必需的法定程序重新占有票据之前，不得直接向票据债务人行使票据权利。各国票据法对票据丧失均规定了补救办法，以保护票据权利。我国《票据法》在广泛借鉴国外成功立法的基础上，结合我国实际情况，规定了票据丧失的补救办法。

（二）票据丧失的补救办法

1. 挂失止付

挂失止付是指票据权利人将票据丧失的情况通知付款人，并指示其停止付款的意思表示。我国《票据法》第 15 条规定，票据丧失，失票人可以及时通知票据的付款人挂失止付。挂失止付必须具备三个条件：一是必须是票据权利人丧失票据；二是挂失止付必须以书面通知；三是必须由票据权利人实施挂失止付行为。

《票据管理实施办法》规定，根据票据法规定可以办理挂失止付的票据丧失的，失票人可以依照票据法的规定及时通知付款人或者代理付款人挂失止付。失票人通知票据的付款人或者代理付款人挂失止付时，应当填写挂失止付通知书并签章。挂失止付通知书应当记载下列事项：（1）票据丧失的时间和事由；（2）票据种类、号码、金额、出票日期、付款日期、付款人名称、收款人名称；（3）挂失止付人的名称、营业场所或者住所以及联系方法。

票据丧失，经失票人挂失止付后，付款人从接到挂失止付的通知时起，不得再履行付款义务，否则将自负其责。《票据管理实施办法》第 20 条规定：付款人或者代理付款人收到挂失止付通知书，应当立即暂停支付。付款人或者代理付款人自收到挂失止付通知书之日起 12 日内没有收到人民法院的止付通知书的，自第 13 日起，挂失止付通知书失效。

发生以下情况之一票据不得挂失止付：一是对已经付款的票据不得挂失止付；二是挂失止付通知失效的票据不得再次挂失止付；三是对完全空白的票据不得挂失止付；四是未记载付款人或者无法确定付款人及其代理付款人的票据丧失，不得进行挂失止付。

票据权利人因丧失票据而通知止付，只能阻止其票款被冒领，票据本身并不因挂失止付通知而无效。票据为文义证券，其对于后手的票据责任依然存在。票据的效力只能通过法院的除权判决进行解决。因此，在法院作出除权判决之前，或者证明持票人具有恶意或重大过失以前，仍不能免除挂失止付人的票据责任。

2. 公示催告

所谓公示催告，是指法院根据票据失票人的申请，以公示的方法，将丧失的票据公之于世，催促不明利害关系人于一定期间内申报权利，如不申报，即发生公示催告事项失权的法律后果的非诉讼特殊程序。我国《票据法》第 15 条规定，失票人应当在通知挂失止付后 3 日内，依法向人民法院公示催告。票据丧失的公示催告的主体和程序如下：

（1）票据公示催告的申请人。票据公示催告的申请人为失票人。根据票据实务，失票人应为最后持票人。最后持票人不限于票据权利人，票据义务人也可以成为票据的最后持票人。如已经付款的票据，付款人收回票据后，疏漏未记载“收讫”字样签名为证而将票据丧失时，付款人虽然不是票据权利人，但可以作为公示催告的申请人申请法院公示催告。

（2）公示催告的管辖法院。按照规定可以背书转让的票据持有人，因票据被盗、遗失或者灭失，可以向票据支付地的基层人民法院申请公示催告。支付地是指依票据负有支付义务的人的住所地或所在地。对于票据上未记载付款地的，付款人的营业场所、住所或者经常居住地为付款地。

（3）公示催告的期间。法院受理公示催告后，应当立即通知付款人停止支付，并在 3 日内发出公告，催促利害关系人申报权利。公示催告的期间，由人民法院根据情况决定，但不得少于 60 日。公告期间，票据不能兑现、贴现、转让。为了保护申请人的利益不受侵犯，在公告期间，任何对票据的处分行为均无效。

（4）除权判决。这是指人民法院在公示催告期间终止后，针对无人申请权利的票据，宣布该票据今后不再具有法律效力的判决。根据《民事诉讼法》，在公示催告期间没有人申报的，人民法院应当根据申请人的申请，作出判决，宣告票据无效。

3. 票据诉讼

我国《票据法》第 15 条规定，失票人可以向人民法院提起诉讼。以诉讼方法解决票据纠纷需注意以下问题：一是管辖法院。《民事诉讼法》规定，因票据纠纷提起的诉讼，由票据支付地或者被告住所地人民法院管辖。这里的管辖法院与公示催告的管辖法院不同。例如，在级别管辖上，票据纠纷提起的诉讼对法院的级别没有限制，任何一级法院均可受理。又如，票据纠纷的管辖法院不限于票据支付地，被告住所地的法院也可管辖。二是提起诉讼的票据当事人只能是票据权利人，票据义务人一般不作为原告提起诉讼。三是提起诉讼的票据当事人必须提供必要的担保。只有这样，法院才可能判决票据义务人履行付款义务。

可见，公示催告、票据诉讼是票据丧失后的两种根本的补救办法，而挂失止付只是一种临时措施。

除以上票据法重点内容外，2016 年 12 月 5 日，中国人民银行制定了《票据交易管理办法》（中国人民银行公告〔2016〕第 29 号），对票据市场的参与者、票据市场基础设施、票据信息登记与电子化、票据登记与托管、票据交易、票据结算与到期处理等问题进行了详细的规定。

## 思考题

1. 简述人民币发行的基本原则。
2. 简述人民币现金管理的主要内容。
3. 简述假币收缴与管理的主要规定。
4. 试述存款的概念和类型。
5. 试述个人储蓄存款五原则。
6. 论对存款人身份识别的标准。
7. 试述存款保险的概念、保障对象、资金来源和投保机构。
8. 试述存款保险基金管理机构的核查权。
9. 论结构性存款的监管规则。
10. 试述人民法院对一般存单纠纷案件的审理规则。
11. 试述银团贷款的概念、基本规则以及其与联合贷款的区别。
12. 试述银行贷款的基本原则。
13. 《贷款通则》对贷款人提出了哪些方面的限制？

14. 试述同业拆借的法律规制。
15. 简述银行分支机构开立的保函的法律适用。
16. 独立保函欺诈的情形有哪些？独立保函止付必须符合哪些条件？
17. 试述托收的概念、信用属性及分类。
18. 简述国际信用证的当事人及其法律关系。
19. 申请信用证止付的条件及不得判令止付的情形。
20. 简述保理的概念和分类。
21. 简述票据行为的特征。
22. 简述票据背书的法律特征。
23. 简述票据承兑的法律特征。
24. 简述票据保证的法律特征。
25. 简述票据抗辩的事由。

# 第六章

# 证券发行、上市与交易法律制度

在证券领域，金融交易法律制度囊括了证券的发行、上市、退市、交易以及对这些证券行为实施监管的各种横向和纵向法律关系。这些法律关系异常繁杂，并且在法律主体方面包含了一切证券市场主体。本书在后续还设有金融调制法律制度和金融消费者权益保护法律制度专编，本章重点围绕证券发行、上市与交易法律制度展开讲解。

## 第一节　证券发行法律制度

证券发行法律制度是指证券监管部门或授权机构制定的关于证券发行和证券发行市场运作管理的法律规范的总称，主要涉及证券发行的分类及其监管、证券发行审核制度、股票发行法律制度、债券发行法律制度、存托凭证发行法律制度、资产证券化法律制度等。

### 一、证券发行的概念和分类

学者一般认为，证券发行是指发行人为了募集资金或设立公司，依照法定条件和程序向社会公众或特定对象销售并交付证券的行为。[①] 证券发行主要涉及发行人与投资者之间的关系。发行人通过发行证券换回了金钱，从而成为证券的义务人；投资者通过支付金钱换回了证券，从而成为证券的权利人。[②]

依据不同的标准，对证券发行可作不同的分类。

#### （一）公开发行与非公开发行

这是根据证券发行的对象不同所作的划分，也是证券发行最基本、最重要的分类。在我国，公开发行是指发行人向不特定社会公众和向累计超过 200 人的特定投资者发行证券的行为。非公开发行是指发行人向累计不超过 200 人的特定投资者发行证券的行为。

除了公开发行与非公开发行，我国证券法实务中还存在“变相公开发行”的概念。《国务院办公厅关于严厉打击非法发行股票和非法经营证券业务有关问题的通知》（国办发〔2006〕99 号）规定，严禁“变相公开发行”股票，主要包括两种情形：一种是未依法报中国证监会核准或者注册而向特定对象转让股票，转让后，公司股东累计超过 200 人的；另一种是公司股东自行或委托他人以公开方式向社会公众转让股票的情形。

#### （二）溢价发行、平价发行、折价发行

根据发行价格和票面面额的关系，可以将证券发行分为溢价发行、平价发行和折价发行三

---

① 周友苏主编．证券法新论．北京：法律出版社，2020：130.

② 郑彧．证券法要义．北京：北京大学出版社，2021：88.

种形式。平价发行是指发行人以票面金额作为发行价格而发行。折价发行是指发行人以低于票面金额的价格发行股票。溢价发行是指发行人按高于票面金额的价格发行股票，因此可使公司用较少的股份筹集到较多的资金，同时还可降低筹资成本。

（三）首次发行、再次发行

根据证券发行的时间和次数，证券发行可以分为首次发行和再次发行。

首次发行是指发行人第一次向投资者发行证券。首次发行证券可以分为公司设立时的首次发行和存续公司的首次发行。公司设立时的首次发行，主要是我国公司法上规定的采取募集方式设立股份有限公司的情形；存续公司的首次发行又分为首次公开发行和首次非公开发行。其中，首次公开发行是企业第一次将它的股份向社会公众出售的行为，俗称 IPO（Initial Public Offering）。

再次发行是指首次发行证券后又发行证券的行为。再次发行证券也可分为再次公开发行和再次非公开发行。2023 年 2 月 17 日通过的《上市公司证券发行注册管理办法》规定，上市公司发行证券，可以向不特定对象发行，也可以向特定对象发行。向不特定对象发行证券包括上市公司向原股东配售股份（简称配股）、向不特定对象募集股份（简称增发）和向不特定对象发行可转换公司债券（简称可转债）。向特定对象发行证券包括上市公司向特定对象发行股票、向特定对象发行可转债。

（四）直接发行、间接发行

根据发行者推销出售股票的方式不同，证券发行可以分为直接发行和间接发行。直接发行是指股份公司自己承担股票发行的一切事务和发行风险，直接向认购者推销出售股票的方式。间接发行是指发行者委托证券发行中介机构（证券公司）出售股票的方式。

## 二、证券发行审核制度

证券发行审核制度是国家证券监督管理部门对发行人利用证券向社会公开募集资金的有关申报资料进行审查的制度。随着我国经济的发展，证券发行审核在我国经历了审批制、核准制与注册制等几个重要的发展阶段。

（一）审批制

2000 年以前，中国的证券发行监管主要采用审批制的模式。在该模式下，拟发行公司征得主管部门同意后，须向所属证券监管部门正式提出发行申请，被受理审核同意后，转报中国证监会核准发行额度，公司可正式制作申报材料，提出申请，经审核、复审，由中国证监会出具批准发行的有关文件，方可发行。

审批制的主要特点表现为：发行人的选择和推荐均由地方政府和主管机构根据额度决定；企业发行股票的规模，统一按计划确定，因此，审批制通常与“额度管理”有着密切的联系；发行审核直接由中国证监会审批通过；在股票发行方式和定价上具有较多的行政干预。总之，审批制是严格的实质审查制，是一种在实质审查的基础上赋予证券主管机关是否同意发行申请的最终决定权的制度。

（二）核准制

从 1998 年《证券法》正式出台到 2019 年《证券法》修订之前，我国证券发行一直实行的是核准制。证券发行核准制是指发行人发行证券，不仅要公开全部的、可以供投资人判断的材料，还要符合证券发行的实质性条件，证券主管机关有权依照《证券法》《公司法》等法律的规定，对发行人提出的申请以及有关材料进行实质性审查，发行人得到批准后方可发行证券。

核准制具有这样的理论假设：发行证券是发行公司的团体行为，虽然基于投资人安全考虑，法律要求发行人必须公开全部资料，但是，并不是任何人都能够读得懂专业文件，也不一定有能力对其细节作出合理的判断。为保护投资人的利益不受团体行为的侵害，证券主管部门应该主动履职，对证券发行进行适当的监督。显然，核准制也带有明显的国家干预色彩。

核准制的主要内容有：一是在选择和推荐企业方面，由主承销商培育、选择和推荐企业，增加了承销商的责任。二是在企业发行股票的规模上，由企业根据资本运营的需要进行选择，以适应企业按市场规律持续成长的需要。三是在发行审核上，逐步转向强制性信息披露和合规性审核，发挥股票发行审核委员会的独立审核功能。四是在股票发行定价上，由发行人与主承销商协商，并充分反映投资者的需求，使发行定价真正反映公司股票的内在价值和投资风险。

核准制具有以下法律特征：其一，核准制中的实质审查是以是否符合法定条件为证券发行的准入标准的，根据 1998 年《证券法》，这些法定条件包括：发行人的资格、股本结构、盈利能力、财务状况、公司治理等要求。其二，核准制采用的实质审查是政府主管机关通过专门审查机构采取专业手段并依照法定程序所进行的审查，这里所谓的专门机构主要是指中国证监会内设的发行审查委员会，所谓的专业手段主要包括专业知识审查、专家审查、行业专家咨询等。其三，核准制的根本目的是保证证券发行申请和相关信息披露文件真实、准确、完整，不得有虚假记载、误导性陈述或者重大遗漏。当然这样的美好愿景能否得以实现，在实践中饱受质疑。

核准制与审批制存在明显的区别：在审批制下，证券发行完全取决于主管机关的决定，其中体现的行政干预和强制因素更重，发行人即使符合法定条件也可能因为“发行额度控制”等理由而不被批准；在核准制下，证券发行主要取决于发行人是否符合法定条件，这当然也是证券主管机关进行实质审查的重要依据，如果符合法定条件，主管机关就应当批准其发行。但在现实中，证券主管机关也不乏以“稳定证券市场”等理由停止审批并控制证券发行节奏的操作，进而发生 IPO 长期排队的现象。

核准制的主要弊端有：核准制的程序较复杂，发行人的成本较高，发行效率较低；容易滋生普通投资者对证券主管机关的依赖；证券监管部门的权力过大容易造成权力“寻租”。而由于发行效率低下，我国 A 股市场“壳资源”的价值异常攀升，并且核准制的实质把关，也为 A 股市场“炒新”埋下了伏笔，这不利于证券市场价格形成机能的发挥。从另一个角度说，核准制也并不能从根本上控制虚假陈述等违法行为。在证券发行节奏方面，证券主管机关通常陷入“两难”：如果严格控制发行节奏，证券主管机关必然受到大量排队的 IPO 企业和证券业界的批评，而如果放松发行节奏，大量的股票供给所可能引发的股价下跌又导致证券主管部门将受到投资者和社会公众的责难。因此，向注册制改革才是我国证券发行审核制度的必然走向。

（三）注册制

注册制是指发行人申请发行证券时，必须依法将公开的各种资料完全准确地向证券监管机构申报，证券监管机构对申报文件的全面性、准确性、真实性和及时性作形式审查，不对发行人的资质进行实质性审核和价值判断，将证券的质量留给市场来决定的证券发行审核制度。注册制由于市场化程度最高，在美英等多数国家的证券法中被确认。

2019 年《证券法》的修订，将股票发行注册制明确写入其中。2019 年 7 月 22 日，作为国内首个注册制板块的科创板迎来了首批上市公司。2023 年 2 月 1 日，全面实行股票发行注册制改革正式启动。短短两周后，有关全面注册制的 165 部制度规则于 2023 年 2 月 17 日同步发布实施。从发展历程来看，我国注册制改革经历了四个阶段：阶段一，2019 年在上海证券交易所设立科创板并试点注册制；阶段二，2020 年在深圳证券交易所创业板试点注册制；阶段三，

2021 年设立北京证券交易所并实施注册制；阶段四，2023 年全面实施注册制。

（1）我国证券发行注册制的主要内容。

首先，从适用对象来看，我国证券发行注册制适用于一切公开发行的证券品种，如股票、公司债券、存托凭证和国务院依法认定的其他证券，并且，发行和交易由国务院依照《证券法》原则规定的资产支持证券和资产管理产品，也在注册制的范围之内。当然，政府债券和证券投资基金份额由于其发行不受我国《证券法》的调整，故应当适用相应的法律和行政法规。我国目前的政府债券的公开发行依然实行的是审批制，而证券投资基金份额的公开发行已经实行了注册制。

其次，注册制下的注册机构是我国的国务院证券监督管理机构或者国务院授权的部门。前者主要是指中国证监会，其监管着最为广泛的公开发行的证券，包括股票、公司债券、企业债券、证券投资基金份额、资产支持证券、存托凭证等；而后者主要是指中国人民银行、国家金融监督管理总局、财政部等部门，其监管的证券范围主要包括政府债券、资产支持证券、资产管理产品等。需要特别说明的是，根据最新的党和国家机构改革方案，企业债券的监管已经由国家发展改革委转移至中国证监会。

再次，优化发行条件，并保留必要的审核程序。2019 年《证券法》把公开发行股票的条件由之前的“具有持续盈利能力”改为“具有持续经营能力”，降低对财务标准的要求，并不再对公开发行公司债券有净资产数额标准的要求；此外，还大幅简化了公司债券的发行条件。我国注册制保留了对证券发行必要的审核程序，但这种审核与核准制下的审核有本质区别：一是在审核主体上，除了国务院证券监督管理机构或者国务院授权的其他部门，根据 2019 年《证券法》第 21 条之规定，还可以是证券交易所等机构；二是审核的主要内容被定性为“判断发行人是否符合发行条件、信息披露要求”；三是在机构设置上，直接取消了证监会的发行审核委员会，改实质审查为以“督促发行人完善信息披露内容”为核心的形式审查，这种做法实际上源自上海证券交易所科创版试点注册制时使用的“问询制”审查方式。

最后，明确信息披露是注册制的本质。2019 年《证券法》规定，发行人报送的证券发行申请文件，应当充分披露投资者作出价值判断和投资决策所必需的信息，内容应当真实、准确、完整。换言之，即使在格式准则中没有要求的文件，只要属于对投资者作出价值判断和投资决策必需的信息，发行人就应该披露。

综上，从我国所经历的三种主要的证券发行制度对比来看，审批制是注重政府管制的计划发行模式，核准制是从计划的审批制向市场化的注册制过渡的一种中间形态，注册制是目前成熟市场普遍采用的市场化的股票发行制度。与审批制相比，核准制、注册制放开了对股票发行的额度管理，主要推荐人由政府演变为金融中介机构；从核准制到注册制，股票发行市场由政府主导演变为市场主导。从审批制到核准制，最后到注册制，审核原则经历了从行政审批过渡到实质性管理、强调监管审核，最后到信息公开原则的演变，审核主体和方式也演变到注册制的由交易所进行实质性审核。与此同时，注册制要求证券市场的投资者必须具备更高的证券投资能力和风险承受能力，要求参与证券发行活动的中介机构充分发挥社会“经济警察”的职能，承担“看门人”的职责。当然，与注册制相关的严格的信息披露法律制度、有效的证券监管执法机制、完善的证券法律责任制度、严格的退市制度等都是必不可少的。

（2）我国证券发行注册制的程序。

我国证券发行注册制的程序包括公开发行申请、发行申请的审核、监管部门的注册、发行人公告和公开发行文件。对相关的程序本书将在后续的股票发行法律制度、债券发行法律制度等相应章节作具体介绍。

（3）我国证券发行注册制的配套风险保障制度。

一是风险提示制度。2019 年《证券法》规定，股票依法发行后，发行人经营与收益的变化，由发行人自行负责；由此变化引致的投资风险，由投资者自行负责。《首次公开发行股票注册管理办法》规定，对发行人首次公开发行股票申请予以注册，不表明中国证监会和交易所对该股票的投资价值或者投资者的收益作出实质性判断或者保证，也不表明中国证监会和交易所对注册申请文件的真实性、准确性、完整性作出保证。《上市公司证券发行注册管理办法》对上市公司发行证券申请也作了同样的风险提示。

二是证券注册机构的行为禁止制度。2019 年《证券法》第 21 条规定，国务院证券监督管理机构或者国务院授权的部门、证券交易所等参与证券发行申请注册的人员，不得与发行申请人有利害关系，不得直接或者间接接受发行申请人的馈赠，不得持有所注册的发行申请的证券，不得私下与发行申请人进行接触。《首次公开发行股票注册管理办法》第 55 条规定：交易所应当建立内部防火墙制度，发行上市审核部门、发行承销监管部门与其他部门隔离运行。参与发行上市审核的人员，不得与发行人及其控股股东、实际控制人、相关保荐人、证券服务机构有利害关系，不得直接或者间接与发行人、保荐人、证券服务机构有利益往来，不得持有发行人股票，不得私下与发行人接触。

三是已注册违法申请的撤销制度。2019 年《证券法》第 24 条规定：国务院证券监督管理机构或者国务院授权的部门对已作出的证券发行注册的决定，发现不符合法定条件或者法定程序，尚未发行证券的，应当予以撤销，停止发行。已经发行尚未上市的，撤销发行注册决定，发行人应当按照发行价并加算银行同期存款利息返还证券持有人；发行人的控股股东、实际控制人以及保荐人，应当与发行人承担连带责任，但是能够证明自己没有过错的除外。股票的发行人在招股说明书等证券发行文件中隐瞒重要事实或者编造重大虚假内容，已经发行并上市的，国务院证券监督管理机构可以责令发行人回购证券，或者责令负有责任的控股股东、实际控制人买回证券。

## 三、保荐制度

### （一）保荐制度的概念

保荐制度又称保荐人制度，是指在证券发行、上市期间由特定证券公司担任保荐人，推荐发行人证券发行上市，持续督导发行人履行相关义务的制度。保荐制度最引人注目的规定就是明确了保荐机构和保荐代表人责任并建立责任追究机制，保荐制度要求建立保荐机构和保荐代表人的注册登记管理制度、明确保荐期限、确立保荐责任、引进持续信用监管和“冷淡对待”的监管措施。据此，保荐机构或保荐代表人与发行人的任何合谋行为，最终都逃脱不了市场的惩罚。

我国《证券法》《证券发行上市保荐业务管理办法》详细规定了保荐机构和保荐代表人的资格管理、保荐职责、保荐业务流程、保荐业务协调、监管措施和法律责任等内容。保荐制度已在我国三大证券交易所全面实施。

### （二）保荐制度的法律特征

1. 保荐人与保荐代表人均实行严格的市场准入管理

（1）保荐人业务资格的管理。保荐人除具备一般综合类证券公司应具备的条件外，《证券发行上市保荐业务管理办法》还规定，其应当具备下列条件：注册资本、净资本符合规定；具有完善的公司治理和内部控制制度，风险控制指标符合相关规定；保荐业务部门具有健全的业务规程、内部风险评估和控制系统，内部机构设置合理，具备相应的研究能力、销售能力等后台支持；具有良好的保荐业务团队且专业结构合理，从业人不少于 35 人，其中最近 3 年从事保荐相关业务的人员不少于 20 人；保荐代表人不少于 4 人；最近 2 年未因重大违法违规行为而受到处罚，最近 1 年未被采取重大监管措施，无因涉嫌重大违法违规正受到有关机关或者行业自律组织调查的情形；中国证监会规定的其他条件。

（2）保荐代表人业务资格的管理。《证券发行上市保荐业务管理办法》规定，中国证券业协会制定保荐代表人自律管理规范，组织非准入型的水平评价测试，保障和提高保荐代表人的专业能力水平。中国证券业协会对保荐代表人执业过程进行动态管理，持续记录其专业能力水平评价情况、执业情况、业务培训情况、违法违规行为、违反职业道德行为、处罚处分信息等，并予以公示。有关信息可来源于证监会，证券交易所、协会等行业自律组织，保荐机构，以及执业检查、举报投诉等渠道。中国证券业协会对保荐机构及其保荐代表人、其他从事保荐业务的人员进行执业质量自律检查，并对保荐工作质量作出评价和建议，供证监会、证券交易所备查。

2. 保荐人承担法定的担保责任

保荐制度最具特色的是保荐人的担保责任，它将公司发行和上市后的持续诚信与其保荐人紧密联系起来，并建立了相关责任追究机制。《证券法》第 85 条规定："信息披露义务人未按照规定披露信息，或者公告的证券发行文件、定期报告、临时报告及其他信息披露资料存在虚假记载、误导性陈述或者重大遗漏，致使投资者在证券交易中遭受损失的，信息披露义务人应当承担赔偿责任；发行人的控股股东、实际控制人、董事、监事、高级管理人员和其他直接责任人员以及保荐人、承销的证券公司及其直接责任人员，应当与发行人承担连带赔偿责任，但是能够证明自己没有过错的除外。"

当然，保荐人承担连带责任并不意味着可以减轻或者免除发行人及其控股股东、实际控制人、董事、监事、高级管理人员、证券服务机构及其签字人员的责任。《证券发行上市保荐业务管理办法》第 8 条规定："发行人及其控股股东、实际控制人、董事、监事、高级管理人员，为证券发行上市制作、出具有关文件的会计师事务所、律师事务所、资产评估机构等证券服务机构及其签字人员，应当依照法律、行政法规和中国证监会、证券交易所的规定，配合保荐机构及其保荐代表人履行保荐职责，并承担相应的责任。保荐机构及其保荐代表人履行保荐职责，不能减轻或者免除发行人及其控股股东、实际控制人、董事、监事、高级管理人员、证券服务机构及其签字人员的责任。"

3. 较长的履职期限

保荐人的保荐职责包括尽职推荐发行人证券发行上市和持续督导两项内容。保荐人所承担的上市公司的保荐职责期限不仅包括上市前的申请发行阶段，而且包括上市以后数年，甚至于上市公司整个存续期间的经营阶段。英国另类投资市场实行"终身"保荐人制度。我国《证券发行上市保荐业务管理办法》规定，发行人证券上市后，保荐机构应当持续督导发行人履行规范运作、信守承诺、信息披露等义务。持续督导的期间由证券交易所规定。持续督导期届满，如有尚未完结的保荐工作，保荐机构应当继续完成。保荐机构在履行保荐职责期间未勤勉尽责的，其责任不因持续督导期届满而免除或者终止。持续督导期间，保荐机构被撤销保荐业务资格的，发行人应当在 1 个月内另行聘请保荐机构，未在规定期限内另行聘请的，中国证监会可以为其指定保荐机构。另行聘请的保荐机构应当完成原保荐机构未完成的持续督导工作。因原保荐机构被撤销保荐业务资格而另行聘请保荐机构的，另行聘请的保荐机构持续督导的时间不得少于 1 个完整的会计年度。

（三）保荐人的职责和义务

《证券法》第10条规定，保荐人应当遵守业务规则和行业规范，诚实守信，勤勉尽责，对发行人的申请文件和信息披露资料进行审慎核查，督导发行人规范运作。结合我国《证券发行上市保荐业务管理办法》的相关规定，保荐人的职责和义务主要有以下几方面。

1. 依法对首次公开发行股票的发行人进行辅导

保荐机构在推荐发行人首次公开发行股票并上市和推荐发行人向不特定合格投资者公开发行股票并在北交所上市前，应当对发行人进行辅导。辅导内容包括，对发行人的董事、监事和高级管理人员、持有5%以上股份的股东和实际控制人（或者其法定代表人）进行系统的法规知识、证券市场知识培训，使其全面掌握发行上市、规范运作等方面的有关法律法规和规则，知悉信息披露和履行承诺等方面的责任和义务，树立进入证券市场的诚信意识、自律意识和法制意识，以及中国证监会规定的其他事项。

2. 尽职调查和核查发行资料并出具推荐文件

保荐机构推荐发行人证券发行上市，应当遵循诚实守信、勤勉尽责的原则，按照中国证监会对保荐机构尽职调查工作的要求，对发行人进行全面调查，充分了解发行人的经营状况及其面临的风险和问题。保荐机构应当确信发行人符合法律、行政法规和中国证监会、证券交易所的有关规定，方可推荐其证券发行上市。保荐机构决定推荐发行人证券发行上市的，可以根据发行人的委托，组织编制申请文件并出具推荐文件。

对发行人申请文件、证券发行募集文件中有证券服务机构及其签字人员出具专业意见的内容，保荐机构可以合理信赖，对相关内容应当保持职业怀疑、运用职业判断进行分析，存在重大异常、前后重大矛盾，或者与保荐机构获得的信息存在重大差异的，保荐机构应当对有关事项进行调查、复核，并可聘请其他证券服务机构提供专业服务。

对发行人申请文件、证券发行募集文件中无证券服务机构及其签字人员专业意见支持的内容，保荐机构应当获得充分的尽职调查证据，在对各种证据进行综合分析的基础上对发行人提供的资料和披露的内容进行独立判断，并有充分理由确信所作的判断与发行人申请文件、证券发行募集文件的内容不存在实质性差异。

保荐机构推荐发行人发行证券，应当向证券交易所提交发行保荐书、保荐代表人专项授权书以及中国证监会要求的其他与保荐业务有关的文件。发行保荐书应当包括下列内容：（1）逐项说明本次发行是否符合《公司法》《证券法》规定的发行条件和程序；（2）逐项说明本次发行是否符合中国证监会的有关规定，并载明得出每项结论的查证过程及事实依据；（3）发行人存在的主要风险；（4）对发行人发展前景的评价；（5）保荐机构内部审核程序简介及内核意见；（6）保荐机构及其关联方与发行人及其关联方之间的利害关系及主要业务往来情况；（7）相关承诺事项；（8）中国证监会要求的其他事项。

在发行保荐书中，保荐机构应当就下列事项做出承诺：（1）有充分理由确信发行人符合法律法规及中国证监会有关证券发行上市的相关规定；（2）有充分理由确信发行人申请文件和信息披露资料不存在虚假记载、误导性陈述或者重大遗漏；（3）有充分理由确信发行人及其董事在申请文件和信息披露资料中表达意见的依据充分合理；（4）有充分理由确信申请文件和信息披露资料与证券服务机构发表的意见不存在实质性差异；（5）保证所指定的保荐代表人及本保荐机构的相关人员已勤勉尽责，对发行人申请文件和信息披露资料进行了尽职调查、审慎核查；（6）保证保荐书、与履行保荐职责有关的其他文件不存在虚假记载、误导性陈述或者重大遗漏；（7）保证对发行人提供的专业服务和出具的专业意见符合法律、行政法规、中国证监会的规定和行业规范；（8）自愿接受中国证监会依照《证券发行上市保荐业务管理办法》采取的监管措施；（9）中国证监会规定的其他事项。

保荐机构推荐发行人证券上市，应当按照证券交易所的规定提交上市保荐书及其他与保荐业务有关的文件。

3. 配合发行上市的审核工作

保荐机构提交发行保荐书、上市保荐书后，应当配合证券交易所、中国证监会的发行上市审核和注册工作，并承担下列工作：（1）组织发行人及证券服务机构对证券交易所、中国证监会的意见进行答复；（2）按照证券交易所、中国证监会的要求对涉及本次证券发行上市的特定事项进行尽职调查或者核查；（3）指定保荐代表人与证券交易所、中国证监会职能部门进行专业沟通，接受上市委员会问询；（4）证券交易所、中国证监会规定的其他工作。

4. 开展公司上市后的持续督导

保荐机构应当针对发行人的具体情况，确定证券发行上市后持续督导的内容，督导发行人履行有关上市公司规范运作、信守承诺和信息披露等义务，审阅信息披露文件及向中国证监会、证券交易所提交的其他文件，并承担下列工作：（1）督导发行人有效执行并完善防止控股股东、实际控制人、其他关联方违规占用发行人资源的制度；（2）督导发行人有效执行并完善防止其董事、监事、高级管理人员利用职务之便损害发行人利益的内控制度；（3）督导发行人有效执行并完善保障关联交易公允性和合规性的制度，并对关联交易发表意见；（4）持续关注发行人募集资金的专户存储、投资项目的实施等承诺事项；（5）持续关注发行人为他人提供担保等事项，并发表意见；（6）中国证监会、证券交易所规定及保荐协议约定的其他工作。

### （四）保荐跟投法律制度

保荐跟投是科创板首次公开发行股票的一项重要创新制度。它是指允许发行人的保荐机构依法设立的相关子公司或者实际控制该保荐机构的证券公司依法设立的其他相关子公司，参与发行战略配售，并设置一定的锁定期。保荐跟投是保荐人在科创板首次公开发行股票中必须履行的一项重要的法律义务。

目前，从我国科创板的实践来看，明确保荐机构的跟投义务，通过中介机构资本约束的方式，可以消除发行人和主承销商之间的利益捆绑，推动中介机构谨慎定价、审慎保荐，防止短期套利冲动，倒逼券商提高自身资金实力及其合规控制能力，从根本上改变过去“只荐不保”的不负责任现象重演，让券商在资本约束下做好前端把关工作。同时，该制度可倒逼保荐人提高职业操守，从源头上把控保荐业务风险，确保科创板 IPO 质量，减轻监管层压力。尤其是保荐人资格与新股发行信息披露质量挂钩机制，能有效督促保荐人担负起中介机构的专业把关责任。

根据《上海证券交易所首次公开发行证券发行与承销业务实施细则》（上证发〔2023〕33号），科创板保荐人相关子公司跟投的内容有：

1. 保荐跟投的主体

保荐跟投的主体是“保荐人相关子公司”，包括发行人的保荐机构依法设立的另类投资子公司，也包括实际控制该保荐机构的证券公司依法设立的另类投资子公司。相关子公司跟投使用的资金应当为自有资金，中国证监会另有规定的除外。采用联合保荐方式的，参与联合保荐的保荐人应当分别实施保荐人相关子公司跟投，并披露具体安排。

2. 保荐跟投的比例要求

参与配售的保荐人相关子公司应当事先与发行人签署配售协议，承诺按照证券发行价格认购发行人首次公开发行证券数量 2%至 5%的证券，具体比例根据发行人首次公开发行证券的规模分档确定：（1）发行规模不足 10 亿元的，跟投比例为 5%，但不超过人民币 4 000 万元；

(2) 发行规模 10 亿元以上、不足 20 亿元的，跟投比例为 4%，但不超过人民币 6 000 万元；(3) 发行规模 20 亿元以上、不足 50 亿元的，跟投比例为 3%，但不超过人民币 1 亿元；(4) 发行规模 50 亿元以上的，跟投比例为 2%，但不超过人民币 10 亿元。

3. 定价与资金存管

首次公开发行证券采用直接定价方式的，发行人和主承销商应当在招股说明书中披露向参与配售的保荐人相关子公司配售的证券总量、认购数量、占本次发行证券数量的比例以及持有期限等信息；采用询价方式的，发行人和主承销商应当在招股意向书和初步询价公告中披露前述信息。

参与配售的保荐人相关子公司应当开立专用证券账户存放获配证券，并与其自营、资管等其他业务的证券有效隔离、分别管理、分别记账，不得与其他业务进行混合操作。专用证券账户只能用于在限售期届满后卖出或者按照中国证监会及上海证券交易所有关规定向证券金融公司借出和收回获配证券，不得买入股票或者其他证券。因上市公司实施配股、向原股东优先配售股票或可转换公司债券、转增股本的除外。

4. 限售期

参与配售的保荐人相关子公司应当承诺获得本次配售的证券持有期限为自发行人首次公开发行并上市之日起 24 个月。限售期届满后，参与配售的保荐人相关子公司对获配证券的减持适用中国证监会和上海证券交易所关于股份减持的有关规定。参与配售的保荐人相关子公司应当承诺，不得利用获配证券取得的股东地位影响发行人正常生产经营，不得在获配证券限售期内谋求发行人控制权。

## 四、证券承销

### （一）证券承销的概念和法律特征

证券承销是指具有证券承销业务资格的证券公司，接受证券发行人的委托，在法律规定或约定的时间范围内，利用自己的良好信誉和销售渠道将拟发行的证券发售出去，并借此收取一定比例的承销费用的证券活动。证券发行具有较高的专业性和风险，对发行人而言，尤其是首次公开募股，承销商的承销业务能力以及专业的渠道优势是证券成功发行的关键。证券承销自然是证券经营机构的基本职能之一。

我国《公司法》第 155 条规定："公司向社会公开募集股份，应当由依法设立的证券公司承销，签订承销协议。"《证券法》第 26 条第 1 款规定："发行人向不特定对象发行的证券，法律、行政法规规定应当由证券公司承销的，发行人应当同证券公司签订承销协议。证券承销业务采取代销或者包销方式。"

证券承销具有以下法律特征：

(1) 证券承销是证券的间接发行方式。间接发行是指发行者委托证券发行中介机构出售股票的方式。这些中介机构作为股票的推销者，办理一切发行事务，承担一定的发行风险并从中提取相应的收益。由于证券公司的参与，证券承销属于典型的间接发行方式。

(2) 证券承销的主体必须是依法具有承销业务资格的证券公司。证券公司欲取得证券承销业务资格，其注册资本必须在 1 亿元以上。证券公司承销证券，应当依法制定严格的风险管理制度和内部控制制度，加强定价和配售过程管理，落实承销责任。为证券发行出具相关文件的证券服务机构和人员，应当按照本行业公认的业务标准和道德规范，严格履行法定职责，对其所出具文件的真实性、准确性和完整性承担责任。

(3) 证券承销的基础法律依据是承销协议。证券承销协议是证券发行人与作为证券承销商的证券公司明确双方在证券承销过程中的权利义务的协议。根据我国《证券法》的规定，公开发行证券的发行人有权依法自主选择承销的证券公司。证券公司承销证券的，应当同发行人签订承销协议，承销协议包括代销协议和包销协议，应当载明下列事项：1）当事人的名称、住所及法定代表人姓名；2）代销、包销证券的种类、数量、金额及发行价格；3）代销、包销的期限及起止日期；4）代销、包销的付款方式及日期；5）代销、包销的费用和结算办法；6）违约责任；7）国务院证券监督管理机构规定的其他事项。

（4）证券承销必须接受证券监管部门的监管。虽然证券承销法律关系是发行人与证券公司之间的一种合同关系，但是证券承销作为一种金融业务，其实施过程通常涉及较高的金融风险，须接受中国证监会以及自律监管机构的监管。《证券发行与承销管理办法》对证券承销的方式、期限、协议、责任、承销团承销时的成员构成、承销情况备案、承销商的禁止行为、承销期间的信息披露以及法律责任等作了严格规定，承销商在承销期间必须严格依法承销。

### （二）证券承销的种类

#### 1. 证券包销与代销

证券代销是指证券公司代发行人发售证券，在承销期结束时，将未售出的证券全部退还给发行人的承销方式。证券包销是指证券公司将发行人的证券按照协议全部购入（全额包销）或者在承销期结束时将售后剩余证券全部自行购入（余额包销）的承销方式。《证券法》第 31 条规定："证券的代销、包销期限最长不得超过九十日。证券公司在代销、包销期内，对所代销、包销的证券应当保证先行出售给认购人，证券公司不得为本公司预留所代销的证券和预先购入并留存所包销的证券。"

证券包销与代销的区别有：

（1）法律关系性质不同。在代销的情况下，发行人与承销商之间构成委托代理法律关系；在全额包销的情况下，发行人与承销商之间构成买卖法律关系；在余额包销的情况下，在承销期内，发行人与承销商之间构成委托代理关系，在承销期满后，发行人与承销商构成买卖法律关系。

（2）风险承受主体不同。在代销的情况下，基于委托代理关系，代销行为产生的风险和责任应当由发行人承担；在全额包销的情况下，证券发行的风险全部转移给了承销商；在余额包销的情况下，风险承受的主体因承销期内和承销期满后而存在不同。

（3）证券发行的成功率不同。在包销的情况下，证券发行的风险由包销的证券公司承担，相应地，证券发行的成功率也较高。在代销的情况下，发行人需要承担发行失败的风险。采用代销方式，代销期限届满，向投资者出售的股票数量未达到拟公开发行股票数量 70%的，为发行失败。发行人应当按照发行价并加算银行同期存款利息返还股票认购人。

对于代销和包销，发行人可根据自身实际和现实需求自由选择。但上市公司向特定对象发行证券未采用自行销售方式或者上市公司向原股东配售股份的，应当采用代销方式。

#### 2. 承销团承销

承销团承销是指由两家或两家以上的证券公司签订协议，组成承销团来承销所发行证券的承销方式。承销团承销具有满足大额证券发行需要、分散承销风险和提高发行效率等优点。承销团中一般存在牵头组织承销团各承销商销售证券的主承销商。向不特定对象发行证券，发行人可自由选择是否组成承销团进行承销。《证券发行与承销管理办法》第 28 条中规定：证券发行由两家以上证券公司联合主承销的，所有担任主承销商的证券公司应当共同承担主承销责任，履行相关义务。承销团由三家以上承销商组成的，可以设副主承销商，协助主承销商组织承销活动。证券公司不得以不正当竞争手段招揽承销业务。承销团成员应当按照承销团协议及承销协议的规定进行承销活动，不得进行虚假承销。

（三）承销商的职责和义务

按照《证券法》《证券发行与承销管理办法》的相关规定，证券承销商在承销证券过程中应当履行的职责义务包括以下几个方面。

1. 依法依规开展承销活动

中国证监会依法对证券发行与承销行为进行监督管理。证券交易所、证券登记结算机构和中国证券业协会应当制定相关业务规则，规范证券发行与承销行为。中国证监会依法批准证券交易所制定的发行承销制度规则，建立对证券交易所发行承销过程监管的监督机制，持续关注证券交易所发行承销过程监管情况。证券交易所对证券发行承销过程实施监管，对发行人及其控股股东、实际控制人、董事、监事、高级管理人员，承销商、证券服务机构、投资者等进行自律管理。

2. 发行定价

发行定价是证券承销商最重要的职能之一。《证券发行与承销管理办法》对首次公开发行股票的定价规则作了系统的规定，并规定上市公司发行证券的定价应当符合中国证监会关于上市公司证券发行的要求。关于股票发行定价的内容，本书将在后面的“股票的发行”部分予以介绍。

3. 核查发行文件

根据《证券法》第 29 条第 1 款的规定，证券公司承销证券，应当对公开发行募集文件的真实性、准确性、完整性进行核查；发现有虚假记载、误导性陈述或者重大遗漏的，不得进行销售活动；已经销售的，必须立即停止销售活动，并采取纠正措施。《证券发行与承销管理办法》第 44 条第 2 款规定，承销商应当保留推介、定价、配售等承销过程中的相关资料至少 3 年并存档备查，包括推介宣传材料、路演现场录音等，如实、全面反映询价、定价和配售过程。

根据《证券法》第 85 条的规定，信息披露义务人未按照规定披露信息，或者公告的证券发行文件、定期报告、临时报告及其他信息披露资料存在虚假记载、误导性陈述或者重大遗漏，致使投资者在证券交易中遭受损失的，信息披露义务人应当承担赔偿责任；发行人的控股股东、实际控制人、董事、监事、高级管理人员和其他直接责任人员以及保荐人、承销的证券公司及其直接责任人员，应当与发行人承担连带赔偿责任，但是能够证明自己没有过错的除外。

4. 依法进行信息披露

发行人和主承销商在发行过程中，应当按照中国证监会规定的要求编制信息披露文件，履行信息披露义务。发行人和承销商在发行过程中披露的信息，应当真实、准确、完整、及时，不得有虚假记载、误导性陈述或者重大遗漏。发行人和主承销商向公众投资者进行推介时，向公众投资者提供的发行人信息的内容及完整性应当与向网下投资者提供的信息保持一致。发行人和主承销商在发行过程中公告的信息，应当在证券交易所网站和符合中国证监会规定条件的媒体发布，同时将其置备于公司住所、证券交易所，供社会公众查阅。《证券发行与承销管理办法》第 47 条对首次公开发行证券的发行人和主承销商应当在发行和承销过程中公开披露的信息进行了详尽的规定。

5. 依法履行报备义务

《证券发行与承销管理办法》要求，证券公司实施承销前，应当向证券交易所报送发行与承销方案。首次公开发行证券和上市公司向不特定对象发行证券在证券上市之日起 10 个工作日内，上市公司向特定对象发行证券在验资完成之日起 10 个工作日内，主承销商应当将验资报告、专项法律意见书、承销总结报告等文件一并通过证券交易所向中国证监会备案。

6. 法律法规禁止的承销行为

根据《证券发行与承销管理办法》，发行人和主承销商在推介过程中不得夸大宣传，或者以虚假广告等不正当手段诱导、误导投资者，不得披露除招股意向书等公开信息以外的发行人其他信息。发行人和承销商及相关人员不得有下列行为：（1）泄露询价和定价信息；（2）劝诱网下投资者抬高报价，干扰网下投资者正常报价和申购；（3）以提供透支、回扣或者中国证监会认定的其他不正当手段诱使他人申购证券；（4）以代持、信托持股等方式谋取不正当利益或向其他相关利益主体输送利益；（5）直接或通过其利益相关方向参与认购的投资者提供财务资助或者补偿；（6）以自有资金或者变相通过自有资金参与网下配售；（7）与网下投资者互相串通，协商报价和配售；（8）收取网下投资者回扣或其他相关利益；（9）以任何方式操纵发行定价。

## 五、股票的发行

股票发行是指发行人以筹集资金或设立股份有限公司或实施股利分配为目的，依照法定条件和程序向社会公众或特定投资者出售并交付股票的行为。在股份有限公司设立阶段，依据《公司法》《证券法》的规定，可以为设立股份有限公司而公开发行股票，这也被称为设立筹资发行；股份有限公司成立以后可以增资发行，相应地，股票发行的类型包括首次公开发行新股（IPO）和上市公司发行新股。后者又包括向原股东配售股份、定向增发股票、向不特定对象公开募集股份、发行可转换债券等。

### （一）股份有限公司设立筹资发行

《公司法》第91条规定，股份有限公司的设立，可以采取发起设立或者募集设立的方式。发起设立，是指由发起人认购公司应发行的全部股份而设立公司。募集设立，是指由发起人认购公司应发行股份的一部分，其余股份向社会公开募集或者向特定对象募集而设立公司。从《证券法》的角度来说，募集设立属于“公开发行证券”，应当符合《公司法》规定的条件和经国务院批准的国务院证券监督管理机构规定的其他条件，向国务院证券监督管理机构报送募股申请和下列文件：（1）公司章程；（2）发起人协议；（3）发起人姓名或者名称，发起人认购的股份数、出资种类及验资证明；（4）招股说明书；（5）代收股款银行的名称及地址；（6）承销机构名称及有关的协议。依照《证券法》规定聘请保荐人的，还应当报送保荐人出具的发行保荐书。法律、行政法规规定设立公司必须报经批准的，还应当提交相应的批准文件。此外，以募集设立方式设立股份有限公司的，发起人认购的股份不得少于公司股份总数的35%；但是，法律、行政法规另有规定的，从其规定。

### （二）首次公开发行股票

首次公开发行股票（IPO），是指股份有限公司成立后通过证券交易所，第一次向公众投资者发行股票的行为。对于首次公开发行股票的条件和注册程序，《证券法》《首次公开发行股票注册管理办法》等作了系统的规定。

1. 首次公开发行股票的条件

公司首次公开发行新股，应当符合下列条件：（1）具备健全且运行良好的组织机构；（2）具有持续经营能力；（3）最近3年财务会计报告被出具无保留意见审计报告；（4）发行人及其控股股东、实际控制人最近3年不存在贪污、贿赂、侵占财产、挪用财产或者破坏社会主义市场经济秩序的刑事犯罪；（5）经国务院批准的国务院证券监督管理机构规定的其他条件。

《首次公开发行股票注册管理办法》进一步规定了以下条件：

（1）主体资格条件方面：发行人是依法设立且持续经营3年以上的股份有限公司，具备健全且运行良好的组织机构，相关机构和人员能够依法履行职责。有限责任公司按原账面净资产值折股整体变更为股份有限公司的，持续经营时间可以从有限责任公司成立之日起计算。

（2）规范运行条件方面：发行人会计基础工作规范，财务报表的编制和披露符合企业会计准则和相关信息披露规则的规定，在所有重大方面公允地反映了发行人的财务状况、经营成果和现金流量，最近3年财务会计报告由注册会计师出具无保留意见的审计报告。发行人内部控制制度健全且被有效执行，能够合理保证公司运行效率、合法合规和财务报告的可靠性，并由注册会计师出具无保留结论的内部控制鉴证报告。

（3）独立持续经营能力条件方面：发行人业务完整，具有直接面向市场独立持续经营的能力：

1）资产完整，业务及人员、财务、机构独立，与控股股东、实际控制人及其控制的其他企业间不存在对发行人构成重大不利影响的同业竞争，不存在严重影响独立性或者显失公平的关联交易。

2）主营业务、控制权和管理团队稳定，首次公开发行股票并在主板上市的，最近3年内主营业务和董事、高级管理人员均没有发生重大不利变化；首次公开发行股票并在科创板、创业板上市的，最近2年内主营业务和董事、高级管理人员均没有发生重大不利变化；首次公开发行股票并在科创板上市的，核心技术人员应当稳定且最近2年内没有发生重大不利变化；发行人的股份权属清晰，不存在导致控制权可能变更的重大权属纠纷，首次公开发行股票并在主板上市的，最近3年实际控制人没有发生变更；首次公开发行股票并在科创板、创业板上市的，最近2年实际控制人没有发生变更。

3）不存在涉及主要资产、核心技术、商标等的重大权属纠纷，重大偿债风险，重大担保、诉讼、仲裁等或有事项，经营环境已经或者将要发生重大变化等对持续经营有重大不利影响的事项。

（4）合法性条件方面：发行人生产经营符合法律、行政法规的规定，符合国家产业政策。最近3年内，发行人及其控股股东、实际控制人不存在贪污、贿赂、侵占财产、挪用财产或者破坏社会主义市场经济秩序的刑事犯罪，不存在欺诈发行、重大信息披露违法或者其他涉及国家安全、公共安全、生态安全、生产安全、公众健康安全等领域的重大违法行为。董事、监事和高级管理人员不存在最近3年内受到中国证监会行政处罚，或者因涉嫌犯罪正在被司法机关立案侦查或者涉嫌违法违规正在被中国证监会立案调查且尚未有明确结论意见等情形。

2. 首次公开发行股票的注册程序

（1）公司机关作出决议。发行人董事会应当依法就本次发行股票的具体方案、本次募集资金使用的可行性及其他必须明确的事项作出决议，并提请股东大会批准。发行人股东大会应当就本次发行股票作出决议，决议至少应当包括下列事项：1）本次公开发行股票的种类和数量；2）发行对象；3）定价方式；4）募集资金用途；5）发行前滚存利润的分配方案；6）决议的有效期；7）对董事会办理本次发行具体事宜的授权；8）其他必须明确的事项。

（2）申报与受理。公司公开发行新股，应当报送募股申请和下列文件：1）公司营业执照；2）公司章程；3）股东大会决议；4）招股说明书或者其他公开发行募集文件；5）财务会计报告；6）代收股款银行的名称及地址。依照《证券法》规定聘请保荐人的，还应当报送保荐人出具的发行保荐书。依照《证券法》规定实行承销的，还应当报送承销机构名称及有关的协议。

自注册申请文件申报之日起，发行人及其控股股东、实际控制人、董事、监事、高级管理人员，以及与本次股票公开发行并上市相关的保荐人、证券服务机构及相关责任人员，即承担相应法律责任，并承诺不得影响或干扰发行上市审核注册工作。注册申请文件受理后，未经中国证监会或者交易所同意，不得改动。发生重大事项的，发行人、保荐人、证券服务机构应当及时向交易所报告，并按要求更新注册申请文件和信息披露资料。

(3) 证券交易所审核并形成审核意见。交易所设立独立的审核部门，负责审核发行人公开发行并上市申请；设立科技创新咨询委员会或行业咨询专家库，负责为板块建设和发行上市审核提供专业咨询和政策建议；设立上市委员会，负责对审核部门出具的审核报告和发行人的申请文件提出审议意见。交易所主要通过向发行人提出审核问询、发行人回答问题方式开展审核工作，判断发行人是否符合发行条件、上市条件和信息披露要求，督促发行人完善信息披露内容。

交易所按照规定的条件和程序，形成发行人是否符合发行条件和信息披露要求的审核意见。认为发行人符合发行条件和信息披露要求的，将审核意见、发行人注册申请文件及相关审核资料报中国证监会注册；认为发行人不符合发行条件或者信息披露要求的，作出终止发行上市审核决定。交易所审核过程中，发现重大敏感事项、重大无先例情况、重大舆情、重大违法线索的，应当及时向中国证监会请示报告，中国证监会及时明确意见。交易所应当自受理注册申请文件之日起在规定的时限内形成审核意见，并应当提高审核工作透明度，向社会公开审核工作的具体规则和进度，接受社会监督。

(4) 中国证监会注册。中国证监会在交易所收到注册申请文件之日起，同步关注发行人是否符合国家产业政策和板块定位。中国证监会收到交易所审核意见及相关资料后，基于交易所审核意见，依法履行发行注册程序。在20个工作日内对发行人的注册申请作出予以注册或者不予注册的决定。

(5) 发行股票。中国证监会的予以注册决定，自作出之日起1年内有效，发行人应当在注册决定有效期内发行股票，发行时点由发行人自主选择。

### (三) 上市公司发行新股

上市公司发行新股是指已经上市的股份有限公司发行股票的行为，包括公开发行新股和非公开发行新股。《上市公司证券发行注册管理办法》规定，上市公司发行证券，可以向不特定对象发行，也可以向特定对象发行。向不特定对象发行证券包括上市公司向原股东配售股份(配股)、向不特定对象募集股份（增发）和向不特定对象发行可转债。向特定对象发行证券包括上市公司向特定对象发行股票、向特定对象发行可转债。

上市公司发行证券，应当由证券公司承销。上市公司董事会决议提前确定全部发行对象的，可以由上市公司自行销售。向特定对象发行证券，上市公司及其控股股东、实际控制人、主要股东不得向发行对象做出保底保收益或者变相保底保收益承诺，也不得直接或者通过利益相关方向发行对象提供财务资助或者其他补偿。

《证券发行与承销管理办法》规定，上市公司发行证券，存在利润分配方案、公积金转增股本方案尚未提交股东大会表决或者虽经股东大会表决通过但未实施的，应当在方案实施后发行。相关方案实施前，主承销商不得承销上市公司发行的证券。利润分配方案实施完毕时间为股息、红利发放日，公积金转增股本方案实施完毕时间为除权日。

《证券法》规定，上市公司发行新股，应当符合国务院证券监督管理机构规定的条件。

1. 上市公司发行新股的一般条件要求

上市公司向不特定对象发行股票，应当符合下列规定：1）具备健全且运行良好的组织机构；2）现任董事、监事和高级管理人员符合法律、行政法规规定的任职要求；3）具有完整的业务体系和直接面向市场独立经营的能力，不存在对持续经营有重大不利影响的情形；4）会计基础工作规范，内部控制制度健全且有效执行，财务报表的编制和披露符合企业会计准则和相关信息披露规则的规定，在所有重大方面公允反映了上市公司的财务状况、经营成果和现金流量，最近3年财务会计报告被出具无保留意见审计报告；5）除金融类企业外，最近一期末不存在金额较大的财务性投资；6）交易所主板上市公司配股、增发的，应当最近3个会计年度盈利；增发还应当满足最近三个会计年度加权平均净资产收益率平均不低于6%；净利润以扣除非经常性损益前后孰低者为计算依据。

上市公司存在下列情形之一的，不得向不特定对象发行股票：1）擅自改变前次募集资金用途未作纠正，或者未经股东大会认可；2）上市公司或者其现任董事、监事和高级管理人员最近3年受到中国证监会行政处罚，或者最近一年受到证券交易所公开谴责，或者因涉嫌犯罪正在被司法机关立案侦查或者涉嫌违法违规正在被中国证监会立案调查；3）上市公司或者其控股股东、实际控制人最近1年存在未履行向投资者作出的公开承诺的情形；4）上市公司或者其控股股东、实际控制人最近3年存在贪污、贿赂、侵占财产、挪用财产或者破坏社会主义市场经济秩序的刑事犯罪，或者存在严重损害上市公司利益、投资者合法权益、社会公共利益的重大违法行为。

2. 上市公司发行可转债的法律规定

上市公司发行可转债，应当符合下列规定：1）具备健全且运行良好的组织机构；2）最近3年平均可分配利润足以支付公司债券1年的利息；3）具有合理的资产负债结构和正常的现金流量；4）交易所主板上市公司向不特定对象发行可转债的，应当最近3个会计年度盈利，且最近3个会计年度加权平均净资产收益率平均不低于6%，净利润以扣除非经常性损益前后孰低者为计算依据。除前款规定条件外，上市公司向不特定对象发行可转债，还应当遵守《上市公司证券发行注册管理办法》第9条第2项至第5项、第10条的规定；向特定对象发行可转债，还应当遵守《上市公司证券发行注册管理办法》第11条的规定。但是，按照公司债券募集办法，上市公司通过收购本公司股份的方式进行公司债券转换的除外。

上市公司存在下列情形之一的，不得发行可转债：1）对已公开发行的公司债券或者其他债务有违约或者延迟支付本息的事实，仍处于继续状态；2）违反《证券法》规定，改变公开发行公司债券所募资金用途。上市公司发行可转债，募集资金使用应当符合《上市公司证券发行注册管理办法》的相关规定，且不得用于弥补亏损和非生产性支出。

3. 上市公司配股的特别规定

上市公司配股的，拟配售股份数量不超过本次配售前股本总额的50%，并应当采用代销方式发行。控股股东应当在股东大会召开前公开承诺认配股份的数量。控股股东不履行认配股份的承诺，或者代销期限届满，原股东认购股票的数量未达到拟配售数量70%的，上市公司应当按照发行价并加算银行同期存款利息返还已经认购的股东。

此外，《上市公司证券发行注册管理办法》还规定，交易所主板上市公司配股、增发的，应当最近3个会计年度盈利。

4. 上市公司增发的特别规定

上市公司增发的，发行价格应当不低于公告招股意向书前20个交易日或者前1个交易日公司股票均价。上市公司向特定对象发行证券，发行对象应当符合股东大会决议规定的条件，且每次发行对象不超过35名。发行对象为境外战略投资者的，应当遵守国家的相关规定。

上市公司向特定对象发行股票，发行价格应当不低于定价基准日前20个交易日公司股票均价的80%。“定价基准日”是指计算发行底价的基准日。向特定对象发行股票的定价基准日为发行期首日。上市公司应当以不低于发行底价的价格发行股票。

对于定向增发，发行价格的确定尤其重要。不少上市公司一旦发出定向增发的公告，公司的股价可能就被市场看空。其中一个很重要的原因，就是上市公司的控股股东、实际控制人或者其控制的关联人等提前确定的发行对象可能存在做空上市公司进而以低价获得定增股票的机会。由此，《上市公司证券发行注册管理办法》规定，上市公司董事会决议提前确定全部发行对象，且发行对象属于下列情形之一的，定价基准日可以为关于本次发行股票的董事会决议公告日、股东大会决议公告日或者发行期首日：1）上市公司的控股股东、实际控制人或者其控制的关联人；2）通过认购本次发行的股票取得上市公司实际控制权的投资者；3）董事会拟引入的境内外战略投资者。对于这些情形，另一个重要的法律规定是，这些认购的股票自发行结束之日起 18 个月内不得转让。

向特定对象发行股票发行对象属于前述规定以外的情形的，上市公司应当以竞价方式确定发行价格和发行对象。董事会决议确定部分发行对象的，确定的发行对象不得参与竞价，且应当接受竞价结果，并明确在通过竞价方式未能产生发行价格的情况下，是否继续参与认购、价格确定原则及认购数量。对于这些类型的定向增发的股票，自发行结束之日起六个月内不得转让。

此外，《上市公司证券发行注册管理办法》还规定，交易所主板上市公司增发的，应当最近 3 个会计年度盈利，并且最近 3 个会计年度加权平均净资产收益率平均不低于 6%，净利润以扣除非经常性损益前后孰低者为计算依据。

5. 上市公司发行新股的定价和配售

上市公司发行新股的定价和配售事关上市公司证券发行的公平性和投资者保护的问题，《证券发行与承销管理办法》对其进行了详细的规定，本书重点对其中的超额配售选择权制度进行解析。

超额配售选择权因美国波士顿绿鞋制造公司于 1963 年首次公开发行股票时率先使用而得名，也叫绿鞋选择权，是指发行人授予主承销商的一项选择权，获此授权的主承销商按同一发行价格超额发售不超过包销数额 15%的股份，即主承销商按不超过包销数额 115%的股份向投资者发售。在增发包销部分的股票上市之日起 30 日内，主承销商有权根据市场情况选择从集中竞价交易市场购买发行人股票，或者要求发行人增发股票，分配给对此超额发售部分提出认购申请的投资者。主承销商在未动用自有资金的情况下，通过行使超额配售选择权，可以平衡市场对该股票的供求，起到稳定市价的作用。

超额配售选择权的制度机理为：在主承销商发行股票完毕后的股票上市 30 日内，如果发行人股票的市场交易价格高于发行价格，主承销商可以选择要求发行人增发股票，交付给提出认购申请的投资者，此时发行人获得发行此部分新股所募集的资金；主承销商则获得超额配售股票相应的承销费用；而提出认购申请的投资者也可因此获得股市发行价格与交易价格之间的差额利润。如果发行人股票的市场交易价格低于发行价格，主承销商就应当用超额发售股票获得的资金，按低于发行价的价格从集中竞价交易市场购买发行人的股票，交付给提出认购申请的投资者，此时发行人的利益则未受影响，主承销商获得发行价格与交易价格之间的差额利润，以发行价格认购股票的投资者则承受了股价下跌的市场风险。但主承销商在股市的买入行为通常会对股价有一定的支撑或上推力，也可能促使股票交易价格恢复，不仅可以起到稳定股价的作用，还可能使投资者因股价上涨而减少损失或没有损失。[①]《中国证券监督管理委员会

① 周友苏主编．证券法新论．北京：法律出版社，2020：169－170.

公告〔2019〕2号——关于在上海证券交易所设立科创板并试点注册制的实施意见》明确要求，发挥好超额配售选择权制度作用，促进股价稳定。

《证券发行与承销管理办法》规定，首次公开发行证券和上市公司增发，发行人、上市公司和主承销商可以在发行方案中采用超额配售选择权。采用超额配售选择权发行证券的数量不得超过首次公开发行证券数量的15%。超额配售选择权的实施应当遵守证券交易所、证券登记结算机构和中国证券业协会的规定。2023年2月17日发布的《上海证券交易所首次公开发行证券发行与承销业务实施细则》（上证发〔2023〕33号）第五章对超额配售选择权的具体操作规则进行了专门规定。

（四）新三板市场挂牌的条件

新三板也被称为全国中小企业股份转让系统，是全国性的非上市股份公司交易平台，其主要针对中小微企业。新三板市场挂牌是指，境内符合条件的股份有限公司通过主办券商申请，经全国股转公司审查同意，在新三板挂牌，公开转让股份，进行股权融资、债权融资、资产重组的证券市场行为。新三板市场股票转让可以采取协议方式、做市方式、竞价方式或其他中国证监会批准的转让方式。经全国股份转让系统公司同意，挂牌股票可以转换转让方式。挂牌股票采取做市转让方式的，须有2家以上做市商为其提供做市报价服务。

根据《全国中小企业股份转让系统业务规则（试行）》，股份有限公司申请股票在全国股份转让系统挂牌，不受股东所有制性质的限制，不限于高新技术企业，应当符合下列条件：(1) 依法设立且存续满2年。有限责任公司按原账面净资产值折股整体变更为股份有限公司的，存续时间可以从有限责任公司成立之日起计算。(2) 业务明确，具有持续经营能力。(3) 公司治理机制健全，合法规范经营。(4) 股权明晰，股票发行和转让行为合法合规。(5) 主办券商推荐并持续督导。(6) 全国股份转让系统公司要求的其他条件。

此外，《全国中小企业股份转让系统业务规则（试行）》还对新三板市场股票挂牌的程序、股票转让、挂牌公司的治理、主办券商制度、监管措施与违规处分等问题进行了详细的规定。

## 六、公司债券的发行

公司债券是指公司依照法定程序发行的、约定在未来一定期限内还本付息的有价证券。股份有限公司和有限责任公司均可发行公司债券。规范我国公司债券发行的主要制度依据有《公司法》《证券法》以及中国证监会2023年新修订的《公司债券发行与交易管理办法》。

（一）公司债券的发行条件

公司债券的发行分为公开发行和非公开发行以及可转换公司债券的发行。

1. 公开发行公司债券的条件

《证券法》规定，公开发行公司债券，应当符合下列条件：1）具备健全且运行良好的组织机构；2）最近3年平均可分配利润足以支付公司债券1年的利息；3）国务院规定的其他条件。《公司债券发行与交易管理办法》在该规定的基础上，还要求，具有合理的资产负债结构和正常的现金流量，并明确，公开发行公司债券，由证券交易所负责受理、审核，并报中国证监会注册。

根据《公司债券发行与交易管理办法》，资信状况符合以下标准的公开发行公司债券，专业投资者和普通投资者可以参与认购：1）发行人最近3年无债务违约或者延迟支付本息的事实；2）发行人最近3年平均可分配利润不少于债券1年利息的1.5倍；3）发行人最近一期末净资产规模不少于250亿元；4）发行人最近36个月内累计公开发行债券不少于3期，发行规模不少于100亿元；5）中国证监会根据投资者保护的需要规定的其他条件。未达到前述规定标准的公开发行公司债券，仅限于专业投资者参与认购。

另外，公开发行公司债券筹集的资金，必须按照公司债券募集办法所列资金用途使用；改变资金用途，必须经债券持有人会议作出决议。公开发行公司债券筹集的资金，不得用于弥补亏损和非生产性支出。根据《公司债券发行与交易管理办法》，存在下列情形之一的，不得再次公开发行公司债券：①对已公开发行的公司债券或者其他债务有违约或者延迟支付本息的事实，仍处于继续状态；②违反《证券法》规定，改变公开发行公司债券所募资金用途。

2. 非公开发行公司债券的法律规定

首先，非公开发行公司债券只能面向专业投资者。承销机构应当按照中国证监会、证券自律组织规定的投资者适当性制度，了解和评估投资者对非公开发行公司债券的风险识别和承担能力，确认参与非公开发行公司债券认购的投资者为专业投资者，并充分揭示风险。

其次，非公开发行的公司债券不得采用广告、公开劝诱和变相公开方式，每次发行对象不得超过200人。并且，非公开发行的公司债券仅限于专业投资者范围内转让。转让后，持有同次发行债券的投资者合计不得超过200人。

最后，非公开发行公司债券可以申请在证券交易场所、证券公司柜台转让。非公开发行公司债券并在证券交易场所转让的，应当遵守证券交易场所制定的业务规则，并经证券交易场所同意。非公开发行公司债券并在证券公司柜台转让的，应当符合中国证监会的相关规定。

（二）公司债券的发行程序

1. 公司作出决议

发行公司债券，发行人应当依照《公司法》或者公司章程相关规定对以下事项作出决议：（1）发行债券的金额；（2）发行方式；（3）债券期限；（4）募集资金的用途；（5）其他按照法律法规及公司章程规定需要明确的事项。发行公司债券，如果对增信机制、偿债保障措施作出安排的，也应当在决议事项中载明。

2. 信用评级

资信评级机构为公开发行公司债券进行信用评级的，应当符合以下规定或约定：（1）将评级信息告知发行人，并及时向市场公布首次评级报告、定期和不定期跟踪评级报告；（2）公司债券的期限为1年以上的，在债券有效存续期间，应当每年至少向市场公布一次定期跟踪评级报告；（3）应充分关注可能影响评级对象信用等级的所有重大因素，及时向市场公布信用等级调整及其他与评级相关的信息变动情况，并向证券交易场所报告。

值得一提的是，为减少监管层面对外部信用评级依赖，2023年《公司债券发行与交易管理办法》取消了公开发行公司债券评级的强制性规定，发行公司债券是否评级由发行人自主决定。

3. 发行人报送发行文件

申请公开发行公司债券，应当向国务院授权的部门或者国务院证券监督管理机构报送下列文件：（1）公司营业执照；（2）公司章程；（3）公司债券募集办法；（4）国务院授权的部门或者国务院证券监督管理机构规定的其他文件。依照《证券法》规定聘请保荐人的，还应当报送保荐人出具的发行保荐书。

4. 依法注册或由中国证券业协会备案

（1）公开发行公司债券应在中国证监会注册。

发行人公开发行公司债券，应当按照中国证监会有关规定制作注册申请文件，由发行人向证券交易所申报。证券交易所负责审核发行人公开发行公司债券并上市申请。中国证监会收到证券交易所报送的审核意见、发行人注册申请文件及相关审核资料后，履行发行注册程序。

（2）非公开发行公司债券应在中国证券业协会备案。

非公开发行公司债券，承销机构或自行销售的发行人应当在每次发行完成后5个工作日内向中国证券业协会报备。中国证券业协会在材料齐备时应当及时予以报备。报备不代表中国证券业协会实行合规性审查，不构成市场准入，也不豁免相关主体的违规责任。为进一步压实中介机构责任，中国证监会指导中国证券业协会修订发布了《证券公司债券业务执业质量评价办法》，进一步优化证券公司债券业务评价指标体系，加强债券承销分类监管，并将企业债券中介机构分类评价一并纳入，实现统一规范。

5. 公告募集办法

发行公司债券申请经注册后，发行人应当依照法律、行政法规的规定，在公司债券公开发行前公告公开发行募集文件，并将该文件置备于指定场所供公众查阅。公司债券募集办法中应当载明下列主要事项：（1）公司名称；（2）债券募集资金的用途；（3）债券总额和债券的票面金额；（4）债券利率的确定方式；（5）还本付息的期限和方式；（6）债券担保情况；（7）债券的发行价格、发行的起止日期；（8）公司净资产额；（9）已发行的尚未到期的公司债券总额；（10）公司债券的承销机构。

6. 正式发行

根据《证券法》第26条，发行人向不特定对象发行公司债券，法律、行政法规规定应当由证券公司承销的，发行人应当同证券公司签订承销协议。

## 七、存托凭证的发行

根据《存托凭证发行与交易管理办法（试行）》，存托凭证是指由存托人签发、以境外证券为基础在中国境内发行、代表境外基础证券权益的证券。存托凭证的发行和交易，适用《证券法》《关于开展创新企业境内发行股票或存托凭证试点的若干意见》《存托凭证发行与交易管理办法（试行）》以及中国证监会的其他规定。存托凭证的境外基础证券发行人应当参与存托凭证发行，依法履行公开发行证券的公司、上市公司的义务，承担相应的法律责任。

### （一）存托凭证的发行条件

公开发行以股票为基础证券的存托凭证的，境外基础证券发行人应当符合下列条件：

（1）《证券法》第12条第1款第1项至第4项关于股票公开发行的基本条件。（2）为依法设立且持续经营3年以上的公司，公司的主要资产不存在重大权属纠纷。（3）最近3年内实际控制人未发生变更，且控股股东和受控股股东、实际控制人支配的股东持有的境外基础证券发行人股份不存在重大权属纠纷。（4）境外基础证券发行人及其控股股东、实际控制人最近3年内不存在损害投资者合法权益和社会公共利益的重大违法行为。（5）会计基础工作规范、内部控制制度健全。（6）董事、监事和高级管理人员应当信誉良好，符合公司注册地法律规定的任职要求，近期无重大违法失信记录。（7）中国证监会规定的其他条件。2018年3月22日，国务院办公厅发布的《关于开展创新企业境内发行股票或存托凭证试点的若干意见》还对试点红筹企业在境内发行以股票为基础证券的存托凭证的条件作出了规定。

### （二）存托凭证的发行程序

公开发行以股票为基础证券的存托凭证的，境外基础证券发行人应当按照中国证监会规定的格式和内容，向证券交易所报送发行申请文件。申请公开发行存托凭证的，境外基础证券发行人应当依照《证券法》《关于开展创新企业境内发行股票或存托凭证试点的若干意见》以及中国证监会规定，依法经证券交易所审核，并报中国证监会注册，具体审核、注册程序应当符合中国证监会、证券交易所的有关规定。

申请存托凭证公开发行并上市的，境外基础证券发行人应当依照《证券法》第 10 条的规定，聘请具有保荐业务资格的证券公司担任保荐人。保荐人应当依照法律、行政法规以及中国证监会的规定尽职履行存托凭证发行上市推荐和持续督导职责。公开发行存托凭证的，应当依照《证券法》第 26 条至第 34 条的规定，由证券公司承销，但投资者购买以非新增证券为基础证券的存托凭证以及中国证监会规定无需由证券公司承销的其他情形除外。

存托凭证在中国境内首次公开发行并上市后，拟发行以境外基础证券发行人新增证券为基础证券的存托凭证的，适用《证券法》《关于开展创新企业境内发行股票或存托凭证试点的若干意见》以及中国证监会关于上市公司证券发行的规定。

## 八、资产证券化法律制度

资产证券化是指以基础资产未来所产生的现金流为偿付支持，通过结构化设计进行信用增级，在此基础上发行资产支持证券的过程。资产证券化是以特定资产组合或特定现金流为支持，发行可交易证券的一种融资形式。早在 2005 年，中国人民银行和中国银监会联合发布《信贷资产证券化试点管理办法》，随后中国建设银行和国家开发银行获准进行信贷资产证券化首批试点。在中国人民银行和中国银监会主导下，基本确立了以信贷资产为融资基础、由信托公司组建信托型 SPV、在银行间债券市场发行资产支持证券并进行流通的证券化框架。2014 年 11 月 19 日，中国证监会发布的《证券公司及基金管理公司子公司资产证券化业务管理规定》（以下简称《管理规定》）进一步扩大了基础资产的范围。

### （一）资产证券化的类别

目前，我国有三种主要的资产证券化模式，形成了由不同的金融监管部门监管、由不同的金融机构分别实施的格局。这三种模式分别是企业资产证券化、信贷资产证券化和资产支持票据模式。

1. 由中国证监会主导的企业资产证券化

它又称它券商专项资产管理计划，是指证券公司面向境内机构投资者推广资产支持收益凭证，设立专项资产管理计划，用所募集的资金按照约定购买原始权益人能够产生可预期稳定现金流的特定资产（基础资产），并将该资产的收益分配给收益凭证持有人。企业资产证券化的基本流程是：发起人（原始权益人）将基础资产出售给特殊目的机构（SPV），或者由 SPV 主动向原始权益人购买可证券化的基础资产，然后将这些资产汇集成资产池，再以该资产池所产生的现金流为支持，向投资者发行有价证券融资，最后用资产池产生的现金流来清偿所发行的有价证券。企业资产支持证券结构中的管理人主要为证券公司和基金管理公司子公司。

中国证监会及其派出机构依法对企业资产证券化业务实行监督管理，并根据监管需要对资产证券化业务开展情况进行检查。中国证券业协会、中国基金业协会等证券自律组织应当对证券公司、基金管理公司子公司开展资产证券化业务过程中的尽职调查、风险控制等环节实施自律管理。

2014 年 11 月 19 日，中国证监会发布的《管理规定》明确，基础资产可以是企业应收款、租赁债权、信贷资产、信托受益权等财产权利，基础设施、商业物业等不动产财产或不动产收益权，以及中国证监会认可的其他财产或财产权利；另外，还特别规定，基础资产的规模、存续期限应当与资产支持证券的规模、存续期限相匹配。专项计划可以通过内部或者外部信用增级方式提升资产支持证券信用等级。同一专项计划发行的资产支持证券可以划分为不同种类。同一种类的资产支持证券，享有同等权益，承担同等风险。

《管理规定》提出，企业资产证券化的资产支持证券可以按照规定在证券交易所、全国中小企业股份转让系统、机构间私募产品报价与服务系统、证券公司柜台市场以及中国证监会认可的其他证券交易场所进行挂牌、转让。资产支持证券仅限于在合格投资者范围内转让。转让后，持有资产支持证券的合格投资者合计不得超过 200 人。证券交易所、全国中小企业股份转让系统、中国证券业协会可以根据市场情况对投资者适当性管理制定更为严格的标准。

2. 由中国人民银行、国家金融监督管理总局主导的信贷资产证券化

信贷资产证券化是银行向借款人发放贷款，再将这部分离散的贷款转化为系列化的证券形式出售给投资者。其基本过程包括：资产池的组建、交易结构的安排、资产支持证券的发行以及发行后管理等环节。在这种模式下，贷款的信用风险不再由银行承担，而是由投资者承担，银行只负责贷款的评审和贷后管理。这样就能将银行的信贷管理能力和市场的风险承担能力充分结合起来，提高融资的效率。通过信贷资产证券化，将贷款打包组合，能有效分散单个贷款的特定风险。将贷款包拆细为标准化的证券，提高了资产的流动性。对信贷资产支持债券进行结构划分，能满足不同的投资需求。信贷资产证券化主要的法律依据是 2005 年 4 月 20 日中国人民银行、中国银监会制定的《信贷资产证券化试点管理办法》、2005 年 11 月 7 日中国银监会出台的《金融机构信贷资产证券化试点监督管理办法》，以及 2012 年 5 月 17 日，中国人民银行、中国银监会、财政部发布的《关于进一步扩大信贷资产证券化试点有关事项的通知》（银发〔2012〕127 号）。

《金融机构信贷资产证券化试点监督管理办法》规定，信贷资产证券化发起机构拟证券化的信贷资产应当符合以下条件：具有较高的同质性，能够产生可预测的现金流收入，符合法律、行政法规以及国务院银行业监督管理部门等监督管理机构的有关规定。《关于进一步扩大信贷资产证券化试点有关事项的通知》提出，鼓励金融机构选择符合条件的国家重大基础设施项目贷款、涉农贷款、中小企业贷款、经清理合规的地方政府融资平台公司贷款、节能减排贷款、战略性新兴产业贷款、文化创意产业贷款、保障性安居工程贷款、汽车贷款等多元化信贷资产作为基础资产开展信贷资产证券化，丰富信贷资产证券化基础资产种类。

信贷资产证券化的资产支持证券主要在全国银行间债券市场上发行和交易，投资者主要是投资机构和金融机构，信贷资产支持证券结构中的管理人主要为信托投资公司或者国务院银行业监督管理部门批准的其他金融机构。

3. 在中国人民银行领导下，银行间市场交易商协会主导的资产支持票据（ABN）

资产证券化应该具备风险隔离的基本特征，在此前提下发行人可以突破融资规模限制，甚至可能以高于主体的评级获得更低的融资成本。而《银行间债券市场非金融企业资产支持票据指引》对于 ABN 的交易结构中是否要进行严格的风险隔离安排并没有作出非常具体的要求，因此，严格意义上来说资产支持票据并不能等同于资产证券化。

2012 年 8 月 7 日，我国注册通过了第一批非金融企业资产支持票据（ABN），标志着我国非金融企业资产证券化正式开闸。除前述的 ABN 模式以外，银行间市场交易商协会正在考虑推出信托型 ABN，以公募和私募两种方式发行，在交易商协会注册即可发行，不需要审批。信托型 ABN 引入了信托作为 SPV 载体，以信托方式实现基础资产的隔离，投资者对基础资产享有信托受益权，是一种真正意义上的资产证券化。

### （二）资产证券化的法律本质及构造

资产证券化的法律本质是资产信用。所谓资产信用，就是以资产证券化的特定基础资产及

其未来收益权为基础的信用。这是完全独立于其他资产证券化参与主体的一种信用形式。资产证券化业务的法律结构，无论是资产的真实出售，还是风险隔离的措施，都是为了实现资产信用的独立而特别设计的，因此，资产证券化的最大特点就是脱离主体信用，而依赖于资产本身的质量。

1. 可证券化资产的法律特征

（1）基础资产应该是基于真实有效的交易而产生的，并且资产权属清晰不存在所有权纠纷，不涉及未决诉讼以及仲裁等争议。

（2）基础资产应该相对独立，并且可以特定化，能够在现行法律框架下将其与原始权益人和其他证券化操作参与主体的资产区隔开来，并使其产生的现金流能够专用于偿付证券化产品的权益。

（3）基础资产应当具有同质性，也就是在权利属性、权利义务结构等核心要素上具有一致性或者相似性。并且，具有同质性的基础资产还应当避免风险的过度集中，这些基础资产应当具有适当的风险分散度。

（4）基础资产应当具有可转让性。如果基础资产是一种债权，那么就必须符合债权可转让的基本要求。

（5）基础资产应当是一项“清洁”的权利，即基础资产不存在权利负担。在基础资产上不能附带抵押、质押等担保负担或者其他权利限制，或者即使存在这些负担但在启动证券化时能够有效消除，从而保证基础资产产生的现金流能够优先、专门用于偿付投资者的权益。

2. 基础资产的“风险隔离”

资产证券化是一种资产信用，这就决定了基础资产必须实现“风险隔离”。“风险隔离”也被称为“破产隔离”，即基础资产不能跟其他任何主体的财产混同，避免基础资产在其他主体破产的情形下变成一种破产财产。在资产证券化的法律结构中，基础资产是通过设定特定目的载体（SPV）来实现的。

（1）SPV 的法律形式选择。

在企业资产证券化中，SPV 的法律形式应当是资产支持专项计划。根据《管理规定》，特殊目的载体，是指证券公司、基金管理公司子公司为开展资产证券化业务专门设立的资产支持专项计划或者中国证监会认可的其他特殊目的载体。《管理规定》第 5 条明确，因专项计划资产的管理、运用、处分或者其他情形而取得的财产，归入专项计划资产。因处理专项计划事务所支出的费用、对第三人所负债务，以专项计划资产承担。专项计划资产独立于原始权益人、管理人、托管人及其他业务参与人的固有财产。原始权益人、管理人、托管人及其他业务参与人因依法解散、被依法撤销或者宣告破产等原因进行清算的，专项计划资产不属于其清算财产。由此，具有资产管理业务资格的证券公司、基金管理公司子公司、中国证监会认可的信托公司等发起设立资产支持专项计划并担任计划管理人，其基于资产支持专项计划而发行的资产支持证券（ABS）的所有收益将来自于该基础资产。从另一个角度讲，原始权益人通过一次性转让基础资产所获得的对价，可以帮助其顺利完成证券化融资，进而实现其金融目的。

在信贷资产证券化中，“风险隔离”的有效载体是根据《信托法》设立的特定目的信托（SPT）。在信贷资产证券化的信托法律关系中，委托人是银行业金融机构，即信贷资产证券化的发起人；受托人是 SPT，即信贷资产证券化的管理人；银行业金融机构将特定的信贷资产真实销售给 SPT 以后，后者就成为这部分基础资产的管理人，基础资产由此独立于委托人、受托人和其他各参与方，其产生的现金流也专门用于偿付基于该基础资产而发行的资产支持证券（ABS）的投资者的本息。投资者就是 ABS 的持有人。

在资产支持票据形式的资产证券化业务中，发起人本身就是资产支持票据的发行人。作为原始权益人，发起人主要是通过对基础资产设定权利质押的方式来确保投资者对这部分资产的优先受益权，另外，如前所述，资产支持票据形式的资产证券化业务也可以采用类似于信贷资产证券化中设立 SPT 的做法来完成证券化融资。

（2）“真实销售”的实现。

在企业资产证券化中，管理人主要是通过资产支持专项计划向原始权益人购买基础资产的方式来实现“真实销售”的。由于基础资产既可以是特定的财产，也可以是财产权利，因此其实现的方式可能有所不同。对于“真实销售”的实现问题，需要对以下要素进行审查：1）基础资产生成的基础合同，确认基础资产是否存在转让限制。2）基础资产的性质，确认其是否属于法律允许转让的客体。3）让与应当遵循的法律手续和通知的要求，以确保让与的法律效力和抗辩权。

在信贷资产证券化中，由于信贷资产证券化是通过设立 SPT 来实现的，因此其“真实销售”的过程，关键就是看是否符合《信托法》上设立一项有效信托的构成要件。由于我国目前信托登记制度并不完善，在信贷资产证券化中，银行业金融机构一般是将相关的信贷资产登记到管理 SPT 的信托公司名下，并参照《民法典》关于债权转让通知的要求，对原始债务人进行通知。具体做法是一般不采用事先通知的方式，而是在发生约定的通知事项后再以所谓“权利完善”的形式通知原始债务人。在拟证券化资产的“真实销售”中，关于担保权的转移问题，最高人民法院（2015）民申字第 2040 号民事裁定书认为，未及时办理担保权变更手续不消灭担保权，但影响 SPV 对第三人的抗辩权。

在资产支持票据形式的资产证券化中，发起人主要是通过对基础资产设定权利质押的方式来确保投资者对这部分资产的优先受益权的。需要注意的是，如果没有对基础资产采取分账管理等隔离措施，那么极有可能发生基础资产的现金流与原始权益人的资产混同的风险，这有可能使得基础资产“真实销售”的目的落空。当然，如果是信托型的资产支持票据，则完全遵从上述信贷资产证券化中的资产“真实销售”规则。

3. 资产证券化中的信用增级

信用增级是指运用各种有效手段和金融工具确保债务人按时支付债务本息，以提高资产证券化交易的质量和安全性，从而获得更高级的信用评级。增级方式大体上可分为两种：内部信用增级和外部信用增级。

内部信用增级的方式有：

（1）优先/次级结构安排。

优先/次级结构安排是指在资产证券化过程中，将资产支持证券按照受偿顺序分为不同档次证券的一种内部信用增级方式。在这一分层结构中，较高档次的证券比较低档次的证券在本息支付上享有优先权，因此具有较高的信用评级；较低档次的证券先于较高档次的证券承担损失，以此为较高档次的证券提供信用保护。

（2）超额抵押（或称“基础资产超值入池”）。

超额抵押是指在资产证券化过程中，将资产池价值超过资产支持证券票面价值的差额作为信用保护的一种内部信用增级方式，该差额用于弥补资产证券化业务活动中可能会产生的损失。

（3）利差账户。

利差账户是指在资产证券化交易中设置专门的利差账户，该账户资金来源于基础资产的利息收入和其他证券化交易收入减去资产支持证券利息支出和其他证券化交易费用之后所形成的超额利差，用于弥补资产证券化业务活动中可能产生的损失。

（4）现金抵押账户。

现金抵押账户是指在资产证券化交易中设置专门的现金抵押账户，该账户资金由发起机构提供或者来源于其他金融机构的贷款，用于弥补资产证券化业务活动中可能产生的损失。

外部信用增级的方式有：

（1）差额支付（或称“差额补足协议”）。

差额支付是指在资产证券化过程中，差额支付义务人（通常为原始权益人）承诺，如果基础资产实际的现金流无法覆盖正常兑付资产支持证券所需现金，原始权益人负责补齐差额部分，以此增加资产支持证券的信用等级。

（2）第三方担保。

第三方担保是指由原始权益人之外的第三方（如担保公司、原始权益人母公司或其他第三方）为资产支持证券提供担保，如果出现不能按期兑付资产支持证券的本息时，由第三方承担担保责任，以保证资产支持证券的按期兑付。

（3）信用保险（或称“资产池保险”）。

信用保险是指在资产证券化过程中，由 SPV 作为信用保险的投保人，根据基础资产池中需要填补的信用风险金额，向保险公司投保并支付保险费，由保险公司对该等信用风险提供保险，以确保按时对资产支持证券的投资者进行偿付。

（4）流动性支持。

流动性支持是指在资产支持证券存续期间，当基础资产产生的现金流与资产支持证券本息支付时间无法一致（发生临时资金流动性不足）时，发起人或第三方提供流动性支持，该流动性支持只是为未来收入代垫款项，并不承担信用风险。

## 第二节 证券上市法律制度

### 一、证券上市的概念

证券上市是指依法发行的证券按照法定条件和程序，在证券交易所或其他依法设立的证券交易场所公开挂牌交易的行为。证券上市是连接证券发行与证券交易的桥梁。证券上市与证券交易有密切的联系，证券上市是证券交易的前提，没有证券的上市，就没有可交易的证券。同时，证券交易是证券上市的目的，证券上市就是为实现证券的流通。在我国，上市与交易的证券包括股票、债券（含可转换债券）、证券投资基金份额、存托凭证、国务院认定的其他证券品种和证券衍生品种等。从我国证券市场的市值和市场份额来看，股票是市场上的核心证券，基金与债券的比重相对较低。

### 二、证券上市的条件

证券上市的条件是指证券进入证券交易所交易的具体要求。2019 年《证券法》一个重要的修订内容就是在法律层面取消了对证券上市条件的明确列举，而将证券上市的条件交由证券交易所特别规定。作为全面注册制的配套制度，2023 年 2 月 17 日，沪深证券交易所发布了《上海证券交易所股票上市规则（2024 年 4 月修订）》（上证发〔2024〕51 号）、《深圳证券交易所股票上市规则（2024 年 4 月修订）》（深证上〔2024〕339 号）、《上海证券交易所股票发行上市审核规则》（上证发〔2024〕49 号）、《深圳证券交易所股票发行上市审核规则》（深证上

〔2024〕341 号）、《上海证券交易所上市公司证券发行上市审核规则》（上证发〔2023〕29 号）、《深圳证券交易所上市公司证券发行上市审核规则》（深证上〔2023〕95 号）等一系列配套规则，对股票上市规则进行了全面规定，此外，2022 年 3 月 25 日，上海证券交易所出台的《上海证券交易所与境外证券交易所互联互通存托凭证上市交易暂行办法》（上证发〔2022〕37 号）也对存托凭证上市的相关条件进行了规定。《首次公开发行股票注册管理办法》规定，首次公开发行股票并上市，应当符合发行条件、上市条件以及相关信息披露要求，依法经证券交易所发行上市审核，并报中国证监会注册。

（一）股票和存托凭证上市条件

股票和存托凭证上市包括在主板、创业板和科创板上市，此处以主板上市的条件为例：根据《上海证券交易所股票上市规则（2024 年 4 月修订）》（上证发〔2024〕51 号）和《深圳证券交易所股票上市规则（2024 年 4 月修订）》（深证上〔2024〕339 号）的相关规定，境内发行人申请首次公开发行股票并在沪深证券交易所主板上市的，应当符合下列条件：（1）符合《证券法》、中国证监会规定的发行条件。（2）发行后的股本总额不低于 5 000 万元。（3）公开发行的股份达到公司股份总数的 25%以上；公司股本总额超过 4 亿元的，公开发行股份的比例为 10%以上。（4）市值及财务指标符合相关规则规定的标准。（5）沪深证券交易所要求的其他条件。

沪深证券交易所可以根据市场情况，经中国证监会批准，对上市条件和具体标准进行调整。

与此同时，境内发行人申请在沪深证券交易所上市，其市值及财务指标应当至少符合下列标准中的一项：

（1）最近 3 年净利润均为正，且最近 3 年净利润累计不低于 1.5 亿元，最近 1 年净利润不低于 6 000 万元，最近 3 年经营活动产生的现金流量净额累计不低于 1 亿元或营业收入累计不低于 10 亿元。

（2）预计市值不低于 50 亿元，且最近 1 年净利润为正，最近 1 年营业收入不低于 6 亿元，最近 3 年经营活动产生的现金流量净额累计不低于 1.5 亿元。

（3）预计市值不低于 80 亿元，且最近 1 年净利润为正，最近 1 年营业收入不低于 8 亿元。

符合《国务院办公厅转发证监会关于开展创新企业境内发行股票或存托凭证试点若干意见的通知》（国办发〔2018〕21 号）等相关规定的红筹企业，可以按照该通知要求的条件申请发行股票或者存托凭证并在沪深证券交易所上市。红筹企业申请首次公开发行股票或者存托凭证并在沪深证券交易所上市，应当符合下列条件：

（1）符合《证券法》、中国证监会规定的发行条件。

（2）发行股票的，发行后的股份总数不低于 5 000 万股；发行存托凭证的，发行后的存托凭证总份数不低于 5 000 万份。

（3）发行股票的，公开发行（含已公开发行）的股份达到公司股份总数的 25%以上；公司股份总数超过 4 亿股的，公开发行（含已公开发行）股份的比例为 10%以上。发行存托凭证的，公开发行（含已公开发行）的存托凭证对应基础股份达到公司股份总数的 25%以上；发行后的存托凭证总份数超过 4 亿份的，公开发行（含已公开发行）的存托凭证对应基础股份的比例为 10%以上。

（4）市值及财务指标符合相关规则规定的标准。

（5）沪深证券交易所要求的其他条件。

沪深证券交易所可以根据市场情况，经中国证监会批准，对上市条件和具体标准进行调整。

### （二）债券上市条件

在证券交易所上市的债券包括公司债券、企业债券、政府债券等。政府债券无须通过证券交易所审核，法律直接安排其上市。公司债券与企业债券目前已经完全由中国证监会进行监管，二者的上市条件也有望趋同。根据《上海证券交易所公司债券上市规则（2023 年修订）》（上证发〔2023〕164 号）和《深圳证券交易所公司债券上市规则（2023 年修订）》（深证上〔2023〕974 号）的规定，债券上市应满足以下条件。

1. 公司债券上市条件

发行人申请债券上市，应当符合下列条件：

（1）符合《证券法》等法律、行政法规规定的公开发行条件。（2）经有权部门注册并依法完成发行。（3）债券持有人符合证券交易所投资者适当性管理规定。（4）证券交易所规定的其他条件。证券交易所可以根据市场情况，调整债券上市条件。

2. 可转换公司债券上市条件

根据 2022 年 7 月 29 日，上海证券交易所关于发布《上海证券交易所上市公司自律监管指引第 12 号——可转换公司债券》的通知第 4 条和同日发布的《深圳证券交易所上市公司自律监管指引第 15 号——可转换公司债券》的通知第 4 条的规定，上市公司申请可转债在沪深证券交易所上市或挂牌时，仍应符合可转债发行条件，并提交下列文件：（1）上市申请书或挂牌转让申请书；（2）申请可转债上市或挂牌转让的董事会决议；（3）上市公告书或者挂牌转让公告书；（4）保荐协议和保荐人出具的上市或挂牌转让保荐书，或者独立财务顾问协议和独立财务顾问出具的专业意见；（5）发行完成后经会计师事务所出具的验资报告（如适用）；（6）中国证券登记结算有限公司上海/深圳分公司对升增可转债已登记托管的书面确认文件；（7）受托管理协议或者受托管理事项；（8）发行对象关于承诺及履行情况的说明（如适用）；（9）沪深交易所要求的其他文件。另外，上市公司向交易所申请存在限售条件的可转债挂牌时，应当已有部分可转债满足解除限售条件，并至少提前 10 个交易日向交易所提交前述文件。

总之，在新的股票上市规则体系下，可转换公司债券发行条件也是其上市条件，根据《证券法》第 15 条的规定，上市公司发行可转换公司债券，除应当符合发行公司债券的一般条件外，还应当遵守《证券法》关于上市公司发行新股的规定。但是按照公司债券募集办法，上市公司通过收购本公司股份用于转换的公司债券除外。

### （三）证券投资基金份额上市条件

证券投资基金份额的上市除适用《证券法》外，还应适用《证券投资基金法》。证券投资基金份额上市的条件主要规定在《证券投资基金法》以及沪深证券交易所制定的《证券投资基金上市规则》中。证券投资基金份额上市的前提是，其募集符合《证券投资基金法》的有关规定，并且：（1）经中国证监会注册发售且基金合同生效。（2）基金合同期限 5 年以上。（3）基金募集金额不低于 2 亿元人民币。（4）基金份额持有人不少于 1 000 人。（5）有经核准的基金管理人和基金托管人。（6）证券交易所要求的其他条件。

### （四）资产支持证券上市条件

资产支持证券的上市条件主要适用证券交易所的相关规则。沪深证券交易所专门制定了《资产证券化业务指引》，规定资产支持证券在交易所挂牌转让的条件包括：（1）基础资产符合相关法律法规的规定，权属明确，可以产生独立、可预测的现金流。（2）资产支持证券的交易结构设置合理。（3）资产支持证券已经发行完毕并且按照相关规定完成备案。（4）资产支持证券的投资者符合证券交易所投资者适当性管理的相关规定。（5）资产支持证券采取的风险控制措施符合本指引要求。(6) 证券交易所规定的其他条件。

此外，《深圳证券交易所权证管理暂行办法》等还对权证上市条件进行了规定，具体分为权证标的证券的上市条件、权证本身的上市条件以及权证的履约担保要求。

## 三、证券上市的程序

上市程序是证券上市的操作过程和步骤，一般由各国证券法或者证券交易所法作出基本规定，同时由各证券交易所视具体情况加以补充规定。在我国，证券上市的程序主要由证券交易所的上市规则进行规定。证券上市必须通过上市申请、保荐人保荐、证券交易所审核同意、签订上市协议以及上市公告等一系列程序。

### （一）上市申请

申请证券上市交易，应当向证券交易所提出申请，由证券交易所依法审核同意，并由双方签订上市协议。证券交易所根据国务院授权部门的决定安排政府债券上市交易。这就是说，政府债券的上市是由证券交易所直接安排的，而股票、债券等其他证券品种的上市，则需要根据证券交易所的相关上市规则，由发行人向证券交易所提出上市申请。发行人首次公开发行股票经中国证监会同意注册并完成股份公开发行后，向证券交易所提出股票上市申请的，应当提交下列文件：(1) 上市申请书。(2) 中国证监会同意注册的决定。(3) 首次公开发行结束后发行人全部股票已经中国证券登记结算有限责任公司上海分公司登记的证明文件。(4) 首次公开发行结束后会计师事务所出具的验资报告。(5) 发行人、控股股东、实际控制人、董事、监事和高级管理人员等根据证券交易所相关规定要求出具的证明、声明及承诺。(6) 首次公开发行后至上市前，按规定新增的财务资料和有关重大事项的说明（如适用）。(7) 证券交易所要求的其他文件。

发行人及其董事、监事和高级管理人员应当保证其提交的上市申请文件真实、准确、完整，不存在虚假记载、误导性陈述或者重大遗漏。发行人应当在上市公告书中披露股票限售的相关承诺。

### （二）保荐机构保荐

根据《证券发行上市保荐业务管理办法》，发行人申请从事下列发行事项，依法采取承销方式的，应当聘请具有保荐业务资格的证券公司履行保荐职责：(1) 首次公开发行股票；(2) 向不特定合格投资者公开发行股票并在北京证券交易所上市；(3) 上市公司发行新股、可转换公司债券；(4) 公开发行存托凭证；(5) 中国证监会认定的其他情形。发行人申请公开发行法律、行政法规规定实行保荐制度的其他证券的，依照前述规定办理。上述已发行证券的上市保荐事项由证券交易所规定。

同次发行的证券，其发行保荐和上市保荐应当由同一保荐机构承担。保荐机构依法对发行人申请文件、证券发行募集文件进行核查，向中国证监会、证券交易所出具保荐意见。保荐机构应当保证所出具的文件真实、准确、完整。证券发行规模达到一定数量的，可以采用联合保荐，但参与联合保荐的保荐机构不得超过二家。证券发行的主承销商可以由该保荐机构担任，也可以由其他具有保荐业务资格的证券公司与该保荐机构共同担任。

关于保荐人的权利和义务，本书在保荐制度的部分已作详细介绍。

### （三）证券交易所上市审核

证券上市应当由证券交易所依法审核同意。2024 年 4 月 30 日，上海证券交易所出台的《上海证券交易所股票发行上市审核规则》第 8 条、深圳证券交易所出台的《深圳证券交易所股票发行上市审核规则》第 8 条均规定，证券交易所设立上市委员会。上市委员会对股票、公司债券、企业债券、证券投资基金份额等证券的首次上市的事项进行审核。证券交易所根据上市委员会的审核意见，作出审核决定。

对证券交易所作出的不予上市交易、终止上市交易决定不服的，可以向证券交易所设立的复核机构申请复核。复核期间，决定不停止执行，但另有规定或者交易所认为需要停止执行的除外。需要注意的是，2019 年《证券法》已经删除了证券交易所“暂停上市决定”，意味着“暂停上市”制度已经被彻底废除。

### （四）签订上市协议

发行人提交的上市申请经证券交易所审核同意后，根据 2021 年 10 月 30 日中国证监会修订的《证券交易所管理办法》，证券交易所应当与申请证券上市交易的公司订立上市协议，确定相互间的权利义务关系。上市协议的内容与格式应当符合法律、行政法规、部门规章的规定。

上市协议应当包括下列内容：(1) 上市证券的品种、名称、代码、数量和上市时间。(2) 上市费用的收取。(3) 证券交易所对证券上市交易公司及相关主体进行自律管理的主要手段和方式，包括现场和非现场检查等内容。(4) 违反上市协议的处理，包括惩罚性违约金等内容。(5) 上市协议的终止情形。(6) 争议解决方式。(7) 证券交易所认为需要在上市协议中明确的其他内容。

上市协议具有特殊的法律性质和法律意义。它是证券交易所加强对上市公司监管的基础性法律文件，其虽名为“协议”，却与一般的民事合同存在较大的差异。一方面，上市协议的内容是事先确定的，并且其中的部分内容是《证券交易所管理办法》等监管规定所明确要求的，上市协议的条款一般不允许修改。另一方面，上市协议签订主体间的权利义务并不完全对等，证券交易所可以在协议中增加其认为需要明确的其他监管上市公司的内容。这体现了国家对证券投资者利益的重视和对社会公共利益的保护。因此，上市协议是具有一定公法属性的合同。上市协议中有大量需要上市公司予以承诺的内容，这对于证券交易所监督上市公司持续进行信息披露具有重要意义。上市协议也由此成为证券交易所监督查处上市公司违法违规行为的基础性依据，为自律性监管提供了正当性基础。

### （五）上市公告

根据《证券交易所管理办法》和沪深证券交易所股票与公司债券的上市规则，发行人的上市交易申请经证券交易所审核同意后，应当在规定的期限内公告上市公告书等文件，并将上市公告书及有关上市申请文件备置于指定场所以供公众查阅。上市公告书的内容和格式由证券交易所根据有关法律、行政法规的规定制定。如果是首次公开发行股票上市的，发行人应当在其股票上市交易前的五个交易日内，按规定在交易所指定的媒体或网站上披露上市公告书。

## 四、证券上市的终止

### （一）退市的概念和分类

证券上市的终止也称退市。退市制度包括主动退市和强制退市。主动退市是指上市公司因收购、股东大会决议解散、合并等原因主动申请退市。强制退市是指证券交易所按照业务规则采取限制交易、强制停牌、临时退市等处置措施，以及上市公司因为其经营状况不佳或者出现重大违法行为被证券交易所摘牌而退市的情形。根据沪深证券交易所《股票上市规则》，强制退市又被分为重大违法类强制退市、交易类强制退市、财务类强制退市、规范类强制退市等情形。可将其分为两类：

一类是重大违法行为强制退市。重大违法强制退市包括下列情形：第一，上市公司存在欺诈发行、重大信息披露违法或者其他严重损害证券市场秩序的重大违法行为，且严重影响上市地位，其股票应当被终止上市的情形。第二，上市公司存在涉及国家安全、公共安全、生态安全、生产安全和公众健康安全等领域的违法行为，情节恶劣，严重损害国家利益、社会公共利益，或者严重影响上市地位，其股票应当被终止上市的情形。

另一类是因不能满足交易所规定的交易指标、财务指标或规范运作等要求发生的强制退市。当上市公司的各项交易指标或财务指标，或在信息披露、规范运作等方面不能满足证券交易所的要求时，证券交易所出于维护公开交易股票的总体质量与市场信心的目的，也会依据规则要求交投不活跃、股权分布不合理、市值过低而不再适合公开交易或信息披露违规的股票终止交易。

（二）风险警示制度

2024年沪深证券交易所的股票上市规则均规定，上市公司出现财务状况异常情况或者其他异常情况，导致其股票存在被强制终止上市的风险，或者投资者难以判断公司前景，投资者权益可能受到损害，存在其他重大风险的，证券交易所对该公司股票实施风险警示。风险警示分为警示存在强制终止上市风险的风险警示（＊ST）和警示存在其他重大风险的其他风险警示（ST）。

退市风险警示制度，是指由证券交易所对存在股票终止上市风险的公司股票交易实行“警示存在终止上市风险的特别处理”。＊ST和ST存在明显的区别。首先，二者的含义不同：ST是代表特别处理的股票，＊ST是代表退市预警的股票。其次，二者的警示意义不同：ST用于警示投资者注意投资风险，＊ST用于警示投资者注意退市风险。再次，二者的用法不同：公司经营连续两年出现亏损用ST标识，公司经营连续三年亏损用＊ST标识。最后，二者的风险也不同：ST的风险一般小于＊ST。

（三）强制退市法律制度

强制退市分为交易类强制退市、财务类强制退市、规范类强制退市和重大违法类强制退市等四类情形。

1. 交易类强制退市

根据2024年沪深证券交易所股票上市规则，上市公司出现下列情形之一的，证券交易所决定终止其股票上市：(1) 仅发行A股股票的上市公司连续120个交易日通过交易系统实现的累计股票成交量低于500万股，或者连续20个交易日的每日股票收盘价均低于1元。(2) 仅发行B股股票的上市公司，连续120个交易日通过交易系统实现的累计股票成交量低于100万股，或者连续20个交易日的每日股票收盘价均低于1元。(3) 既发行A股股票又发行B股股票的上市公司，其A、B股股票的成交量或者收盘价同时触及第1项和第2项规定的标准。(4) 上市公司股东数量连续20个交易日（不含公司首次公开发行股票上市之日起20个交易日）每日均低于2 000人。(5) 仅发行A股股票的上市公司或者既发行A股股票又发行B股股票的上市公司连续20个交易日每日股票收盘总市值均低于5亿元。(6) 仅发行B股股票的上市公司连续20个交易日每日股票收盘总市值均低于3亿元。(7) 证券交易所认定的其他情形。

发行存托凭证的红筹企业出现下列情形之一的，交易所决定终止其存托凭证上市：(1) 连续120个交易日通过交易系统实现的累计存托凭证成交量低于500万份。(2) 连续20个交易日每日存托凭证收盘价乘以存托凭证与基础股票转换比例后的数值（基础股票数值）均低于1元。(3) 连续20个交易日每日存托凭证收盘市值均低于5亿元。(4) 证券交易所认定的其他情形。

前述规定的交易日，不包含公司股票或者存托凭证的全天停牌日。

2. 财务类强制退市

根据 2024 年沪深证券交易所股票上市规则，上市公司出现下列情形之一的，证券交易所对其股票实施退市风险警示：

（1）最近一个会计年度经审计的利润总额、净利润或者扣除非经常性损益后的净利润孰低者为负值且营业收入低于 3 亿元，或追溯重述后最近 1 个会计年度利润总额、净利润或者扣除非经常性损益后的净利润孰低者为负且营业收入低于 3 亿元。（2）最近一个会计年度经审计的期末净资产为负值，或追溯重述后最近 1 个会计年度期末净资产为负值。（3）最近 1 个会计年度的财务会计报告被出具无法表示意见或否定意见的审计报告。（4）中国证监会行政处罚决定书表明公司已披露的最近 1 个会计年度经审计的年度报告存在虚假记载、误导性陈述或者重大遗漏，导致该年度相关财务指标实际已触及第 1 项、第 2 项情形的。（5）证券交易所认定的其他情形。

3. 规范类强制退市

根据 2024 年沪深证券交易所股票上市规则，上市公司出现下列情形之一的，交易所对其股票实施退市风险警示：（1）因财务会计报告存在重大会计差错或者虚假记载，被中国证监会责令改正但公司未在规定期限内改正，公司股票及其衍生品种自前述期限届满的次一交易日起停牌，此后公司在股票及其衍生品种停牌 2 个月内仍未改正。（2）未在法定期限内披露半年度报告或者经审计的年度报告，公司股票及其衍生品种自前述期限届满的次一交易日起停牌，此后公司在股票及其衍生品种停牌 2 个月内仍未披露。（3）因半数以上董事无法保证公司所披露半年度报告或年度报告的真实性、准确性和完整性，且未在法定期限内改正，公司股票及其衍生品种自前述期限届满的次一交易日起停牌，此后公司在股票及其衍生品种停牌 2 个月内仍未改正。（4）因信息披露或者规范运作等方面存在重大缺陷，被交易所要求限期改正但公司未在规定期限内改正，公司股票及其衍生品种自前述期限届满的次一交易日起停牌，此后公司在股票及其衍生品种停牌 2 个月内仍未改正。（5）公司被控股股东（无控股股东，则为第一大股东）及其关联人非经营性占用资金，余额达到最近一期经审计净资产绝对值 30%以上，或者金额达到 2 亿元以上，被中国证监会责令改正但公司未在规定期限内改正，公司股票及其衍生品种自前述期限的次一交易日起停牌，此后公司在股票及其衍生品种停牌 2 个月内仍未改正。（6）连续 2 个会计年度的财务报告内部控制被出具无法表示意见或者否定意见的审计报告，或者未按照规定披露财务报告内部控制审计报告。（7）因公司股本总额、股权分布发生变化，导致连续 20 个交易日不再具备上市条件，公司股票及其衍生品种自前述期限届满的次一交易日起停牌，此后公司在股票及其衍生品种停牌 1 个月内仍未解决。（8）公司可能被依法强制解散。（9）法院依法受理公司重整、和解和破产清算申请。（10）证券交易所认定的其他情形。

4. 重大违法类强制退市

根据 2024 年沪深证券交易所股票上市规则，重大违法类强制退市，包括下列情形：（1）上市公司存在欺诈发行、重大信息披露违法或者其他严重损害证券市场秩序的重大违法行为，且严重影响上市地位，其股票应当被终止上市的情形。（2）上市公司存在涉及国家安全、公共安全、生态安全、生产安全和公众健康安全等领域的违法行为，情节恶劣，严重损害国家利益、社会公共利益，或者严重影响上市地位，其股票应当被终止上市的情形。

### （四）主动退市法律制度

根据 2024 年沪深证券交易所的股票上市规则，上市公司出现下列情形之一的，可以向交易所申请主动终止上市：（1）公司股东会决议主动撤回其股票在本所的交易，并决定不再在本所交易。(2) 公司股东会决议主动撤回其股票在本所的交易，并转而申请在其他交易场所交易或转让。(3) 公司向所有股东发出回购全部股份或部分股份的要约，导致公司股本总额、股权分布等发生变化不再具备上市条件。(4) 公司股东向所有其他股东发出收购全部股份或部分股份的要约，导致公司股本总额、股权分布等发生变化不再具备上市条件。(5) 除公司股东外的其他收购人向所有股东发出收购全部股份或部分股份的要约，导致公司股本总额、股权分布等发生变化不再具备上市条件。(6) 公司因新设合并或者吸收合并，不再具有独立主体资格并被注销。(7) 公司股东会决议公司解散。(8) 中国证监会和证券交易所认可的其他主动终止上市情形。已在证券交易所发行A股和B股股票的上市公司，根据前述规定申请主动终止上市的，应当申请其A、B股股票同时终止上市，但存在特殊情况的除外。

此外，《科创板上市公司持续监管办法（试行）》《上海证券交易所科创板股票上市规则》还对科创板上市公司的强制退市和主动退市制度进行了优化。《全国中小企业股份转让系统业务规则（试行）》对新三板挂牌公司的主动申请退板与强制退板的具体要求和程序进行了详细规定，鉴于其与沪深证券交易所退市制度的基本原理一致，不再赘述。

### （五）退市公司的去向与安排

根据沪深证券交易所股票上市规则的规定，上市公司股票被强制终止上市后，应当聘请具有主办券商业务资格的证券公司，在证券交易所作出终止其股票上市决定后立即安排股票转入全国中小企业股份转让系统等证券交易场所进行股份转让相关事宜，保证公司股票在摘牌之日起45个交易日内可以转让。公司未聘请证券公司或者无证券公司接受其聘请的，证券交易所可以为其临时指定。主动终止上市公司可以选择在证券交易场所交易或转让其股票，或者依法作出其他安排。

上市公司在其股票终止上市后，申请其股票重新上市的，应当符合沪深证券交易所规定的重新上市条件，证券交易所将按照规定的程序审议和决定其股票重新上市事宜。关于退市公司的重新上市，需注意以下几点：

(1) 根据沪深证券交易所股票上市规则的规定，上市公司的股票被终止上市后，其终止上市情形（不包括交易类终止上市情形）已消除，且同时符合下列条件的，可以申请重新上市：1）符合《证券法》、中国证监会规定的发行条件。2）公司股本总额不低于5 000万元。3）社会公众股东持有的股份占公司股份总数的比例达到25%以上；公司股本总额超过4亿元的，社会公众股东持有的股份的比例为10%以上。4）市值及财务指标符合股票上市规则规定的相应标准。5）公司董事、监事和高级管理人员具备法律法规、证券交易所相关规定及公司章程规定的任职资格，且不存在影响其任职的情形。6）证券交易所要求的其他条件。

(2) 退市公司申请重新上市的时间间隔。主动退市公司可以随时提出重新上市申请，但强制退市公司申请重新上市将受到以下方面的限制：第一，如果是因欺诈发行被实施重大违法类强制退市的公司，其股票被终止上市后，将永远不得申请重新上市。第二，因市场交易类指标强制退市的公司，自其股票进入全国中小企业股份转让系统等证券交易场所转让之日起满3个月。第三，因欺诈发行之外的其他违法行为被实施重大违法类强制退市的公司，除《上海证券交易所股票上市规则（2024年4月修订）》第10.3.8条规定的情形外，自其股票进入全国中小企业股份转让系统等证券交易场所转让之日起满5个完整会计年度。第四，除前述强制退市公司之外的其他强制退市公司，自其股票进入全国中小企业股份转让系统等证券交易场所转让之日起满12个月。

(3) 因欺诈发行之外的其他违法行为被实施重大违法类强制退市的公司，未同时符合下列条件的，沪深证券交易所不受理其重新上市申请：已全面纠正重大违法行为并符合相关要求；

已撤换与重大违法行为有关的责任人员；已对相关民事赔偿承担作出妥善安排并符合相关要求；不存在股票上市规则规定的终止上市情形；公司聘请的重新上市保荐人、律师已对前述四项条件所述情况进行核查验证，并出具专项核查意见，明确认定公司已完全符合前述四项条件。

## 第三节　证券交易法律制度

### 一、证券交易的概念及特征

证券交易是指证券持有人依照交易规则，将证券转让给其他投资者的一种合同行为。证券交易是一种已经依法发行并经投资者认购的证券的买卖，是一种具有财产价值的特定权利的买卖，也是一种基于标准化合同的买卖。证券交易必须依法进行，但是不同的证券产品，其交易所依据的“法”可能有所不同。具言之，对于政府债券、证券投资基金份额这两类证券而言，只有“上市交易”才适用《证券法》。对于《证券法》第 2 条规定的其他证券类型来说，无论是上市交易还是非上市交易，都必须适用《证券法》。

证券交易是一种特殊的证券转让行为。证券交易是实现证券流通性的基本形式。《证券法》上的证券交易须借助证券交易场所完成。证券交易受到法律的严格规制。除《证券法》《公司法》以外，其他法律如《证券投资基金法》《信托法》《银行法》《保险法》《刑法》等也直接或间接地调整着特定的证券交易关系。《民法典担保制度解释》等司法解释以及《全国法院民商事审判工作会议纪要》等，也对证券交易起到一定的规制作用。

### 二、证券交易的形式

现代证券交易方式包括现货交易、期货交易、期权交易、信用交易、回购交易等。现货交易是证券交易双方在成交后即时清算交割证券和价款的交易方式。期货交易与现货交易相对应，其交易对象不是证券本身，而是期货合约，即未来购买或出卖证券并交割的合约。证券期权交易是指当事人为获得证券市场价格波动带来的利益，约定在一定时间内，以特定价格买进或卖出指定证券，或者放弃买进或卖出指定证券的交易。信用交易是指客户在买卖证券时，仅向证券公司支付一定数额的保证金或交付部分证券，其应当支付的价款和应交付的证券不足时，由证券公司进行垫付。证券信用交易具体又可分为融资买进和融券卖出两种交易形式。回购交易是指证券买卖双方在成交的同时，约定于未来某一时间以某一价格双方再行反向成交的交易方式。

### 三、证券集中交易

#### （一）证券集中交易的概念

证券集中交易是区别于非集中交易而言的，是指证券在证券交易所以公开、集中的方式进行买卖的交易方式，是证券流通的主要途径和证券交易的核心。证券集中交易主要是通过集中竞价的方式来实现的。所谓集中竞价，是指众多的买卖方依据价格优先、时间优先的原则竞价成交的形式。2023 年 2 月 17 日，沪深证券交易所分别发布了《上海证券交易所交易规则（2023 年修订）》（上证发〔2023〕32 号）和《深圳证券交易所交易规则（2023 年修订）》（深证上〔2023〕98 号），根据最新交易规则，证券集中交易遵循开户、委托、申报、竞价等程序。

为避免证券市场的暴涨暴跌，各国证券法对证券集中交易都设置了一定的风险控制制度，比较典型的是以美国股票市场为代表的熔断制度和以我国 A 股市场为代表的涨跌停制度、ST

制度等。并且，在股票现货和股指期货市场之间，也需要特定的风险控制制度来实现跨市场交易的协同稳定。①

（二）证券程序化交易

程序化交易于20世纪70年代起源于美国，是现代计算机科技广泛应用于金融领域而产生的一种新的证券交易方式。程序化交易一般以高频交易的策略实施证券买卖行为，其主要特点有：一是通过算法程序进行决策、生成委托单、执行成交程序等；二是延时很短，目的在于最小化反应时间；三是指令进入系统的速度极快，高速连接市场；四是信息量极大，即不断有报单和撤单的交易行为。

《证券法》第45条规定："通过计算机程序自动生成或者下达交易指令进行程序化交易的，应当符合国务院证券监督管理机构的规定，并向证券交易所报告，不得影响证券交易所系统安全或者正常交易秩序。"2024年4月12日，中国证监会出台了《证券市场程序化交易管理规定（试行）征求意见稿》，我国证券市场的程序化交易将迎来更加严格监管。

## 四、证券非集中交易

（一）协议转让

协议转让是指协议双方就上市公司股份达成转让合意，且不经过证券交易所交易系统而直接在登记结算机构过户交割的转让。根据《上海证券交易所上市公司股份协议转让业务办理指引（2021年修订）》，具有以下情形之一的，可以向上海证券交易所提交协议转让办理材料：转让股份数量不低于上市公司总股本5%的协议转让；转让双方存在实际控制关系，或均受同一控制人所控制的协议转让，转让股份数量不受前述不低于5%的限制；外国投资者战略投资上市公司涉及的协议转让；法律法规、中国证监会及上海证券交易所业务规则认定的其他情形。

（二）大宗交易

大宗交易，是指达到规定的最低限额的证券单笔买卖申报，买卖双方经过协议达成一致并经证券交易所确定成交的证券交易。2023年2月17日，沪深证券交易所新修订的交易规则对大宗交易进行了专门规范。

证券大宗交易只能通过证券交易所专门的大宗交易系统进行。它有证券数量的基本要求，既有由买卖双方通过协商进行交易的方式，也有通过证券交易所系统进行撮合交易的方式。证券大宗交易有成交申报价格的限制，并且交易的结果需经证券交易所确认。

在沪深证券交易所进行的证券买卖符合以下条件的，可以采用大宗交易方式：（1）A股单笔买卖申报数量应当不低于30万股，或者交易金额不低于200万元人民币。（2）B股单笔买卖申报数量应当不低于30万股，或者交易金额不低于20万元美元。（3）基金单笔买卖申报数量应当不低于200万份，或者交易金额不低于200万元。沪深证券交易所可以根据市场需要，调整大宗交易的最低限额。

（三）做市商制度

做市商制度是指在证券市场上，由具备一定实力和信誉的独立证券经营法人作为特许交易商，不断向公众投资者报出某些特定证券的买卖价格（双向报价），并在该价位上接受公众投资者的买卖要求，以其自有资金和证券与投资者进行证券交易的制度。做市商制度具有价格发

---

① 刘辉．股指期货与股票现货跨市场交易宏观审慎监管论：以国务院金融稳定发展委员会的设立为背景．江西财经大学学报，2020（1）．

现、稳定市场以及提高流动性三大功能。

## 五、上市公司股份回购法律制度

上市公司股份回购是指上市公司按照一定的条件和程序依法买回自己已发行股份的法律行为。上市公司股份回购既能促进股价理性回归，维护股票市场稳定，又能便利上市公司实施员工持股和股权激励计划，并且具有防御恶意收购和实施股权激励时代替新股发行等多项重要功能，但上市公司股份回购可能带来以下潜在的风险和挑战：造成主体混同和逻辑混乱、危及公司资本维持原则、危及股权平等原则、破坏公平交易秩序。[①] 我国《公司法》规定了股份回购的适用场域，即原则上公司不得收购本公司股份。但是，有下列情形之一的除外：减少公司注册资本；与持有本公司股份的其他公司合并；将股份用于员工持股计划或者股权激励；股东因对股东会作出的公司合并、分立决议持异议，要求公司收购其股份；将股份用于转换公司发行的可转换为股票的公司债券；上市公司为维护公司价值及股东权益所必需。

属于减少公司资本原因回购的，应当自收购之日起 10 日内将回购的股份注销；属于合并原因和异议股东要求公司收购其股份原因的回购，应当自收购之日起 6 个月内转让或者注销。属于将股份用于员工持股计划或者股权激励、将股份用于转换上市公司发行的可转债和上市公司为维护公司价值及股东权益所必需的回购的，公司持有的本公司股份应当在 3 年内转让或者注销。

## 六、证券交易的限制性规则

根据我国《证券法》《公司法》《企业国有资产法》等法律的规定，我国证券交易的限制性规定包括以下内容。

### （一）投资门槛的限制

对于科创板和创业板来说，投资者必须符合一定的条件方可进行交易。以科创板为例，根据《上海证券交易所交易规则（2023 年修订）》，个人投资者参与科创板股票交易，应当符合下列条件：（1）申请权限开通前 20 个交易日证券账户及资金账户内的资产日均不低于人民币 50 万元（不包括该投资者通过融资融券融入的资金和证券）。（2）参与证券交易 24 个月以上。（3）上海证券交易所规定的其他条件。机构投资者参与科创板股票交易，应当符合法律法规及上海证券交易所业务规则的规定。

### （二）特定主体买卖证券的限制

#### 1. 对证券交易负有监管职责的人员的交易限制

我国《证券法》规定，证券交易场所、证券公司和证券登记结算机构的从业人员、证券监督管理机构的工作人员以及法律、行政法规规定禁止参与股票交易的其他人员，在任期或者法定限期内，不得直接或者以化名、借他人名义持有、买卖股票或者其他具有股权性质的证券，也不得收受他人赠送的股票或者其他具有股权性质的证券。任何人在成为前述所列人员时，其原已持有的股票或者其他具有股权性质的证券，必须依法转让。实施股权激励计划或者员工持股计划的证券公司的从业人员，可以按照国务院证券监督管理机构的规定持有、卖出本公司股票或者其他具有股权性质的证券。

#### 2. 为证券交易提供服务的中介机构和人员的证券交易限制

我国《证券法》规定，为证券发行出具审计报告或者法律意见书等文件的证券服务机构和

---

① 刘辉．我国上市公司股份回购法律规制研究．北京：法律出版社，2020：59－60.

人员，在该证券承销期内和期满后六个月内，不得买卖该证券。除前述规定外，为发行人及其控股股东、实际控制人，或者收购人、重大资产交易方出具审计报告或者法律意见书等文件的证券服务机构和人员，自接受委托之日起至上述文件公开后五日内，不得买卖该证券。实际开展上述有关工作之日早于接受委托之日的，自实际开展上述有关工作之日起至上述文件公开后5日内，不得买卖该证券。

3. 对国有股股东证券交易的限制

国有股股东是一个抽象的概念，其一般是指依照《企业国有资产法》代表国家对国家出资企业履行出资人职责的特殊主体。国有资产转让由履行出资人职责的机构决定。履行出资人职责的机构决定转让全部国有资产的，或者转让部分国有资产致使国家对该企业不再具有控股地位的，应当报请本级人民政府批准。

4. 上市公司自身交易股票的限制

除股份回购限制外，上市公司不得接受本公司的股票作为质权的标的。

（三）特定证券转让期限的限制

（1）公司公开发行股份前已发行的股份，自公司股票在证券交易所上市交易之日起1年内不得转让。

（2）公司董事、监事、高级管理人员应当向公司申报所持有的本公司的股份及其变动情况，在任职期间每年转让的股份不得超过其所持有本公司股份总数的25%；所持本公司股份自公司股票上市交易之日起1年内不得转让。上述人员离职后半年内，不得转让其所持有的本公司股份。公司章程可以对公司董事、监事、高级管理人员转让其所持有的本公司股份作出其他限制性规定。

（3）上市公司持有5%以上股份的股东、实际控制人、董事、监事、高级管理人员，转让其持有的本公司股份的，不得违反法律、行政法规和国务院证券监督管理机构关于持有期限、卖出时间、卖出数量、卖出方式、信息披露等规定，并应当遵守证券交易所的业务规则。

（4）短线交易限制。短线交易限制主要是以赋予上市公司归入权的方式，来对短线交易行为进行规制，以阻遏内幕交易。我国《证券法》第44条规定：上市公司、股票在国务院批准的其他全国性证券交易场所交易的公司持有5%以上股份的股东、董事、监事、高级管理人员，将其持有的该公司的股票或者其他具有股权性质的证券在买入后6个月内卖出，或者在卖出后6个月内又买入，由此所得收益归该公司所有，公司董事会应当收回其所得收益。但是，证券公司因购入包销售后剩余股票而持有5%以上股份，以及有国务院证券监督管理机构规定的其他情形的除外。前款所称董事、监事、高级管理人员、自然人股东持有的股票或者其他具有股权性质的证券，包括其配偶、父母、子女持有的及利用他人账户持有的股票或者其他具有股权性质的证券。公司董事会不按照第1款规定执行的，股东有权要求董事会在30日内执行。公司董事会未在上述期限内执行的，股东有权为了公司的利益以自己的名义直接向人民法院提起诉讼。公司董事会不按照第1款的规定执行的，负有责任的董事依法承担连带责任。

## 第四节　上市公司并购重组法律制度

### 一、上市公司收购概述

上市公司收购是指通过证券交易所的证券交易，投资者持有或者通过协议、其他安排与他人共同持有一家上市公司已发行的有表决权股份达到一定程度，导致其获得或可能获得对该公司实际控制权的行为。上市公司收购的主体是投资者及其一致行动的他人。投资者既可以单独实施上市公司收购，也可以通过协议、其他安排与其他人共同实施收购行为。

上市公司收购的标的既包括公司股权也包括公司资产，但无论收购何种标的，上市公司一定是以取得实际控制权为目标的。上市公司收购必须按照法律规定的方式进行。在我国，上市公司收购的常见方式有要约收购、协议收购、集中竞价系统交易以及通过认购股份的收购。此外，我国《证券法》还允许通过国有股权行政划转、司法裁决、继承、赠与以及证券监管部门根据法律授权认定的其他收购方式进行上市公司收购。上市公司收购只能通过场内交易进行。对于上市公司收购最重要的法律监管是收购方的信息披露义务。

依据不同的标准，对上市公司收购可作不同的分类。按照收购标的的不同，上市公司收购可分为股权收购与资产收购。按照收购方是否直接对目标公司实施收购进行分类，可将收购分为直接收购与间接收购。按照被收购方管理层的主观意愿，可以将上市公司收购分为友好收购与敌意收购。按照收购的方式和交易场所，可以将上市公司收购分为要约收购与协议收购。根据收购方的资金来源，上市公司收购可被分为杠杆收购与非杠杆收购。

## 二、上市公司收购的法律规制

### （一）“慢走规则”与权益披露

“慢走规则”又称为台阶规则，是指投资者通过证券交易所进行的股票交易，持有或者通过协议、其他安排与他人共同持有某一上市公司已发行股份比例达到5%以上时，每增加或减少持有股份的一定比例，均须暂停买卖该公司的股票，进行权益披露，且在法定期限内不得再行买卖该种股票的交易管制措施。慢走规则的目的在于控制大股东交易股份的节奏，以防止大股东操纵市场，并能使信息得到广泛传播，以便中小股东有充分时间接受和消化信息，慎重考虑，使其利益得到较好保护。

我国《证券法》第63条规定：通过证券交易所的证券交易，投资者持有或者通过协议、其他安排与他人共同持有一个上市公司已发行的有表决权股份达到5%时，应当在该事实发生之日起3日内，向国务院证券监督管理机构、证券交易所作出书面报告，通知该上市公司，并予公告，在上述期限内不得再行买卖该上市公司的股票，但国务院证券监督管理机构规定的情形除外。投资者持有或者通过协议、其他安排与他人共同持有一个上市公司已发行的有表决权股份达到5%后，其所持该上市公司已发行的有表决权股份比例每增加或者减少百分之五，应当依照前款规定进行报告和公告，在该事实发生之日起至公告后3日内，不得再行买卖该上市公司的股票，但国务院证券监督管理机构规定的情形除外。投资者持有或者通过协议、其他安排与他人共同持有一个上市公司已发行的有表决权股份达到5%后，其所持该上市公司已发行的有表决权股份比例每增加或者减少1%，应当在该事实发生的次日通知该上市公司，并予公告。违反“慢走规则”交易股票的，交易仍然有效，但该买入的上市公司有表决权的股份，在买入后的36个月内，对超过规定比例部分的股份不得行使表决权。

《上市公司收购管理办法》进一步规定，上市公司的收购及相关股份权益变动活动中的信息披露义务人在报告、公告等文件中有虚假记载、误导性陈述或者重大遗漏的，中国证监会责令改正，采取监管谈话、出具警示函、责令暂停或者停止收购等监管措施。在改正前，收购人对其持有或者实际支配的股份不得行使表决权。

关于以上条文中涉及的信息披露的格式和内容，《上市公司收购管理办法》区分了简式权益变动报告书和详式权益变动报告书进行规定。其第16条规定，投资者及其一致行动人不是上市公司的第一大股东或者实际控制人，其拥有权益的股份达到或者超过该公司已发行股份的

5%，但未达到20%的，应当编制包括下列内容的简式权益变动报告书：（1）投资者及其一致行动人的姓名、住所；投资者及其一致行动人为法人的，其名称、注册地及法定代表人。（2）持股目的，是否有意在未来12个月内继续增加其在上市公司中拥有的权益。（3）上市公司的名称、股票的种类、数量、比例。（4）在上市公司中拥有权益的股份达到或者超过上市公司已发行股份的5%或者拥有权益的股份增减变化达到5%的时间及方式、增持股份的资金来源。（5）在上市公司中拥有权益的股份变动的时间及方式。（6）权益变动事实发生之日前6个月内通过证券交易所的证券交易买卖该公司股票的简要情况。（7）中国证监会、证券交易所要求披露的其他内容。

在以下两种情形下应当披露详式权益变动报告书：一是投资者及其一致行动人为上市公司第一大股东或者实际控制人，其拥有权益的股份达到或者超过一个上市公司已发行股份的5%，但未达到20%的；二是投资者及其一致行动人拥有权益的股份达到或者超过一个上市公司已发行股份的20%但未超过30%的。

详式权益变动报告书除须披露简式权益变动报告书规定的信息外，还应当披露以下内容：（1）投资者及其一致行动人的控股股东、实际控制人及其股权控制关系结构图。（2）取得相关股份的价格、所需资金额，或者其他支付安排。（3）投资者、一致行动人及其控股股东、实际控制人所从事的业务与上市公司的业务是否存在同业竞争或者潜在的同业竞争，是否存在持续关联交易；存在同业竞争或者持续关联交易的，是否已做出相应的安排，确保投资者、一致行动人及其关联方与上市公司之间避免同业竞争以及保持上市公司的独立性。（4）未来12个月内对上市公司资产、业务、人员、组织结构、公司章程等进行调整的后续计划。（5）前24个月内投资者及其一致行动人与上市公司之间的重大交易。（6）不存在《上市公司收购管理办法》第6条规定的情形（任何人不得利用上市公司的收购损害被收购公司及其股东的合法权益的情形）。（7）能够按照《上市公司收购管理办法》第50条的规定提供相关文件（收购人公告上市公司收购报告书时应当提交的备查文件）。

投资者及其一致行动人为上市公司第一大股东或者实际控制人的，还应当聘请财务顾问对上述权益变动报告书所披露的内容出具核查意见，但国有股行政划转或者变更、股份转让在同一实际控制人控制的不同主体之间进行、因继承取得股份的除外。投资者及其一致行动人承诺至少3年放弃行使相关股份表决权的，可免于聘请财务顾问和提供前款第7项规定的文件。

### （二）一致行动人规则

一致行动是指投资者通过协议、其他安排，与其他投资者共同扩大其所能够支配的一个上市公司股份表决权数量的行为或者事实。在上市公司的收购及相关股份权益变动活动中有一致行动情形的投资者，互为一致行动人。如无相反证据，投资者有下列情形之一的，为一致行动人：（1）投资者之间有股权控制关系；（2）投资者受同一主体控制；（3）投资者的董事、监事或者高级管理人员中的主要成员，同时在另一个投资者担任董事、监事或者高级管理人员；（4）投资者参股另一投资者，可以对参股公司的重大决策产生重大影响；（5）银行以外的其他法人、其他组织和自然人为投资者取得相关股份提供融资安排；（6）投资者之间存在合伙、合作、联营等其他经济利益关系；（7）持有投资者30%以上股份的自然人，与投资者持有同一上市公司股份；（8）在投资者任职的董事、监事及高级管理人员，与投资者持有同一上市公司股份；（9）持有投资者30%以上股份的自然人和在投资者任职的董事、监事及高级管理人员，其父母、配偶、子女及其配偶、配偶的父母、兄弟姐妹及其配偶、配偶的兄弟姐妹及其配偶等亲属，与投资者持有同一上市公司股份；（10）在上市公司任职的董事、监事、高级管理人员及其前述亲属同时持有本公司股份的，或者与其自己或者其前述亲属直接或者间接控制的企业同时持有本公司股份；(11) 上市公司董事、监事、高级管理人员和员工与其所控制或者委托的法人或者其他组织持有本公司股份；(12) 投资者之间具有其他关联关系。

一致行动人应当合并计算其所持有的股份。投资者计算其所持有的股份，应当包括登记在其名下的股份，也包括登记在其一致行动人名下的股份。投资者认为其与他人不应被视为一致行动人的，可以向中国证监会提供相反证据。

（三）要约收购规则

1. 要约收购的概念和特征

要约收购是指收购人通过向目标公司的股东发出购买其所持该公司股份的书面要约，并依法公告收购要约中所规定的收购条件、价格、期限以及其他规定事项，收购目标公司股份的收购方式。我国《证券法》《上市公司收购管理办法》规定，要约收购分为自愿要约收购和强制要约收购两种情形。同时，其要约也有部分要约与全面要约的区分，全面要约是指收购人向被收购公司所有股东发出收购其所持有的全部股份的要约，部分要约是指收购人向被收购公司所有股东发出收购其所持有的部分股份的要约。

要约收购具有如下特征：(1) 要约收购的范围具有普遍性。收购要约向目标公司非特定的全体股东发出。(2) 要约收购条件的统一性。不允许出现要约方面的差别待遇。(3) 要约收购方式上的公开性。(4) 要约收购具有法定性。要约收购是在强行法约束下实施的收购，其方式需遵守《证券法》《上市公司收购管理办法》的规定，如要约收购须通过证券交易所进行交易，收购要约须记载法定的内容，要约收购须在法定的期限内（不得少于30日并不得超过60日）完成。

2. 强制要约收购

通过证券交易所的证券交易，投资者持有或者通过协议、其他安排与他人共同持有一个上市公司已发行的有表决权股份达到30%时，继续进行收购的，应当依法向该上市公司所有股东发出收购上市公司全部或者部分股份的要约。收购上市公司部分股份的要约应当约定，被收购公司股东承诺出售的股份数额超过预定收购的股份数额的，收购人按比例进行收购。此即所谓的强制要约收购。

在强制要约收购的情形下，收购人必须公告上市公司收购报告书，并载明下列事项：(1) 收购人的名称、住所；(2) 收购人关于收购的决定；(3) 被收购的上市公司名称；(4) 收购目的；(5) 收购股份的详细名称和预定收购的股份数额；(6) 收购期限、收购价格；(7) 收购所需资金额及资金保证；(8) 公告上市公司收购报告书时持有被收购公司股份数占该公司已发行的股份总数的比例。

根据《上市公司收购管理办法》，投资者及其一致行动人在符合相关条件的情形下，可以免于以要约收购方式增持股份，或存在主体资格、股份种类限制或者法律、行政法规、中国证监会规定的特殊情形的，免于向被收购公司的所有股东发出收购要约。这些免除发出邀约的情形包括：

(1) 有下列情形之一的，收购人可以免于以要约方式增持股份：1) 收购人与出让人能够证明本次股份转让是在同一实际控制人控制的不同主体之间进行，未导致上市公司的实际控制人发生变化；2) 上市公司面临严重财务困难，收购人提出的挽救公司的重组方案取得该公司股东大会批准，且收购人承诺3年内不转让其在该公司中所拥有的权益；3) 中国证监会为适应证券市场发展变化和保护投资者合法权益的需要而认定的其他情形。

(2) 有下列情形之一的，投资者可以免于发出要约：1) 经政府或者国有资产管理部门批准进行国有资产无偿划转、变更、合并，导致投资者在一个上市公司中拥有权益的股份占该公司已发行股份的比例超过30%；2）因上市公司按照股东大会批准的确定价格向特定股东回购股份而减少股本，导致投资者在该公司中拥有权益的股份超过该公司已发行股份的30%；3）经上市公司股东大会非关联股东批准，投资者取得上市公司向其发行的新股，导致其在该公司拥有权益的股份超过该公司已发行股份的30%，投资者承诺3年内不转让本次向其发行的新股，且公司股东大会同意投资者免于发出要约；4）在一个上市公司中拥有权益的股份达到或者超过该公司已发行股份的30%的，自上述事实发生之日起1年后，每12个月内增持不超过该公司已发行的2%的股份；5）在一个上市公司中拥有权益的股份达到或者超过该公司已发行股份的50%的，继续增加其在该公司拥有的权益不影响该公司的上市地位；6）证券公司、银行等金融机构在其经营范围内依法从事承销、贷款等业务导致其持有一个上市公司已发行股份超过30%，没有实际控制该公司的行为或者意图，并且提出在合理期限内向非关联方转让相关股份的解决方案；7）因继承导致在一个上市公司中拥有权益的股份超过该公司已发行股份的30%；8）因履行约定购回式证券交易协议购回上市公司股份导致投资者在一个上市公司中拥有权益的股份超过该公司已发行股份的30%，并且能够证明标的股份的表决权在协议期间未发生转移；9）因所持优先股表决权依法恢复导致投资者在一个上市公司中拥有权益的股份超过该公司已发行股份的30%；10）中国证监会为适应证券市场发展变化和保护投资者合法权益的需要而认定的其他情形。

3. 目标公司管理层的信义义务

被收购公司的董事、监事、高级管理人员对公司负有忠实义务和勤勉义务，应当公平对待收购本公司的所有收购人。被收购公司董事会针对收购作出的决策及采取的措施，应当有利于维护公司及其股东的利益，不得滥用职权对收购设置不适当的障碍，不得利用公司资源向收购人提供任何形式的财务资助，不得损害公司及其股东的合法权益。

此外，被收购公司的控股股东或者实际控制人不得滥用股东权利损害被收购公司或者其他股东的合法权益。被收购公司的控股股东、实际控制人及其关联方有损害被收购公司及其他股东合法权益的，上述控股股东、实际控制人在转让被收购公司控制权之前，应当主动消除损害；未能消除损害的，应当就其出让相关股份所得收入用于消除全部损害作出安排，对不足以消除损害的部分应当提供充分有效的履约担保或安排，并依照公司章程取得被收购公司股东会的批准。

（四）协议收购规则

协议收购是指投资者在证券交易场所之外与目标公司的大股东就股票交易价格、数量等问题进行协商，达成收购协议，并购买目标公司的股票，从而获得对目标公司控制权的法律行为。采取协议收购方式的，协议双方可以临时委托证券登记结算机构保管协议转让的股票，并将资金存放于指定的银行。在协议收购过程中，收购方与目标公司的股东有可能达成影响机会公平、信息公开、交易公正的收购协议，法律必须对其予以特殊规制。

我国《证券法》第71条规定：采取协议收购方式的，收购人可以依照法律、行政法规的规定同被收购公司的股东以协议方式进行股份转让。以协议方式收购上市公司时，达成协议后，收购人必须在3日内将该收购协议向国务院证券监督管理机构及证券交易所作出书面报告，并予公告。在公告前不得履行收购协议。

协议收购也需要遵守强制要约收购的规则，采取协议收购方式的，收购人收购或者通过协议、其他安排与他人共同收购一个上市公司已发行的有表决权股份达到30%时，继续进行收购的，应当依法向该上市公司所有股东发出收购上市公司全部或者部分股份的要约。但是，按照国务院证券监督管理机构的规定免除发出要约的除外。

并且，根据《上市公司收购管理办法》，以协议方式进行上市公司收购的，自签订收购协议起至相关股份完成过户的期间为上市公司收购过渡期。在过渡期内，收购人不得通过控股股东提议改选上市公司董事会，确有充分理由改选董事会的，来自收购人的董事不得超过董事会成员的1/3；被收购公司不得为收购人及其关联方提供担保；被收购公司不得公开发行股份募集资金，不得进行重大购买、出售资产及重大投资行为或者与收购人及其关联方进行其他关联交易，但收购人为挽救陷入危机或者面临严重财务困难的上市公司的情形除外。

上市公司控股股东向收购人协议转让其所持有的上市公司股份的，应当对收购人的主体资格、诚信情况及收购意图进行调查，并在其权益变动报告书中披露有关调查情况。控股股东及其关联方未清偿其对公司的负债，未解除公司为其负债提供的担保，或者存在损害公司利益的其他情形的，被收购公司董事会应当对前述情形及时予以披露，并采取有效措施维护公司利益。

此外，《非上市公众公司收购管理办法》对新三板挂牌公司收购作出了专门规定，相较于沪深证券交易所上市公司收购的法律规制，新三板挂牌公司收购有两方面的差别：一是将权益披露的触发比例提高到10%，二是免除了收购方的强制要约义务。

## 三、上市公司的反收购措施

### （一）域外主要的反收购措施类型

1. 毒丸计划

毒丸计划是指上市公司设置一个“毒丸”触发点，即公司可以向股东发行可转换优先股或者赋予股东购股权，当外来收购者持有公司股票超过设定比例时，毒丸计划即告生效，股东可以将优先股转换为普通股，或者直接以较低的价格购得普通股，从而稀释公司既有股权结构，达到抵御恶意收购的目的。

毒丸计划遭受的最大质疑来自股权平等理论。因为当触发“毒丸”触发点时，公司的原有股东可以将优先股转换为普通股，或者低价认购新发行的股票，但是恶意收购方并不享有转股权和购股权。因而，毒丸计划尽管在美国被广泛使用，但在英国却遭到禁止。我国的《公司法》第152条已正式引入了授权资本制，如毒丸计划的实施未注，这使得目标公司有望躲过收购方在其股东会中对毒丸计划实施的阻击，同时，在证券发行全面注册制下，上市公司定向增发流程更加简化，毒丸计划的真实案例或将在A股市场诞生。

2. 黄金降落伞计划

黄金降落伞计划是指作为企业的高级管理人员、公司的管理层与公司订立协议，约定管理层在公司被收购后被解聘的情况下，公司必须在经济上给予其丰厚的保障，比如支付一次性的巨额解聘费或者其他额外经济补偿。

黄金降落伞计划的本质是敌意收购方借控制之后的上市公司清退不合作的高管层，但其实施有可能导致瓜分公司资产的结果。在中国，大量的上市公司是国有企业，如果通过实施黄金降落伞计划来瓜分国有资产，这显然是一种违法行为。

3. 差异化股权结构

差异化股权结构也被称为特殊表决权措施，即上市公司在公司章程中明确规定，提高或者降低特定股份的表决权来抵御恶意收购。新《公司法》第144条规定了类别股制度，这其中，尤其是表决权类别股的合法化，为上市公司及收购提供了重要的法律保障。

4. 帕克曼防御

帕克曼防御是一种“围魏救赵”的反收购策略，是指在敌意收购方大量收购目标公司发行在外的股份时，目标公司或其股东也针锋相对地收购敌意收购方的股份，这样做的结果可能就是收购方与目标公司之间形成交叉持股、攻守双方同时取得控制权的局面。帕克曼防御措施的实施在实践中可能面临一些局限。其一，如果敌意收购方不是上市公司，目标公司可能无法在公开市场上购买其股票；其二，敌意收购方一般在收购之前已经制定了精密的收购计划，目标公司在被动反击的过程中，可能很难具有与之抗衡的收购能力。

5. 焦土政策

焦土政策是指上市公司面临被敌意收购方收购时，通过降低经营业绩，处置公司资产（如商标、专利、土地等）、业务等方式使公司投资价值降低。例如，在公司章程中规定，为阻止恶意收购，可以在与相关债权人协商一致且无须股东会审议的情形下，立即归还公司所有未到期负债等。我国《证券法》《上市公司收购管理办法》设置了严格的被收购方管理层的信义义务，因此焦土政策的实施并不现实。

（二）我国目前主要的反收购措施类型

1. 员工持股计划

这主要是基于分散股权的考虑设计的，上市公司可以鼓励内部员工持有本公司的股票，同时成立相应的基金会进行控制和管理。在敌意收购发生时，如果员工持股比例相对较大，则可控制一部分公司股份，增强公司的决策控制权，提高敌意收购者的收购难度。虽然我国《公司法》将员工持股计划作为上市公司股份回购的合法理由，且在“宝万之争”中，万科管理层也曾推出过员工持股计划，但单单依靠员工持股，终归很难达到抵御恶意收购的目的。

2. 签订一致行动人协议

对于股权较为分散的公司，非多数股东可以通过组建一致行动人阵营的方式使合计持有的股权占多数，并在收购开始前或完成后拥有对公司的控制权。当公司无控股股东，也没有实际控制人时，大股东也可以和其他股东签署一致行动人协议，保证自己对公司的控制力。以上市公司京东为例，刘强东持股仅占18.8%，却掌控了京东过半数（51.2%）的投票权，有超过11家投资机构将投票权委托给刘强东行使。

3. 白衣骑士

如果对敌意收购方不满意，目标公司可以向满意的合作方（白衣骑士）发出邀请，由白衣骑士以更高的价格来参与收购，这样既会造成目标公司股价大涨，同时又会降低敌意收购方的持股比例，进而提高恶意收购的难度。在“宝万之争”中，深圳地铁就曾扮演万科的白衣骑士，成功抵御了宝能的恶意收购计划。

值得注意的是，如果目标公司治理结构不健全，管理层为了个人利益抑或私人交情，白衣骑士计划有可能会沦为保护管理层利益的一种手段，并损害股东利益。而从操作的层面来说，白衣骑士通常与锁定期权策略并用，即给予白衣骑士以优惠的价格购买目标公司的资产或股份的条件，并且，目标公司寻找来的白衣骑士也有可能来者不善，所以最好的结果是约定白衣骑士收购无法取得目标公司的控制权但又足以震慑敌意收购方的股权比例，同时配之以一致行动人协议来巩固公司的控制权。①

4. 分期分级董事会制度

分期分级董事会条款的典型做法是，在公司章程中规定，董事会分成若干组，每一组都有不同的任期，由此，公司每年都有一组董事任期届满，每年也只有任期届满的董事可以被改选。为了保证分期分级董事会条款的实施，公司章程往往还同时规定董事在任职期间不得被无

① 邢会强主编．证券法学．北京：中国人民大学出版社，2019：125.

故解任，并可以就董事的解职问题设置绝对多数条款，规定必须有一定比例（如 1/3 或过半数）股东出席股东大会且取得出席会议的绝对多数（如 3/4）股东同意才能决定解除董事的职务。

分期分级董事会条款的目的在于维护公司董事会的稳定，从而起到抵御敌意收购的作用。《公司法》和《上市公司章程指引》（2022 年修订）没有禁止分期分级董事会制度，而是把是否执行分期分级董事会制度的权利交给上市公司董事会和股东大会。如果上市公司在章程中加入自治条款，如“董事若发生违反法律、法规及其他规范性文件或公司章程规定的情形，股东大会在董事任期届满前解除其职务的，每年不超过董事会成员的 1/3”，这就意味着即使恶意收购方拥有公司绝对多数的股权，也难以获得目标公司董事会的控制权，从而使恶意收购方不可能马上改组目标公司。

5. 股份回购

这是指按照《公司法》第 142 条的规定，基于维护公司价值及股东利益而收购本公司股份，这种收购合计持有的本公司股份数额不得超过已发行股份总额的 10%，并且应当在三年内转让或者注销。目标公司如果大规模回购本公司在公开市场上交易的股份，一方面可以提高股票价格，给恶意收购方带来收购的难度，另一方面公开流动股份的减少，也会令恶意收购方重新考虑是否继续进行恶意收购。

## 四、上市公司重大资产重组

### （一）重大资产重组的定义和标准

重大资产重组是指上市公司及其控股或者控制的公司在日常经营活动之外购买、出售资产或者通过其他方式进行资产交易达到规定的比例，导致上市公司的主营业务、资产、收入发生重大变化的资产交易行为。《上市公司重大资产重组管理办法》对“通过其他方式进行资产交易”进行了解释，即包括：与他人新设企业、对已设立的企业增资或者减资，受托经营、租赁其他企业资产或者将经营性资产委托他人经营、租赁，接受附义务的资产赠与或者对外捐赠资产，中国证监会根据审慎监管原则认定的其他情形。

《上市公司重大资产重组管理办法》明确规定了构成重大资产重组的具体标准，即上市公司及其控股或者控制的公司购买、出售资产，达到下列标准之一的，构成重大资产重组：（1）购买、出售的资产总额占上市公司最近一个会计年度经审计的合并财务会计报告期末资产总额的比例达到 50%以上。（2）购买、出售的资产在最近一个会计年度所产生的营业收入占上市公司同期经审计的合并财务会计报告营业收入的比例达到 50%以上，且超过 5 000 万元人民币。（3）购买、出售的资产净额占上市公司最近一个会计年度经审计的合并财务会计报告期末净资产额的比例达到 50%以上，且超过 5 000 万元人民币。

同时，《上市公司重大资产重组管理办法》规定，对于购买、出售资产未达到上述标准，但中国证监会发现涉嫌违反国家产业政策、违反法律和行政法规、违反中国证监会的规定、可能损害上市公司或者投资者合法权益等重大问题的，可以根据审慎监管原则，责令上市公司暂停交易、按照规定补充披露相关信息、聘请符合《证券法》规定的独立财务顾问或者其他证券服务机构补充核查并披露专业意见。

需要注意的是，必须正确认识《上市公司收购管理办法》和《上市公司重大资产重组管理办法》的关系及其法律适用规则。《上市公司收购管理办法》颁布在前，尽管其将收购人定义为“投资者及与其一致行动的他人”，但其后续规定主要是针对上市公司收购其他上市公司股份之情形进行设置的。然而，上市公司收购并不局限于上市公司之间，实践中还可能有非上市公司收购上市公司，即借壳上市；同时，收购也不仅仅是股权收购，也有可能是资产收购。故而，颁布在后的《上市公司重大资产重组管理办法》旨在处理后两个问题，即上市公司的资产收购以及借壳上市。《上市公司重大资产重组管理办法》是《上市公司收购管理办法》的重要补充，二者都是我国上市公司收购法律制度的重要组成部分。投资者为了取得上市公司控制权，无论是否采用收购的方式，一旦构成重大资产重组，就应适用《上市公司重大资产重组管理办法》。《上市公司重大资产重组管理办法》并不局限于处理资产收购，也对股权收购进行了回应。①

### （二）重大资产重组的程序

1. 磋商

上市公司与交易对方就重大资产重组事宜进行初步磋商时，应当立即采取必要且充分的保密措施，制定严格有效的保密制度，限定相关敏感信息的知悉范围。上市公司及交易对方聘请证券服务机构的，应当立即与所聘请的证券服务机构签署保密协议。在上市公司关于重大资产重组的董事会决议公告前，相关信息已在媒体上传播或者公司股票交易出现异常波动的，上市公司应当立即将有关计划、方案或者相关事项的现状以及相关进展情况和风险因素等予以公告，并按照有关信息披露规则办理其他相关事宜。

2. 中介机构出具相关意见

上市公司应当聘请符合《证券法》规定的独立财务顾问、律师事务所以及会计师事务所等证券服务机构就重大资产重组出具意见。

3. 董事会决议并披露

上市公司进行重大资产重组，应当由董事会依法作出决议，并提交股东会批准。上市公司董事会应当就重大资产重组是否构成关联交易作出明确判断，并作为董事会决议事项予以披露。上市公司独立董事应当在充分了解相关信息的基础上，就重大资产重组发表独立意见。重大资产重组构成关联交易的，独立董事可以另行聘请独立财务顾问就本次交易对上市公司非关联股东的影响发表意见。上市公司应当积极配合独立董事调阅相关材料，并通过安排实地调查、组织证券服务机构汇报等方式，为独立董事履行职责提供必要的支持和便利。

上市公司应当在董事会作出重大资产重组决议后的次一工作日至少披露下列文件：董事会决议及独立董事的意见、上市公司重大资产重组预案。

4. 股东会决议并披露

上市公司股东会就重大资产重组作出的决议，至少应当包括下列事项：（1）本次重大资产重组的方式、交易标的和交易对方。（2）交易价格或者价格区间。（3）定价方式或者定价依据。（4）相关资产自定价基准日至交割日期间损益的归属。（5）相关资产办理权属转移的合同义务和违约责任。（6）决议的有效期。（7）对董事会办理本次重大资产重组事宜的具体授权。（8）其他需要明确的事项。

上市公司应当在股东会作出重大资产重组决议后的次一工作日公告该决议，以及律师事务所对本次会议的召集程序、召集人和出席人员的资格、表决程序以及表决结果等事项出具的法律意见书。涉及发行股份购买资产的，上市公司应当根据中国证监会的规定委托独立财务顾问，在作出决议后3个工作日内向证券交易所提出申请。

5. 证券交易所审议与中国证监会注册

证券交易所设立并购重组委员会依法审议上市公司发行股份购买资产申请，提出审议意

① 邢会强编．证券法学．北京：中国人民大学出版社，2019：129-130.

见。证券交易所应当在规定的时限内基于并购重组委的审议意见，形成本次交易是否符合重组条件和信息披露要求的审核意见。证券交易所认为符合相关条件和要求的，将审核意见、上市公司注册申请文件及相关审核资料报中国证监会注册；认为不符合相关条件和要求的，作出终止审核决定。

中国证监会收到证券交易所报送的审核意见等相关文件后，依照法定条件和程序，在15个工作日内对上市公司的注册申请作出予以注册或者不予注册的决定，按规定应当扣除的时间不计算在前述规定的时限内。中国证监会基于证券交易所的审核意见依法履行注册程序，发现存在影响重组条件的新增事项，可以要求证券交易所问询并就新增事项形成审核意见。中国证监会认为证券交易所对前款规定的新增事项审核意见依据明显不充分的，可以退回补充审核。证券交易所补充审核后，认为符合重组条件和信息披露要求的，重新向中国证监会报送审核意见等相关文件，注册期限重新计算。

6. 重组方案的实施与公告

上市公司重大资产重组完成相关批准程序后，应当及时实施重组方案，并于实施完毕之日起3个工作日内编制实施情况报告书，向证券交易所提交书面报告，并予以公告。

7. 实时进展情况报告

自完成相关批准程序之日起60日内，本次重大资产重组未实施完毕的，上市公司应当于期满后次一工作日将实施进展情况报告，并予以公告；此后每30日应当公告一次，直至实施完毕。

8. 独立财务顾问持续督导

独立财务顾问应当按照中国证监会的相关规定，以及证券交易所的相关规则，对实施重大资产重组的上市公司履行持续督导职责。持续督导的期限自本次重大资产重组实施完毕之日起，应当不少于1个会计年度。实施“其他重大资产重组”的，持续督导的期限自本次重大资产重组实施完毕之日起，应当不少于3个会计年度。持续督导期限届满后，仍存在尚未完结的督导事项的，独立财务顾问应当就相关事项继续履行持续督导职责。

### （三）其他重大资产重组

1. “借壳上市”的概念和认定标准

这里的其他重大资产重组，主要是指反向收购，俗称“借壳上市”，即非上市公司通过股权收购、资产置换等方式获得上市公司控制权后，再由上市公司通过重大资产重组，将非上市公司控制的优质资产置入上市公司并继续上市交易的过程。由于“借壳上市”具有简化证券发行注册手续的特征，因此，《上市公司重大资产重组管理办法》对其予以专门规制，其标准化的表述是“上市公司在控制权发生变更后向收购人及其关联人购买资产而导致上市公司发生根本变化的情形”。

《上市公司重大资产重组管理办法》第13条对“借壳上市”的认定标准是：上市公司自控制权发生变更之日起36个月内，向收购人及其关联人购买资产，导致上市公司发生以下根本变化情形之一的，构成重大资产重组，应当按照本办法的规定履行相关义务和程序：

（1）购买的资产总额占上市公司控制权发生变更的前一个会计年度经审计的合并财务会计报告期末资产总额的比例达到100%以上。

（2）购买的资产在最近一个会计年度所产生的营业收入占上市公司控制权发生变更的前一个会计年度经审计的合并财务会计报告营业收入的比例达到100%以上。

（3）购买的资产净额占上市公司控制权发生变更的前一个会计年度经审计的合并财务会计报告期末净资产额的比例达到100%以上。

（4）为购买资产发行的股份占上市公司首次向收购人及其关联人购买资产的董事会决议前一个交易日的股份的比例达到100%以上。

（5）上市公司向收购人及其关联人购买资产虽未达到第1至第4项标准，但可能导致上市公司主营业务发生根本变化。

（6）中国证监会认定的可能导致上市公司发生根本变化的其他情形。

总结起来就是，“借壳上市”首先必须出现上市公司控制权发生变更的情形，同时，收购人注入上市公司的资产达到了《上市公司重大资产重组管理办法》规定的资产总额、营业收入、净资产额、股份比例四项触发指标之一。

2.“借壳上市”的法律监管

《上市公司重大资产重组管理办法》第11条对“借壳上市”要求进行如下方面的监管。

第一，“借壳上市”若构成重大资产重组，应当就本次交易符合下列要求作出充分说明，并予以披露：

（1）符合国家产业政策和有关环境保护、土地管理、反垄断、外商投资、对外投资等法律和行政法规的规定。

（2）不会导致上市公司不符合股票上市条件。

（3）重大资产重组所涉及的资产定价公允，不存在损害上市公司和股东合法权益的情形。

（4）重大资产重组所涉及的资产权属清晰，资产过户或者转移不存在法律障碍，相关债权债务处理合法。

（5）有利于上市公司增强持续经营能力，不存在可能导致上市公司重组后主要资产为现金或者无具体经营业务的情形。

（6）有利于上市公司在业务、资产、财务、人员、机构等方面与实际控制人及其关联人保持独立，符合中国证监会关于上市公司独立性的相关规定。

（7）有利于上市公司形成或者保持健全有效的法人治理结构。

第二，“借壳上市”如果涉及上市公司发行股份购买资产，应当符合下列规定：

（1）充分说明并披露本次交易有利于提高上市公司资产质量、改善财务状况和增强持续经营能力，有利于上市公司减少关联交易、避免同业竞争、增强独立性。

（2）上市公司最近一年及一期财务会计报告被会计师事务所出具无保留意见审计报告；被出具保留意见、否定意见或者无法表示意见的审计报告的，须经会计师事务所专项核查确认，该保留意见、否定意见或者无法表示意见所涉及事项的重大影响已经消除或者将通过本次交易予以消除。

（3）上市公司及其现任董事、高级管理人员不存在因涉嫌犯罪正被司法机关立案侦查或涉嫌违法违规正被中国证监会立案调查的情形。但是，涉嫌犯罪或违法违规的行为已经终止满三年，交易方案有助于消除该行为可能造成的不良后果，且不影响对相关行为人追究责任的除外。

（4）充分说明并披露上市公司发行股份所购买的资产为权属清晰的经营性资产，并能在约定期限内办理完毕权属转移手续。

（5）中国证监会规定的其他条件。

上市公司为促进行业的整合、转型升级，在其控制权不发生变更的情况下，可以向控股股东、实际控制人或者其控制的关联人之外的特定对象发行股份购买资产。所购买资产与现有主营业务没有显著协同效应的，应当充分说明并披露本次交易后的经营发展战略和业务管理模式，以及业务转型升级可能面临的风险和应对措施。特定对象以现金或者资产认购上市公司发行的股份后，上市公司用同一次发行所募集的资金向该特定对象购买资产的，视同上市公司发行股份购买资产。

第三，上市公司购买的资产对应的经营实体应当是股份有限公司或者有限责任公司，且符合《首次公开发行股票注册管理办法》规定的其他发行条件、相关板块定位，以及证券交易所规定的具体条件。

第四，上市公司及其最近 3 年内的控股股东、实际控制人不存在因涉嫌犯罪正被司法机关立案侦查或涉嫌违法违规正被中国证监会立案调查的情形。但是，涉嫌犯罪或违法违规的行为已经终止满 3 年，交易方案能够消除该行为可能造成的不良后果，且不影响对相关行为人追究责任的除外。

第五，上市公司及其控股股东、实际控制人最近 12 个月内未受到证券交易所公开谴责，不存在其他重大失信行为。

第六，本次重大资产重组不存在中国证监会认定的可能损害投资者合法权益，或者违背公开、公平、公正原则的其他情形。

此外，“借壳上市”涉及发行股份的，适用《证券法》和中国证监会的相关规定，应当报经中国证监会注册。上市公司自控制权发生变更之日起，向收购人及其关联人购买的资产属于金融、创业投资等特定行业的，由中国证监会另行规定。

此外，《非上市公众公司重大资产重组管理办法》还对在新三板挂牌公司的重大资产重组行为进行了规范，明确了新三板挂牌公司重大资产重组的判别标准、分类监管原则、支付手段和定价方式等问题，并且简化了信息披露的程序。

## 第五节　证券信息披露法律制度

### 一、证券信息披露的概念和披露原则

在金融学上，直接金融与间接金融是金融工具的划分中一对最基本的范畴。在金融法上，对两种不同类型的金融子部门法进行调整的方式存在重大差异：对间接金融，以《商业银行法》为代表的间接金融法重点强调对金融机构的资本充足率、流动性和系统性金融风险的防范与处置；而对直接金融，以《证券法》为代表的直接金融法，则完全突出信息公开和信息披露，让投资者能够透过公开的自由信息去评判证券的投资价值并作出理性的投资决策，让信息充分地通过证券市场的价格形成机能去正确反映证券的市场价格。

证券信息披露就是证券发行人按照法律规定，将其业务运作、财务状况和重大事项等信息予以公开的过程。它一方面可以增强公司与投资者之间的透明度，另一方面能够防范内幕交易、操纵市场等违法行为。证券信息披露包括积极信息披露和消极信息披露，前者是指知悉证券相关的重大信息的发行人及其关联人对投资者依法披露信息的行为，后者是指不具有积极信息披露义务的主体所承担的不编造、传播证券虚假信息的义务。完善证券信息披露制度不仅是上市公司尽忠职守的举措，也是维护金融市场秩序的举措和监管部门职责所在。我国 2019 年《证券法》设立了“信息披露”专章，中国证监会又于 2021 年对《上市公司信息披露管理办法》进行了修订。

我国《证券法》第 78 条规定：发行人及法律、行政法规和国务院证券监督管理机构规定的其他信息披露义务人，应当及时依法履行信息披露义务。信息披露义务人披露的信息，应当真实、准确、完整，简明清晰，通俗易懂，不得有虚假记载、误导性陈述或者重大遗漏。证券

同时在境内境外公开发行、交易的，其信息披露义务人在境外披露的信息，应当在境内同时披露。

## 二、证券信息披露的要素

### （一）证券发行过程中的信息披露

前文在股票和公司债券发行的相关法律制度中已详细介绍了首次公开募股和申请公开发行公司债券应当披露的信息内容，此不赘述。

### （二）持续信息披露

1. 定期报告

上市公司和公司债券上市交易的公司应当按照国务院证券监督管理机构和证券交易场所规定的内容和格式编制定期报告，并按照以下规定报送和公告：在每一会计年度结束之日起4个月内，报送并公告年度报告，年度财务会计报告应当经符合《证券法》规定的会计师事务所审计；在每一会计年度的上半年结束之日起2个月内，报送并公告中期报告。《上市公司信息披露管理办法》详细规定了年度报告和中期报告的内容要求，并明确凡是对投资者作出价值判断和投资决策有重大影响的信息均应披露。

其中，年度报告应当记载以下内容：（1）公司基本情况；（2）主要会计数据和财务指标；（3）公司股票、债券发行及变动情况，报告期末股票、债券总额、股东总数，公司前十大股东持股情况；（4）持股5%以上股东、控股股东及实际控制人情况；（5）董事、监事、高级管理人员的任职情况、持股变动情况、年度报酬情况；（6）董事会报告；（7）管理层讨论与分析；（8）报告期内重大事件及对公司的影响；（9）财务会计报告和审计报告全文；（10）中国证监会规定的其他事项。

2. 临时报告

发生可能对上市公司、股票在国务院批准的其他全国性证券交易场所交易的公司的股票交易价格，以及可能对上市交易公司债券的交易价格产生较大影响的重大事件，投资者尚未得知时，公司应当立即将有关该重大事件的情况向国务院证券监督管理机构和证券交易场所报送临时报告，并予公告，说明事件的起因、目前的状态和可能产生的法律后果。

根据《上市公司信息披露管理办法》，上市公司应当在最先发生的以下任一时点，及时履行重大事件的信息披露义务：董事会或者监事会就该重大事件形成决议时，有关各方就该重大事件签署意向书或者协议时，董事、监事或者高级管理人员知悉该重大事件发生时。在前述时点之前出现下列情形之一的，上市公司应当及时披露相关事项的现状、可能影响事件进展的风险因素：该重大事件难以保密，该重大事件已经泄露或者市场出现传闻，公司证券及其衍生品种出现异常交易情况。

## 三、信息的“重大性”

根据我国《证券法》，信息披露不得有重大遗漏。何为信息的“重大性”？这对信息披露义务的履行具有重大影响。也就是说，正是因为信息具有“重大性”，才需要被披露，反之，则不需要被披露。

在判断信息“重大性”的问题上，历来存在着客观标准与主观标准的争议。客观标准包括“价格敏感性”标准、“发行人品质不利影响”标准等，而主观性标准主要是指“投资者决策”标准。在我国《证券法》和中国证监会颁布的部门规章以及证券交易所制定的监管规则中，存在着不同的标准，比如：

采用“价格敏感性”的客观标准的相关制度有：我国《证券法》第80条、第52条关于重大事件和内幕信息的界定，《上市公司信息披露管理办法》（2021年修订）第22条关于对“上市公司证券及其衍生品种交易价格产生较大影响的重大事件”的界定，《关于规范上市公司信息披露及相关各方行为的通知》（证监公司字〔2007〕128号，目前已失效）第一点等。

采用“发行人品质不利影响”的客观标准的相关制度有：2023年2月17日中国证监会公布的《公开发行证券的公司信息披露内容与格式准则第57号——招股说明书》（中国证券监督管理委员会公告〔2023〕4号）第23条，其规定：发行人应遵循重要性原则，简明易懂且具逻辑性地披露当前及未来可预见对发行人构成重大不利影响的直接和间接风险。

采用“投资者决策”的主观标准的相关制度有：《上市公司证券发行注册管理办法》（2023年公布）第5条（上市公司应当诚实守信，依法充分披露投资者作出价值判断和投资决策所必需的信息）、《上市公司信息披露管理办法》（2021年修订）第12条（凡是对投资者作出价值判断和投资决策有重大影响的信息，均应当披露）、《信息披露违法行为行政责任认定规则》（中国证券监督管理委员会公告〔2011〕11号）第9条（信息披露义务人在信息披露文件中或者通过其他信息发布渠道、载体，作出不完整、不准确陈述，致使或者可能致使投资者对其投资行为发生错误判断的，应当认定构成所披露的信息有误导性陈述的信息披露违法行为）。

事实上，不仅在不同的制度中可能采用不同的标准，即使在同一个制度中也可能出现不同的标准。比如上述《公开发行证券的公司信息披露内容与格式准则第57号——招股说明书》第23条采用了“发行人品质不利影响”的客观标准，但其第38条又明确规定，发行人应披露与董事、监事、高级管理人员及其他核心人员签订的对投资者作出价值判断和投资决策有重大影响的协议，以及有关协议履行情况。这显然又是采用的“投资者决策”的主观标准。

“重大性”认定的多元化标准，是我国信息披露法律制度体系结构演变的一个缩影。在我国证券市场发展初期，其信息披露基本借鉴美国对一级市场和二级市场分别监管的二元体制。两种相对独立的披露制度都有各自一套互不相同的披露规则，在一定程度上形成了双重披露标准。我国早期的信息披露监管就表现出这样一种观念：一级市场与投资者的投资决策有关，二级市场与证券价格波动有关。在此认知基础上，我国曾对“重大性”问题采取二元化标准，即对发行市场适用以招股说明书为代表的“投资者决策”规则，对二级市场则采用“价格影响”标准。实际上，两种披露制度的职能并非如人们先前所认为的那样泾渭分明。在一个有效市场里，信息的传递必然是灵敏、连续的，对投资者决策有重大影响的信息一般也会影响证券价格；同理，对证券价格有重大影响的信息，很难想象投资者对此会不为所动。从2001年开始，“投资者决策”标准逐渐被用于上市公告书、年度报告、半年度报告等持续披露文件中。但总体而言，我国关于“重大性”的认定标准还是保留了许多二元结构的痕迹。找到十全十美的“重大性”认定标准几乎是不可能的。从我国证券市场的实际情况来看，各种标准都有发挥作用的空间，但宜以“投资者决策”标准为基础，兼及其他标准。[①]

## 四、违法信息披露的法律责任

### （一）民事责任

我国《证券法》第85条规定：信息披露义务人未按照规定披露信息，或者公告的证券发

① 周友苏．证券法新论．北京：法律出版社，2020：332－333.

行文件、定期报告、临时报告及其他信息披露资料存在虚假记载、误导性陈述或者重大遗漏，致使投资者在证券交易中遭受损失的，信息披露义务人应当承担赔偿责任；发行人的控股股东、实际控制人、董事、监事、高级管理人员和其他直接责任人员以及保荐人、承销的证券公司及其直接责任人员，应当与发行人承担连带赔偿责任，但是能够证明自己没有过错的除外。

我国《证券法》第163条规定：证券服务机构为证券的发行、上市、交易等证券业务活动制作、出具审计报告及其他鉴证报告、资产评估报告、财务顾问报告、资信评级报告或者法律意见书等文件，应当勤勉尽责，对所依据的文件资料内容的真实性、准确性、完整性进行核查和验证。其制作、出具的文件有虚假记载、误导性陈述或者重大遗漏，给他人造成损失的，应当与委托人承担连带赔偿责任，但是能够证明自己没有过错的除外。

对这两条规定应作以下解读：

其一，证券发行人对虚假陈述所承担的是严格责任。严格责任又称“结果责任”，只要行为人实施了造成危害结果的行为，不问其是否具有主观过错，均应当承担法律责任。上述规定表明，只要虚假记载、误导性陈述或者重大遗漏一经坐实，致使投资者在证券交易中遭受损失，发行人就应当承担赔偿责任，《证券法》并不要求证明发行人具有主观过错。即便虚假陈述是过失所致，也不影响投资者向发行人主张民事赔偿责任。

其二，发行人的控股股东、实际控制人、董事、监事、高级管理人员和其他直接责任人员、保荐人、承销的证券公司及其直接责任人员，以及制作、出具审计报告及其他鉴证报告、资产评估报告或者法律意见书等文件的证券服务机构对虚假陈述所承担的是过错推定责任，并且是一种与发行人的连带赔偿责任。

这些主体中的董事、监事、高级管理人员、保荐人、承销的证券公司、律师、会计师、资产评估师等负有勤勉尽责义务即注意义务，应当就信息披露文件的真实性、准确性、完整性进行核查和验证。如果出现虚假记载、误导性陈述或者重大遗漏，则首先推定他们存在过错，并让他们承担连带赔偿责任。但如果他们能够举证证明已经经过合理调查仍未发现虚假记载或者重大遗漏等，应该免除他们的连带赔偿责任。需要特别注意，2019年《证券法》修订的一个重要内容就是，把上市公司的控股股东、实际控制人原来承担的过错责任变成了现在的过错推定责任。

（二）行政责任

2019年《证券法》大幅提高了信息披露违法行为的行政法律责任。根据我国《证券法》的规定，发行人在其公告的证券发行文件中隐瞒重要事实或者编造重大虚假内容，尚未发行证券的，处以200万元以上2 000万元以下的罚款；已经发行证券的，处以非法所募资金金额10%以上1倍以下的罚款。对直接负责的主管人员和其他直接责任人员，处以100万元以上1 000万元以下的罚款。

发行人的控股股东、实际控制人组织、指使从事前款违法行为的，没收违法所得，并处以违法所得10%以上1倍以下的罚款；没有违法所得或者违法所得不足2 000万元的，处以200万元以上2 000万元以下的罚款。对直接负责的主管人员和其他直接责任人员，处以100万元以上1 000万元以下的罚款。

保荐人出具有虚假记载、误导性陈述或者重大遗漏的保荐书，或者不履行其他法定职责的，责令改正，给予警告，没收业务收入，并处以业务收入1倍以上10倍以下的罚款；没有业务收入或者业务收入不足100万元的，处以100万元以上1 000万元以下的罚款；情节严重的，并处暂停或者撤销保荐业务许可。对直接负责的主管人员和其他直接责任人员给予警告，并处以50万元以上500万元以下的罚款。

（三）刑事责任

我国《刑法》第 160 条规定了欺诈发行证券罪的刑事责任，第 161 条规定了违规披露、不披露重要信息罪的刑事责任。

### 五、证券虚假信息行为的法律责任

证券虚假信息行为主要是指证券消极信息披露义务人传播虚假信息的违法行为。如前述，证券积极信息披露义务人具有真实、准确、完整披露证券信息的义务，而对于证券消极信息披露义务人，其本应当不披露证券虚假信息，而其一旦披露，就有可能承担虚假证券信息行为的法律责任。在这里有一点需要说明，证券虚假信息披露义务人披露的信息，法律不关注其完整性的问题，完整性是证券积极信息披露义务人的法律义务。

我国《证券法》第 56 条规定：禁止任何单位和个人编造、传播虚假信息或者误导性信息，扰乱证券市场。

禁止证券交易场所、证券公司、证券登记结算机构、证券服务机构及其从业人员，证券业协会、证券监督管理机构及其工作人员，在证券交易活动中作出虚假陈述或者信息误导。

各种传播媒介传播证券市场信息必须真实、客观，禁止误导。传播媒介及其从事证券市场信息报道的工作人员不得从事与其工作职责发生利益冲突的证券买卖。

编造、传播虚假信息或者误导性信息，给投资者造成损失的，行为人应当依法承担赔偿责任。

需要说明的是，在证券虚假信息行为中，行为人承担责任的主观心态应该是直接故意或者间接故意，如果是过失，比如说过失地发布或者传播内容虚假或者具有误导性的证券信息，其不应当承担法律责任。另外，在证券虚假陈述中，司法机关一般适用欺诈市场理论来认定因果关系和损害结果，但在证券虚假信息行为中，并不能当然适用该理论，而应当适用一般侵权行为理论来认定该类行为的构成及其法律责任问题。因此，该类行为的民事责任不能适用举证责任倒置规则。

证券虚假信息行为除了需要承担民事责任，还面临行政责任和刑事责任。我国《证券法》第 193 条规定：违反本法第 56 条第 1 款、第 3 款的规定，编造、传播虚假信息或者误导性信息，扰乱证券市场的，没收违法所得，并处以违法所得 1 倍以上 10 倍以下的罚款；没有违法所得或者违法所得不足 20 万元的，处以 20 万元以上 200 万元以下的罚款。违反本法第 56 条第 2 款的规定，在证券交易活动中作出虚假陈述或者信息误导的，责令改正，处以 20 万元以上 200 万元以下的罚款；属于国家工作人员的，还应当依法给予处分。传播媒介及其从事证券市场信息报道的工作人员违反本法第 56 条第 3 款的规定，从事与其工作职责发生利益冲突的证券买卖的，没收违法所得，并处以买卖证券等值以下的罚款。

我国《刑法》第 181 条第 1 款规定了编造并传播证券、期货交易虚假信息罪的刑事责任，第 181 条第 2 款规定了诱骗投资者买卖证券、期货合约罪的刑事责任。

## 第六节　证券反欺诈法律制度

### 一、证券虚假陈述的法律规制

（一）证券虚假陈述的概念和法律性质

证券虚假陈述也称证券不实陈述，是指证券信息披露义务人违反证券法律规定，在证券发行或者交易过程中，对重大事件作出违背事实真相的虚假记载、误导性陈述，或者在披露信息时发生重大遗漏、不正当披露信息，并给投资者造成损害的行为。证券虚假陈述是一种易发多发的证券违法违规行为，严重损害投资者合法权益，动摇投资者信心。相较于内幕交易和操纵市场行为，证券虚假陈述是我国证券市场当之无愧的第一大证券欺诈行为，无论是证券行政执法还是证券诉讼，证券虚假陈述案件的体量都是最为庞大的。

对证券虚假陈述行为进行法律规制的前提是厘清证券虚假陈述的法律性质。在一、二级市场不同的交易条件下，证券虚假陈述行为的法律性质截然有别。

在一级市场交易中，也就是在证券发行的环节，投资者所认购的证券直接来自证券发行人，投资者与证券发行人基于证券发行（一级市场买卖）而产生了一种合同法律关系。据此，如果发行人出现财务造假等虚假陈述行为，投资者可以合同违约之诉起诉证券发行人。与此同时，投资者也可以选择侵权之诉，因为正是证券发行人的虚假陈述，直接造成了投资者所投资证券的损失。此时，侵权抑或违约可以择一进行。

在二级市场的证券交易中，包括证券发行人在内的证券信息披露义务人并不是投资者证券交易的对手方，投资者所购证券并非来自信息披露义务人，相反，这些证券都来自其他的一级市场或者二级市场的投资者。如果想基于违约之诉起诉信息披露义务人，显然是缺乏法理支持的。此时，证券虚假陈述作为一种典型的侵权行为，违背了我国《证券法》所规定的信息披露的基本原则，比如真实、准确、完整的要求，而对投资者的证券信息知情权造成了侵害，对投资者所投资证券的权益造成了损害，因此，信息披露义务人应当承担对证券投资者的侵权损害赔偿责任。

除 2019 年《证券法》对证券虚假陈述行为进行法律规制外，最高人民法院全面总结了 2003 年《最高人民法院关于审理证券市场因虚假陈述引发的民事赔偿案件的若干规定》实施以来的市场发展、立法演变和审判工作中面临的疑难问题，根据《民法典》和 2019 年《证券法》等相关规定，于 2022 年 1 月 21 日发布了《最高人民法院关于审理证券市场虚假陈述侵权民事赔偿案件的若干规定》（以下简称《新虚假陈述若干规定》），进一步细化和明确了证券市场虚假陈述侵权民事赔偿责任的构成要件及追究机制等各项主要内容：取消了原司法解释规定的行政刑事前置程序，及时全面保障受损投资者诉权；明确了虚假记载、误导性陈述、重大遗漏、未按规定披露等虚假陈述行为的界定，规定了预测性信息安全港制度，并对虚假陈述认定中实施日、揭露日、重大性和交易因果关系等关键内容进行了优化完善等。①

此外，为了推动《新虚假陈述若干规定》稳妥有效实施，应对废除前置程序后投资者可能面临的举证、认证难题，最高人民法院和证监会积极发挥协同作用，就人民法院的案件审理和证监会的专业支持、案件调查等方面依法作出衔接性的安排，专门发布了《关于适用〈最高人民法院关于审理证券市场虚假陈述侵权民事赔偿案件的若干规定〉有关问题的通知》。

鉴于本书之前在证券信息披露部分已对《证券法》上关于虚假陈述的相关规定予以解析，本部分重点讲解《新虚假陈述若干规定》的相关内容。

### （二）证券虚假陈述的构成要件

《新虚假陈述若干规定》明确了其适用范围，信息披露义务人在证券交易场所发行、交易证券过程中实施虚假陈述引发的侵权民事赔偿案件，适用本规定。按照国务院规定设立的区域

① 实务中还有一个重大争议问题是证券虚假陈述纠纷能否适用仲裁。在（2022）京民终 74 号（2022 年 3 月 11 日）案中，北京市高级人民法院认为，证券虚假陈述侵权系当事人履行合同义务所造成，与一般侵权行为不同，可适用仲裁。

性股权市场中发生的虚假陈述侵权民事赔偿案件，可以参照适用本规定。也就是说，《新虚假陈述若干规定》规范的对象就是虚假陈述侵权行为，那么，侵权法关于侵权行为的构成要件自然适用于证券虚假陈述侵权行为。我们重点对信息披露义务人的违法行为、主观过错、损失结果的认定以及因果关系四个要素进行解构。

1. 信息披露义务人的违法行为

根据《新虚假陈述若干规定》，证券市场虚假陈述是指信息披露义务人违反法律、行政法规、监管部门制定的规章和规范性文件关于信息披露的规定，在披露的信息中存在虚假记载、误导性陈述或者重大遗漏，或者“未按照规定披露信息”的行为。虚假记载，是指信息披露义务人披露的信息中对相关财务数据进行重大不实记载，或者对其他重要信息作出与真实情况不符的描述。误导性陈述，是指信息披露义务人披露的信息隐瞒了与之相关的部分重要事实，或者未及时披露相关更正、确认信息，致使已经披露的信息因不完整、不准确而具有误导性。重大遗漏，是指信息披露义务人违反关于信息披露的规定，对重大事件或者重要事项等应当披露的信息未予披露。“未按照规定披露信息”，是指信息披露义务人未按照规定的期限、方式等要求及时、公平披露信息。信息披露义务人“未按照规定披露信息”构成虚假陈述的，依照《新虚假陈述若干规定》承担民事责任；构成内幕交易的，依照《证券法》第 53 条的规定承担民事责任；构成《公司法》第 152 条规定的损害股东利益行为的，依照该法承担民事责任。

《新虚假陈述若干规定》取消了提交行政处罚决定书或者刑事判决书的强制程序，这意味着投资者将拥有更多的立案机会，但投资者对信息“重大性”的证明责任会加重。关于信息的“重大性”问题，本书之前已有详细论述。《新虚假陈述若干规定》对此进行了进一步细化，规定有下列情形之一的，人民法院应当认定虚假陈述的内容具有“重大性”：（1）虚假陈述的内容属于《证券法》第 80 条第 2 款、第 81 条第 2 款规定的重大事件。（2）虚假陈述的内容属于监管部门制定的规章和规范性文件中要求披露的重大事件或者重要事项。（3）虚假陈述的实施、揭露或者更正导致相关证券的交易价格或者交易量产生明显的变化。

前款第 1 项、第 2 项所列情形，被告提交证据足以证明虚假陈述并未导致相关证券交易价格或者交易量明显变化的，人民法院应当认定虚假陈述的内容不具有“重大性”。被告能够证明虚假陈述不具有“重大性”，并以此抗辩不应当承担民事责任的，人民法院应当予以支持。

2. 主观过错

根据我国《证券法》第 85 条、第 163 条的规定，证券发行人承担的是严格责任，因此，投资者起诉发行人不问其是否有过错。发行人的控股股东、实际控制人、董事、监事、高级管理人员和其他直接责任人员、保荐人、承销的证券公司及其直接责任人员，以及制作、出具审计报告及其他鉴证报告、资产评估报告或者法律意见书等文件的证券服务机构对虚假陈述所承担的是与发行人的连带的过错推定责任，这些主体只有在证明自己没有过错的情况下才能免责。

在《新虚假陈述若干规定》出台前，发行人的控股股东、实际控制人承担的是过错责任。但《新虚假陈述若干规定》不仅将其直接改为过错推定责任，还在第 20 条规定，发行人的控股股东、实际控制人组织、指使发行人实施虚假陈述，致使原告在证券交易中遭受损失的，原告起诉请求直接判令该控股股东、实际控制人依照本规定赔偿损失的，人民法院应当予以支持。控股股东、实际控制人组织、指使发行人实施虚假陈述，发行人在承担赔偿责任后要求该控股股东、实际控制人赔偿实际支付的赔偿款、合理的律师费、诉讼费用等损失的，人民法院应当予以支持。这体现了近年来的监管政策强调对“关键少数”的问责力度，尽量避免对相关上市公司及其中小股东造成“二次伤害”。因为在司法实践中，投资者往往仅仅起诉发行人，但发行人的赔偿金实际上是现有股东的资金，这种赔偿方式等于说是现有的股东赔偿之前的股东，这在证券法上被称为“深口袋现象”。《新虚假陈述若干规定》的上述规定，实际上是明确投资者可以直接将控股股东和实际控制人告上法庭，直接“追首恶，打帮凶”。

《新虚假陈述若干规定》对《证券法》第85条、第163条所称的过错进行了细化，具体包括以下两种情形：行为人故意制作、出具存在虚假陈述的信息披露文件，或者明知信息披露文件存在虚假陈述而不予指明、予以发布；行为人严重违反注意义务，对信息披露文件中虚假陈述的形成或者发布存在过失。

对独立董事来说，能够证明下列情形之一的，人民法院应当认定其没有过错：

(1) 在签署相关信息披露文件之前，对不属于自身专业领域的相关具体问题，借助会计、法律等专门职业的帮助仍然未能发现问题的。

(2) 在揭露日或更正日之前，发现虚假陈述后及时向发行人提出异议并监督整改或者向证券交易场所、监管部门书面报告的。

(3) 在独立意见中对虚假陈述事项发表保留意见、反对意见或者无法表示意见并说明具体理由的，但在审议、审核相关文件时投赞成票的除外。

(4) 因发行人拒绝、阻碍其履行职责，导致无法对相关信息披露文件是否存在虚假陈述作出判断，并及时向证券交易场所、监管部门书面报告的。

(5) 能够证明勤勉尽责的其他情形。

独立董事提交证据证明其在履职期间能够按照法律、监管部门制定的规章和规范性文件以及公司章程的要求履行职责的，或者在虚假陈述被揭露后及时督促发行人整改且效果较为明显的，人民法院可以结合案件事实综合判断其过错情况。外部监事和职工监事，参照适用前述规定。

3. 损失认定

《新虚假陈述若干规定》规定，信息披露义务人在证券交易市场承担民事赔偿责任的范围，以原告因虚假陈述而实际发生的损失为限。原告实际损失包括投资差额损失、投资差额损失部分的佣金和印花税。

《新虚假陈述若干规定》明确了投资者损失的计算方法：

(1) 在采用集中竞价的交易市场中，原告因虚假陈述买入相关股票所造成的投资差额损失，按照下列方法计算：

1) 原告在实施日之后、揭露日或更正日之前买入，在揭露日或更正日之后、基准日之前卖出的股票，按买入股票的平均价格与卖出股票的平均价格之间的差额，乘以已卖出的股票数量。

2) 原告在实施日之后、揭露日或更正日之前买入，基准日之前未卖出的股票，按买入股票的平均价格与基准价格之间的差额，乘以未卖出的股票数量。

(2) 在采用集中竞价的交易市场中，原告因虚假陈述卖出相关股票所造成的投资差额损失，按照下列方法计算：

1) 原告在实施日之后、揭露日或更正日之前卖出，在揭露日或更正日之后、基准日之前买回的股票，按买回股票的平均价格与卖出股票的平均价格之间的差额，乘以买回的股票数量。

2) 原告在实施日之后、揭露日或更正日之前卖出，基准日之前未买回的股票，按基准价格与卖出股票的平均价格之间的差额，乘以未买回的股票数量。

这里涉及四个重要的日期：实施日、揭露日、更正日、基准日。

（1）实施日。所谓虚假陈述实施日，是指信息披露义务人作出虚假陈述或者发生虚假陈述之日。信息披露义务人在证券交易场所的网站或者符合监管部门规定条件的媒体上公告发布具有虚假陈述内容的信息披露文件，以披露日为实施日；通过召开业绩说明会、接受新闻媒体采访等方式实施虚假陈述的，以该虚假陈述的内容在具有全国性影响的媒体上首次公布之日为实施日。信息披露文件或者相关报道内容在交易日收市后发布的，以其后的第一个交易日为实施日。因未及时披露相关更正、确认信息构成误导性陈述，或者未及时披露重大事件或者重要事项等构成重大遗漏的，以应当披露相关信息期限届满后的第一个交易日为实施日。

（2）揭露日。虚假陈述揭露日，是指虚假陈述在具有全国性影响的报刊、电台、电视台或监管部门网站、交易场所网站、主要门户网站、行业知名的自媒体等媒体上，首次被公开揭露并为证券市场知悉之日。人民法院应当根据公开交易市场对相关信息的反应等证据，判断投资者是否知悉了虚假陈述。除当事人有相反证据足以反驳外，下列日期应当认定为揭露日：

1）监管部门以涉嫌信息披露违法为由对信息披露义务人立案调查的信息公开之日。

2）证券交易场所等自律管理组织因虚假陈述对信息披露义务人等责任主体采取自律管理措施的信息公布之日。

信息披露义务人实施的虚假陈述呈连续状态的，以首次被公开揭露并为证券市场知悉之日为揭露日。信息披露义务人实施多个相互独立的虚假陈述的，人民法院应当分别认定其揭露日。

（3）更正日。虚假陈述更正日，是指信息披露义务人在证券交易场所网站或者符合监管部门规定条件的媒体上，自行更正虚假陈述之日。

（4）基准日。投资差额损失计算的基准日，是指在虚假陈述揭露或更正后，为将原告应获赔偿限定在虚假陈述所造成的损失范围内，确定损失计算的合理期间而规定的截止日期。

在采用集中竞价的交易市场中，自揭露日或更正日起，被虚假陈述影响的证券集中交易累计成交量达到可流通部分 100％之日为基准日。

自揭露日或更正日起，集中交易累计换手率在 10 个交易日内达到可流通部分 100％的，以第 10 个交易日为基准日；在 30 个交易日内未达到可流通部分 100％的，以第 30 个交易日为基准日。

虚假陈述揭露日或更正日起至基准日期间每个交易日收盘价的平均价格，为损失计算的基准价格。

无法依前述规定确定基准价格的，人民法院可以根据有专门知识的人的专业意见，参考对相关行业进行投资时的通常估值方法，确定基准价格。

另外，计算投资差额损失时，已经除权的证券，证券价格和证券数量应当复权计算。

4. 因果关系

在证券虚假陈述中，因果关系涉及两个层面：一个是交易因果关系，一个是损失因果关系。《新虚假陈述若干规定》对这两种因果关系进行了明确的区分。

（1）交易因果关系。

交易因果关系是指信息披露义务人的虚假陈述行为与投资者的证券交易行为之间的因果关系。换言之，如果没有信息披露义务人的虚假陈述行为，投资者就不会从事该证券交易。

《新虚假陈述若干规定》第 11 条规定，原告能够证明下列情形的，人民法院应当认定原告的投资决定与虚假陈述之间的交易因果关系成立：1）信息披露义务人实施了虚假陈述；2）原告交易的是与虚假陈述直接关联的证券；3）原告在虚假陈述实施日之后、揭露日或更正日之前实施了相应的交易行为，即在诱多型虚假陈述中买入了相关证券，或者在诱空型虚假陈述中卖出了相关证券。

《新虚假陈述若干规定》第 12 条进一步规定，被告能够证明下列情形之一的，人民法院应当认定交易因果关系不成立：1）原告的交易行为发生在虚假陈述实施前，或者是在揭露或更正之后；2）原告在交易时知道或者应当知道存在虚假陈述，或者虚假陈述已经被证券市场广泛知悉；3）原告的交易行为是受到虚假陈述实施后发生的上市公司的收购、重大资产重组等其他重大事件的影响；4）原告的交易行为构成内幕交易、操纵证券市场等证券违法行为的；5）原告的交易行为与虚假陈述不具有交易因果关系的其他情形。

从以上两条的立法技术来看，我们会发现一个很奇怪的现象：《新虚假陈述若干规定》直接采用了推定的方法来认定交易因果关系的成立。也就是说，只要不存在第 12 条规定的五种情形，我们就可以直接认定投资者的证券交易行为与信息披露义务人的虚假陈述行为之间存在交易因果关系。这显然跟民事诉讼法的“谁主张，谁举证”的基本原则是背道而驰的。那么，为什么会作如此规定呢？因为《新虚假陈述若干规定》吸收并采纳了证券法上著名的欺诈市场理论。

欺诈市场理论认为，虚假陈述行为发生时，欺诈的对象是整个证券市场。投资者因相信证券市场是真实的以及证券价格是公正的而进行投资，其无须证明自己信赖了虚假陈述行为才做出投资，只要证明其所投资的证券价格受到了虚假陈述行为的影响而不公正，即可认为投资者的损失与虚假陈述行为之间存在因果关系。当出现虚假陈述民事赔偿诉讼时，投资者不需要证明其是在阅读了虚假陈述的信息内容再选择进行证券交易，法律直接认定两者之间的因果关系成立。

欺诈市场理论的假设前提是在一个有效市场中开展证券交易的投资者有权信赖自由市场力量确定的证券市场价格。本书认为，我国银行间债券市场并不必然属于有效市场，也不当然适用《新虚假陈述若干规定》。① 另外，欺诈市场理论是为保护普通投资者权益而生的，所以它只适用于普通投资者的起诉，如果是机构投资者，由于其具有专业的投资能力，仍然需要证明交易因果关系的成立，在大成基金管理有限公司诉银广夏虚假陈述纠纷案中，法院就持这样的立场。

（2）损失因果关系。

损失因果关系就是信息披露义务人的虚假陈述行为与投资者损失范围之间的因果关系，它解决的是信息披露义务人赔偿的“多和少”的问题。

《新虚假陈述若干规定》出于保护投资者的立场，首先推定投资者的损失就是由虚假陈述行为导致的，但同时给予被告举证证明损失或者部分损失是由证券市场的风险等其他因素所导致的而予以减免相应的责任的机会。

《新虚假陈述若干规定》第 31 条规定：人民法院应当查明虚假陈述与原告损失之间的因果关系，以及导致原告损失的其他原因等案件基本事实，确定赔偿责任范围。被告能够举证证明原告的损失部分或者全部是由他人操纵市场、证券市场的风险、证券市场对特定事件的过度反应、上市公司内外部经营环境等其他因素所导致的，对其关于相应减轻或者免除责任的抗辩，人民法院应当予以支持。

另外，《新虚假陈述若干规定》明确，证券公司、基金管理公司、保险公司、信托公司、商业银行等市场参与主体依法设立的证券投资产品，在确定因虚假陈述导致的损失时，每个产品应当单独计算。投资者及依法设立的证券投资产品开立多个证券账户进行投资的，应当将各

---

① 刘辉，唐毅．虚假陈述新规在银行间债券市场的不可适用性．福建江夏学院学报，2023（5）．

证券账户合并，所有交易按照成交时间排序，以确定其实际交易及损失情况。

## 二、内幕交易的法律规制

### （一）内幕交易的概念及其法律规制的理论基础

内幕交易是一种典型的证券欺诈行为，是指内幕信息知情人在内幕信息公开前进行的自行买卖证券或建议他人买卖证券或者泄露内幕信息的不正当行为。内幕交易行为既是一种投机行为，也是一种不公平的欺诈交易行为，内幕交易违背了资本市场的诚实信用原则、公平交易原则和效率原则。内幕交易如同证券市场本身一样古老久远，只要证券市场存在，内幕交易的法律规制就是一个永恒的课题。我国《证券法》将信息平等理论作为内幕交易法律规制的理论基础，规定禁止证券交易内幕信息的知情人和非法获取内幕信息的人利用内幕信息从事证券交易活动。证券交易内幕信息的知情人和非法获取内幕信息的人，在内幕信息公开前，不得买卖该公司的证券，或者泄露该信息，或者建议他人买卖该证券。

### （二）内幕信息的概念和特征

规制内幕交易行为的一个重要基础，是在法律上明确内幕信息的范围。内幕信息是指证券交易活动中，涉及公司的经营、财务或者对该公司证券的市场价格有重大影响的尚未公开的信息。内幕信息具备以下三个主要特征。

1. 未公开性

未公开性是指信息不为市场公众所知悉。关于内幕信息公开之时的认定，理论上存在两种不同的标准："形式公开论"与"实质公开论"。"形式公开论"认为，只要内幕信息依照法定形式予以披露，即认定为内幕信息公开。如我国《证券法》第 86 条规定，依法披露的信息，应当在证券交易场所的网站和符合国务院证券监督管理机构规定条件的媒体发布，同时将其置备于公司住所、证券交易场所，供社会公众查阅。最高人民法院、最高人民检察院《关于办理内幕交易、泄露内幕信息刑事案件具体应用法律若干问题的解释》（法释〔2012〕6 号）（以下简称《内幕交易刑事案件解释》）规定，内幕信息的公开，是指内幕信息在国务院证券、期货监督管理机构指定的报刊、网站等媒体披露。

与之相对，"实质公开论"则主张，内幕信息公开无须限定内幕信息披露的方式，只要内幕信息被一般投资者广泛知悉和理解，即认定为内幕信息公开。我国曾在《证券市场内幕交易行为认定指引（试行）》（证监稽查字〔2007〕1 号，目前已失效）中对内幕信息公开界定了三种标准，即内幕信息在中国证监会指定的报刊、网站等媒体披露，或者被一般投资者能够接触到的全国性报刊、网站等媒体揭露，或者被一般投资者广泛知悉和理解。其中，前两种标准属于客观标准或者形式标准，第三种由于涉及"知悉和理解"这种主观因素，故属于主观标准或者实质标准。

"实质公开论"的实施以存在高度发达的证券市场和高超水平的判断主体为前提，而目前我国证券业显然欠缺上述前提条件。而且，"实质公开论"的判断标准存在一定程度的抽象性，在司法实践中难以操作，更无法用客观证据加以证实，导致内幕信息公开之时的判断具有不确定性。因此，《证券法》《内幕交易刑事案件解释》均选择采用"形式公开论"。"形式公开论"操作起来相对简单，也便于证券监管部门和司法机关进行把握。

2. 重大性

重大性是指该信息一旦公开，将可能对证券的市场价格或投资者的投资决策产生重大影响。重大性反映了内幕信息的市场价值，不具有重大性的信息缺乏市场价值，因而也不可能成为内幕信息。我国《证券法》主要采用概括和列举相结合的方式来对重大性进行界定。其中，《证券法》第80条第2款、第81条第2款所列举的重大事件就具有重大性。

前者主要是与股票相关的重大事件，包括：（1）公司的经营方针和经营范围的重大变化；（2）公司的重大投资行为，公司在1年内购买、出售重大资产超过公司资产总额30%，或者公司营业用主要资产的抵押、质押、出售或者报废一次超过该资产的30%；（3）公司订立重要合同、提供重大担保或者从事关联交易，可能对公司的资产、负债、权益和经营成果产生重要影响；（4）公司发生重大债务和未能清偿到期重大债务的违约情况；（5）公司发生重大亏损或者重大损失；（6）公司生产经营的外部条件发生的重大变化；（7）公司的董事、1/3以上监事或者经理发生变动，董事长或者经理无法履行职责；（8）持有公司5%以上股份的股东或者实际控制人持有股份或者控制公司的情况发生较大变化，公司的实际控制人及其控制的其他企业从事与公司相同或者相似业务的情况发生较大变化；（9）公司分配股利、增资的计划，公司股权结构的重要变化，公司减资、合并、分立、解散及申请破产的决定，或者依法进入破产程序、被责令关闭；（10）涉及公司的重大诉讼、仲裁，股东大会、董事会决议被依法撤销或者宣告无效；（11）公司涉嫌犯罪被依法立案调查，公司的控股股东、实际控制人、董事、监事、高级管理人员涉嫌犯罪被依法采取强制措施；（12）国务院证券监督管理机构规定的其他事项。

后者主要是与债券相关的重大事件，包括：（1）公司股权结构或者生产经营状况发生重大变化；（2）公司债券信用评级发生变化；（3）公司重大资产抵押、质押、出售、转让、报废；（4）公司发生未能清偿到期债务的情况；（5）公司新增借款或者对外提供担保超过上年末净资产的20%；（6）公司放弃债权或者财产超过上年末净资产的10%；（7）公司发生超过上年末净资产10%的重大损失；（8）公司分配股利，作出减资、合并、分立及解散、申请破产的决定，或者依法进入破产程序、被责令关闭；（9）涉及公司的重大诉讼、仲裁；（10）公司涉嫌犯罪被依法立案调查，公司的控股股东、实际控制人、董事、监事、高级管理人员涉嫌犯罪被依法采取强制措施；（11）国务院证券监督管理机构规定的其他事项。

上述法定重大事件虽然在法律上被列为内幕信息，但这只是一种可能，实质上是将内幕信息的范围引导至信息披露的要求。这些重大事件要真正成为内幕信息，还必须“对该发行人证券的市场价格有重大影响”。《证券法》第52条的规定有待未来作相应的修改。另外，对于内幕信息的重大性，虽然我国目前采用的主要是价格影响性标准，但在执法和司法实践中，对重大性的判断还包括是否影响“一般投资人”的决策。即使该信息不必然“实际”导致股价波动，但“可能”影响投资人买入或卖出该股票的决定，该信息就具有一定的重大性。例如，在某内幕交易罪案[①]中，法院对“某上市公司预收购某炼油厂获取原油配额”是否属于内幕信息进行了实质说明：即便最终收购结果无法确定但不能否认其对股价具有影响的可能性和现实性，且该信息属于重大投资行为，已具备内幕信息重大性的特征。这与《证券法》第80条采用“发生可能对……股票交易价格产生较大影响的重大事件”的立法表述相印证。

需要注意的是，我国2014年《证券法》授予了中国证监会认定内幕信息的裁量权，但2019年《证券法》正式删除了中国证监会可以认定“对证券交易价格有显著影响的其他重要信息”为内幕信息的规定，并以“国务院证券监督管理机构规定的其他事项”作为认定内幕信息的兜底条款。根据现行法律法规，内幕信息的类型只能由法律法规明确规定，中国证监会不再具有认定内幕信息的裁量权。

① 山东省东营市中级人民法院（2017）鲁05刑初3号刑事判决书。

3. 相关性

相关性是指内幕信息与证券发行人的经营、财务状况等相关，或者与证券交易的供求量、交易价格、相关交易规则、交易的限制和终止、大宗交易等相关。也就是说，内幕信息的相关性，并不限于发行人本身的信息。比如，在光大“乌龙指”案件中，中国证监会认为，“乌龙指”操作属于内幕信息，因为“乌龙指”造成的巨量申购和成交可能对投资者判断产生重大影响，从而对沪深300指数、180ETF、50ETF和股指期货合约价格产生重大影响。另外需要说明的是，能否将国家尚未公布的政策变化、金融利率等企业无法掌握和控制的信息纳入内幕信息的范畴，一直存在较大争议。本书认为，内幕信息应以证券市场内产生的信息为宜。如果纳入前述信息，则将对实务部门的认定带来巨大困难，因为涉及的面过于广大。同时，此类信息往往与泄露国家秘密的行为相关，未必涉及证券交易行为。因此，在判断此类信息时应该谨慎，防止矫枉过正。

（三）内幕交易的主体

内幕交易的主体主要是内幕信息知情人和非法获取内幕信息的人。

1. 内幕信息知情人

《证券法》规定，证券交易内幕信息的知情人包括：（1）发行人及其董事、监事、高级管理人员；（2）持有公司5%以上股份的股东及其董事、监事、高级管理人员，公司的实际控制人及其董事、监事、高级管理人员；（3）发行人控股或者实际控制的公司及其董事、监事、高级管理人员；（4）由于所任公司职务或者因与公司业务往来可以获取公司有关内幕信息的人员；（5）上市公司收购人或者重大资产交易方及其控股股东、实际控制人、董事、监事和高级管理人员；（6）因职务、工作可以获取内幕信息的证券交易场所、证券登记结算机构、证券服务机构的有关人员；（7）因职责、工作可以获取内幕信息的证券监督管理机构工作人员；（8）因法定职责对证券的发行、交易或者对上市公司及其收购、重大资产交易进行管理可以获取内幕信息的有关主管部门、监管机构的工作人员；（9）国务院证券监督管理机构规定的可以获取内幕信息的其他人员。

2. 非法获取内幕信息的人

《内幕交易刑事案件解释》规定，“非法获取证券、期货交易内幕信息的人员”包括：（1）利用窃取、骗取、套取、窃听、利诱、刺探或者私下交易等手段获取内幕信息的；（2）内幕信息知情人员的近亲属或者其他与内幕信息知情人员关系密切的人员，在内幕信息敏感期内，从事或者明示、暗示他人从事，或者泄露内幕信息导致他人从事与该内幕信息有关的证券、期货交易，相关交易行为明显异常，且无正当理由或者正当信息来源的；（3）在内幕信息敏感期内，与内幕信息知情人员联络、接触，从事或者明示、暗示他人从事，或者泄露内幕信息导致他人从事与该内幕信息有关的证券、期货交易，相关交易行为明显异常，且无正当理由或者正当信息来源的。

上述规定的“相关交易行为明显异常”，要综合以下情形，从时间吻合程度、交易背离程度和利益关联程度等方面予以认定：（1）开户、销户、激活资金账户或者指定交易（托管）、撤销指定交易（转托管）的时间与该内幕信息形成、变化、公开时间基本一致的；（2）资金变化与该内幕信息形成、变化、公开时间基本一致的；（3）买入或者卖出与内幕信息有关的证券、期货合约时间与内幕信息的形成、变化和公开时间基本一致的；（4）买入或者卖出与内幕信息有关的证券、期货合约时间与获悉内幕信息的时间基本一致的；（5）买入或者卖出证券、期货合约行为明显与平时交易习惯不同的；（6）买入或者卖出证券、期货合约行为，或者集中持有证券、期货合约行为与该证券、期货公开信息反映的基本面明显背离的；（7）账户交易资金进出与该内幕信息知情人员或者非法获取人员有关联或者利害关系的；(8) 其他交易行为明显异常情形。

“内幕信息敏感期”是指内幕信息自形成至公开的期间。

《内幕交易刑事案件解释》主要适用于内幕交易类犯罪的处理，并不能当然适用于内幕交易民事和行政案件。对于内幕交易行政案件，最高人民法院《关于审理证券行政处罚案件证据若干问题的座谈会纪要》(法〔2011〕225 号) 提出，监管机构提供的证据能够证明以下情形之一，且被处罚人不能作出合理说明或者提供证据排除其存在利用内幕信息从事相关证券交易活动的，人民法院可以确认被诉处罚决定认定的内幕交易行为成立：(1)《证券法》规定的证券交易内幕信息知情人，进行了与该内幕信息有关的证券交易活动；(2)《证券法》规定的内幕信息知情人的配偶、父母、子女以及其他有密切关系的人，其证券交易活动与该内幕信息基本吻合；(3) 因履行工作职责知悉上述内幕信息并进行了与该信息有关的证券交易活动；(4) 非法获取内幕信息，并进行了与该内幕信息有关的证券交易活动；(5) 内幕信息公开前与内幕信息知情人或知晓该内幕信息的人联络、接触，其证券交易活动与内幕信息高度吻合。

可见，《内幕交易刑事案件解释》《关于审理证券行政处罚案件证据若干问题的座谈会纪要》都使用了推定的方法，即在符合相应条件的情况下，推定相关人员为非法获取内幕信息的人员或者推定内幕交易行为成立。但二者也存在差别：前者判断的重点是交易行为的异常性，而后者主要是看交易行为与内幕信息的吻合度。

### (四) 内幕交易行为

内幕交易的认定，落脚点在行为上。内幕人即便知悉内幕信息，也只有从事了一定的行为，才能构成内幕交易。这些行为包括在内幕信息的价格敏感期内买卖相关证券，或者建议他人买卖相关证券，或者泄露该信息。具言之，内幕交易行为包括三种类型：买卖、建议买卖、泄露。

买卖证券包括以本人名义，直接或委托他人买卖证券，或者以他人名义买卖证券，或者为他人买卖证券。其中，以他人名义买卖证券较难认定。目前采用的标准是以资金来源和收益所得进行认定，即紧盯资金的来源与去向。若提供证券或资金给他人购买证券，且该他人所持有证券之利益或损失，全部或部分归属于本人，或对他人所持有的证券具有管理、使用和处分的权益，则属于以他人名义进行的买卖行为。

建议买卖是指掌握内幕信息的人推荐、劝说、怂恿他人进行证券买卖。其构成要件为：(1) 建议人知悉内幕信息。(2) 建议人推荐、劝说、怂恿他人进行证券买卖。(3) 被建议人知道或应当知道建议人掌握内幕信息。如果被建议人不知道建议人提出建议是基于内幕信息，则建议与内幕信息无关，不构成内幕交易行为。(4) 建议行为导致了证券的买卖。

泄露内幕信息是指内幕信息的知情人将内幕信息泄露给其他不知悉内幕信息的人，具体包括以明示或暗示方式向他人泄露内幕信息。泄露内幕信息的构成要件是：(1) 泄露人掌握内幕信息；(2) 泄露人将内幕信息泄露给他人，但属合法履行义务或职责的除外；(3) 接收信息者知道或应当知道其接收的信息是内幕信息。接收信息者的再泄露行为也构成内幕交易。

### (五) 内幕交易的法定抗辩事由

内幕交易的抗辩事由是指当事人提出的不符合内幕交易构成要件或者可以减轻、免除责任的事由。《证券法》第 53 条规定，持有或者通过协议、其他安排与他人共同持有公司 5%以上股份的自然人、法人、非法人组织收购上市公司的股份，属于一项内幕交易的抗辩事由。此外，《内幕交易刑事案件解释》第 4 条规定了四种内幕交易的抗辩事由：(1) 持有或者通过协议、其他安排与他人共同持有上市公司 5%以上股份的自然人、法人或者其他组织收购该上市公司股份的；(2) 按照事先订立的书面合同、指令、计划从事相关证券、期货交易的；(3) 依据已被他人披露的信息而交易的；(4) 交易具有其他正当理由或者正当信息来源的。

（六）内幕交易的法律责任

内幕交易作为一种典型的证券欺诈行为，行为人可能承担民事责任、行政责任和刑事责任。

关于民事责任，《证券法》规定，内幕交易行为给投资者造成损失的，行为人应当依法承担赔偿责任。内幕交易是一种侵权行为，我国目前对内幕交易民事诉讼赔偿的规定相对欠缺，实践中主要是参照《新虚假陈述若干规定》来进行的。比如，在交易因果关系的认定上，在光大“乌龙指”内幕交易民事诉讼赔偿案中，法院就采用了推定因果关系，推定只要是在光大证券股份有限公司实施内幕交易行为期间，从事与内幕交易行为反向的证券交易的投资者，并且与内幕信息直接关联的证券、证券衍生产品或期货合约，则应认定内幕交易与投资者损失具有因果关系。在损失因果关系的认定上，法律也没有明确规定，光大“乌龙指”案则以投资者在内幕交易时间段内的交易价格与基准价格的差额，乘以交易的具体数量，来计算投资者的损失。基准价格的计算也借鉴了《新虚假陈述若干规定》，以内幕信息公开后的一段合理时间内，相关交易品种价格对内幕信息的反应结束后的价格为基准价格。

关于行政责任，我国《证券法》第 191 条规定，证券交易内幕信息的知情人或者非法获取内幕信息的人从事内幕交易的，责令依法处理非法持有的证券，没收违法所得，并处以违法所得 1 倍以上 10 倍以下的罚款；没有违法所得或者违法所得不足 50 万元的，处以 50 万元以上 500 万元以下的罚款。单位从事内幕交易的，还应当对直接负责的主管人员和其他直接责任人员给予警告，并处以 20 万元以上 200 万元以下的罚款。国务院证券监督管理机构工作人员从事内幕交易的，从重处罚。证券交易场所、证券公司、证券登记结算机构、证券服务机构和其他金融机构的从业人员、有关监管部门或者行业协会的工作人员，利用因职务便利获取的内幕信息以外的其他未公开的信息进行交易的，依照前述规定处罚。

关于刑事责任，我国《刑法》规定了内幕交易、泄露内幕信息罪和利用未公开信息交易罪的刑事责任。

## 三、操纵市场的法律规制

（一）操纵市场的概念及法律特征

操纵市场是指操纵人利用掌握的资金、信息等优势，采用不正当手段，人为地制造证券行情，操纵或影响证券市场价格或者交易量，以诱导证券投资者盲目进行证券买卖，从而为自己谋取利益或者转嫁风险的行为；简单说就是行为人以不正当手段，影响证券交易价格或者证券交易量，扰乱证券市场秩序的行为。操纵市场行为必然会扭曲证券的供求关系，导致市场机制失灵，并会形成垄断，妨碍竞争，同时还会诱发过度投机，损害投资者的利益。因此，我国《证券法》明确指出，操纵证券市场行为给投资者造成损失的，行为人应当依法承担赔偿责任。

操纵市场具有以下特征：(1) 行为人以法律所禁止的手段操纵证券市场，包括交易行为、信息行为以及二者的混合。交易行为的效果需要通过证券市场交易的价量信号变化而实现，一般需要大规模的交易。信息行为主要是为了骗取他人的信任，通过法定信息披露义务主体等有公信力的特定主体来实施。(2) 操纵市场的目的是获取不正当利益或者转嫁风险。(3) 操纵市场实际上在我国《证券法》上并没有明确的定义，它不是一个具体的行为，而是法律对一类行为的归集。

《证券法》第55条规定，禁止任何人以下列手段操纵证券市场，影响或者意图影响证券交易价格或者证券交易量：(1) 单独或者通过合谋，集中资金优势、持股优势或者利用信息优势联合或者连续买卖；(2) 与他人串通，以事先约定的时间、价格和方式相互进行证券交易；(3) 在自己实际控制的账户之间进行证券交易；(4) 不以成交为目的，频繁或者大量申报并撤销申报；(5) 利用虚假或者不确定的重大信息，诱导投资者进行证券交易；(6) 对证券、发行人公开作出评价、预测或者投资建议，并进行反向证券交易；(7) 利用在其他相关市场的活动操纵证券市场；(8) 操纵证券市场的其他手段。

需要注意的是，我国《证券法》只是“禁止任何人以下列手段操纵证券市场”，并不代表这些手段就一定会构成证券法意义上的操纵市场。《证券法》第55条新增了对操纵意图的要件要求。我国1998年《证券法》中有此要求，后来在2005年修订时被取消，2019年修订时又增加回来。这主要是因为操纵意图的要件其实必不可少，尽管证明起来可能很困难，但如果没有操纵意图的要件，就会造成很多冤假错案，诸如将新三板做市商的违规行为也认定为操纵。

（二）操纵市场的行为模式

根据《证券法》和2019年6月27日最高人民法院、最高人民检察院颁布的《关于办理操纵证券、期货市场刑事案件适用法律若干问题的解释》(法释〔2019〕9号)(以下简称《操纵市场刑事案件解释》)，操纵市场的行为模式主要有以下几种：

(1) 连续交易操纵，即单独或者通过合谋，集中资金优势、持股优势或者利用信息优势联合或者连续买卖，操纵证券交易价格或者证券交易量。资金优势，是指行为人为买卖证券所集中的资金相对于市场上一般投资者所能集中的资金具有数量上的优势。持股优势，是指行为人持有证券相对于市场上一般投资者具有数量上的优势。信息优势，是指行为人相对于市场上一般投资者对标的证券及其相关事项的重大信息具有获取或者了解更易、更早、更准确、更完整的优势。连续买卖，是指行为人在某一时段内连续买卖某种证券。在1个交易日内交易某一证券2次以上，或在2个交易日内交易某一证券3次以上的，即构成连续买卖。单一的行为人集中资金优势、持股优势或者利用信息优势连续买卖，操纵证券交易价格或者证券交易量的，是单一行为人连续交易操纵。2个以上行为人通过合谋，集中资金优势、持股优势或者利用信息优势，联合或者连续买卖，操纵证券交易价格或者证券交易量的，是合谋的连续交易操纵。对连续交易操纵的认定需要结合主客观方面综合予以考量。除了交易行为，操纵者必须要有操纵的故意，即行为人具有故意抬高或压低某证券价格的故意。

(2) 约定交易操纵，即与他人串通，以事先约定的时间、价格和方式相互进行证券交易，影响证券交易价格或者证券交易量。与他人串通，是指2个以上行为人为了操纵证券市场，达成共同的意思联络。以事先约定的时间、价格和方式相互进行证券交易，是指2个以上行为人共同实施的、由一方作出交易委托，而另一方依据事先的约定作出时间相近、价格相近、数量相近、买卖方向相反的委托，双方相互之间进行的证券交易。具有下列情形的，可以认定为约定交易操纵：与他人串通；以事先约定的时间、价格和方式，与他人相互进行证券交易；影响证券交易价格或者证券交易量。

(3) 洗售操纵，即在自己实际控制的账户之间进行证券交易，影响证券交易价格或者证券交易量。《操纵市场刑事案件解释》规定，下列账户应当认定为“自己实际控制的账户”：(1) 行为人以自己名义开户并使用的实名账户；(2) 行为人向账户转入或者从账户转出资金，并承担实际损益的他人账户；(3) 行为人通过第1项、第2项以外的方式管理、支配或者使用的他人账户；(4) 行为人通过投资关系、协议等方式对账户内资产行使交易决策权的他人账户；(5) 其他有证据证明行为人具有交易决策权的账户。有证据证明行为人对前款第1项至第3项账户内资产没有交易决策权的除外。

(4) 虚假申报操纵，是指行为人不以成交为目的，频繁申报、撤单或者大额申报、撤单，误导投资者作出投资决策，影响证券交易价格或者证券交易量，并进行与申报相反的交易或者谋取相关利益的行为。中国证监会认为，频繁申报和撤销申报，是指行为人在同一交易日内，在同一证券的有效竞价范围内，按照同一买卖方向，连续、交替进行3次以上的申报和撤销申报。具有下列情形的，可以认定为虚假申报操纵：行为人不以成交为目的，行为人做出频繁申报和撤销申报的行为，影响证券交易价格或者证券交易量。

(5) 蛊惑交易操纵，是指行为人进行证券交易时，利用不真实、不准确、不完整或不确定的重大信息，诱导投资者在不了解事实真相的情况下作出投资决定，影响证券交易价格或交易量，以便通过期待的市场波动，取得经济上利益的行为。

“进行证券交易”是指行为人在编造、传播或者散布不真实、不准确、不完整或不确定的重大信息之前买入或卖出相关证券；而在编造、传播、散布不真实、不准确、不完整或不确定的重大信息及股价发生波动之后卖出或买入相关证券。“利用不真实、不准确、不完整或不确定的重大信息”具有下列含义：行为人利用的信息是能够对证券市场上一般投资者的投资决策产生影响的不真实、不准确、不完整或不确定的重大信息，行为人具有编造或者传播或者散布不真实、不准确、不完整或不确定的重大信息的行为。行为人可以是不真实、不准确、不完整或不确定的重大信息的编造者，也可以是其传播者或者散布者。

行为人具有下列情形的，可以认定为蛊惑交易操纵：具有利用不真实、不准确、不完整或不确定的重大信息的行为；在编造、传播或者散布不真实、不准确、不完整或不确定的重大信息之前或者之后进行证券交易；影响证券交易价格或交易量。

(6) 抢帽子交易操纵，是指证券公司、证券咨询机构、专业中介机构及其工作人员，买卖或者持有相关证券，并对该证券或其发行人、上市公司公开作出评价、预测或者投资建议，以便通过期待的市场波动取得经济利益的行为，但上述机构及其人员依据有关法律、行政法规、规章或有关业务规则的规定，已经公开作出相关预告的除外。

具有下列情形之一的，视为公开做出评价、预测或者投资建议：证券公司、证券咨询机构、专业中介机构及其工作人员在报刊、电台、电视台等传统媒体上对相关证券或其发行人、上市公司做出评价、预测或者投资建议的；证券公司、证券咨询机构、专业中介机构及其工作人员在电子网络媒体上对相关证券或其发行人、上市公司做出评价、预测或者投资建议的；从事会员制业务的证券公司或者证券咨询机构，通过报刊、电台、电视台、网站等媒体或利用传真、短信、电子信箱、电话、软件等工具，面向会员对相关证券或其发行人、上市公司做出评价、预测或者投资建议的。

具有下列情形的，可以认定为抢帽子交易操纵：行为人是证券公司、证券咨询机构、专业中介机构及其工作人员；行为人对相关证券或其发行人、上市公司公开做出评价、预测或者投资建议；行为人在公开做出评价、预测或者投资建议前买卖或持有相关证券；行为人通过公开评价、预测或者投资建议，在相关证券的交易中谋取利益。

(7) 特定时间的价格或价值操纵，是指行为人在计算相关证券的参考价格或者结算价格或者参考价值的特定时间，通过拉抬、打压或锁定手段，影响相关证券的参考价格或者结算价格或者参考价值的行为。

特定时间，是指计算相关证券的参考价格或者结算价格或者参考价值的特定时间。对于特定时间，应依据法律、行政法规、规章、业务规则的规定或者依据发行人、上市公司、相关当事人的公告内容进行认定。拉抬、打压或锁定，是指行为人以高于市价的价格发出买入申报致使证券交易价格上涨，或者以低于市价的价格发出卖出申报致使证券交易价格下跌，或者通过发出买入或者卖出申报致使证券交易价格形成虚拟的价格水平。

具有下列情形的，可以认定为特定时间的价格或价值操纵：交易时间为计算相关证券的参考价格或者结算价格或者参考价值的特定时间，行为人具有拉抬、打压或锁定证券交易价格的行为，影响特定时间的价格或价值。

（8）尾市交易操纵，是指行为人在即将收市时，通过拉抬、打压或锁定手段，操纵证券收市价格的行为。

即将收市时，是指证券交易所集中交易市场收市前的 15 分钟时间。对于其他市场的即将收市时，应根据各个市场的具体情况按照个案认定。具有下列情形的，可以认定为尾市交易操纵：交易发生在即将收市时，行为人具有拉抬、打压或锁定证券交易价格的行为，影响证券收市价格。

## 四、其他证券欺诈行为的法律规制

### （一）利用未公开信息进行证券交易

利用未公开信息进行证券交易俗称“老鼠仓”。我国《证券法》第 54 条规定：禁止证券交易场所、证券公司、证券登记结算机构、证券服务机构和其他金融机构的从业人员、有关监管部门或者行业协会的工作人员，利用因职务便利获取的内幕信息以外的其他未公开的信息，违反规定，从事与该信息相关的证券交易活动，或者明示、暗示他人从事相关交易活动。利用未公开信息进行交易给投资者造成损失的，应当依法承担赔偿责任。

### （二）欺诈客户

我国《证券法》第 57 条规定，禁止证券公司及其从业人员从事下列损害客户利益的行为：违背客户的委托为其买卖证券；不在规定时间内向客户提供交易的确认文件；未经客户的委托，擅自为客户买卖证券，或者假借客户的名义买卖证券；为牟取佣金收入，诱使客户进行不必要的证券买卖；其他违背客户真实意思表示，损害客户利益的行为。违反前述规定给客户造成损失的，应当依法承担赔偿责任。

### （三）出借账户与非法配资

我国《证券法》第 58 条规定：任何单位和个人不得违反规定，出借自己的证券账户或者借用他人的证券账户从事证券交易。

我国《证券法》第 59 条规定：依法拓宽资金入市渠道，禁止资金违规流入股市。禁止投资者违规利用财政资金、银行信贷资金买卖证券。

## 思考题

1. 简述证券发行的概念和分类。
2. 试论我国证券发行注册制的概念、内容及配套风险保障措施。
3. 简述保荐制度的法律特征及保荐人的职责和义务。
4. 简述保荐跟投法律制度的主要内容。
5. 简述证券承销的法律特征。
6. 简述证券包销和代销的区别。
7. 简述上市公司不得向不特定对象发行股票的情形。
8. 简述超额配售选择权的概念及其制度机理。

9. 简述非公开发行公司债券的法律规定。
10. 简述资产证券化的法律本质及其构造。
11. 试述上市协议的法律性质和法律意义。
12. 试论上市公司股份回购的风险及其法律限制。
13. 简述特定主体短线交易的法律规制。
14. 简述“慢走规则”的概念以及其权益披露规则。
15. 简述强制要约收购的豁免规则。
16. 试述在《公司法》修改背景下，毒丸计划在我国实施的可能性。
17. 简述上市公司重大资产重组的概念及其构成标准。
18. 试论信息披露中信息的“重大性”。
19. 试论证券虚假陈述中交易因果关系和损失因果关系的认定。
20. 简述《新虚假陈述若干规定》中独立董事免责的情形。
21. 《新虚假陈述若干规定》是否适用于银行间市场的虚假陈述行为？为什么？
22. 简述内幕信息的概念和特征。
23. 简述操纵市场的主要行为模式。

第七章

# 信托、证券投资基金与资产管理产品交易法律制度

## 第一节　信托交易法律制度

### 一、信托行为

（一）信托行为的概念和有效要件

能够引起信托关系产生的行为统称为信托行为，具体指委托人基于对受托人的信任而将其财产权委托给受托人进行管理或处分，从而在委托人、受托人、受益人之间建立起权利义务关系的一种民事活动。信托行为是引起信托法律关系产生的一种最广泛、最普遍的法律事实，主要有合同行为和遗嘱行为。我国《信托法》第 8 条规定：设立信托应当采用书面形式，书面形式包括信托合同、遗嘱或者法律、行政法规规定的其他书面文件等。采取信托合同形式设立信托的，信托合同签订时，信托成立；采取其他书面形式设立信托的，受托人承诺信托时，信托成立。

信托行为的有效条件如下。

1. 信托当事人的资格合法

委托人与受托人不仅应当具有民事权利能力，还要具有民事行为能力。

（1）委托人的资格。无论是自然人还是法人、非法人组织作为委托人，都要求对信托财产享有所有权或者处分权。自然人作为委托人时，其必须具有完全民事行为能力。法人作为委托人的，还要求：设立他益信托时，应以法人章程有明确记载为必要；设立信托时，法人不得陷于破产境地，避免对其债权人利益构成损害，但破产管理人有权为破产债权人的利益设立信托；法人不能设立遗嘱信托。

（2）受托人的资格。受托人应当具有一定的理财能力，必须具备完全民事行为能力。受托人可以是自然人，也可以是法人、非法人组织。但法人担任受托人时，应当区分一般法人受托人和营业法人受托人。一般法人受托人是指不以经营信托为职业的受托人，因此，其作为受托人的活动，不得与其法人的目的事业相矛盾，并应受其法人章程的限制。营业法人受托人，则是指专门以经营信托业为职业的各种信托机构。这类受托人不仅需要取得法人资格，还需要依法取得专门经营信托业的营业许可。《信托法》第 24 条规定：“受托人应当是具有完全民事行为能力的自然人、法人。法律、行政法规对受托人的条件另有规定的，从其规定。”

2. 信托财产合法

信托财产须具有财产价值，而且信托财产在转移前必须确定且为委托人所有或有权支配处分。

3. 信托目的合法

信托目的必须合法，即委托人将自己的财产权委托给受托人进行管理或者处分，必须基于正当目的，凡有违反正当目的而设立的信托无效。《信托法》第 6 条规定，设立信托，必须有合法的信托目的。信托目的违反法律、行政法规或者损害社会公共利益和专以诉讼或者讨债为目的设立的信托都是信托目的不合法的无效信托。

4. 有受益人及受益人范围确定

英美信托法传统上认为除非为公益信托，否则每一信托均至少需有一名受益人，称为受益人原则。在私益信托中，必须有受益人存在，否则信托就会因欠缺实际上的执行力而无存在意义。

受益人必须能够确定，委托人应当在信托合同等文件中确定具体的受益人，如果确实难以确定具体的受益人，则应当确定受益人的范围，以便明确信托利益的享有者。

与信托行为的有效要件相对应，凡与有效要件相悖的均为无效或可被撤销行为。具体而言，无效或者可撤销的信托行为主要有：违反法律强制性规定的信托，以诉讼为主要目的的信托，诈害债权人的信托，委托人设立信托后破产的信托，有妨于公序良俗的信托，受益人或者受益人范围不能确定的信托，信托财产不能确定的信托，信托财产不合法的信托等。

（二）信托的变更和终止

信托的变更包括委托人的变更、受托人的变更以及受益人的变更。

1. 委托人的变更权

信托依法设立后，委托人非依法律规定或者信托文件规定，不得变更信托。我国《信托法》第 51 条规定，设立信托后，有下列情形之一的，委托人可以变更受益人或者处分受益人的信托受益权：(1) 受益人对委托人有重大侵权行为；(2) 受益人对其他共同受益人有重大侵权行为；(3) 经受益人同意；(4) 信托文件规定的其他情形。

2. 受托人的变更权

原则上，受托人没有变更信托的权利。但如果委托人在信托文件中授予了受托人变更信托的权利或者法律有规定，受托人则可以在授权范围内变更信托。受托人在行使变更权时，应当尽到善良管理人的注意义务，不得滥用变更权；否则，将承担由此造成的信托财产损失或者受益人损失的责任。

3. 受益人的变更权

原则上讲，受益人享有变更信托的权利，因为受益人是信托利益的享受者，他有权为了自己的利益而要求变更信托。

信托的终止是指信托关系由存在变为不复存在。一旦出现终止的情形，存在于信托关系中的委托人、受托人与受益人所享有的一切权利和义务，包括信托法规定的权利义务和由信托行为产生的权利义务，均归于消灭。

根据《信托法》的规定，有下列情形之一的，信托终止：(1) 信托文件规定的终止事由发生；(2) 信托的存续违反信托目的；(3) 信托目的已经实现或者不能实现；(4) 信托当事人协商同意；(5) 信托被撤销；(6) 信托被解除。

## 二、委托人、受托人、受益人的权利和义务

委托人、受托人、受益人是信托法律关系的三方当事人，科学地界定他们各自的权利、义务和责任是调整信托关系，规范信托行为，保障信托事业健康、持续发展的需要。

（一）委托人的权利、义务和责任

1. 委托人的权利

在英美法系国家，一旦信托有效设定，委托人便与信托关系相脱离，原则上不得再介入信托的运作，不得干预受托人执行信托事务。但生前信托多以契约方式设立，剥夺委托人对受托人的请求权，无疑否定了其契约当事人的地位，有违契约的基本法理，因此，近代英美信托法学者也主张应给予委托人以请求权。此外，信托尽管为受益人利益而设立，但也是委托人的意愿所在，信托实施不仅仅关系到受益人的利益，更关系到委托人的意愿能否得到实现，因此，赋予委托人对受托人以一定程度的监控权是必要的，更何况委托人还是信托的设立者。正是基于上述考虑，日本、韩国的信托法不仅肯定了受益人的受益权，还使委托人于信托设立后居于信托关系人的地位，并赋予委托人对信托事务的执行的监控权。

我国《信托法》第 20 条至第 23 条对委托人的监控权作出了如下规定：

(1) 了解情况权。委托人有权了解其信托财产的管理运用、处分及收支情况，并有权要求受托人作出说明。

(2) 查阅复制权。委托人有权查阅、抄录或者复制与其信托财产有关的信托账目以及处理信托事务的其他文件。

(3) 调整信托管理方法权。因设立信托时未能预见的特别事由，致使信托财产的管理方法不利于实现信托目的或者不符合受益人的利益时，委托人有权要求受托人调整该信托财产的管理方法。

(4) 撤销权。要求受托人恢复信托财产的原状或者予以赔偿。受托人违反信托目的处分信托财产或者因违背管理职责、处理信托事务不当致使信托财产受到损失的，委托人有权申请人民法院撤销该处分行为，并有权要求受托人恢复信托财产的原状或者予以赔偿；该信托财产的受让人明知是违反信托目的而接受该财产的，应当予以返还或者予以赔偿。上述规定的申请权，自委托人知道或者应当知道撤销原因之日起 1 年内不行使的，归于消灭。

(5) 解任受托人权。受托人违反信托目的处分信托财产或者管理运用、处分信托财产有重大过失的，委托人有权依照信托文件的规定解任受托人，或者申请人民法院解任受托人。

2. 委托人的义务

(1) 作为信托设定人所应承担的义务。委托人作为信托关系的设定人，应当将财产转移给受托人，使受托人成为信托财产名义上的所有权人，以便于受托人实施管理与处分。

(2) 作为信托关系人所应承担的义务。委托人在信托成立后，即成为信托关系的利害关系人。作为利害关系人，委托人所应承担的义务一般包括：

1) 委托人不得随意干预受托人管理处分信托财产。委托人在设定信托时在信托文件中保留了干预权利的除外。

2) 信托可能是有偿信托，也可能是无偿信托，如果属于有偿信托，那么委托人负有向受托人支付报酬的义务。

3) 如果受托人在处理信托事务中自己垫付了有关费用或者因正当处理信托事务而使自己遭受损失，委托人负有补偿的义务。

（二）受托人的权利和义务

1. 受托人的权利

(1) 对信托财产的管理处分权。信托设立后，委托人及受益人原则上均不得介入信托财产的运作。两大法系的信托法都赋予受托人以极大的管理空间，使其享有几乎完全自主的管理权。

（2）费用和损失的补偿请求权和优先受偿权。受托人因处理信托事务所支出的费用、对第三人所负债务，以信托财产承担。受托人以其固有财产先行支付的，对信托财产享有优先受偿的权利。受托人违背管理职责或者处理信托事务不当对第三人所负债务或者自己所受到的损失，以其固有财产承担。

（3）报酬请求权。受托人有权依照信托文件的约定取得报酬。信托文件未作事先约定的，经信托当事人协商同意，可以作出补充约定；未作事先约定和补充约定的，不得收取报酬。约定的报酬经信托当事人协商同意，可以增减其数额。但受托人违反信托目的处分信托财产或者因违背管理职责、处理信托事务不当致使信托财产受到损失的，在未恢复信托财产的原状或者未予赔偿之前，不得请求给付报酬。

（4）辞任权。设立信托后，经委托人和受益人同意，受托人可以辞任。《信托法》对公益信托的受托人辞任另有规定的，从其规定。受托人辞任的，在新受托人选出前仍应履行管理信托事务的职责。

2. 受托人的义务

由于委托人、受益人对受托人的监控处于较弱地位，而受托人又拥有较大的权利，因此，法律一般都对受托人权利的行使课以多种义务。

（1）为受益人的最大利益处理信托事务的义务，即忠实义务和善良管理人义务。受托人应当遵守信托文件的规定，为受益人的最大利益处理信托事务。受托人管理信托财产，必须恪尽职守，履行诚实、信用、谨慎、有效管理的义务。这一义务要求受托人处理信托事务时，从本职业要求出发，必须做到：严格遵守信托文件的规定，忠实于受益人的利益，尽自己最大的注意和最高的谨慎，谋求信托财产稳健经营和最大收益。

（2）不得为自己谋取利益的义务。受托人除依法取得报酬外，不得利用信托财产为自己谋取利益。受托人违反前述规定，利用信托财产为自己谋取利益的，所得利益归入信托财产。

（3）不得将信托财产转为其固有财产的义务。受托人违反这一义务把信托财产转为其固有财产的，必须恢复该信托财产的原状；造成信托财产损失的，应当承担赔偿责任。

（4）不得进行不法交易的义务。受托人不得将其固有财产与信托财产进行交易或者将不同委托人的信托财产进行相互交易，但信托文件另有规定或者经委托人或者受益人同意，并以公平的市场价格进行交易的除外。受托人违反前述规定，造成信托财产损失的，应当承担赔偿责任。

（5）分别管理、分别记账的义务。受托人必须将信托财产与其固有财产分别管理、分别记账，并将不同委托人的信托财产分别管理、分别记账。

（6）自己处理信托事务的义务。受托人应当自己处理信托事务，但信托文件另有规定或者有不得已的事由的，可以委托他人代为处理。受托人依法将信托事务委托他人代理的，应当对他人处理信托事务的行为承担责任。

（7）保存信托事务记录的义务。

（8）报告义务。受托人应当每年定期将信托财产的管理运用、处分及收支情况报告委托人和受益人。

（9）保密义务，即受托人对委托人、受益人以及处理信托事务的情况和资料负有依法保密的义务。

（10）支付信托利益的义务。受托人以信托财产为限向受益人承担支付信托利益的义务。

（11）职责终止时的报告、移交义务，即受托人依法终止职责的，应当作出处理信托事务的报告，并向新受托人办理信托财产和信托事务的移交手续。

（三）受益人的权利和义务

1. 受益人的权利

（1）受益权。受益人自信托生效之日起享有信托受益权。信托文件另有规定的，从其规定。共同受益人按照信托文件的规定享受信托利益。信托文件对信托利益的分配比例或者分配方法未作规定的，各受益人按照均等的比例享受信托利益。

（2）信托受益权的放弃权。受益人享有放弃信托受益权的权利。全体受益人放弃信托受益权的，信托终止。部分受益人放弃信托受益权的，被放弃的信托受益权按下列顺序确定归属：1）信托文件规定的人；2）其他受益人；3）委托人或者其继承人。

（3）受益权的债务清偿权。受益人不能清偿到期债务的，其信托受益权可以用于清偿债务，但法律、行政法规以及信托文件有限制性规定的除外。

（4）受益权的转让权。受益人的信托受益权可以依法转让和继承，但信托文件有限制性规定的除外。

（5）了解情况权。受益人有权了解其信托财产的管理运用、处分及收支情况，并有权要求受托人作出说明。

（6）查阅复制权。受益人有权查阅、抄录或者复制与其信托财产有关的信托账目以及处理信托事务的其他文件。

（7）调整信托财产管理方法权，即因设立信托时未能预见到的特别事由，致使信托财产的管理方法不利于实现信托目的或者不符合受益人的利益时，受益人有权要求受托人调整该信托财产的管理方法。

（8）撤销权与要求赔偿权。受托人违反信托目的处分信托财产或者因违背管理职责、处理信托事务不当致使信托财产受到损失的，受益人有权申请人民法院撤销该处分行为，并有权要求受托人恢复信托财产的原状或者予以赔偿；该信托财产的受让人明知是违反信托目的而接受该财产的，应当予以返还或者予以赔偿，但申请权自受益人知道或者应当知道撤销原因之日起1年内不行使的，归于消灭。共同受益人之一申请人民法院撤销该处分行为的，人民法院所作出的撤销裁定，对全体共同受益人有效。

（9）解任权。受托人违反信托目的处分信托财产或者管理运用、处分信托财产有重大过失的，受益人有权依照信托文件的规定解任受托人，或者申请人民法院解任受托人。

（10）与委托人意见不一致时的申请裁定权。受益人行使上述权利，与委托人意见不一致时，可以申请人民法院作出裁定。

2. 受益人的义务

受益人主要负有合作义务、保密义务、配合义务以及尊重义务。

## 三、资金信托交易法律制度

为厘清各类信托业务边界和服务内涵，引导信托公司以规范方式发挥信托制度优势，2023年3月20日，银保监会公布了《关于规范信托公司信托业务分类的通知》。该通知将信托业务分为资产管理信托、资产服务信托、公益/慈善信托三大类。本书大致沿袭这样的分类思路，重点介绍资金信托、服务信托和公益信托业务的核心法律制度。

资金信托，又称金钱信托，它是指委托人基于对受托人（信托机构）的信任，将自己合法拥有的资金委托给受托人，由受托人按委托人的意愿以自己的名义，为受益人的利益或者特定目的管理、运用和处分的行为。资金信托业务是信托机构一项重要的信托业务，也是信托机构理财业务的主要存在方式。信托机构在办理资金信托业务时，可以按照委托人的要求，为其单独管理信托资金，即称为单独管理资金信托；为了使受托资金达到一定的数额，也可以采取将不同委托人的资金集合在一起管理的做法，通常称为集合资金信托。信托公司在资金信托业务上主要从事的是集合资金信托业务，受《信托公司集合资金信托计划管理办法》约束。

（一）资金信托设立的条件

信托公司设立信托计划，应当符合以下要求：委托人为合格投资者；参与信托计划的委托人为唯一受益人；单个信托计划的自然人人数不得超过 50 人，但单笔委托金额在 300 万元以上的自然人投资者和合格的机构投资者数量不受限制；信托期限不少于 1 年；信托资金有明确的投资方向和投资策略，且符合国家产业政策以及其他有关规定；信托受益权划分为等额份额的信托单位；信托合同应约定受托人报酬，除合理报酬外，信托公司不得以任何名义直接或间接以信托财产为自己或他人牟利；国务院银行业监督管理部门规定的其他要求。

（二）对资金信托计划推介的监管

《信托公司集合资金信托计划管理办法》要求，信托公司推介信托计划，应有规范和详尽的信息披露材料，明示信托计划的风险收益特征，充分揭示参与信托计划的风险及风险承担原则，如实披露专业团队的履历、专业培训及从业经历，不得使用任何可能影响投资者进行独立风险判断的误导性陈述。信托公司异地推介信托计划的，应当在推介前向注册地、推介地的国务院银行业监督管理部门省级派出机构报告。

信托公司推介信托计划不得有以下行为：以任何方式承诺信托资金不受损失，或者以任何方式承诺信托资金的最低收益；进行公开营销宣传；委托非金融机构进行推介；推介材料含有与信托文件不符的内容，或者存在虚假记载、误导性陈述或重大遗漏等情况；对公司过去的经营业绩作夸大介绍，或者恶意贬低同行；国务院银行业监督管理部门禁止的其他行为。

（三）对资金信托文件的监管

《信托公司集合资金信托计划管理办法》要求，信托计划文件应当包含以下内容：（1）认购风险申明书；（2）信托计划说明书；（3）信托合同；（4）国务院银行业监督管理部门规定的其他内容。其中，认购风险申明书至少应当包含以下内容：第一，信托计划不承诺保本和最低收益，具有一定的投资风险，适合风险识别、评估、承受能力较强的合格投资者。第二，委托人应当以自己合法所有的资金认购信托单位，不得非法汇集他人资金参与信托计划。第三，信托公司依据信托计划文件管理信托财产所产生的风险，由信托财产承担。信托公司因违背信托计划文件、处理信托事务不当而造成信托财产损失的，由信托公司以固有财产赔偿；不足赔偿时，由投资者自担。第四，委托人在认购风险申明书上签字，即表明已认真阅读并理解所有的信托计划文件，并愿意依法承担相应的信托投资风险。

（四）集合信托资金的保管要求

信托计划的资金实行保管制。对非现金类的信托财产，信托当事人可约定实行第三方保管，但国务院银行业监督管理部门另有规定的，从其规定。信托计划存续期间，信托公司应当选择经营稳健的商业银行担任保管人。信托财产的保管账户和信托财产专户应当为同一账户。信托公司依信托计划文件约定需要运用信托资金时，应当向保管人书面提供信托合同复印件及资金用途说明。

保管人应当履行以下职责：安全保管信托财产；对所保管的不同信托计划分别设置账户，确保信托财产的独立性；确认与执行信托公司管理运用信托财产的指令，核对信托财产交易记录、资金和财产账目；记录信托资金划拨情况，保存信托公司的资金用途说明；定期向信托公司出具保管报告；当事人约定的其他职责。

遇有信托公司违反法律法规和信托合同、保管协议操作时，保管人应当立即以书面形式通知信托公司纠正；当出现重大违法违规或者发生严重影响信托财产安全的事件时，保管人应及时报告国务院银行业监督管理部门。

（五）资金信托计划的运营与风险管理

信托公司管理信托计划，应设立为信托计划服务的信托资金运用、信息处理等部门，并指定信托经理及其相关的工作人员。每个信托计划至少配备一名信托经理。担任信托经理的人员，应当符合中国银行业监督管理部门规定的条件。信托公司对不同的信托计划，应当建立单独的会计账户分别核算、分别管理。信托资金可以进行组合运用，组合运用应有明确的运用范围和投资比例。信托公司运用信托资金进行证券投资，应当采用资产组合的方式，事先制定投资比例和投资策略，采取有效措施防范风险。信托公司可以运用债权、股权、物权及其他可行方式运用信托资金。信托公司运用信托资金，应当与信托计划文件约定的投资方向和投资策略相一致。

信托公司管理信托计划，应遵守以下规定：(1) 不得向他人提供担保；(2) 向他人提供贷款不得超过其管理的所有信托计划实收余额的 30%，但国务院银行业监督管理部门另有规定的除外；(3) 不得将信托资金直接或间接运用于信托公司的股东及其关联人，但信托资金全部来源于股东或其关联人的除外；(4) 不得以固有财产与信托财产进行交易；(5) 不得将不同信托财产进行相互交易；(6) 不得将同一公司管理的不同信托计划投资于同一项目。

## 四、资产服务信托交易法律制度

资产服务信托是指信托公司依据信托法律关系、接受委托人委托并根据委托人需求为其量身定制财富规划和代际传承、托管、破产隔离和风险处置等专业信托服务。《关于规范信托公司信托业务分类的通知》要求，信托公司应当将符合上述特征的信托业务归入资产服务信托，按照服务内容和特点分为财富管理服务信托、行政管理服务信托、资产证券化服务信托、风险处置服务信托及其他资产服务信托共五类。

资产服务信托业务不涉及向投资者募集资金的行为，不适用《关于规范金融机构资产管理业务的指导意见》(以下简称《资管新规》)。信托公司开展资产服务信托业务，应确保信托目的合法合规，提供具有实质内容的受托服务，不得为各类违法违规活动提供通道服务，不得主动负债，不得通过财产权信托受益权拆分转让等方式为委托人融资需求募集资金（依据金融管理部门颁布的规定开展的资产证券化业务除外），原则上不得以受托资金发放信托贷款。信托公司确实基于委托人合法信托目的受托发放贷款的，应当参照《商业银行委托贷款管理办法》(简称《委托贷款办法》) 进行审查和管理，其信托受益权转让时，受益人资质和资金来源应当持续符合《委托贷款办法》要求。

《关于规范信托公司信托业务分类的通知》对资产服务信托作了如表 7-1 的系统分类。以下我们重点介绍资产证券化服务信托、年金信托和家族信托三种业务类型。

| | | |
|---|---|---|
| 资产服务信托业务 | 财富管理服务信托 | 家族信托 |
| | | 家庭服务信托 |
| | | 保险金信托 |

续表

| | | |
|---|---|---|
| 资产服务信托业务 | 财富管理服务信托 | 特殊需要信托 |
| | | 遗嘱信托 |
| | | 其他个人财富管理信托 |
| | | 法人及非法人组织财富管理信托 |
| | 行政管理服务信托 | 预付式资金服务信托 |
| | | 资产管理产品服务信托 |
| | | 担保品服务信托 |
| | | 企业/职业年金服务信托 |
| | | 其他行政管理服务信托 |
| | 资产证券化服务信托 | 信贷资产证券化服务信托 |
| | | 企业资产证券化服务信托 |
| | | 非金融企业资产支持票据服务信托 |
| | | 其他资产证券化服务信托 |
| | 风险处置服务信托 | 企业市场化重组服务信托 |
| | | 企业破产服务信托 |
| | 其他资产服务信托 | |

**表 7-1 信托公司信托业务新分类简表**

（一）资产证券化服务信托

本书已经介绍过资产证券化的概念和类型。在选择信托公司作为 SPV 的交易结构中，资产证券化过程中的破产隔离和风险隔离制度与信托财产的独立性原理是完全一致的。这就使得证券化资产的所有权与处分权同原权益人完全区隔开来，实现真正意义上的破产隔离。经国务院银行业监督管理部门批准，信托公司具有特定目的信托受托机构资格，从而以资产支持证券的形式向投资者发行受益证券。证券公司专项资产管理计划主要由证券公司以特定基础资产所产生的未来现金流作为偿付支持，通过结构化方式进行信用增级，在此基础上发行资产支持证券，但其并没有明确禁止信托公司参与其中。目前，信贷资产证券化和信托型的资产支持票据已成为信托公司参与资产证券化的主要领域。

（二）年金信托

年金信托是日本主要的信托方式之一，把企业和职工积累的年金作为信托财产交给信托公司管理和处理的一种信托方式。年金制度是日本政府针对本国人口老龄化的现实采取的一种制度。其目的是有计划地保证老年人的生活，从而保持社会的安定。此类信托有三种：个人年金、企业年金、公共性年金。在信托的过程中，信托公司只起投资顾问作用，有财产经营上的特权。

《关于调整年金基金投资范围的通知》（人社部发〔2020〕95 号）将年金基金投资范围从境内进一步扩大到我国香港市场，并新增资产支持证券和资产支持票据等投资领域。信托公司是年金信托的主要经办机构。

（三）家族信托

《关于加强规范资产管理业务过渡期内信托监管工作的通知》（信托函〔2018〕37 号）明

确，家族信托是指信托公司接受单一个人或者家庭的委托，以家庭财富的保护、传承和管理为主要信托目的，提供财产规划、风险隔离、资产配置、子女教育、家族治理、公益（慈善）事业等定制化事务管理和金融服务的信托业务。家族信托财产金额或价值不低于 1 000 万元，受益人应包括委托人在内的家庭成员，但委托人不得为唯一受益人。单纯以追求信托财产保值增值为主要信托目的，具有专户理财性质和资产管理属性的信托业务不属于家族信托。

家族信托的管理期一般都在 30 年以上。与国内最常见的集合资金信托不同，家族信托是为高净值客户专门定制的产品，不设置预期年化收益率，也没有规定好的投资项目，而是根据客户的风险偏好配置投资产品。此类信托可设置其他受益人，可中途变更受益人，也可限制受益人的权利。在信托利益分配上可选择一次性分配、定期定量分配、临时分配、附带条件分配等不同的形式。

## 五、公益信托

### （一）公益信托的概念

公益信托是指根据合同或遗嘱等信托文件，委托人将财产权转移给受托人，受托人管理该项财产，并按信托文件规定，将信托利益用于举办一项或某些公益事业，以实现公共利益目的的信托。所谓公共利益目的，主要是指救济贫困；救助灾民；扶助残疾人；发展教育、科技、文化、艺术、体育事业；发展医疗卫生事业；发展环境保护事业，维护生态环境；发展其他社会公益事业。

### （二）公益信托的设立、变更和终止

1. 公益信托的设立

公益信托的设立方式与私益信托相比，不同之处在于其设立程序更为严格，主要表现为公权力的介入。《信托法》规定，公益信托的设立和确定其受托人，应当经有关公益事业的管理机构批准。未经公益事业管理机构的批准，不得以公益信托的名义进行活动。

2. 公益信托的变更和终止

（1）公益信托的变更。公益信托的变更包括主体变更和内容变更。一般情况下，公益信托的受托人未经公益事业管理机构批准，不得辞任。但公益信托的受托人违反信托义务或者无能力履行其职责的，由公益事业管理机构变更受托人。公益信托成立后，发生设立信托时不能预见的情形的，公益事业管理机构可以根据信托目的，变更信托文件中的有关条款。

（2）公益信托的终止。公益信托终止的，受托人应当于终止事由发生之日起十五日内，将终止事由和终止日期报告公益事业管理机构。公益信托终止的，受托人作出的处理信托事务的清算报告，应当经信托监察人认可后，报公益事业管理机构核准，并由受托人予以公告。公益信托终止，没有信托财产权利归属人或者信托财产权利归属人是不特定的社会公众的，经公益事业管理机构批准，受托人应当将信托财产用于与原公益目的相近似的目的，或者将信托财产转移给具有近似目的的公益组织或者其他公益信托。

### （三）公益信托的监督管理

1. 公益信托的监督

公益信托是为公共利益而设立的一种财产管理和金融制度，为保证信托财产充分用于公益目的，各国对于公益信托实行更为严格的监督管理。我国《信托法》第 67 条规定：公益事业管理机构应当检查受托人处理公益信托事务的情况及财产状况。受托人应当至少每年一次作出信托事务处理情况及财产状况报告，经信托监察人认可后，报公益事业管理机构核准，并由受

托人予以公告。

2. 公益信托的管理

《信托法》第 64 条规定："公益信托应当设置信托监察人。信托监察人由信托文件规定。信托文件未规定的，由公益事业管理机构指定。"信托监察人有权以自己的名义，为维护受益人的利益，提起诉讼或者实施其他法律行为。可见，信托监察人既是受益人利益的代表，也是受托人的监督者。

## 第二节　证券投资基金交易法律制度

### 一、证券投资基金的分类及运行原则

（一）证券投资基金的分类

依法律基础和组织形态的不同，可将证券投资基金划分为公司型和契约型两种。公司型投资基金是指依据公司法组成的，以营利为目的，专门进行投资（尤其是投资于有价证券）的投资公司。契约型投资基金不设立公司组织，而是根据一定的信托契约原理，由委托人、受托人和受益人三方订立信托投资契约而组建的基金形态。按证券投资基金的受益凭证可否赎回以及买卖方式的不同，证券投资基金可分为开放式投资基金和封闭式投资基金。封闭式投资基金是指基金份额总额在基金合同期限内固定不变，基金份额持有人不得申请赎回的基金。开放式投资基金是指基金份额总额不固定，基金份额可以在基金合同约定的时间和场所申购或者赎回的基金。

我国《证券投资基金法》对证券投资基金最重要的分类是公募基金和私募基金。公募基金是指通过公开方式向不特定对象募集资金，或向特定对象募集资金累计超过二百人的基金。私募基金是指通过非公开方式向不超过二百个合格投资者募集的基金。

（二）证券投资基金的运行原则

证券投资基金的运行应坚守保障证券投资基金资产独立性原则，将基金资产的经营与保管严格分离，将基金资产与基金托管人、管理人的固有财产分离。投资基金法律监管应侧重于保护众多的、分散的、不确定的投资者的利益，坚持公开、公平、公正原则。另外，对投资基金的法律监管必须体现国家的政策导向原则。

### 二、证券投资基金的当事人

证券投资基金依据信托原理而设立，其基本当事人主要有基金管理人、基金托管人、基金份额持有人和基金监管与自律机构。

（一）基金管理人

基金管理人，是指凭借专门的知识与经验，运用所管理基金的资产，根据法律、法规及基金章程或基金契约的规定，按照科学的投资组合原理进行投资决策，谋求所管理的基金资产不断增值，并使基金持有人获取尽可能多收益的机构。基金管理人在证券投资基金法律关系当中处于核心地位，承担着基金募集、设立、投资管理、信息披露等一系列重要的职责。基金管理人由依法设立的公司或者合伙企业担任。无论是公募基金还是私募基金，基金管理人均不能由自然人担任。

《私募投资基金监督管理条例》第 7 条规定：私募基金管理人由依法设立的公司或者合伙

企业担任。以合伙企业形式设立的私募基金，资产由普通合伙人管理的，普通合伙人适用关于私募基金管理人的规定。私募基金管理人的股东、合伙人以及股东、合伙人的控股股东、实际控制人，控股或者实际控制其他私募基金管理人的，应当符合国务院证券监督管理机构的规定。

公开募集基金的基金管理人，由基金管理公司或者经国务院证券监督管理机构按照规定核准的其他机构担任。2022 年 5 月 20 日，中国证监会公布的《公开募集证券投资基金管理人监督管理办法》第 2 条规定，公募基金管理人由基金管理公司或者经中国证监会核准取得公募基金管理业务资格的其他资产管理机构担任。其中，基金管理公司是指经中国证监会批准，在中华人民共和国境内设立，从事公募基金管理业务和中国证监会批准或者认可的其他业务的营利法人。其他资产管理机构包括在境内设立的从事资产管理业务的证券公司资产管理子公司、保险资产管理公司、商业银行理财子公司、在中国证券投资基金业协会登记的专门从事非公开募集证券投资基金管理业务的机构以及中国证监会规定的其他机构。未取得公募基金管理业务资格的机构，不得从事公募基金管理业务。

基金管理公司是最主要的公募基金管理人。我国《证券投资基金法》对基金管理公司的设立、公司治理与内部控制等作出了系统的规定，本书已在金融市场主体法律制度部分予以介绍。

（二）基金托管人

基金托管人是负责托管基金财产的金融机构，与基金管理人同属于基金份额持有人的共同受托人。《证券投资基金法》第 32 条明确要求，基金托管人由依法设立的商业银行或者其他金融机构担任。商业银行担任基金托管人的，由国务院证券监督管理机构会同国务院银行业监督管理机构核准；其他金融机构担任基金托管人的，由国务院证券监督管理机构核准。

担任基金托管人，应当具备下列条件：（1）净资产和风险控制指标符合有关规定；（2）设有专门的基金托管部门；（3）取得基金从业资格的专职人员达到法定人数；（4）有安全保管基金财产的条件；（5）有安全高效的清算、交割系统；（6）有符合要求的营业场所、安全防范设施和与基金托管业务有关的其他设施；（7）有完善的内部稽核监控制度和风险控制制度；（8）法律、行政法规规定的和经国务院批准的国务院证券监督管理机构、国务院银行业监督管理机构规定的其他条件。

基金托管人应当履行下列职责：（1）安全保管基金财产；（2）按照规定开设基金财产的资金账户和证券账户；（3）对所托管的不同基金财产分别设置账户，确保基金财产的完整与独立；（4）保存基金托管业务活动的记录、账册、报表和其他相关资料；（5）按照基金合同的约定，根据基金管理人的投资指令，及时办理清算、交割事宜；（6）办理与基金托管业务活动有关的信息披露事项；（7）对基金财务会计报告、中期和年度基金报告出具意见；（8）复核、审查基金管理人计算的基金资产净值和基金份额申购、赎回价格；（9）按照规定召集基金份额持有人大会；（10）按照规定监督基金管理人的投资运作；（11）国务院证券监督管理机构规定的其他职责。

基金托管人发现基金管理人的投资指令违反法律、行政法规和其他有关规定，或者违反基金合同约定的，应当拒绝执行，立即通知基金管理人，并及时向国务院证券监督管理机构报告。基金托管人发现基金管理人依据交易程序已经生效的投资指令违反法律、行政法规和其他有关规定，或者违反基金合同约定的，应当立即通知基金管理人，并及时向国务院证券监督管理机构报告。

需要注意的是，我国对公募基金实行的是强制托管制度，《证券投资基金法》第 50 条第 3

款规定：公开募集基金应当由基金管理人管理，基金托管人托管。但私募基金并不要求进行强制托管，《私募投资基金监督管理条例》规定，除基金合同另有约定外，私募基金财产应当由私募基金托管人托管。私募基金财产不进行托管的，应当明确保障私募基金财产安全的制度措施和纠纷解决机制。

（三）基金份额持有人

基金份额持有人是基金的投资者。证券投资基金是以信托原理为基础而设计的，基金份额持有人与基金管理人和基金托管人之间的关系属于信托关系。证券投资基金属于自益信托，基金份额持有人既是信托关系的委托人，又是信托关系的受益人。

我国《证券投资基金法》规定，基金份额持有人享有下列权利：（1）分享基金财产收益；（2）参与分配清算后的剩余基金财产；（3）依法转让或者申请赎回其持有的基金份额；（4）按照规定要求召开基金份额持有人大会或者召集基金份额持有人大会；（5）对基金份额持有人大会审议事项行使表决权；（6）对基金管理人、基金托管人、基金服务机构损害其合法权益的行为依法提起诉讼；（7）基金合同约定的其他权利。

公开募集基金的基金份额持有人有权查阅或者复制公开披露的基金信息资料；非公开募集基金的基金份额持有人对涉及自身利益的情况，有权查阅基金的财务会计账簿等财务资料。

基金份额持有人大会是基金份额持有人行使对基金合同的重要内容和基金运作的重大事项进行审议监督的主要机构。基金份额持有人大会由全体基金份额持有人组成，行使下列职权：（1）决定基金扩募或者延长基金合同期限；（2）决定修改基金合同的重要内容或者提前终止基金合同；（3）决定更换基金管理人、基金托管人；（4）决定调整基金管理人、基金托管人的报酬标准；（5）基金合同约定的其他职权。

按照基金合同约定，基金份额持有人大会可以设立日常机构，行使下列职权：（1）召集基金份额持有人大会；（2）提请更换基金管理人、基金托管人；（3）监督基金管理人的投资运作、基金托管人的托管活动；（4）提请调整基金管理人、基金托管人的报酬标准；（5）基金合同约定的其他职权。日常机构由基金份额持有人大会选举产生的人员组成；其议事规则，由基金合同约定。基金份额持有人大会及其日常机构不得直接参与或者干涉基金的投资管理活动。

公募基金的基金份额持有人大会由基金管理人召集。基金份额持有人大会设立日常机构的，由该日常机构召集；该日常机构未召集的，由基金管理人召集。基金管理人未按规定召集或者不能召集的，由基金托管人召集。代表基金份额10%以上的基金份额持有人就同一事项要求召开基金份额持有人大会，而基金份额持有人大会的日常机构、基金管理人、基金托管人都不召集的，代表基金份额10%以上的基金份额持有人有权自行召集，并报国务院证券监督管理机构备案。

召开基金份额持有人大会，召集人应当至少提前30日公告基金份额持有人大会的召开时间、会议形式、审议事项、议事程序和表决方式等事项。基金份额持有人大会不得就未经公告的事项进行表决。基金份额持有人大会可以采取现场方式召开，也可以采取通信等方式召开。每一基金份额具有一票表决权，基金份额持有人可以委托代理人出席基金份额持有人大会并行使表决权。基金份额持有人大会应当有代表1/2以上基金份额的持有人参加，方可召开。参加基金份额持有人大会的持有人的基金份额低于前述规定比例的，召集人可以在原公告的基金份额持有人大会召开时间的3个月以后、6个月以内，就原定审议事项重新召集基金份额持有人大会。重新召集的基金份额持有人大会应当有代表1/3以上基金份额的持有人参加，方可召开。基金份额持有人大会就审议事项作出决定，应当经参加大会的基金份额持有人所持表决权的1/2以上通过；但是，转换基金的运作方式、更换基金管理人或者基金托管人、提前终止基金合同、与其他基金合并，应当经参加大会的基金份额持有人所持表决权的 2/3 以上通过。基金份额持有人大会决定的事项，应当依法报国务院证券监督管理机构备案，并予以公告。

（四）基金监管与自律机构

我国《证券投资基金法》还规定了基金服务机构、基金监管机构以及基金自律组织。中国证监会是我国证券投资基金的法定监管机构，依法履行下列职责：(1) 制定有关证券投资基金活动监督管理的规章、规则，并行使审批、核准或者注册权；(2) 办理基金备案；(3) 对基金管理人、基金托管人及其他机构从事证券投资基金活动进行监督管理，对违法行为进行查处，并予以公告；(4) 制定基金从业人员的资格标准和行为准则，并监督实施；(5) 监督检查基金信息的披露情况；(6) 指导和监督基金行业协会的活动；(7) 法律、行政法规规定的其他职责。

《私募投资基金监督管理条例》规定，国务院证券监督管理机构对私募基金业务活动实施监督管理，依法履行下列职责：(1) 制定有关私募基金业务活动监督管理的规章、规则；(2) 对私募基金管理人、私募基金托管人以及其他机构从事私募基金业务活动进行监督管理，对违法行为进行查处；(3) 对登记备案和自律管理活动进行指导、检查和监督；(4) 法律、行政法规规定的其他职责。

我国《证券投资基金法》规定，基金管理人、基金托管人应当加入基金行业协会，基金服务机构可以加入基金行业协会。基金行业协会履行下列职责：(1) 教育和组织会员遵守有关证券投资的法律、行政法规，维护投资人合法权益；(2) 依法维护会员的合法权益，反映会员的建议和要求；(3) 制定和实施行业自律规则，监督、检查会员及其从业人员的执业行为，对违反自律规则和协会章程的，按照规定给予纪律处分；(4) 制定行业执业标准和业务规范，组织基金从业人员的从业考试、资质管理和业务培训；(5) 提供会员服务，组织行业交流，推动行业创新，开展行业宣传和投资人教育活动；(6) 对会员之间、会员与客户之间发生的基金业务纠纷进行调解；(7) 依法办理非公开募集基金的登记、备案；(8) 协会章程规定的其他职责。

## 三、公募基金的设立和交易

1. 公募基金注册

公开募集基金，应当经国务院证券监督管理机构注册。未经注册，不得公开或者变相公开募集基金。注册公开募集基金，由拟任基金管理人向国务院证券监督管理机构提交下列文件：(1) 申请报告；(2) 基金合同草案；(3) 基金托管协议草案；(4) 招募说明书草案；(5) 律师事务所出具的法律意见书；(6) 国务院证券监督管理机构规定提交的其他文件。

公开募集基金的基金合同应当包括下列内容：(1) 募集基金的目的和基金名称；(2) 基金管理人、基金托管人的名称和住所；(3) 基金的运作方式；(4) 封闭式基金的基金份额总额和基金合同期限，或者开放式基金的最低募集份额总额；(5) 确定基金份额发售日期、价格和费用的原则；(6) 基金份额持有人、基金管理人和基金托管人的权利、义务；(7) 基金份额持有人大会召集、议事及表决的程序和规则；(8) 基金份额发售、交易、申购、赎回的程序、时间、地点、费用计算方式，以及给付赎回款项的时间和方式；(9) 基金收益分配原则、执行方式；(10) 基金管理人、基金托管人报酬的提取、支付方式与比例；(11) 与基金财产管理、运用有关的其他费用的提取、支付方式；(12) 基金财产的投资方向和投资限制；(13) 基金资产净值的计算方法和公告方式；(14) 基金募集未达到法定要求的处理方式；(15) 基金合同解除和终止的事由、程序以及基金财产清算方式；(16) 争议解决方式；(17) 当事人约定的其他事项。

公开募集基金的基金招募说明书应当包括下列内容：（1）基金募集申请的准予注册文件名称和注册日期；（2）基金管理人、基金托管人的基本情况；（3）基金合同和基金托管协议的内容摘要；（4）基金份额的发售日期、价格、费用和期限；（5）基金份额的发售方式、发售机构及登记机构名称；（6）出具法律意见书的律师事务所和审计基金财产的会计师事务所的名称和住所；（7）基金管理人、基金托管人报酬及其他有关费用的提取、支付方式与比例；（8）风险警示内容；（9）国务院证券监督管理机构规定的其他内容。

国务院证券监督管理机构应当自受理公开募集基金的募集注册申请之日起 6 个月内依照法律、行政法规及国务院证券监督管理机构的规定进行审查，作出注册或者不予注册的决定，并通知申请人；不予注册的，应当说明理由。

2. 公募基金份额发售

基金募集申请经注册后，方可发售基金份额。基金份额的发售，由基金管理人或者其委托的基金销售机构办理。基金管理人应当在基金份额发售的 3 日前公布招募说明书、基金合同及其他有关文件。这些文件应当真实、准确、完整。对基金募集所进行的宣传推介活动，应当符合有关法律、行政法规的规定。

基金管理人应当自收到准予注册文件之日起 6 个月内进行基金募集。超过 6 个月开始募集，原注册的事项未发生实质性变化的，应当报国务院证券监督管理机构备案；发生实质性变化的，应当向国务院证券监督管理机构重新提交注册申请。基金募集不得超过国务院证券监督管理机构准予注册的基金募集期限。基金募集期限自基金份额发售之日起计算。

3. 基金合同生效

基金募集期限届满，封闭式基金募集的基金份额总额达到准予注册规模的 80%以上，开放式基金募集的基金份额总额超过准予注册的最低募集份额总额，并且基金份额持有人人数符合国务院证券监督管理机构规定的，基金管理人应当自募集期限届满之日起 10 日内聘请法定验资机构验资，自收到验资报告之日起 10 日内，向国务院证券监督管理机构提交验资报告，办理基金备案手续，并予以公告。

投资人交纳认购的基金份额的款项时，基金合同成立；基金管理人向国务院证券监督管理机构办理基金备案手续，基金合同生效。基金募集期限届满，不能满足法律规定的相应条件的，基金管理人应当承担下列责任：以其固有财产承担因募集行为而产生的债务和费用；在基金募集期限届满后 30 日内返还投资人已交纳的款项，并加计银行同期存款利息。

4. 公募基金份额的交易、申购与赎回

申请基金份额上市交易，基金管理人应当向证券交易所提出申请，证券交易所依法审核同意的，双方应当签订上市协议。基金份额上市交易，应当符合下列条件：（1）基金的募集符合《证券投资基金法》规定；（2）基金合同期限为 5 年以上；（3）基金募集金额不低于 2 亿元人民币；（4）基金份额持有人不少于 1 000 人；（5）基金份额上市交易规则规定的其他条件。基金份额上市交易规则由证券交易所制定，报国务院证券监督管理机构批准。

基金份额上市交易后，有下列情形之一的，由证券交易所终止其上市交易，并报国务院证券监督管理机构备案：（1）不再具备法定上市交易条件；（2）基金合同期限届满；（3）基金份额持有人大会决定提前终止上市交易；（4）基金合同约定的或者基金份额上市交易规则规定的终止上市交易的其他情形。

开放式基金的基金份额的申购、赎回、登记，由基金管理人或者其委托的基金服务机构办理。基金管理人应当在每个工作日办理基金份额的申购、赎回业务；基金合同另有约定的，从其约定。投资人交付申购款项，申购成立；基金份额登记机构确认基金份额时，申购生效。基金份额持有人递交赎回申请，赎回成立；基金份额登记机构确认赎回时，赎回生效。基金管理人应当按时支付赎回款项，但是下列情形除外：(1) 因不可抗力导致基金管理人不能支付赎回款项；(2) 证券交易场所依法决定临时停市，导致基金管理人无法计算当日基金资产净值；(3) 基金合同约定的其他特殊情形。发生上述情形之一的，基金管理人应当在当日报国务院证券监督管理机构备案。上述情形消失后，基金管理人应当及时支付赎回款项。

5. 公募基金的投资与信息披露

基金管理人运用基金财产进行证券投资，除国务院证券监督管理机构另有规定外，应当采用资产组合的方式。资产组合的具体方式和投资比例在基金合同中约定。基金财产应当用于下列投资：上市交易的股票、债券，国务院证券监督管理机构规定的其他证券及其衍生品种。基金财产不得用于下列投资或者活动：(1) 承销证券；(2) 违反规定向他人贷款或者提供担保；(3) 从事承担无限责任的投资；(4) 买卖其他基金份额，但是国务院证券监督管理机构另有规定的除外；(5) 向基金管理人、基金托管人出资；(6) 从事内幕交易、操纵证券交易价格及其他不正当的证券交易活动；(7) 法律、行政法规和国务院证券监督管理机构规定禁止的其他活动。

运用基金财产买卖基金管理人、基金托管人及其控股股东、实际控制人或者与其有其他重大利害关系的公司发行的证券或承销期内承销的证券，或者从事其他重大关联交易的，应当遵循基金份额持有人利益优先的原则，防范利益冲突，符合国务院证券监督管理机构的规定，并履行信息披露义务。

基金管理人、基金托管人和其他基金信息披露义务人应当依法披露基金信息，并保证所披露信息的真实性、准确性和完整性。基金信息披露义务人应当确保应予披露的基金信息在国务院证券监督管理机构规定时间内披露，并保证投资人能够按照基金合同约定的时间和方式查阅或者复制公开披露的信息资料。公开披露的基金信息包括：(1) 基金招募说明书、基金合同、基金托管协议；(2) 基金募集情况；(3) 基金份额上市交易公告书；(4) 基金资产净值、基金份额净值；(5) 基金份额申购、赎回价格；(6) 基金财产的资产组合季度报告、财务会计报告及中期和年度基金报告；(7) 临时报告；(8) 基金份额持有人大会决议；(9) 基金管理人、基金托管人的专门基金托管部门的重大人事变动；(10) 涉及基金财产、基金管理业务、基金托管业务的诉讼或者仲裁；(11) 国务院证券监督管理机构规定应予披露的其他信息。

公开披露基金信息，不得有下列行为：(1) 虚假记载、误导性陈述或者重大遗漏；(2) 对证券投资业绩进行预测；(3) 违规承诺收益或者承担损失；(4) 诋毁其他基金管理人、基金托管人或者基金销售机构；(5) 法律、行政法规和国务院证券监督管理机构规定禁止的其他行为。

6. 公募基金合同的变更、终止与基金财产清算

按照基金合同的约定或者基金份额持有人大会的决议，基金可以转换运作方式或者与其他基金合并。封闭式基金扩募或者延长基金合同期限，应当符合下列条件，并报国务院证券监督管理机构备案：(1) 基金运营业绩良好；(2) 基金管理人最近 2 年内没有因违法违规行为受到行政处罚或者刑事处罚；(3) 基金份额持有人大会决议通过；(4)《证券投资基金法》规定的其他条件。

有下列情形之一的，基金合同终止：基金合同期限届满而未延期；基金份额持有人大会决定终止；基金管理人、基金托管人职责终止，在 6 个月内没有新基金管理人、新基金托管人承接；基金合同约定的其他情形。

基金合同终止时，基金管理人应当组织清算组对基金财产进行清算。清算组由基金管理

人、基金托管人以及相关的中介服务机构组成。清算组作出的清算报告经会计师事务所审计，律师事务所出具法律意见书后，报国务院证券监督管理机构备案并公告。清算后的剩余基金财产，应当按照基金份额持有人所持份额比例进行分配。

## 四、私募基金的设立和交易

1. 私募基金管理人和私募基金托管人

私募基金应当向合格投资者募集，合格投资者累计不得超过 200 人。合格投资者，是指达到规定资产规模或者收入水平，并且具备相应的风险识别能力和风险承担能力，其基金份额认购金额不低于规定限额的单位和个人。除基金合同另有约定外，非公开募集基金应当由基金托管人托管。担任非公开募集基金的基金管理人，应当按照规定向基金行业协会履行登记手续，报送基本情况。未经登记，任何单位或者个人不得使用“基金”或者“基金管理”字样或者近似名称进行证券投资活动；但是，法律、行政法规另有规定的除外。非公开募集基金，不得向合格投资者之外的单位和个人募集资金，不得通过报刊、电台、电视台、互联网等公众传播媒体或者讲座、报告会、分析会等方式向不特定对象宣传推介。

《私募投资基金监督管理条例》规定：私募基金管理人由依法设立的公司或者合伙企业担任。以合伙企业形式设立的私募基金，资产由普通合伙人管理的，普通合伙人适用本条例关于私募基金管理人的规定。私募基金管理人的股东、合伙人以及股东、合伙人的控股股东、实际控制人，控股或者实际控制其他私募基金管理人的，应当符合国务院证券监督管理机构的规定。

有下列情形之一的，不得担任私募基金管理人，不得成为私募基金管理人的控股股东、实际控制人或者普通合伙人：(1) 有《私募投资基金监督管理条例》规定的不得担任私募基金管理人的董事、监事、高级管理人员、执行事务合伙人或者委派代表的情形；(2) 因非法集资、非法经营等重大违法行为被追究法律责任而被注销登记，自被注销登记之日起未逾 3 年的私募基金管理人，或者为该私募基金管理人的控股股东、实际控制人、普通合伙人；(3) 从事的业务与私募基金管理存在利益冲突；(4) 有严重不良信用记录尚未修复。

除基金合同另有约定外，私募基金财产应当由私募基金托管人托管。私募基金财产不进行托管的，应当明确保障私募基金财产安全的制度措施和纠纷解决机制。私募基金财产进行托管的，私募基金托管人应当依法履行职责。私募基金托管人应当依法建立托管业务和其他业务的隔离机制，保证私募基金财产的独立和安全。

2. 私募基金的募集和投资交易

私募基金管理人应当自行募集资金，不得委托他人募集资金，但国务院证券监督管理机构另有规定的除外。私募基金应当向合格投资者募集或者转让，单只私募基金的投资者累计不得超过法律规定的人数。私募基金管理人不得采取为单一融资项目设立多只私募基金等方式，突破法律规定的人数限制；不得采取将私募基金份额或者收益权进行拆分转让等方式，降低合格投资者标准。私募基金管理人应当向投资者充分揭示投资风险，根据投资者的风险识别能力和风险承担能力匹配不同风险等级的私募基金产品。

私募基金募集完毕，基金管理人应当向基金行业协会备案。对募集的资金总额或者基金份额持有人的人数达到规定标准的基金，基金行业协会应当向国务院证券监督管理机构报告。私募基金管理人运用私募基金财产进行投资的，在以私募基金管理人名义开立账户、列入所投资企业股东名册或者持有其他私募基金财产时，应当注明私募基金名称。私募基金财产的投资包括买卖股份有限公司股份、有限责任公司股权、债券、基金份额、其他证券及其衍生品种以及符合国务院证券监督管理机构规定的其他投资标的。私募基金财产不得用于经营或者变相经营资金拆借、贷款等业务。私募基金管理人不得以要求地方人民政府承诺回购本金等方式变相增加政府隐性债务。

3. 创业投资基金的特别规定

《私募投资基金监督管理条例》规定，创业投资基金是指符合下列条件的私募基金：（1）投资范围限于未上市企业，但所投资企业上市后基金所持股份的未转让部分及其配售部分除外；（2）基金名称包含“创业投资基金”字样，或者在公司、合伙企业经营范围中包含“从事创业投资活动”字样；（3）基金合同体现创业投资策略；（4）不使用杠杆融资，但国家另有规定的除外；（5）基金最低存续期限符合国家有关规定；（6）国家规定的其他条件。

国家对创业投资基金给予政策支持，鼓励和引导其投资成长性、创新性创业企业，鼓励长期资金投资于创业投资基金。国务院发展改革部门负责组织拟定促进创业投资基金发展的政策措施。国务院证券监督管理机构和国务院发展改革部门建立健全信息和支持政策共享机制，加强创业投资基金监督管理政策和发展政策的协同配合。登记备案机构应当及时向国务院证券监督管理机构和国务院发展改革部门报送与创业投资基金相关的信息。享受国家政策支持的创业投资基金，其投资应当符合国家有关规定。

国务院证券监督管理机构对创业投资基金实施区别于其他私募基金的差异化监督管理：（1）优化创业投资基金营商环境，简化登记备案手续；（2）对合法募资、合规投资、诚信经营的创业投资基金在资金募集、投资运作、风险监测、现场检查等方面实施差异化监督管理，减少检查频次；（3）对主要从事长期投资、价值投资、重大科技成果转化的创业投资基金在投资退出等方面提供便利。登记备案机构在登记备案、事项变更等方面对创业投资基金实施区别于其他私募基金的差异化自律管理。

## 第三节　资产管理产品交易法律制度

我们正生活在一个“大资管”时代。随着资产管理（以下简称资管）市场的爆发式增长，我国资产管理行业的立法也在紧锣密鼓地开展。2018 年 4 月 27 日，中国人民银行会同中国银行保险监督管理委员会、中国证券监督管理委员会、国家外汇管理局等部门联合发布《关于规范金融机构资产管理业务的指导意见》（以下简称《资管新规》），这是大资管领域跨行业的纲领性文件。2018 年 7 月 20 日，中国人民银行发布了《关于进一步明确规范金融机构资产管理业务指导意见有关事项的通知》。同日，中国银保监会发布了《商业银行理财业务监督管理办法（征求意见稿）》，中国证监会发布了《证券期货经营机构私募资产管理业务管理办法（征求意见稿）》《证券期货经营机构私募资产管理计划运作管理规定（征求意见稿）》。2018 年 9 月 26 日，中国银保监会正式通过了《商业银行理财业务监督管理办法》（中国银行保险监督管理委员会令 2018 年第 6 号）；2022 年 7 月 28 日，中国银保监会再次出台了《保险资产管理公司管理规定》（中国银行保险监督管理委员会令 2022 年第 2 号）；2020 年 9 月 7 日，中国银保监会公布了《组合类保险资产管理产品实施细则》、《债权投资计划实施细则》和《股权投资计划实施细则》（这三个办法在 2021 年均得到了部分修订）；2023 年 1 月 12 日，中国证监会正式公布了《证券期货经营机构私募资产管理业务管理办法》（中国证券监督管理委员会令第 203 号）和《证券期货经营机构私募资产管理计划运作管理规定》（中国证券监督管理委员会公告〔2023〕2 号）；作为资管规定的配套自律规则，2023 年 7 月 14 日，中国证券投资基金业协会发布了《证券期货经营机构私募资产管理计划备案办法》。以下我们重点以《资管新规》为例解析我国资产管理基本法律制度。

## 一、资管业务的概念与《资管新规》的适用范围

资产管理业务是指银行、信托、证券、基金、期货、保险资产管理机构、金融资产投资公司等金融机构接受投资者委托，对受托的投资者财产进行投资和管理的金融服务。金融机构为委托人利益履行诚实信用、勤勉尽责义务并收取相应的管理费用，委托人自担投资风险并获得收益。金融机构可与委托人在合同中事先约定收取合理的业绩报酬，业绩报酬计入管理费，须与产品一一对应并逐个结算，不同产品之间不得相互串用。资产管理业务是金融机构的表外业务，金融机构开展资产管理业务时不得承诺保本保收益。出现兑付困难时，金融机构不得以任何形式垫资兑付。金融机构不得在表内开展资产管理业务。

资产管理产品包括人民币或外币形式的银行非保本理财产品，资金信托，证券公司、证券公司子公司、基金管理公司、基金管理子公司、期货公司、期货公司子公司、保险资管机构、金融资产投资公司发行的资产管理产品等。依据金融管理部门颁布的规则开展的资产证券化业务、依据人力资源和社会保障部门颁布的规则发行的养老金产品不适用《资管新规》。针对非金融机构违法违规开展资管业务的乱象，《资管新规》也按照“未经批准不得从事金融业务，金融业务必须接受金融监管”的理念，明确提出除国家另有规定外，非金融机构不得发行、销售资产管理产品。“除国家另有规定外”主要是指私募投资基金的发行和销售。私募投资基金适用私募投资基金专门法律、行政法规，其中没有明确规定的，适用《资管新规》；创业投资基金、政府出资产业投资基金的相关规定，另行制定。对此，2023 年 7 月 3 日，国务院发布了行政法规——《私募投资基金监督管理条例》，其对私募基金的监管理应优先适用。

《资管新规》从两个维度对资产管理产品进行分类。一是从资金来源端，按照募集方式将资产管理产品分为公募产品和私募产品两大类。公募产品面向风险识别和承受能力偏弱的社会公众发行，风险外溢性强，在投资范围等方面监管要求较私募产品严格，主要投资标准化债权类资产以及上市交易的股票，除法律、法规和金融管理部门另有规定外，不得投资未上市企业股权。私募产品面向风险识别和承受能力较强的合格投资者发行，监管要求相对宽松，更加尊重市场主体的意思自治，可以投资债权类资产、上市或挂牌交易的股票、未上市企业股权和受（收）益权以及符合法律法规规定的其他资产。二是从资金运用端，根据投资性质将资产管理产品分为固定收益类产品、权益类产品、商品及金融衍生品类产品、混合类产品四大类。按照投资风险越高、分级杠杆约束越严的原则，设定不同的分级比例限制，各类产品的信息披露重点也不同。

对产品从以上两个维度进行分类的目的在于：一是按照“实质重于形式”原则强化功能监管。实践中，不同行业金融机构开展资管业务，按照机构类型适用不同的监管规则和标准，为监管套利创造了空间，因而需要按照业务功能对资产管理产品进行分类，对同类产品适用统一的监管标准。二是贯彻“合适的产品卖给合适的投资者”理念：一方面，公募产品和私募产品，分别对应社会公众和合格投资者两类不同的投资群体，体现不同的投资者适当性管理要求；另一方面，根据投资性质将资产管理产品分为不同类型，可在区分产品的风险等级的同时要求资产管理产品发行时明示产品类型，避免“挂羊头卖狗肉”，切实保护金融消费者权益。

## 二、金融机构开展资管业务的资质要求和管理职责

资管业务是“受人之托、代人理财”的金融服务，为保障委托人的合法权益，《资管新规》

要求金融机构符合一定的资质要求，并切实履行管理职责。

（一）金融机构的内控机制

金融机构开展资产管理业务，应当具备与资产管理业务发展相适应的管理体系和管理制度，公司治理良好，风险管理、内部控制和问责机制健全。

（二）资管业务人员的资质

金融机构应当建立健全资产管理业务人员的资格认定、培训、考核评价和问责制度，确保从事资产管理业务的人员具备必要的专业知识、行业经验和管理能力，充分了解相关法律法规、监管规定以及资产管理产品的法律关系、交易结构、主要风险和风险管控方式，遵守行为准则和职业道德标准。

对于违反相关法律法规以及《资管新规》规定的金融机构资产管理业务从业人员，依法采取处罚措施直至取消从业资格，禁止其在其他类型金融机构从事资产管理业务。

## 三、“标”与“非标”的界分以及其投资监管

《资管新规》明确，标准化债权类资产应当符合以下条件：（1）等分化，可交易。（2）信息披露充分。（3）集中登记，独立托管。（4）公允定价，流动性机制完善。（5）在银行间市场、证券交易所市场等经国务院同意设立的交易市场交易。

标准化债权类资产具体认定规则由中国人民银行会同金融监督管理部门另行制定。标准化债权类资产之外的债权类资产均为非标准化债权类资产。金融机构发行资产管理产品投资于非标准化债权类资产的，应当遵守金融监督管理部门制定的有关限额管理、流动性管理等监管标准。金融监督管理部门未制定相关监管标准的，由中国人民银行督促根据《资管新规》要求制定监管标准并予以执行。

非标准化债权类资产具有期限、流动性和信用转换功能，透明度较低，流动性较弱，规避了宏观调控政策和资本约束等监管要求，部分投向限制性领域，影子银行特征明显。为此，《资管新规》规定，资产管理产品投资非标准化债权类资产应当遵守金融监督管理部门有关限额管理、流动性管理等监管标准，并且严格期限匹配。

作出上述规范的目的是避免资管业务沦为变相的信贷业务，防控影子银行风险，缩短融资链条，降低融资成本，提高金融服务实体经济的效率和水平。在规范非标投资的同时，为了更好地满足实体经济的融资需求，还需要大力发展直接融资，建设多层次资本市场体系，进一步深化金融体制改革，增强金融服务实体经济的效率和水平。

资产管理产品不得直接或者间接投资法律法规和国家政策禁止进行债权或股权投资的行业和领域。鼓励金融机构在依法合规、商业可持续的前提下，通过发行资产管理产品募集资金投向符合国家战略和产业政策要求、符合国家供给侧结构性改革政策要求的领域。鼓励金融机构通过发行资产管理产品募集资金支持经济结构转型，支持市场化、法治化债转股，降低企业杠杆率。跨境资产管理产品及业务参照《资管新规》执行，并应当符合跨境人民币和外汇管理有关规定。

金融机构不得以资产管理产品的资金与关联方进行不正当交易、利益输送、内幕交易和操纵市场，包括但不限于投资于关联方虚假项目、与关联方共同收购上市公司、向本机构注资等。金融机构的资产管理产品投资本机构、托管机构及其控股股东、实际控制人或者与其有其他重大利害关系的公司发行或者承销的证券，或者从事其他重大关联交易的，应当建立健全内部审批机制和评估机制，并向投资者充分披露信息。

## 四、防范流动性风险和规范资金池运作

部分金融机构在开展资管业务过程中，通过滚动发行、集合运作、分离定价的方式，对募集资金进行资金池运作。在这种运作模式下，多只资产管理产品对应多项资产，每只产品的收益来自哪些资产无法辨识，风险也难以衡量。同时，将募集的短期资金投放到长期的债权或股权项目，加大了资产管理产品的流动性风险，一旦难以募集到后续资金，容易发生流动性紧张。

《资管新规》禁止资金池业务，强调金融机构应当做到每只资产管理产品的资金单独管理、单独建账、单独核算，不得开展或者参与具有滚动发行、集合运作、分离定价特征的资金池业务。金融机构应当合理确定资产管理产品所投资资产的期限，加强对期限错配的流动性风险管理，金融监督管理部门应当制定流动性风险管理规定。为降低期限错配风险，金融机构应当强化资产管理产品久期管理，封闭式资产管理产品期限不得低于90天。

资产管理产品直接或者间接投资于非标准化债权类资产的，非标准化债权类资产的终止日不得晚于封闭式资产管理产品的到期日或者开放式资产管理产品的最近一次开放日。资产管理产品直接或者间接投资于未上市企业股权及其受（收）益权的，应当为封闭式资产管理产品，并明确股权及其受（收）益权的退出安排。未上市企业股权及其受（收）益权的退出日不得晚于封闭式资产管理产品的到期日。

金融机构不得违反金融监督管理部门的规定，通过为单一融资项目设立多只资产管理产品的方式，变相突破投资人数限制或者其他监管要求。同一金融机构发行多只资产管理产品投资同一资产的，为防止同一资产发生风险波及多只资产管理产品，多只资产管理产品投资该资产的资金总规模合计不得超过300亿元。如果超出该限额，需经相关金融监督管理部门批准。

## 五、风险准备金计提与资本计量要求

资管业务属于金融机构的表外业务，投资风险应由投资者自担，但为了应对操作风险或其他非预期风险，仍需建立一定的风险补偿机制，计提相应的风险准备金，或在资本计量时考虑相关风险因素。目前，各行业资产管理产品的风险准备金计提或资本计量要求不同：银行实行资本监管，按照理财业务收入计量一定比例的操作风险资本；证券公司资管计划，公募基金、基金子公司特定客户资管计划，部分保险资管计划，按照管理费收入计提风险准备金，但比例不一；信托公司则按照税后利润的5%计提信托赔偿准备金。

综合考虑现行要求，《资管新规》规定，金融机构应当按照资产管理产品管理费收入的10%计提风险准备金，或者按照规定计量操作风险资本或相应风险资本准备。风险准备金余额达到产品余额的1%时可以不再提取。风险准备金主要用于弥补因金融机构违法违规、违反资产管理产品协议、操作错误或者技术故障等给资产管理产品财产或者投资者造成的损失。金融机构应当定期将风险准备金的使用情况报告金融管理部门。需要说明的是，对于目前不适用风险准备金计提或资本计量的金融机构，如信托公司，《资管新规》并非要求在此基础上进行双重计提，而是由金融监督管理部门按照《资管新规》的标准，在具体细则中进行规范。

## 六、打破刚性兑付及净值化管理

刚性兑付偏离了资产管理产品“受人之托、代人理财”的本质，抬高无风险收益率水平，干扰资金价格，不仅影响了市场在资源配置中发挥决定性作用，还弱化了市场纪律，导致一些

投资者冒险投机，金融机构不尽职尽责，道德风险较为严重。打破刚性兑付已经成为社会共识，为此，《资管新规》作出了一系列细化安排。

第一，在定义资管业务时，要求金融机构不得承诺保本保收益，产品出现兑付困难时不得以任何形式垫资兑付。第二，引导金融机构转变预期收益率模式，强化产品净值化管理，并明确核算原则。第三，明示刚性兑付的认定情形，包括违反净值确定原则对产品进行保本保收益、采取滚动发行等方式保本保收益、自行筹集资金偿付或委托其他机构代偿等。第四，分类进行惩处。存款类金融机构发生刚性兑付，足额补缴存款准备金和存款保险保费；非存款类持牌金融机构由金融监督管理部门和中国人民银行依法纠正并予以处罚。此外，《资管新规》还强化了外部审计机构的审计责任和报告要求。

实践中，部分资产管理产品采取预期收益率模式，过度使用摊余成本法计量所投资金融资产，基础资产的风险不能及时反映到产品的价值变化中，投资者不清楚自身承担的风险大小，进而缺少风险自担意识；金融机构将投资收益超过预期收益的部分转化为管理费或直接纳入中间业务收入，而非给予投资者，也难以要求投资者自担风险。为了推动预期收益型产品向净值型产品转型，投资者应当在明晰风险、尽享收益的基础上自担风险。

《资管新规》强调，金融机构的业绩报酬需计入管理费并与产品一一对应，金融机构应当对资产管理产品实行净值化管理，净值生成应当符合企业会计准则规定，及时反映基础金融资产的收益和风险，由托管机构进行核算并定期提供报告，由外部审计机构进行审计确认，被审计金融机构应当披露审计结果并同时报送金融管理部门。金融资产坚持公允价值计量原则，鼓励使用市值计量。符合以下条件之一的，可按照企业会计准则以摊余成本进行计量：

（1）资产管理产品为封闭式产品，且所投金融资产以收取合同现金流量为目的并持有到期。

（2）资产管理产品为封闭式产品，且所投金融资产暂不具备活跃交易市场，或者在活跃市场中没有报价，也不能采用估值技术可靠计量公允价值。

金融机构以摊余成本计量金融资产净值，应当采用适当的风险控制手段，对金融资产净值的公允性进行评估。当以摊余成本计量已不能真实公允反映金融资产净值时，托管机构应当督促金融机构调整会计核算和估值方法。金融机构前期以摊余成本计量的金融资产的加权平均价格与资产管理产品实际兑付时金融资产的价值的偏离度不得达到5%或以上，如果偏离5%或以上的产品数超过所发行产品总数的5%，金融机构不得再发行以摊余成本计量金融资产的资产管理产品。

## 七、规范资产管理产品的杠杆融资比例要求

为维护债券、股票等金融市场平稳运行，抑制资产价格泡沫，应当控制资产管理产品的杠杆水平。资产管理产品的杠杆分为两类：一类是负债杠杆，即产品募集后金融机构通过拆借、质押回购等负债行为，增加投资杠杆；另一类是分级杠杆，即金融机构对产品进行优先、劣后的份额分级，优先级投资者向劣后级投资者提供融资杠杆。

在负债杠杆方面，《资管新规》要求：资产管理产品应当设定负债比例（总资产/净资产）上限，同类产品适用统一的负债比例上限。每只开放式公募产品的总资产不得超过该产品净资产的140%，每只封闭式公募产品、每只私募产品的总资产不得超过该产品净资产的200%。计算单只产品的总资产时应当按照穿透原则合并计算所投资资产管理产品的总资产。金融机构不得以受托管理的资产管理产品份额进行质押融资，放大杠杆。

在分级产品方面，《资管新规》要求：公募产品和开放式私募产品不得进行份额分级。分

级私募产品的总资产不得超过该产品净资产的140%。分级私募产品应当根据所投资资产的风险程度设定分级比例（优先级份额/劣后级份额，中间级份额计入优先级份额）。固定收益类产品的分级比例不得超过3∶1，权益类产品的分级比例不得超过1∶1，商品及金融衍生品类产品、混合类产品的分级比例不得超过2∶1。发行分级资产管理产品的金融机构应当对该资产管理产品进行自主管理，不得转委托给劣后级投资者。分级资产管理产品不得直接或者间接对优先级份额认购者提供保本保收益安排。分级资产管理产品是指存在一级份额以上的份额为其他级份额提供一定的风险补偿，收益分配不按份额比例计算，由资产管理合同另行约定的产品。

## 八、消除多层嵌套并限制通道业务

资产管理产品多层嵌套，不仅提高了产品的复杂程度，导致底层资产不清，也拉长了资金链条，抬高了社会融资成本。大量分级产品的嵌入，还导致杠杆成倍聚集，加剧市场波动。为从根本上抑制多层嵌套的动机，《资管新规》要求：金融机构不得为其他金融机构的资产管理产品提供规避投资范围、杠杆约束等监管要求的通道服务。资产管理产品可以再投资一层资产管理产品，但所投资的资产管理产品不得再投资公募证券投资基金以外的资产管理产品。

金融机构将资产管理产品投资于其他机构发行的资产管理产品，从而将本机构的资产管理产品资金委托给其他机构进行投资的，该受托机构应当为具有专业投资能力和资质的受金融监督管理部门监管的机构。公募资产管理产品的受托机构应当为金融机构，私募资产管理产品的受托机构可以为私募基金管理人。受托机构应当切实履行主动管理职责，不得进行转委托，不得再投资公募证券投资基金以外的资产管理产品。委托机构应当对受托机构开展尽职调查，实行名单制管理，明确规定受托机构的准入标准和程序、责任和义务、存续期管理、利益冲突防范机制、信息披露义务以及退出机制。委托机构不得因委托其他机构投资而免除自身应当承担的责任。金融机构可以聘请具有专业资质的受金融监督管理部门监管的机构作为投资顾问。投资顾问提供投资建议指导委托机构操作。

金融监督管理部门和国家有关部门应当对各类金融机构开展资产管理业务实行平等准入、给予公平待遇。资产管理产品应当在账户开立、产权登记、法律诉讼等方面享有平等的地位。金融监督管理部门基于风险防控考虑，确实需要对其他行业金融机构发行的资产管理产品采取限制措施的，应当充分征求相关部门意见并达成一致。

## 九、智能投资顾问业务的法律规制

金融科技的发展正在深刻改变金融业的服务方式，在资管领域突出体现在智能投资顾问。近年来，智能投资顾问在美国市场快速崛起，在国内也发展迅速，目前已有数十家机构推出该项业务。但运用人工智能技术开展投资顾问、资管等业务，由于服务对象多为长尾客户，风险承受能力较低，如果投资者适当性管理、风险提示不到位，容易引发不稳定事件。而且，算法同质化可能引发顺周期高频交易，加剧市场波动，算法的“黑箱属性”还可能使其成为规避监管的工具，技术局限、网络安全等风险也不容忽视。为此，《资管新规》从前瞻性角度区分金融机构运用人工智能技术开展投资顾问和资管业务两种情形，并分别进行了规范。

运用人工智能技术开展投资顾问业务应当取得投资顾问资质，非金融机构不得借助智能投资顾问超范围经营或者变相开展资产管理业务。金融机构运用人工智能技术开展资产管理业务应当严格遵守《资管新规》有关投资者适当性、投资范围、信息披露、风险隔离等一般性规定，不得借助人工智能业务夸大宣传资产管理产品或者误导投资者。金融机构应当向金融监督管理部门报备人工智能模型的主要参数以及资产配置的主要逻辑，为投资者单独设立智能管理账户，充分提示人工智能算法的固有缺陷和使用风险，明晰交易流程，强化留痕管理，严格监控智能管理账户的交易头寸、风险限额、交易种类、价格权限等。金融机构因违法违规或者管理不当造成投资者损失的，应当依法承担损害赔偿责任。

金融机构应当根据不同产品投资策略研发对应的人工智能算法或者程序化交易，避免算法同质化加剧投资行为的顺周期性，并针对由此可能引发的市场波动风险制定应对预案。因算法同质化、编程设计错误、对数据利用深度不够等人工智能算法模型缺陷或者系统异常，导致羊群效应、影响金融市场稳定运行的，金融机构应当及时采取人工干预措施，强制调整或者终止人工智能业务。

## 十、非金融机构开展资管业务的规范

当前，除金融机构外，互联网企业、各类投资顾问公司等非金融机构开展资管业务也十分活跃，但由于缺乏市场准入和持续监管，产品分拆、误导宣传、资金侵占等问题较为突出，甚至演变为非法集资、非法吸收公众存款、非法发行证券扰乱金融秩序，威胁社会稳定。为规范市场秩序，切实保障投资者合法权益，《资管新规》明确提出：资产管理业务作为金融业务，属于特许经营行业，必须纳入金融监管。非金融机构不得发行、销售资产管理产品，国家另有规定的除外。

非金融机构违反上述规定，为扩大投资者范围、降低投资门槛，利用互联网平台等公开宣传、分拆销售具有投资门槛的投资标的、过度强调增信措施掩盖产品风险、设立产品二级交易市场等行为，按照国家规定进行规范清理，构成非法集资、非法吸收公众存款、非法发行证券的，依法追究法律责任。非金融机构违法违规开展资产管理业务的，依法予以处罚；同时承诺或进行刚性兑付的，依法从重处罚。

## 十一、完善资管业务的监管框架

中国人民银行负责对资产管理业务实施宏观审慎管理，会同金融监督管理部门制定资产管理业务的标准规制。金融监督管理部门实施资产管理业务的市场准入和日常监管，加强投资者保护，依照《资管新规》会同中国人民银行制定出台各自监管领域的实施细则。《资管新规》正式实施后，中国人民银行会同金融监督管理部门建立工作机制，持续监测资产管理业务的发展和风险状况，定期评估标准规制的有效性和市场影响，及时修订完善，推动资产管理行业持续健康发展。

对资产管理业务实施监管遵循以下原则：(1) 机构监管与功能监管相结合，按照产品类型而不是机构类型实施功能监管，同一类型的资产管理产品适用同一监管标准，减少监管真空和套利。(2) 实行穿透式监管，对于多层嵌套资产管理产品，向上识别产品的最终投资者，向下识别产品的底层资产（公募证券投资基金除外）。(3) 强化宏观审慎管理，建立资产管理业务的宏观审慎政策框架，完善政策工具，从宏观、逆周期、跨市场的角度加强监测、评估和调节。(4) 实现实时监管，对资产管理产品的发行销售、投资、兑付等各环节进行全面动态监管，建立综合统计制度。

金融监督管理部门应当根据《资管新规》对违规行为制定和完善处罚规则，依法实施处罚，并确保处罚标准一致。资产管理业务违反宏观审慎管理要求的，由中国人民银行按照法律法规实施处罚。

## 思考题

1. 简述信托的概念和有效要件。
2. 简述信托受托人的义务。
3. 简述基金托管人的职责。
4. 简述《资管新规》中标准化债权类资产和非标准化债权类资产的区别。
5. 简述对运用人工智能技术开展投资顾问业务的法律限制。

# 第八章 保险、期货与衍生品、金融租赁交易法律制度

## 第一节 保险交易法律制度

保险合同法和保险业（监管）法是保险法最核心的内容。根据本书的编写体例，关于保险业法的内容已在金融市场主体法律制度部分予以介绍，本节重点介绍保险交易（合同）法律制度。

### 一、保险合同法概述

（一）保险合同的概念和分类

保险合同是投保人与保险人约定保险权利义务关系的协议，即投保人支付规定的保险费，保险人对承保标的因保险事故所造成的损失在保险金额约定范围内承担赔偿责任，或者在合同约定期限届满时，承担给付保险金义务的协议。投保人是指与保险人订立保险合同，并按照合同约定负有支付保险费义务的人。保险人是指与投保人订立保险合同，并按照合同约定承担赔偿或者给付保险金责任的保险公司。

保险合同是双务有偿合同、射幸合同、附合合同。附合合同是一方当事人实际上只限于服从、接受或拒绝对方当事人提出的条件而成立的合同。基于此，各国法律一般都规定，保险双方当事人一旦对保险合同条款的语义发生争议、分歧，应当采取有利于被保险人的解释。

以保险标的的性质是财产及其有关利益还是人的寿命和身体，可将保险分为财产保险和人身保险，从而也将保险合同分为财产保险合同和人身保险合同。以保险标的的价值在投保时是否准确为标准，可将财产保险合同分为定值保险合同与不定值保险合同。定值保险合同是指双方当事人在订立保险合同时就已协商确定了保险价值的保险合同。在财产保险合同中，根据保险价值与保险金额的对比关系，可将其分为足额保险合同、不足额保险合同和超额保险合同。

（二）保险合同的主体和客体

保险合同的主体是指签订保险合同的参加者，它一般包括保险合同的当事人和关系人。另外，介于当事人之间起媒介作用或为保险合同的订立与履行起辅助作用的人，一般称之为保险合同的辅助人，在我国又称保险中介。

1. 保险合同的当事人

(1) 保险人，又称承保人，是指依法成立的，与投保人订立保险合同并承担给付保险金责任的保险公司。

依据法律规定，保险人必须具备两个方面的条件：一是组织形式。2009 年 2 月 28 日修订前的《保险法》第70条规定，保险公司应当采取股份有限公司和国有独资公司两种形式。现行《保险法》删除了这一规定，这意味着符合《公司法》的规定即可。二是经营范围。基于人身保险与财产保险的不同，多数国家立法规定保险公司不得同时兼营财产保险和人身保险业务。我国规定，保险人不得兼营人身保险业务和财产保险业务。但是，经营财产保险业务的保险公司经国务院保险监督管理机构批准，可以经营短期健康保险业务和意外伤害保险业务。

（2）投保人，又称要保人，是指与保险人订立保险合同，并按照保险合同负有支付保险费义务的人。投保人可以是自然人，也可以是法人。其必须具备三个方面的条件：首先，投保人必须是有完全行为能力的民事主体，并且有些国家保险法对人身保险中投保人的资格还有一定的限制，即投保人不得为无民事行为能力人投保以死亡为给付保险金条件的人身保险。其次，保险标的必须具有保险利益。保险利益，又称可保利益，是指投保人对保险标的具有的法律上承认的利益，即在保险事故发生时，可能遭受的损失或失去的利益。最后，投保人必须负有交付保险费的义务。

2. 保险合同的关系人

（1）被保险人，是指保险事故发生时，遭受损害、享有赔偿请求权的人。被保险人构成要件如下：第一，其是保险事故发生时直接遭受损失的人，即受保险保障的人。财产保险的被保险人主要是指保险财产的所有权人、经营管理权人、使用权人以及抵押权人等；人身保险的被保险人是对他本身的生命或身体获得保险保障的人。第二，其是享有赔偿给付请求权的人。当保险事故发生时，被保险人享有保险金的给付请求权，但在人寿保险的死亡保险中，法律规定一般可由受益人享有保险金的给付请求权。

（2）受益人，是指由投保人或被保险人在保险合同中指定的，保险事故发生时享有保险金请求权的人。日本保险法上称之为保险金受领人，这种说法比较确切。其一般仅存在于人身保险中，特点如下：受益人是由被保险人或投保人所约定的；受益人在保险事故发生后享有赔偿金或保险金的给付请求权，受益人此项权利的取得属于原始取得；受益人既可以是投保人，也可以是被保险人或第三人，前者被称作为自己利益的保险，后者则属于为他人利益的保险。

3. 保险合同的辅助人

（1）保险代理人：根据保险公司的委托，向保险公司收取佣金，在保险公司授权的范围内代为办理保险业务的机构或者个人，包括保险专业代理机构、保险兼业代理机构及个人保险代理人。依照《保险代理人监管规定》，除国务院保险监督管理机构另有规定外，保险专业代理公司应当采用有限责任公司或者股份有限公司的组织形式。

（2）保险经纪人：基于投保人的利益，为投保人与保险公司订立保险合同提供中介服务，并依法收取佣金的机构，包括保险经纪公司及其分支机构。保险经纪人因过错给投保人、被保险人造成损失的，依法承担赔偿责任。除保险监管部门另有规定外，保险经纪人应采用有限责任公司或者股份有限公司的组织形式。

（3）保险公估人：经保险监管部门批准依法设立的，接受保险当事人的委托，专门从事保险标的的评估、查验、鉴定、估损、理算等业务的单位。它既是直接服务于保险活动的辅助机构，又是独立于保险业之外的营利性实体。故意或者过失给保险人或者被保险人造成损害的，依法承担赔偿责任。依照《保险公估人监管规定》，保险公估人应当依法采用合伙或者公司形式，聘用保险公估从业人员开展保险公估业务。

4. 保险合同的客体

保险合同的客体是指保险合同当事人权利和义务所指向的对象，即保险标的，它是保险合同的核心，也是确定保险条件、保险金额、计算保险费率和赔款标准的依据。《保险法》第12

条规定，保险合同的客体是保险对象的财产及其有关利益或者人的寿命和身体。

（三）保险合同的内容

保险合同的内容，即保险合同双方当事人的权利和义务。根据保险合同条款产生的依据不同，其内容可分为基本条款和特约条款两种。

基本条款是法律规定必须列入的条款，它是保险公司制定各种基本保险条款的基础和依据，也是当事人约定双方权利和义务的基础。我国《保险法》规定，保险合同应当包括下列事项：(1) 保险人的名称和住所。(2) 投保人、被保险人的姓名或者名称、住所，以及人身保险的受益人的姓名或者名称、住所。(3) 保险标的。(4) 保险责任和责任免除。(5) 保险期间和保险责任开始时间。(6) 保险金额。(7) 保险费以及支付办法。(8) 保险金赔偿或者给付办法。(9) 违约责任和争议处理。(10) 订立合同的年、月、日。

特约条款又称为附加条款，它主要是指保险合同当事人双方在基本条款的基础上所附加的，用以扩大或限制原基本条款中所规定的权利和义务的补充条款。保险人承保的特约条款所规定的风险叫附加险，为此类风险承担的责任又称特约责任。

（四）保险合同的订立

1. 最大诚信原则及其在保险合同订立中的运用

最大诚信原则是指保险活动主体在从事保险活动时，应最大限度地诚实守信，以善意的方式履行其义务，不得滥用权利及规避法律和合同规定的义务。《保险法》第5条规定："保险活动当事人行使权利、履行义务应当遵循诚实信用原则。"由此可以得出：最大诚信原则不仅适用于保险合同订立中，也适用于保险合同订立后；不仅对投保人适用，对承保人也适用。

在保险合同的订立过程中，最大诚信原则集中体现在《保险法》对投保人告知义务和对保险人说明义务的规定方面。《保险法》第16条第1款规定："订立保险合同，保险人就保险标的或者被保险人的有关情况提出询问的，投保人应当如实告知。"说明义务是指保险人在订立保险合同时，应向投保人说明保险合同的条款内容。

最大诚信原则也要求保险人说明的内容是保险合同条款的内容，特别是免责条款。《保险法》规定，对保险合同中免除保险人责任的条款，保险人在订立合同时应当在投保单、保险单或者其他保险凭证上作出足以引起投保人注意的提示，并对该条款的内容以书面或者口头形式向投保人作出明确说明；未作提示或者明确说明的，该条款不产生效力。

2. 保险利益原则及其在保险合同订立中的运用

保险利益，又称可得利益，是指法律规定的投保人对于保险标的所具有的法律上承认的利益。此种利益因保险事故的发生而受到损失，这种损失由保险人给予补偿。在财产保险合同中，保险利益是指投保人对于合同项下的财产、责任和信用具有法律上承认的利益；在人身保险合同中，保险利益是指投保人对于被保险人的身体和寿命具有法律上承认的利益。保险利益是保险合同的效力要件，是决定现有保险关系是否具有合法性的关键。

在财产保险合同中，一般情况下，财产所有人对其所拥有的财产具有保险利益，抵押权人、质权人对抵押、出质的财产具有保险利益，财产的经营管理人对其经营管理的财产具有保险利益，财产的保管人对其保管的财产具有保险利益，投保人对合法的、预期的利益具有保险利益。在人身保险合同中，《保险法》规定，投保人对下列人员具有保险利益：(1) 本人；(2) 配偶、子女、父母；(3) 前项以外与投保人有抚养、赡养或者扶养关系的家庭其他成员、近亲属；(4) 与投保人有劳动关系的劳动者。

3. 保险合同的形式

保险合同的形式，也称为保险合同的订立凭证。依据保险合同的订立程序，保险合同的形式大致可分为以下四种：

（1）投保单。又称要保书，是投保人向保险人提出的订立保险合同的书面申请。保险单本身并非合同的正式文本，但一经保险人接受后，即成为保险合同的一部分。

（2）暂保单，又称为临时保险单，是保险人签发正式保险单之前发出的一种临时保险凭证，一般由保险代理人或经纪人向投保人出立，表示保险代理人或经纪人已接受投保人的要求以及按所列事项办理了保险手续。在法律效力上，由于暂保单载明了保险合同的主要内容，故与正式保单并无二致，但其规定比较简单，并且期限较短，当正式保单交付时暂保单即自动失效。

（3）保险单，又称保单，是投保人与保险人之间订立保险合同的正式书面形式。它必须详尽载明保险双方的权利义务，在出具保险单前如有要保书或暂保单，均应将其内容载入保险单中。保险合同成立与否并不取决于保险单的签发。只要投保人提出保险要求，经保险人同意承保，保险合同就成立，即使尚未签发保险单，保险人也应负赔偿责任。

（4）保险凭证。又称小保单，是保险单在形式和内容方面的简化，与保险单具有同等效力。如果保险凭证上没有列明相关内容，则以同一险种保险单的通常规定为准。目前在我国，保险凭证普遍适用于国内货物运输及汽车保险业务。

4. 保险合同订立的程序

保险合同作为合同的一种，其订立也必须经过要约与承诺两个阶段。《保险法》第 13 条第 1 款规定："投保人提出保险要求，经保险人同意承保，保险合同成立。保险人应当及时向投保人签发保险单或者其他保险凭证。"

### （五）保险合同的生效

保险合同与一般商事合同一样，只有符合法律要件成立并生效的保险合同才是有效的保险合同，具有法律约束力，否则合同无效。

1. 保险合同的生效时间

《保险法》第 13 条第 3 款规定："依法成立的保险合同，自成立时生效。投保人和保险人可以对合同的效力约定附条件或者附期限。"

2. 保险合同的生效条件

已成立的保险合同要生效，首先必须具备法律规定的生效要件；其次还须具备当事人约定的条件，但此约定不可以同国家法律法规的强行性和禁止性规定相违背。

### （六）保险合同的履行

保险合同一经成立，即在当事人之间产生了一定的民事权利义务关系，保险合同的履行就是保险合同的当事人承担其义务、行使其权利的过程。

1. 投保人的义务

投保人有通知义务和缴付保险费的义务。

2. 保险人的义务

保险人有如下义务：

（1）给付保险金的义务。依照保险合同的约定，向被保险人赔偿保险事故造成的实际损失或支付约定的保险金，是保险人的主要义务。

（2）签发保险单证的义务。保险合同成立，保险人应当及时向投保人签发保险单或者其他保险凭证。

3. 索赔与理赔

索赔是指受益人或被保险人在保险标的发生保险事故后，依照保险合同，向保险人要求支付赔偿金的行为。它必须依照一定的法定程序开展：首先，出示出险通知和索赔请求；其次，提供索赔单证，如保险单、保险标的的原始单据等；最后，领取保险赔偿金或保险金。保险的索赔必须在规定时效内实施。

理赔是指保险人应索赔权利人的请求，依保险合同约定，审核保险责任并处理保险赔偿的行为。它也必须依照一定的程序：首先，保险人在接到出险通知后，应立即审查有关保险单或保险凭证的号码、保险标的及保险期限予以立案，并派人了解损失情况及原因；其次，保险人在查明有关单证是否齐全、真实后，审查损失的大小及事故的原因；最后，由保险人核算给付金额及时赔付。

（七）保险合同的解释

保险合同既是附合合同，又是标准合同，故投保方对有关用语的理解容易与保险人不一致。我国对保险合同的解释一般采诚实信用解释原则、文义解释原则、专业解释原则和有利于被保险人的解释原则。有利于被保险人是指，当保险条款的关键词语含义不清、模棱两可，可能导致投保人丧失索赔请求权时，为保障被保险人或投保人的利益，则应作出对投保人或被保险人有利的解释。

## 二、人身保险合同法律制度

（一）人身保险合同概述

1. 人身保险合同的概念和特征

人身保险合同是指以人的寿命或身体为保险标的，保险人依被保险人的年龄、健康状况等向投保人收取约定的保险费后，在保险期限内，若被保险人发生死亡、伤残、疾病等保险事故，或者被保险人保险期限届满时仍生存的，保险人向被保险人或受益人支付赔偿金或保险金的合同。人身保险具有以下特征：

（1）保险价值不确定，但保险金额固定。人身保险的标的，即人的身体、寿命无法用金钱来确切计算或衡量，保险金额完全由当事人协商约定。

（2）具有一定的储蓄性。人身保险不仅使投保人得到保险保障，同时还可取得储蓄性利益。其储蓄性反映在保费的构成上，一部分是用于支付当年死亡保险金的自然保费，另一部分是储蓄保费或生存保费，这部分保费积累起来，以一定方式返还给被保险人或投保人。这一点尤以人寿保险合同为典型。

（3）保险期限的长期性。财产保险的保险期限多以 1 年为主，而人身保险的保险合同期限长达数年或数十年以上，甚至是终身。人身保险一方面具有融资性质；另一方面为长期契约，一般禁止保险人任意单方面中途变更契约。

2. 人身保险合同的分类

按保障范围不同，人身保险合同可分三大类：

（1）人寿保险合同。人寿保险合同是指保险人对被保险人死亡或者保险单到期时给付保险金的合同。它是以被保险人的生命作为保险标的的。

（2）意外伤害保险合同。意外伤害保险合同，是指被保险人在保险期限内，因遭受意外伤害或因此而导致残废或死亡时，保险人依约给付保险金的合同。

（3）健康保险合同。健康保险合同又称疾病保险合同，是指保险人对被保险人疾病、分娩，及因疾病、分娩而导致残废或死亡，给付约定保险金额的一种合同。

3. 人身保险合同的主要条款

人身保险合同，除具备保险合同的一般条款外，尚有一些特别规定。

（1）宽限期条款。宽限期条款系指在分期缴费的人寿保险合同中关于在宽限期限内保险合同不因投保人延迟缴费而失效的规定。《保险法》第36条规定，合同约定分期支付保险费，投保人支付首期保险费后，除合同另有约定外，投保人自保险人催告之日起超过30日未支付当期保险费，或者超过约定的期限60日未支付当期保险费的，合同效力中止，或者由保险人按照合同约定的条件减少保险金额。被保险人在前款规定期限内发生保险事故的，保险人应当按照合同约定给付保险金，但可以扣减欠交的保险费。

（2）不丧失价值条款。该条款也称不没收条款，当投保人没有能力或不愿意继续缴纳保费时，保险单下已经积存的责任准备金已具备储蓄性质，故在任何情形下，保险人不能予以没收。投保人可以选择以下三种方式予以处理：一是改换展期定期保险；二是减额缴清保险；三是领取解约金，即投保人放弃保险，办理退保手续，领回这一部分现金价值。《保险法》第47条规定："投保人解除合同的，保险人应当自收到解除合同通知之日起三十日内，按照合同约定退还保险单的现金价值。"

（3）复效条款。复效条款是指分期缴费的人寿保险合同因投保人不按期缴纳保险费效力中止后，自中止之日起2年内，投保人可以向保险人申请复效，经保险人审查同意后，投保人补缴失效期的保险费及利息，保险合同即可恢复效力。

（4）不可抗辩条款。不可抗辩条款是指人身保险合同生效满一定时期以后，就成为无可争议的文件，保险人不能再以投保人在投保时违反最大诚信原则、没有履行告知义务等理由而主张保险合同无效。复效的保险合同，不可抗辩期从复效之日起计算。

（5）年龄误告条款。如果投保人在投保时错误申报了被保险人的年龄，保险合同并不因此而失效，但保险事故发生时，保险人可以按照投保人实际缴纳的保险费和被保险人的真实年龄调整给付保险金的数额。

人身保险合同除上述特殊条款外，还具备其他特殊条款，如保单贷款条款、受益权利确保条款、自杀条款、战争条款等。

## 三、财产保险合同法律制度

### （一）财产保险合同的概念和特征

财产保险合同包括以财产和利益为保险标的的各种保险合同，它是指保险人按照约定，对被保险人因自然灾害、意外事故而遭受的经济损失或者依法承担的民事责任负赔偿责任，而由投保人缴付保险费的合同。

财产保险合同的标的是特定财产及其有关利益。财产保险合同严格适用损失补偿原则。财产保险合同主体具有法定性与广泛性，其投保人范围包括：国家机关、事业单位、社会团体，全民所有制企业、集体所有制企业、私营企业、外商投资企业，个体工商户、农村承包经营户，城乡居民、国家干部、企业事业单位职工等。财产保险合同具有保险代位求偿权的可适用性。保险代位求偿权是指在财产保险合同中，保险人赔偿被保险人的损失后，所取得的被保险人享有的依法向负有民事赔偿责任的第三人请求赔偿的权利。

### （二）财产保险合同的分类

（1）财产保险合同在保险法上的分类。《保险法》第95条第1款第2项规定，"财产保险业务，包括财产损失保险、责任保险、信用保险、保证保险等保险业务"。

（2）按财产保险合同投保人订立财产保险合同的意愿为标准划分，可以将财产保险合同分为自愿财产保险合同和强制财产保险合同。我国《保险法》规定，法律、行政法规规定强制保险的，应予以保险。强制保险通常是指对危险范围较广、影响公众利益较大、与人民群众生活密切相关的保险标的，以颁布法律、法规的形式实施强制保险，如机动车第三者责任险。

（三）财产保险合同的标的范围

财产保险合同的标的范围非常广泛，我国财产保险合同标的主要包括可保财产和可保利益两类。

可保财产包括一般可保财产和特约可保财产。一般可保财产是保险人同意承保，能普遍成为保险合同标的的财产。特约可保财产，是经过投保人与保险人的特别约定，保险人同意承保而成为特别财产保险合同标的的财产。市场价格变化大或无固定价格的稀有、珍贵财产，如金银、首饰、珠宝、古玩、古画、邮票、艺术品、稀有金属等，原则上不属于可保财产，但也可以由投保人与保险人约定为特别财产投保。

财产保险合同中的可保利益是投保人或被保险人可以向保险人投保的合法经济利益，它是一种客观存在的利益，具体包括财产权益、合同权益和责任利益。责任利益有如雇主责任、公众责任、产品责任、代理责任、职业责任等。

（四）财产保险合同的保险金额

保险金额是财产保险合同的主要内容之一，它是指投保人在订立保险合同时对保险标的实际投保的货币金额。保险金额与保险价值的关系主要体现在：财产保险合同中保险金额的确定是以保险标的的保险价值为基础的。保险合同约定的保险金额应当以保险标的的保险价值为限。投保人和保险人在保险合同中约定有保险价值的，保险金额的约定不得超过保险合同约定的保险价值；投保人和保险人在保险合同中没有约定保险价值的，保险金额的约定在发生保险事故时不得高于保险标的的实际价值。保险合同约定的保险金额超过保险标的的保险价值的，属于超额保险。超额保险的，超额部分无效，其余部分仍然有效。另外，保险金额必须在订立保险合同时确定，而保险价值可以在订立合同时约定，亦可以在事故发生后确定。

（五）财产保险合同的保险责任

保险责任是指保险人依法应承担的对保险标的发生损失后的赔偿责任。在财产保险合同中，保险人应承担保险责任的范围主要包括以下三类：

（1）因自然灾害所致的损失。在财产保险中，凡由雷电、暴风、暴雨、龙卷风、洪水、海啸、地震、地陷、崖崩、雷灾、雹灾、冰凌、泥石流等自然现象所造成的损失，保险人均负赔偿责任，是否构成上述自然现象应以气象、地质等专业部门的标准为准。

（2）因意外事件所致损失。在财产保险中，对凡火灾、爆炸、空中运行物的坠落等不能抗拒或者不能预见的原因而引起的事件造成的损失，保险人均负责赔偿。

（3）其他保险风险所造成的经济损失。我国《企业财产保险条款》中，有一项保险责任是停电、停水、停气导致的损失：被保险人自有的供电、供水、供气设备因条款所列灾害或事故遭受损害而引起停电、停水、停气，以致造成被保险人的机器设备、产品和贮藏品的损坏或报废时，保险人须负赔偿责任。

（六）财产保险合同的除外责任

在财产保险合同中，保险人不承担的风险事故列为除外责任。财产保险合同的除外责任主要有：

（1）投保人或被保险人、受益人的故意行为。未发生保险事故，被保险人或者受益人谎称发生了保险事故，向保险人提出赔偿或者给付保险金请求的，保险人有权解除合同，并不退还保险费。投保人、被保险人故意制造保险事故的，保险人有权解除合同，不承担赔偿或者给付保险金的责任；除《保险法》第 43 条规定的情形外，不退还保险费。

（2）战争、军事行动或暴力行为。战争、军事行动的损失范围和程度难以估价，一般作为保险的除外责任。

(3) 核辐射的污染。

(4) 堆放在露天或在罩棚下的保险财产，以及用芦席、布、革、纸板、塑料布做棚顶的罩棚，由于暴风、暴雨而造成的损失。但对于符合仓储及有关部门规定的上述财产可在适当增加保险费后作特约承保。

(5) 财产本身缺陷、保管不善导致的损失和正常消耗。

(6) 因遭受保险责任内的灾害或事故造成停工、停业等的一切间接损失。

(七) 保险代位求偿权

保险代位求偿权是在财产保险中，保险人在赔偿被保险人的损失后，若第三人对保险标的损失须承担赔偿责任，则被保险人将该项对第三人的赔偿请求权移转给保险人代位行使的法律制度。保险代位求偿权的构成要件有：(1) 保险事故的发生是由第三者行为引起的；(2) 被保险人因保险事故对第三人有损失赔偿请求权；(3) 代位权的产生必须在保险人给付赔偿金后。人身保险的被保险人因第三者的行为而发生死亡、伤残或者疾病等保险事故的，保险人向被保险人或者受益人给付保险金后，不得享有向第三者追偿的权利。但被保险人或者受益人仍有权向第三者请求赔偿。

(八) 几种主要的财产保险合同

1. 财产损失保险合同

财产损失保险合同是以补偿财产的损失为目的的保险合同。按投保标的不同，它可分为企业财产保险合同、家庭财产保险合同、运输工具保险合同、运输货物保险合同。

2. 责任保险合同

责任保险合同是以被保险人对第三者依法应负的赔偿责任为保险标的的保险合同，其标的既可以是侵权责任，也可以是合同责任或无过失责任。责任保险合同通常又可分为雇主责任保险合同、公众责任保险合同、产品责任保险合同、职业责任保险合同。

3. 信用保险合同

信用保险合同是指保险人对被保险人的信用放贷或信用售货的一种保证形式。当债务人不为清偿或不能清偿债务时，由保险人负责赔偿。它在国际贸易中用得较多，一般由某政府部门具体组织经营。

4. 保证保险合同

保证保险合同是指由保险人为被保证人（义务人）向权利人提供保证的一种担保形式，如果由于被保证人的行为或不行为致使权利人遭受经济损失，保险人负赔偿责任。

5. 农业保险合同

农业保险合同是指保险人专为农业生产者在从事种植业和养殖业生产过程中，对遭受自然灾害或意外事故所造成的损失提供经济保障的一种财产保险合同。它包括种植业和养殖业两大类保险合同。

## 第二节 期货和衍生品交易法律制度

### 一、期货经纪合同及期货经纪业务基本规则

(一) 期货经纪合同

期货经纪合同是指期货公司与客户签订的，期货公司接受客户委托以自己的名义进行期货

买卖并获得佣金的契约。在期货经纪合同中，期货公司属于经纪商，属于中介组织，期货经纪业务是期货公司的一种重要业务类型。客户参加期货交易只能通过期货公司进行，期货公司是交易者和期货交易所的桥梁。

期货经纪合同属于委托合同，期货公司向客户收取保证金，要对客户的资金履行保管的职责。客户需要委托他人办理下达指令、调拨资金等事项的，应当在期货经纪合同中指定受托人及明确其受托权限，约定联络方式、指令下达方式；约定风险管理的标准、条件及处置措施；查询结算结果的时间与方式等。

（二）期货经纪业务基本规则

1. 期货公司经营原则

（1）按照审慎经营的原则，建立并有效执行风险管理内部控制、期货保证金存管等业务制度和流程，保持财务稳健并持续执行符合中国证监会规定的风险监管指标标准，确保客户的交易安全和资产安全。（2）遵循诚实信用原则，以专业的技能，勤勉尽责地执行客户的委托，维护客户的合法权益。（3）期货公司应当避免与客户的利益冲突。

2. 交易主体的限制

2019 年修订的《期货公司监督管理办法》规定，期货公司不得接受下列单位和个人的委托，为其进行期货交易：（1）国家机关和事业单位；（2）中国证监会及其派出机构、期货交易所、期货保证金安全存管监控机构、中国期货业协会工作人员及其配偶；（3）期货公司工作人员及其配偶；（4）证券、期货市场禁止进入者；（5）未能提供开户证明材料的单位和个人；（6）中国证监会规定的不得从事期货交易的其他单位和个人。

3. 风险告知制度

期货公司在为客户开立账户前，应当向客户出示期货交易风险说明书，由客户签字确认。期货公司应当向客户充分揭示期货交易的风险，在其营业场所备置期货交易相关法规、期货交易所业务规则，并公开相关期货经纪业务流程、相关从业人员资格证明等资料供客户查阅。期货公司为客户提供互联网委托服务的，应当建立互联网交易风险管理制度，并对客户进行互联网交易风险的特别提示。

4. 指令下达规则

《期货公司监督管理办法》规定，客户可以通过书面、电话、计算机、互联网等委托方式下达交易指令。期货公司应当建立交易指令委托管理制度，并与客户就委托方式和程序进行约定。期货公司应当按照客户委托下达交易指令，不得未经客户委托或者未按客户委托内容，擅自进行期货交易。期货公司从业人员不得私下接受客户委托进行期货交易。

5. 结算规则

《期货公司监督管理办法》规定，期货公司应当在每日结算后为客户提供交易结算报告，并提示客户可以通过期货保证金安全存管监控机构进行查询。客户应当按照期货经纪合同约定方式对交易结算报告内容进行确认。

6. 数据备份制度

数据备份的内容包括交易、结算、财务数据的备份。有关开户变更、销户的客户资料档案应当自期货经纪合同终止之日起至少保存 20 年，交易指令记录、交易结算记录、错单记录、客户投诉档案以及其他业务记录应当至少保存 20 年。

## 二、期货交易和衍生品交易的一般规定

《期货和衍生品法》规定，期货交易应当在依法设立的期货交易所或者国务院期货监督管理机构依法批准组织开展期货交易的其他期货交易场所，采用公开的集中交易方式或者国务院

期货监督管理机构批准的其他方式进行。期货和衍生品交易的禁止行为包括下列内容。

（一）禁止操纵市场

操纵期货市场，是指以获取不正当利益或者转嫁风险为目的，通过实施操纵期货市场的行为，扰乱期货市场秩序的行为。《期货和衍生品法》第12条规定，任何单位和个人不得操纵期货市场或者衍生品市场。禁止以下列手段操纵期货市场，影响或者意图影响期货交易价格或者期货交易量：

（1）单独或者合谋，集中资金优势、持仓优势或者利用信息优势联合或者连续买卖合约。（2）与他人串通，以事先约定的时间、价格和方式相互进行期货交易。（3）在自己实际控制的账户之间进行期货交易。（4）利用虚假或者不确定的重大信息，诱导交易者进行期货交易。（5）不以成交为目的，频繁或者大量申报并撤销申报。（6）对相关期货交易或者合约标的物的交易作出公开评价、预测或者投资建议，并进行反向操作或者相关操作。（7）为影响期货市场行情囤积现货。（8）在交割月或者临近交割月，利用不正当手段规避持仓限额，形成持仓优势。（9）利用在相关市场的活动操纵期货市场。（10）操纵期货市场的其他手段。

（二）禁止内幕交易

根据《期货和衍生品法》，期货交易和衍生品交易的内幕信息的知情人和非法获取内幕信息的人，在内幕信息公开前不得从事相关期货交易或者衍生品交易，明示、暗示他人从事与内幕信息有关的期货交易或者衍生品交易，或者泄露内幕信息。

所谓内幕信息，是指可能对期货交易或者衍生品交易的交易价格产生重大影响的尚未公开的信息。期货交易的内幕信息包括：（1）国务院期货监督管理机构以及其他相关部门正在制定或者尚未发布的对期货交易价格可能产生重大影响的政策、信息或者数据。（2）期货交易场所、期货结算机构作出的可能对期货交易价格产生重大影响的决定。（3）期货交易场所会员、交易者的资金和交易动向。（4）相关市场中的重大异常交易信息。（5）国务院期货监督管理机构规定的对期货交易价格有重大影响的其他信息。

所谓内幕信息的知情人，是指由于经营地位、管理地位、监督地位或者职务便利等，能够接触或者获得内幕信息的单位和个人。期货交易的内幕信息的知情人包括：（1）期货经营机构、期货交易场所、期货结算机构、期货服务机构的有关人员。（2）国务院期货监督管理机构和其他有关部门的工作人员。（3）国务院期货监督管理机构规定的可以获取内幕信息的其他单位和个人。

（三）禁止扰乱市场

《期货和衍生品法》规定，禁止任何单位和个人编造、传播虚假信息或者误导性信息，扰乱期货市场和衍生品市场。禁止期货经营机构、期货交易场所、期货结算机构、期货服务机构及其从业人员，组织、开展衍生品交易的场所、机构及其从业人员，期货和衍生品行业协会、国务院期货监督管理机构、国务院授权的部门及其工作人员，在期货交易和衍生品交易及相关活动中作出虚假陈述或者信息误导。各种传播媒介传播期货市场和衍生品市场信息应当真实、客观，禁止误导。传播媒介及其从事期货市场和衍生品市场信息报道的工作人员不得从事与其工作职责发生利益冲突的期货交易和衍生品交易及相关活动。

## 三、期货交易的基本制度

（一）保证金制度

1. 期货保证金概念

期货保证金是指参与期货交易的主体为了保证其履行合约所缴纳的资金。《期货和衍生品法》规定，期货交易实行保证金制度，期货结算机构向结算参与人收取保证金，结算参与人向交易者收取保证金。保证金用于结算和履约保障。保证金的形式包括现金，国债、股票、基金份额、标准仓单等流动性强的有价证券，以及国务院期货监督管理机构规定的其他财产。以有价证券等作为保证金的，可以依法通过质押等具有履约保障功能的方式进行。期货结算机构、结算参与人收取的保证金的形式、比例等应当符合国务院期货监督管理机构的规定。交易者进行标准化期权合约交易的，卖方应当缴纳保证金，买方应当支付权利金。权利金是指买方支付的用于购买标准化期权合约的资金。期货交易所向结算会员收取的保证金，用于结算和履约保障，不得被查封、冻结、扣押或者强制执行。

2. 期货保证金的性质

期货保证金既非违约金也不是定金，而是起着担保作用的资金。保证金的所有权属于存放人，收取保证金单位对其不享有直接使用权和处分权，仅享有占有权和承担按照存放人的指令处分以及保管该笔资金的安全之义务。

（二）保障基金制度

期货投资者保障基金是指当期货公司严重违法违规或者风险控制不力等导致保证金出现缺口，可能严重危及社会稳定和期货市场安全时，补偿投资者保证金损失的专项基金。

根据《期货交易者保障基金管理办法》，保障基金的启动资金由期货交易所从其积累的风险准备金中按照截至2006年12月31日风险准备金账户总额的15%缴纳形成。保障基金的后续资金来源包括：（1）期货交易所按其向期货公司会员收取的交易手续费的一定比例缴纳；（2）期货公司从其收取的交易手续费中按照代理交易额的一定比例缴纳；（3）保障基金管理机构追偿或者接受的其他合法财产。保障基金的后续资金缴纳比例，由中国证监会和财政部确定，并可根据期货市场发展状况、市场风险水平等情况进行调整。

（三）风险准备金制度

风险准备金是由交易所设立，为维护期货市场正常运转提供财务担保和弥补因交易所不可预见的风险带来亏损的资金。《期货和衍生品法》规定，结算参与人在结算过程中违约的，期货结算机构按照业务规则动用结算参与人的保证金、结算担保金以及结算机构的风险准备金、自有资金等完成结算；期货结算机构以其风险准备金、自有资金等完成结算的，可以依法对该结算参与人进行追偿。交易者在结算过程中违约的，其委托的结算参与人按照合同约定动用该交易者的保证金以及结算参与人的风险准备金和自有资金完成结算；结算参与人以其风险准备金和自有资金完成结算的，可以依法对该交易者进行追偿。

为防范交易及结算的风险，期货经营机构、期货交易场所、期货结算机构和非期货经营机构结算参与人应当从业务收入中按照国务院期货监督管理机构、国务院财政部门的规定提取、管理和使用风险准备金。

（四）涨跌停板制度

为了保证期货市场的稳定，控制交易价的波动，避免期货交易价格因为政治、经济等因素的影响出现暴涨暴跌的交易风险，交易所对各种期货商品的成交价格都规定了相应的最大波动值和最小波动值，这就是涨跌停板制度。涨跌停板是指对每种期货商品当天价格的涨跌幅度予以适当限制的一种交易制度，如规定交易价格在一个交易日中的最大波动幅度为前一交易日收盘价上下百分之几，超过后停止交易。若期货价格出现同方向连续涨跌停板的，期货交易所可以采用调整涨跌停板幅度化解风险。

《期货和衍生品法》规定，期货交易场所应当加强对期货交易的风险监测，出现异常情况的，期货交易场所可以依照业务规则，单独或者会同期货结算机构采取调整涨跌停板幅度的紧急措施，并立即报告国务院期货监督管理机构。

（五）持仓限额制度和大户持仓报告制度

持仓限额制度是指交易所限定的每个交易者最多可持有的期货合约数量，这有利于综合会员的财务状况、信用程度和商品品种等因素，核定最高持仓合约数，使之不超过风险承受能力。大户持仓报告制度是指会员或者客户持仓达到期货交易所规定的持仓报告标准，会员或者客户通过会员向期货交易所报告其相关情况的制度。该制度有利于防止大户操纵使市场或发生会员风险超载现象。

（六）强行平仓、减仓制度

强行平仓制度是指当会员因为不能如期交纳保证金，持仓量超过最高允许持仓数或者发生其他违反交易规则的行为导致其资金实力不能完全承担风险时，交易所有权确定抵消风险所需平仓风险合约数，以当时的市场价格强行平仓。

强制减仓制度是指期货交易出现涨跌停板单边无连续报价或者市场风险明显增大情况时，交易所有权将当日以涨跌停板价格申报的未成交平仓报单，以当日涨跌停板价格与该合约净持仓盈利客户按照持仓比例自动撮合成交的制度。

（七）风险警示制度与信息公开制度

期货交易所认为必要的，可以分别或同时采取要求会员和客户报告情况、谈话提醒、发布风险提示函等措施，以警示和化解风险。

公开是期货交易的基本原则，而且是首要原则，因此，在期货交易所中，信息公开显得尤为重要，信息公开制度建立得如何会直接影响期货交易的公平与公正及其健康发展。期货信息的形成和传递过程是期货交易过程的实质表现，期货交易所必须建立制度保证期货交易者掌握准确、真实的商品价格变动趋势的各种信息下达指令。各国期货立法都规定了信息公开制度，信息主要包括以下几个方面内容：(1) 价格信息；(2) 供求信息；(3) 合约交易量；(4) 合约空盘量；(5) 其他对期货价格有影响的重要信息。

（八）当日无负债结算制度

《期货和衍生品法》规定，期货交易实行当日无负债结算制度。在期货交易场所规定的时间，期货结算机构应当在当日按照结算价对结算参与人进行结算；结算参与人应当根据期货结算机构的结算结果对交易者进行结算。结算结果应当在当日及时通知结算参与人和交易者。此外，《期货和衍生品法》还规定了交易者实际控制关系报备管理制度，交易所会员和交易者报告有关交易、持仓、保证金等重大事项制度以及禁止违规使用信贷资金、财政资金进行期货交易制度等。

## 四、衍生品交易的基本制度

《期货和衍生品法》首次规定了衍生品交易，将其区别于期货交易，并规定了相关的基本原则。衍生品交易，是指期货交易以外的，以互换合约、远期合约和非标准化期权合约及其组合为交易标的的交易活动。目前，国内的场外衍生品市场主要有国际掉期与衍生工具协会下的外资机构柜台市场、NAFMII 体系（《中国银行间市场金融衍生产品交易主协议》）下的银行间场外衍生品市场以及 SAC 体系（《中国证券期货衍生品交易主协议》）下的证券期货场外衍生品市场等。《期货和衍生品法》生效后，上述场外衍生品市场项下的各类衍生品交易均将纳入法律调整的范围，受到《期货和衍生品法》的监管。《期货和衍生品法》确立了以下衍生品交易的基本制度。

### （一）衍生品交易业务的资格批准及适当性管理义务

《期货和衍生品法》第 31 条规定："金融机构开展衍生品交易业务，应当依法经过批准或者核准，履行交易者适当性管理义务，并应当遵守国家有关监督管理规定。"

《期货和衍生品法》还明确了金融机构开展衍生品交易业务履行交易者适当性管理义务的要求，但对于期货风险管理子公司等非持牌金融机构如何开展衍生品交易业务未有相关规定，有待后续出台相关配套的规定进一步予以明确。

### （二）单一协议原则和主协议备案制度

所谓单一协议，即交易双方在主协议项下衍生的所有交易均视为一项整体协议，主协议下的各项交易除受到主协议与补充协议的约束外，还受到各自交易有效约定的约束，交易一方违反任何一个文件下的义务，都构成对整个协议的违反。

《期货和衍生品法》首次从法律层面明确肯定了单一协议原则：衍生品交易采用主协议方式的，主协议、主协议项下的全部补充协议以及交易双方就各项具体交易作出的约定等，共同构成交易双方之间一个完整的单一协议，具有法律约束力。

《期货和衍生品法》第 33 条规定："本法第三十二条规定的主协议等合同范本，应当按照国务院授权的部门或者国务院期货监督管理机构的规定报送备案。"实践中，目前国际上开展衍生品交易普遍使用国际掉期与衍生工具协会（ISDA）制定的示范合同文本模板——《ISDA 协议》。中国银行间市场交易商协会和中国证券业协会、中国期货业协会、中国证券投资基金业协会在借鉴 ISDA 协议的基础上，制定了中国银行业适用的场外衍生产品交易合同模板——《NAFMII 协议》和证券业适用的场外衍生产品交易合同模板——《SAC 协议》。根据《期货和衍生品法》第 33 条的规定，《NAFMII 协议》和《SAC 协议》应当备案毋庸置疑，但对于《ISDA 协议》是否需要备案、备案主体、如何备案尚不明确，需要出台相关配套的规定进行进一步明确。

### （三）终止净额结算原则

终止净额结算是指衍生品金融交易双方根据协议约定，在一方发生违约或终止事件时，另一方有权终止该协议下的全部合格衍生品交易，并按照主协议中约定的方式轧差计算出应收和应付结算款之间的净额，并由净支付方转移给净收入方。

基于终止净额结算轧差计算的特性，长期以来，对《企业破产法》中破产管理人债务"拣选履行权"的不同理解，导致相关机构对终止净额结算制度在中国金融市场是否能够得到实施持有不同看法，直至国际掉期与衍生工具协会（ISDA）与中央国债登记结算有限责任公司（CCDC）于 2021 年 3 月 25 日发布的《使用人民币债券充抵场外衍生品交易保证金》（Use of RMB-denominated Chinese Government Bonds as Margin for Derivatives Transactions）联合白皮书还明确指出，"终止净额结算"的可执行性在中国法律中是不确定的。

早在 2020 年，上海金融法院就已经通过司法判决的方式确认了提前终止净额结算条款的效力，作为"单一协议原则"的配套原则，《期货和衍生品法》首次从法律层面明确肯定了净额结算原则。其第 35 条规定："依法采用主协议方式从事衍生品交易的，发生约定的情形时，可以依照协议约定终止交易，并按净额对协议项下的全部交易盈亏进行结算。依照前款规定进行的净额结算，不因交易任何一方依法进入破产程序而中止、无效或者撤销。"同时，《期货和衍生品法》第 37 条还明确，中央对手方（CCP）也可依法进行终止净额结算，而不因参与结算的任何一方依法进入破产程序而中止、无效或者撤销。这也打消了市场中对于 CCP 的破产是否会影响终止净额结算的顾虑。

（四）建立衍生品交易报告库

《期货和衍生品法》第 36 条规定："国务院授权的部门、国务院期货监督管理机构应当建立衍生品交易报告库，对衍生品交易标的、规模、对手方等信息进行集中收集、保存、分析和管理，并按照规定及时向市场披露有关信息。具体办法由国务院授权的部门、国务院期货监督管理机构规定。"

## 第三节　金融租赁交易法律制度

金融租赁交易法律制度的核心是融资租赁合同法，对此，我国《民法典》作为典型合同进行了专章规定。

### 一、融资租赁合同的含义和特征

《民法典》第 735 条规定：融资租赁合同是出租人根据承租人对出卖人、租赁物的选择，向出卖人购买租赁物，提供给承租人使用，承租人支付租金的合同。融资租赁合同具有三个方面的含义：(1) 出租人须按照承租人的要求出资购买租赁物，这是其不同于租赁合同的重要特点。出租人依承租人的要求先购买后出租，使承租人不必付租赁物的价值即可取得租赁物的使用收益，从而达到融资的效果。正是在这一意义上，这种合同被冠以"融资"的名称。(2) 出租人须将购买的租赁物交付承租人使用收益。出租人虽向出卖人购买财物，但其购买的直接目的是交付给承租人使用收益，而不是自己使用，即买是为了租。这是融资租赁合同中出租人的买卖行为不同于一般买卖之处。(3) 承租人须向出租人支付租金。租金是承租人使用租赁物的代价。融资租赁合同的承租人对出租人购买的租赁物使用收益，并须支付租金。在这个意义上，这种合同的名称中含有"租赁"一词。融资租赁有如下特征：

(1) 标的物是由出租人依照承租人的要求购买的。

(2) 出租人须将物件交付承租人使用收益，但不表示丧失对该物的所有权。

(3) 出租人对租赁标的物无瑕疵担保责任。

(4) 承租人须向出租人支付约定的租金，但租金并非使用租赁物的代价。

(5) 在租赁关系终止后，承租人有选择权。

(6) 出租人为专营融资租赁业务的租赁公司，而不能是一般的公民或法人。

(7) 融资租赁合同为诺成合同、双务有偿合同。

(8) 融资租赁合同不得随意解除。出租人以出租为目的购进租赁设备，若允许承租人随意解除合同，出租人必将蒙受损失，因为很难找到另一个客户租赁该设备。

### 二、融资租赁合同当事人的权利和义务

（一）出租人的权利和义务

1. 出租人的权利

(1) 取得租赁物的所有权。融资租赁中，出租人向出卖人支付价款，取得租赁物的所有权，并将租赁物交给承租人使用。

(2) 收取租金。收取租金是出租人参加融资租赁的主要目的。《民法典》第 752 条规定：承租人应当按照约定支付租金。承租人经催告后在合理期限内仍不支付租金的，出租人可以请

求支付全部租金；也可以解除合同，收回租赁物。

（3）于合同终止时收回租赁物。融资租赁是一种特殊的租赁合同，但仍具有租赁的基本特征：承租人对租赁物享有占有权、使用权，所有权却仍归出租人。在融资租赁合同终止时，出租人有权收回租赁物。当然，如果出租人与承租人商定，租赁期满租赁物归承租人所有，则依约定。

2. 出租人的义务

（1）购买租赁物。融资租赁合同的出租人必须按照承租人指定的供应商和标的物出资购买，以满足承租人的特定需要。

（2）将标的物转移给承租人占有、使用和收益。在融资租赁中，承租人的直接目的是取得租赁物的使用权，出租人应当保证承租人对租赁物的使用权。

（3）向出卖人支付货款。出租人应当依买卖合同约定向出卖人足额支付租赁物货款。

（4）协助承租人向出卖人索赔。在融资租赁中，出租人、出卖人和承租人一般会订立索赔权利让渡条款，约定出租人将自己基于买卖合同而对出卖人享有的赔偿请求权让渡给承租人。当出卖人不履行买卖合同时，承租人可以依赔偿请求权的让渡条款直接向出卖人索赔。此时，出租人负有协助承租人行使索赔权的义务。

（二）承租人的权利和义务

1. 承租人的权利

（1）选择租赁物的出卖人并决定租赁物的条件。在融资租赁中，承租人的目的是获取生产经营所需的设备，租赁物是否符合特定需要，应由承租人自行决定。

（2）接受出卖人交付的标的物。在融资租赁合同中，出租人只负观念上的交付义务，实际交付义务由出卖人履行，在承租人向出租人发出受领通知后，即视为出租人已履行了租赁物的交付义务。

（3）在租赁期内，对租赁物享有独占使用权。

（4）租赁期满后，承租人对租赁物有续租、退还或留购的选择权。

另外，如租赁物存在非出租人过错的品质瑕疵时，承租人有权依法定或约定向出卖人直接索赔。

2. 承租人的义务

（1）依约向出租人交付租金。

（2）按时接收租赁物并及时验收。

（3）承租人应按合同约定或租赁物的性质使用租赁物，并负担租赁物的保管、维修义务。

（4）未经出租人同意，不得擅自转租。未经出租人同意，承租人转租的，为违约行为，应负赔偿责任。

（三）出卖人的权利和义务

（1）依买卖合同约定向承租人交付租赁物。

（2）对租赁物的质量担保责任。如出卖人未交付租赁物、交付迟延或租赁物存在瑕疵时，承租人可直接请求出卖人承担交付违约的责任。

## 思考题

1. 简述保险合同的概念和法律特征。
2. 简述最大诚信原则及其在保险合同订立中的运用。

3. 简述保险利益原则及其在保险合同订立中的运用。
4. 简述人身保险合同的概念、特征。
5. 简述保险代位求偿权的概念及构成要件。
6. 简述操纵期货市场的主要行为模式。
7. 简述期货内幕信息与期货内幕信息知情人的类型。
8. 简述期货强行平仓、强制减仓制度。
9. 简述融资租赁的概念和特征。
10. 试述融资租赁中承租人的权利和义务。

第三编

# 金融市场调制法律制度

经济法理论认为，经济法是国家干预经济的基本法律形式。国家以公权力的形式对金融市场实施干预，事实上有两种不同形态的干预方式，即对金融市场实施宏观调控与对金融市场主体和行为实施金融监管。现代金融法的一个重要特征就是金融宏观调控法与金融市场监管法逐步走向分业并相互协同。本编首先介绍金融监管法律制度，随后从与其对照的视角介绍中央银行的金融宏观调控法律制度，尤其是“双支柱调控”的基本法律架构。

# 第九章
# 金融监管法律制度

## 第一节　金融监管法的基本范畴

### 一、金融监管的概念与金融监管法的发展

金融监管有广义和狭义之分。狭义的金融监管是指国家法定的金融监管机构为了保障金融业的稳健发展而对金融机构及其行为所进行的监督管理；广义的金融监管除以上含义外，还包括金融机构的内部监管、同业自律组织的监管和社会中介组织的监管等。本章所讲的金融监管是指狭义的金融监管。金融监管法是调整金融监管关系的法律规范的总称。它包括银行业监管法、证券业监管法和保险业监管法等。

金融监管法律制度是随着金融业的发展而不断演进的。在中央银行制度建立以前，金融监管主要是金融机构的内部监管。在中央银行制度建立以后，金融监管成为中央银行的重要职责之一，其依据的相关法律也随之纷纷出台。有金融监管法理论认为，中央银行单独执行金融监管或参与金融监管，有助于金融监管目标的实现，因为中央银行在所有的金融监管机构中拥有最广泛的金融信息、最多的金融调控手段以及众多的分支机构网络和金融服务系统，它对金融机构具有最强的影响力。然而，主张中央银行货币政策与金融监管相剥离的观点认为：一方面，中央银行担任此两项职能，会导致严重利益冲突，中央银行制定和执行货币政策应服务于社会公共利益，但在履行监管职能时，不得不对被监管机构提供支持，甚至将被监管机构利益置于公共利益之上，如中央银行需提高利率，收缩银根，而利率提高会损害银行的财务健全性，使其处于两难困境。另一方面，只有两者剥离才可真正实现中央银行的独立，如果中央银行两者兼之，它很难超脱政府和政治，尤其在金融危机时期更易受政治因素干扰，因此需要成立专门的监管机构。

中国金融监管体制改革的方向也是分离发展与监管职能，在 2023 年 3 月最新的党和国家机构改革方案出台后，“二委一行一局一会”的新格局（中央金融委员会、中央金融工作委员会、中国人民银行、国家金融监督管理总局、中国证监会）确立；同时，还建立了以中央金融管理部门地方派出机构为主的地方金融监管体制，统筹优化中央金融管理部门地方派出机构设置和力量配备。地方政府设立的金融监管机构专司监管职责，不再加挂金融工作局、金融办公室等牌子（改革后的金融监管体制如图 9－1 所示）。

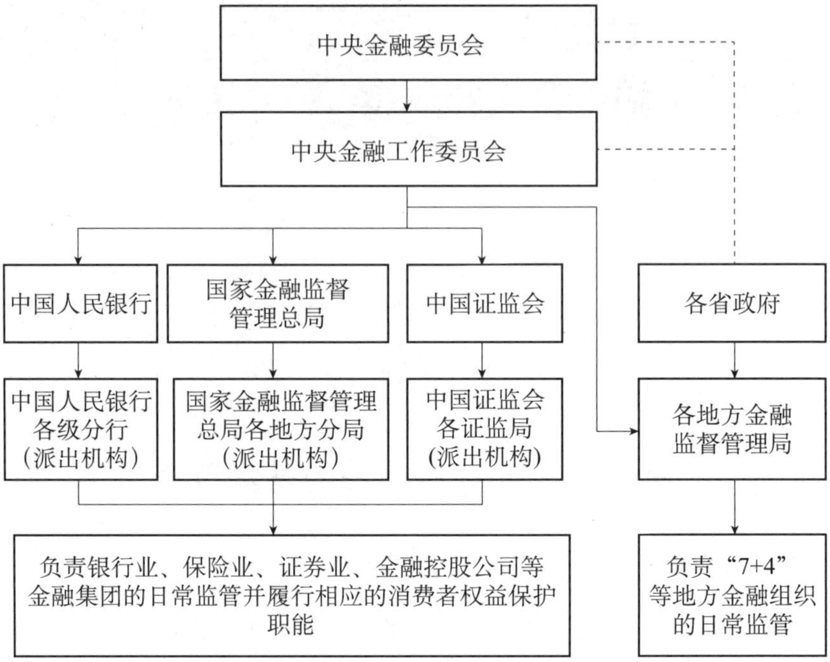


**图 9-1　我国金融监管体制**

## 二、金融监管的原则和目标

### （一）金融监管的原则

根据我国《银行业监督管理法》《中国人民银行法》《证券法》《保险法》等法律，我国金融监管应当遵循以下原则。

1. 合法、公正、公开原则

金融监管合法原则，即监管必须依法进行，监管的范围、对象、程序和手段都必须符合法律的规定，不得滥用权力而超出法律规定的范围，也不得放弃权力而失职。金融监管机构的监管必须公正，保持其地位的独立性。为了保证监管的公正，金融监管机构应当公开监督管理程序，建立监督管理责任制度和内部监督制度。

2. 适度监管原则

适度，即适当。适度监管原则要求金融监管机构遵循金融业发展的客观规律，其监管行为不能干涉金融机构的经营决策权和金融自主权，而应通过制度和规则使金融机构得以稳健经营，使其在市场经济的大环境中获得良性发展。该原则要求：（1）明确金融监管机构的法律地位和职责权限，这是科学、适度监管的前提；（2）金融监管不能取代市场机制的作用，这是适度监管原则的核心；（3）金融监管应当充分尊重并利用市场机制发挥作用，并尽可能采用宏观调控的方法，遵守比例原则，尽量减少对金融机构经营行为的直接干预；（4）监管者须充分发挥金融业自律机制和社会中介机构的作用。

3. 监管主体独立性原则

在一个有效的银行监管体系下，参与银行监管的每个机构都要有明确的责任和目标，并充分享有操作上的自主权和充分的资源。这是一些发生金融危机的国家总结出来的历史经验教训，也是对金融业进行有效监管的一条重要原则。只有坚持这一原则，才能排除外界对金融监管的非法干预，才能保障监管主体有效行使监管职能，使监管目标得以实现。

4. 效率原则

法律上的效率，意指法律的成本与效益之间的比例关系，实践中泛指法律的实效。金融监管的效率原则既包括金融监管的经济效率，也包括金融监管的行政效率。前者强调金融监管应通过鼓励、引导、规范和监督管理来提高金融业的整体效率，而不应导致金融机构效率的丧失；后者强调金融机构应以尽可能少的成本支出达到金融监管的目标。金融监管效率原则还意味着金融监管法律制度的各种规定都以获取经济效益为出发点和最终目标；同时，各金融机构的经济效益又必须符合社会整体利益的要求。金融监管就是要实现经济效益与社会效益的统一。

5. 协调性原则

这是指监管主体之间职责分明、分工合理、相互配合。这既包括国家金融监督管理总局、中国证监会等不同监管机构的协调，也包括国内监管与国际监管、东道国监管与母国监管的协调以及金融机构内部监管与专门机关的外部监管、行业协会的自律性监管的结合。

（二）金融监管的目标

对于金融监管的目标，学理上有不同的主张：一是社会利益论，认为金融监管的目标就是维护社会公众的利益。二是防范金融风险论，认为金融业是高风险行业，金融监管的目标就是避免金融风险的发生。三是保护金融消费者权益论，认为为了防止存款人、证券持有人、投保人或受益人等的利益受损，国家应对金融机构的行为进行约束。四是安全原则论，认为金融业的安全是首要的。

上述理论并不是相互独立而是有着内在的联系。如防止金融风险与保护金融业的安全，保护金融消费者的利益与社会利益，它们之间并无本质上的区别。从整体上保护金融消费者的利益也就是维护了社会利益，防止了金融风险也就保护了金融业的安全；维护了金融业的安全，防止了金融风险，也就保护了债权人的利益与社会利益。因此，金融监管的必要性不在于上述理论解释的某个方面，而在于维护金融秩序、防范金融风险、提高金融效率、保障金融业稳健发展的整体。这在现代金融法的规定中有充分的体现。

## 第二节　金融监管模式

### 一、国外典型的金融监管模式

目前，主流的金融监管体制主要有以下四种模式：

（一）机构监管模式

机构监管是指将金融机构类型作为划分监管权限的依据，即同一类型金融机构均由特定的监管者监管。机构监管模式是现代金融监管体系的最原始形式。大萧条时期，美国 1933 年通过《格拉斯-斯蒂格尔法》建立了严格的分业监管体系。

机构监管既有利于提高各监管者的监管专业化程度，也具有监管竞争方面的优势。然而其不足至少表现在：一方面，很难从法律上界定一个金融机构或集团属于哪个监管机构监管；另一方面，机构监管者总是受限在特定领域，无法掌握整个市场信息，从而很难应对系统性风险。

（二）功能监管模式

功能监管是以其商业行为来判断监管边界，即将金融机构的业务行为划分为银行业务、证券业务、保险业务，每种业务分属不同监管机构负责监管，审慎监管和消费者权益保护通常由同一机构负责，但有些国家在设计监管体系时也会将之分开。与机构监管模式相比较，功能监管的优势在于：至少在理论上，同一业务内对不同从业公司实行统一监管标准，提高了公平性，这在一定程度上适应了金融市场的发展。

与机构监管模式相比较，功能监管模式实现了同行业内监管标准的统一，但其有效性建立在良好区分产品边界的基础上，随着金融创新的不断发展，界定金融产品的边界也越来越难。更重要的是，即使能有效界定金融产品，由于各监管机构之间存在行业监管差异，也极容易导致金融市场的结构性失衡。

（三）综合性监管

综合监管也称为金融监管局模式，是指通过建立一个超级监管机构负责金融市场所有金融机构和金融业务的监管，既负责审慎监管也负责商业行为及消费者权益保护。这样的制度设计有利于监管者全面掌握市场信息，消除前两种模式下不同监管主体之间监管标准不一致导致的金融市场结构性失衡。不少国家的监管者对该监管模式表示出很大的兴趣。英国、德国、日本、卡塔尔、新加坡、瑞士等国家均采用了此种监管模式，其中英国最具代表性。

综合监管模式面临的最大挑战是，监管机构一旦出错或者监管不到位就没有其他机构来补救。并且，由于不同金融领域监管重点不同，监管目标也不相同，若监管目标缺乏清晰界定，很难保障监管效率。另外，这种一家独大的监管模式很容易官僚化。在后危机时期，英国监管当局提出加强宏观审慎监管，希望通过建立良好的信息披露系统并积极参与国际监管合作来弥补这些不足。

（四）双峰监管

1995 年，英国经济学家迈克尔·泰勒最早提出了一手抓金融系统稳定、一手抓市场行为规范的“双峰”监管模式。双峰监管是指以监管目标为基础，将金融监管目标一分为二，由两个不同的监管机构分别负责：一个负责审慎监管，即维护金融机构的安全和稳健；另一个则负责行为监管，即金融消费者权益保护。

与前三种监管模式相比较，双峰监管模式具有很多优点，既没有界定金融机构监管边界的烦恼，也消除了综合监管模式无补救余地的风险。同时双峰监管模式还明确规定：当金融稳定目标和消费者权益保护目标发生冲突时，审慎监管机构首先应该以金融稳定为主，这在综合监管模式下是很难做到的。虽然如此，双峰监管模式也并不是完美的，其消费者权益保护主要通过对商业行为监管来实现，其中最重要的一环就是完美的信息披露，但这对评级机构和审计机构要求比较高，因此，建立双峰监管模式受制于成熟的信息披露体系。

## 二、中国的金融监管体制与模式

中国金融监管的改革与发展主要可以分为以下六个阶段。

（一）“大一统”阶段（1978 年以前）

1949 年新中国成立前后，中国人民银行、中国农业银行和中国建设银行相继成立。此后，在计划经济体制下，随着职能的调整，几家银行经历了多次的合并与分立。这样的经济体制背景与金融组织结构，构成了中国金融业与金融监管发展的基础，也逐步形成了计划经济体制下的特有的监管体系。当时的中国金融市场完全以银行为主，主要经营活动是计划拨款、贷款和存款，基本不涉及证券、保险和外汇等业务。当时的中国人民银行集货币政策、金融经营和组织管理等多项职能于一身，它对于金融体系的监管也是计划和行政性质的。

（二）金融监管的正式确立阶段（1979—1991年）

中国自1978年底开始实行改革开放政策，逐步确立社会主义市场经济体制。这大大促进了中国金融业的发展，并对金融市场体制和机制提出了更高的要求。当时最突出的变化是政府相继恢复或新设了几大专业银行以及保险、信托、证券等行业的金融机构，并为规范其经营行为出台了一些行政性规章制度。这一阶段，随着专业性金融机构从中国人民银行中独立出来，对它们经营行为的规范也由内部管理变为外部监管。中国人民银行被正式确立为中央银行，并且成为相对独立、全面、统一的监管机构，中国的金融监管体制和机制正式确立。但是这种监管仍然主要依赖于行政性规章和直接指令式管理。这种监管体系中各主体的地位和权力依托于行政体系，而不是由明确的法律授权形成。

（三）机构监管的确立阶段（1992—2003年）

1992年召开的中国共产党十四大明确提出，中国经济体制改革的目标是建立社会主义市场经济体制，从而为中国的金融体制改革奠定了基础，也催生了证监会、保监会及银监会等专业监管机构。《证券法》《保险法》《商业银行法》等基本法律相继诞生，分业监管体制也逐步确立。在这一阶段，以证监会、保监会、银监会为主体的分业监管的体系逐步形成。

（四）机构监管的完善阶段（2004—2017年）

2004年以来，中国金融分业监管的体制得到进一步巩固与完善，监管协调与国际合作也有了新的发展。在国际金融危机之后，加强宏观审慎监管的尝试和其他改革探索也在逐步推进。这一阶段的中国金融监管改革与发展，与迎接金融全球化、金融创新、综合化经营以及金融危机的挑战密切相关。在此阶段内，“一行三会”分业监管体制在以下几方面得到进一步的发展和完善：一是法律体系进一步完善，对《证券法》《公司法》等多部法律进行了修订；二是加强监管执法和丰富监管内容，对现场检查、行政许可、行政处罚、行政复议等行为进行了规范，并加强了对金融创新和部分跨金融领域经营的监管；三是金融监管机构之间加强了协调配合，监管机构之间建立起联席会议制度；四是审慎性监管和功能型监管已被提到监管当局的监管改革议事日程上。

（五）功能监管的尝试阶段（2018—2022年）

2017年第五次全国金融工作会议提出成立“国务院金融稳定发展委员会”，统筹协调金融监管政策间、部门间及其与其他相关政策的配合。银监会与保监会进行合并。此外，保留证监会的相对独立也有进一步鼓励和支持直接融资市场发展之义。在新的监管框架下，中国人民银行的“货币政策和宏观审慎政策双支柱调控框架”更加清晰，更多地担负起宏观审慎管理、金融控股公司和系统重要性机构、金融基础设施建设、基础法律法规体系及全口径统计分析等工作。各地相继成立的地方金融监管局也将承担起对“7＋4”类机构以及一些新兴金融业态的监管工作。

（六）中国特色的“双峰”监管阶段（2023年至今）

习近平总书记在第五次全国金融工作会议中强调，“做好新形势下金融工作，要坚持党中央对金融工作集中统一领导，确保金融改革发展正确方向，确保国家金融安全”[①]。2023年3月，中共中央、国务院印发《党和国家机构改革方案》，组建中央金融委员会，设立中央金融委员会办公室作为中央金融委员会的办事机构；不再保留国务院金融稳定发展委员会及其办事机构；组建中央金融工作委员会。中央金融委员会负责金融稳定和发展的顶层设计、统筹协

① 习近平．在第五次全国金融工作会议上的讲话．人民日报，2017-07-16（1）．

调、整体推进、督促落实，研究审议金融领域重大政策、重大问题等，作为党中央决策议事协调机构；中央金融工作委员会统一领导金融系统党的工作，指导金融系统党的政治建设、思想建设、组织建设、作风建设、纪律建设等，作为党中央派出机关，同中央金融委员会办公室合署办公。至此，我国中央层面金融监管体系呈现出“二委一行一局一会”的新格局：中央金融委员会、中央金融工作委员会负责顶层设计、党建工作，中国人民银行、国家金融监督管理总局、中国证监会负责具体的金融监管职能。

本次金融监管体系改革后，具有中国特色的“双峰”监管正在显现：中国人民银行主要负责货币政策和宏观审慎监管；国家金融监督管理总局统一负责除证券业之外的金融业监管和金融消费者权益保护；中国证监会负责资本市场监管，增加企业债券发行审核等职责。国家金融监督管理总局统一负责除证券业之外的金融监管，有助于减少监管空白和监管交叉，落实好行为监管和功能监管。中国人民银行剥离金融控股公司监管和消费者权益保护等职责，完善分支机构改革，有助于建设现代中央银行制度。

长远来看，我国金融监管模式的进一步发展方向应该是“三层＋双峰”的主体结构。“三层”是指：（1）中央金融委员会、中央金融工作委员会负责顶层设计、党建工作；（2）中间层的“一行一局一会”为具体的金融监管机构；（3）底层为相应的地方监管部门。

## 第三节　金融监管权及其实施

### 一、中国证监会的监管权

中国证监会为正部级国务院直属机构，依照法律、法规和国务院授权，统一监督管理全国证券期货市场，维护证券期货市场秩序，保障其合法运行。中国证监会在对证券期货市场实施监督管理中履行下列职责：研究和拟订证券期货市场的方针政策、发展规划，起草相关法律法规；垂直领导全国证券期货监管机构，对证券期货市场实行集中统一监管；监管各类证券期货产品的发行、上市、交易、托管和结算；对上市公司实施监管；对证券期货经营机构、服务机构和行业自律组织实施监管；对证券期货违法违规行为进行调查、处罚等。

中国证监会依法履行职责，有权采取下列措施：（1）对证券发行人、证券公司、证券服务机构、证券交易场所、证券登记结算机构进行现场检查。（2）进入涉嫌违法行为发生场所调查取证。（3）询问当事人和与被调查事件有关的单位和个人，要求其对与被调查事件有关的事项作出说明；或者要求其按照指定的方式报送与被调查事件有关的文件和资料。（4）查阅、复制与被调查事件有关的财产权登记、通讯记录等文件和资料。（5）查阅、复制当事人和与被调查事件有关的单位和个人的证券交易记录、登记过户记录、财务会计资料及其他相关文件和资料；对可能被转移、隐匿或者毁损的文件和资料，可以予以封存、扣押。（6）查询当事人和与被调查事件有关的单位和个人的资金账户、证券账户、银行账户以及其他具有支付、托管、结算等功能的账户信息，可以对有关文件和资料进行复制；对有证据证明已经或者可能转移或者隐匿违法资金、证券等涉案财产或者隐匿、伪造、毁损重要证据的，经中国证监会主要负责人或者其授权的其他负责人批准，可以冻结或者查封，期限为 6 个月；因特殊原因需要延长的，每次延长期限不得超过 3 个月，冻结、查封期限最长不得超过 2 年。（7）在调查操纵证券市场、内幕交易等重大证券违法行为时，经中国证监会主要负责人或者其授权的其他负责人批准，可以限制被调查事件当事人的证券买卖，但限制的期限不得超过 3 个月；案情复杂的，可以延长 3 个月。（8）通知出境入境管理机关依法阻止涉嫌违法人员、涉嫌违法单位的主管人员和其他直接责任人员出境。为防范证券市场风险，维护市场秩序，中国证监会可以采取责令改正、监管谈话、出具警示函等措施。

根据《证券法》，中国证监会对涉嫌证券违法的单位或者个人进行调查期间，被调查的当事人书面申请，承诺在中国证监会认可的期限内纠正涉嫌违法行为，赔偿有关投资者损失，消除损害或者不良影响的，中国证监会可以决定中止调查。被调查的当事人履行承诺的，中国证监会可以决定终止调查；被调查的当事人未履行承诺或者有国务院规定的其他情形的，应当恢复调查。具体办法由国务院规定。中国证监会决定中止或者终止调查的，应当按照规定公开相关信息。

中国证监会依法履行职责，进行监督检查或者调查，其监督检查、调查的人员不得少于2人，并应当出示合法证件和监督检查、调查通知书或者其他执法文书。监督检查、调查的人员少于2人或者未出示合法证件和监督检查、调查通知书或者其他执法文书的，被检查、调查的单位和个人有权拒绝。中国证监会依法履行职责，被检查、调查的单位和个人应当配合，如实提供有关文件和资料，不得拒绝、阻碍和隐瞒。

## 二、国家金融监督管理总局的监管权

国家金融监督管理总局统一负责除证券业之外的金融业监管和金融消费者权益保护工作。依据《银行业监督管理法》《保险法》等的规定，国家金融监督管理总局对银行业、保险业和其他金融业实施以下监管。

### （一）对银行业的监管

1. 监管职责

《银行业监督管理法》第三章专门规定了对银行业的监管职责。国家金融监督管理总局依照法律、行政法规制定并发布对银行业金融机构及其业务活动监督管理的规章、规则。国务院银行业监督管理机构依照法律、行政法规规定的条件和程序，审查批准银行业金融机构的设立、变更、终止以及业务范围。

2. 监管措施

银行业监督管理机构根据履行职责的需要，有权要求银行业金融机构按照规定报送资产负债表、利润表和其他财务会计、统计报表、经营管理资料以及注册会计师出具的审计报告。国家金融监督管理总局可以采取下列措施进行现场检查：（1）进入银行业金融机构进行检查。（2）询问银行业金融机构的工作人员，要求其对有关检查事项作出说明。（3）查阅、复制银行业金融机构与检查事项有关的文件、资料，对可能被转移、隐匿或者毁损的文件、资料予以封存。（4）检查银行业金融机构运用电子计算机管理业务数据的系统。进行现场检查，应当经银行业监督管理机构负责人批准。现场检查时，检查人员不得少于2人，并应当出示合法证件和检查通知书；检查人员少于2人或者未出示合法证件和检查通知书的，银行业金融机构有权拒绝检查。

银行业金融机构违反审慎经营规则的，国家金融监督管理总局或者其省一级派出机构应当责令限期改正；逾期未改正的，或者其行为严重危及该银行业金融机构的稳健运行、损害存款人和其他客户合法权益的，经国家金融监督管理总局或者其省一级派出机构负责人批准，可以区别情形，采取下列措施：（1）责令暂停部分业务、停止批准开办新业务。（2）限制分配红利和其他收入。（3）限制资产转让。（4）责令控股股东转让股权或者限制有关股东的权利。（5）责令调整董事、高级管理人员或者限制其权利。（6）停止批准增设分支机构。

银行业金融机构已经或者可能发生信用危机，严重影响存款人和其他客户合法权益的，国家金融监督管理总局可以依法对该银行业金融机构实行接管或者促成机构重组，接管和机构重组依照有关法律和国务院的规定执行。在接管、机构重组或者撤销清算期间，经国务院银行业监督管理机构负责人批准，对直接负责的董事、高级管理人员和其他直接责任人员，可以采取下列措施：(1) 直接负责的董事、高级管理人员和其他直接责任人员出境将对国家利益造成重大损失的，通知出境管理机关依法阻止其出境。(2) 申请司法机关禁止其转移、转让财产或者对其财产设定其他权利。

经国家金融监督管理总局或者其省一级派出机构负责人批准，银行业监督管理机构有权查询涉嫌金融违法的银行业金融机构及其工作人员以及关联行为人的账户；对涉嫌转移或者隐匿违法资金的，经银行业监督管理机构负责人批准，可以申请司法机关予以冻结。银行业监督管理机构依法对银行业金融机构进行检查时，经设区的市一级以上银行业监督管理机构负责人批准，可以对与涉嫌违法事项有关的单位和个人采取下列措施：(1) 询问有关单位或者个人，要求其对有关情况作出说明。(2) 查阅、复制有关财务会计、财产权登记等文件、资料。(3) 对可能被转移、隐匿、毁损或者伪造的文件、资料，予以先行登记保存。

（二）对保险业的监管

1. 监管职责

国家金融监督管理总局作为保险监督管理机构，依照《保险法》和国务院规定的职责，遵循依法、公开、公正的原则，对保险业实施监督管理。国家金融监督管理总局对保险业的监管涉及对保险产品的监管，对保险公司的监管，对保险公司股东、实际控制人、董事、监事和高级管理人员的监管。

2. 监管措施和履职规范

保险监督管理机构依法履行职责，可以采取下列措施：(1) 对保险公司、保险代理人、保险经纪人、保险资产管理公司、外国保险机构的代表机构进行现场检查。(2) 进入涉嫌违法行为发生场所调查取证。(3) 询问当事人及与被调查事件有关的单位和个人，要求其对与被调查事件有关的事项作出说明。(4) 查阅、复制与被调查事件有关的财产权登记等资料。(5) 查阅、复制保险公司、保险代理人、保险经纪人、保险资产管理公司、外国保险机构的代表机构以及与被调查事件有关的单位和个人的财务会计资料及其他相关文件和资料；对可能被转移、隐匿或者毁损的文件和资料予以封存。(6) 查询涉嫌违法经营的保险公司、保险代理人、保险经纪人、保险资产管理公司、外国保险机构的代表机构以及与涉嫌违法事项有关的单位和个人的银行账户。(7) 对有证据证明已经或者可能转移、隐匿违法资金等涉案财产或者隐匿、伪造、毁损重要证据的，经保险监督管理机构主要负责人批准，申请人民法院予以冻结或者查封。

保险监督管理机构采取前述第 1 项、第 2 项、第 5 项措施的，应当经保险监督管理机构负责人批准；采取第 6 项措施的，应当经国务院保险监督管理机构负责人批准。

保险监督管理机构依法进行监督检查或者调查，其监督检查、调查的人员不得少于 2 人，并应当出示合法证件和监督检查、调查通知书；监督检查、调查的人员少于 2 人或者未出示合法证件和监督检查、调查通知书的，被检查、调查的单位和个人有权拒绝。

## 三、中国人民银行的金融监管权

随着我国金融体制的改革，中国人民银行的职能重心转向了双峰监管中的宏观审慎职能。中国人民银行不对银行业、保险业、证券业等金融领域的市场准入、市场退出和日常业务进行微观审慎监管，这些监管职能已经剥离给国家金融监督管理总局和中国证监会。然而，金融监管与货币政策、宏观审慎政策并不是毫无关联，相反，中国人民银行既有法定职能的高效履行必须依托于一定的金融监管权的实施。为此，《中国人民银行法》赋予了中国人民银行一定的金融监管权。

中国人民银行的金融监管与国家金融监督管理总局、中国证监会侧重的行业监管不同，中国人民银行监管突出的特点是其具有功能性监管的性质，并且其监管权主要是服务于更好地履行货币政策和宏观审慎政策职能。中国人民银行实施金融监管的对象也并非单纯根据金融机构的名称而是依据其开展的业务活动来进行确定的。其监管多是跨产品、跨机构、跨市场的对整个金融市场的监测，以及对囊括不同类金融机构在内的资金账户和反洗钱工作的管理，更多是对跨业金融创新与金融工具运用的监督管理。

随着我国金融业的迅猛发展以及国家金融监管体制的改革，中国人民银行作为中央银行，其职能也处在不断发展演化的过程中。根据2023年9月24日发布的《中共中央办公厅、国务院办公厅关于调整中国人民银行职责机构编制的通知》，中央银行的职能有货币政策、宏观审慎政策、金融监管以及金融服务等。本部分介绍的金融监管权是一个相对广义的概念，即不仅包括《中国人民银行法》第32条直接规定的金融监管权，还包括中央银行的金融服务职能，因为“在监管中服务，在服务中监管”早已成为中央银行履职的一个重要原则。

《中国人民银行法》第32条规定，中国人民银行有权对金融机构以及其他单位和个人的下列行为进行检查监督：执行有关存款准备金管理规定的行为，与中国人民银行特种贷款有关的行为，执行有关人民币管理规定的行为，执行有关银行间同业拆借市场、银行间债券市场管理规定的行为，执行有关外汇管理规定的行为，执行有关黄金管理规定的行为，代理中国人民银行经理国库的行为，执行有关清算管理规定的行为，执行有关反洗钱规定的行为。

中国人民银行可采取以下监管措施：

（1）直接检查监督。对于《中国人民银行法》第32条规定的事项有直接检查监督的权力；对于第32条规定范围之外的事项，一般而言，对银行业金融机构不进行日常的全面检查，但当银行业金融机构出现支付困难，可能引发金融风险时，为了维护金融稳定，经国务院批准，中国人民银行有权对银行业金融机构进行全面监督检查。

（2）间接检查监督。中国人民银行根据执行货币政策和维护金融稳定的需要，可以建议国务院银行业监督管理机构进行检查监督。银行业监督管理机构应在法律规定的时间内予以回复。

（3）通过获取资料、信息进行监管。根据履行职责的需要，中国人民银行有权要求银行业金融机构报送必要的资产负债表、利润表以及其他财务会计、统计报表和资料，掌握金融运行的情况，发现问题，提出监管意见。

目前，中国人民银行的金融监管权主要包括对银行间同业拆借市场和银行间债券市场的监督管理、反洗钱监管、对中央银行贷款的监督管理、对人民币发行与流通的监管、对外汇的管理、对金银的管理以及其他金融监管职能。本书重点对以下监管职能进行详细介绍。

### （一）反洗钱监管

《中国人民银行法》将指导、部署金融业反洗钱工作，进行反洗钱资金监测的职责赋予了中国人民银行。《反洗钱法》第4条规定：“国务院反洗钱行政主管部门负责全国的反洗钱监督管理工作。国务院有关部门、机构在各自的职责范围内履行反洗钱监督管理职责。”中国人民银行根据《反洗钱法》颁布了《金融机构反洗钱规定》《金融机构大额交易和可疑交易报告管理办法》《金融机构反洗钱和反恐怖融资监督管理办法》《金融机构客户尽职调查和客户身份资料及交易记录保存管理办法》四部规章，确立了金融机构反洗钱工作的基本制度。《金融机构反洗钱规定》（以下简称《反洗钱规定》）明确了金融机构及其工作人员反洗钱的义务、管理机构的职责、管理的内容和程序。

中国人民银行是国务院反洗钱行政主管部门，国家金融监督管理总局、中国证监会在各自的职责范围内履行反洗钱的监管职责。中国人民银行依法履行会同有关部门制定金融机构反洗钱规章，负责人民币和外币反洗钱的资金监测，监督、检查金融机构履行反洗钱义务的情况，在职责范围内调查可疑交易活动，向侦查机关报告涉嫌洗钱犯罪的交易活动，按照有关法律、行政法规的规定，与境外反洗钱机构交换与反洗钱有关的信息和资料等职责。

《金融机构大额交易和可疑交易报告管理办法》（以下简称《报告办法》）具体地设定了大额和可疑交易的标准。具体而言，金融机构应当报告下列大额交易：(1) 当日单笔或者累计交易人民币 5 万元以上（含 5 万元）、外币等值 1 万美元以上（含 1 万美元）的现金缴存、现金支取、现金结售汇、现钞兑换、现金汇款、现金票据解付及其他形式的现金收支。(2) 非自然人客户银行账户与其他的银行账户发生当日单笔或者累计交易人民币 200 万元以上（含 200 万元）、外币等值 20 万美元以上（含 20 万美元）的款项划转。(3) 自然人客户银行账户与其他的银行账户发生当日单笔或者累计交易人民币 50 万元以上（含 50 万元）、外币等值 10 万美元以上（含 10 万美元）的境内款项划转。(4) 自然人客户银行账户与其他的银行账户发生当日单笔或者累计交易人民币 20 万元以上（含 20 万元）、外币等值 1 万美元以上（含 1 万美元）的跨境款项划转。累计交易金额以客户为单位，按资金收入或者支出单边累计计算并报告。中国人民银行另有规定的除外。中国人民银行根据需要可以调整大额交易报告标准。对同时符合两项以上大额交易标准的交易，金融机构应当分别提交大额交易报告。金融机构发现或者有合理理由怀疑客户、客户的资金或者其他资产、客户的交易或者试图进行的交易与洗钱、恐怖融资等犯罪活动相关的，不论所涉资金金额或者资产价值大小，应当提交可疑交易报告。金融机构应当制定本机构的交易监测标准，并对其有效性负责。

2022 年 1 月 19 日，中国人民银行牵头制定了《金融机构客户尽职调查和客户身份资料及交易记录保存管理办法》，要求金融机构应当勤勉尽责，遵循“了解你的客户”的原则，识别并核实客户及其受益所有人身份，针对具有不同洗钱或者恐怖融资风险特征的客户、业务关系或者交易，采取相应的尽职调查措施。客户身份识别、报告大额交易和可疑交易、保存客户身份资料和交易信息是反洗钱国际标准和各国反洗钱立法确认的洗钱预防措施的三项基本制度。

### （二）对中央银行贷款的监督管理

中国人民银行发放的贷款可分为三类：一是为解决金融机构流动性不足而发放的贷款。二是为处置金融风险而发放的贷款。三是发放用于特定目的的贷款。中国人民银行特种贷款是指国务院决定的由中国人民银行向金融机构发放的用于特定目的的贷款。对中央银行贷款的管理权主要包括：

(1) 贷款发放审批权。用于调节商业银行流动性的中央银行贷款的审批权属于中国人民银行。经总行授权，中国人民银行分行（营业管理部）可以依据有关规定审批、发放紧急贷款；为处置风险和涉及国家重大政策调整需要等特定用途和目的而发放的“特种贷款”以及向特定的非银行金融机构发放的贷款必须经国务院批准或决定。

(2) 对中央银行贷款行为的监督检查、处理权。《中国人民银行法》规定：1) 对于国务院决定的由中国人民银行向金融机构发放的用于特定目的的特种贷款，中国人民银行可以对金融机构与中国人民银行特种贷款有关的行为进行检查监督，并根据《中国人民银行法》和其他相关规定进行处罚。2) 对于中国人民银行为执行货币政策运用“为在中国人民银行开立账户的银行业金融机构办理再贴现”和“向商业银行提供贷款”等货币政策工具的，首先，中国人民银行可以规定具体的条件和程序，根据执行货币政策的需要，决定是否对商业银行或其他银行业金融机构提供贷款支持以及贷款的数额、期限利率和方式。其次，在发放再贷款或提供再贴现时，中国人民银行与贷款机构签订协议，并按照协议条款对使用贷款的情况进行监督。最后，中国人民银行可以建议国务院银行业监督管理机构对使用提供流动性支持的中央银行贷款的情况进行检查监督。

（三）对人民币发行与流通的监管

中国人民银行内设货币金银局（保卫局），其主要职责是：拟订并组织实施货币发行、现金管理、黄金及其制品进出口管理的有关政策制度；承担人民币管理工作，维护人民币流通秩序；牵头组织反假货币工作，收集监测假币情报信息，研究分析形势及规律特点；拟订并组织实施人民币发展规划和生产计划，承担人民币调拨和发行库管理工作；管理现金投放、回收和销毁；保管国家储备金银；中国人民银行系统安全保卫工作。

在数字金融时代，中国人民银行的人民币发行与流通监管权面临的新问题是数字货币的法律问题。数字货币目前没有统一的概念，我们可以从三个方面来看：第一，从形式看，数字货币是基于计算机技术开发出来的，存在于虚拟空间，不以物理介质为载体的非实物货币。第二，从本质来看，数字货币是由严格的数学算法或者加密技术保证其安全性、专有性的。第三，从效力范围来看，数字货币是一种不受监管的货币，由其开发者发行和控制，并在特定虚拟社区的成员中使用和接受。[①]

数字货币可分为私人数字货币和法定数字货币，其中：私人数字货币包含由企业信用背书发行或无发行主体的去中心化数字货币；法定数字货币则由一国央行代表政府发行，受到国家法律保护。对于私人数字货币，2017 年，中国人民银行等七部委发布《关于防范代币发行融资风险的公告》，指出“代币发行融资是指融资主体通过代币的违规发售、流通，向投资者筹集比特币、以太币等所谓‘虚拟货币’，本质上是一种未经批准非法公开融资的行为”；“代币发行融资中使用的代币或‘虚拟货币’不由货币当局发行，不具有法偿性与强制性等货币属性，不具有与货币等同的法律地位，不能也不应作为货币在市场上流通使用”。

在法定数字货币方面，我国的数字人民币，是中国人民银行尚未发行的法定数字货币，即“数字货币电子支付”。数字人民币是我国法定货币的数字形态，也是为数字经济发展提供的通用型基础货币，由中国人民银行发行和管理，与人民币现金具有同等效力，同时保证 100%的人民币储备金率，具有价值特征和法偿性（任何单位和个人在具备接收条件时不得拒收数字人民币）。数字人民币的主要定位是替代流通中的现钞与硬币，同时也具有现钞与硬币的使用价值，只要纸钞能购买的东西、能兑换的外币，数字人民币都可以购买与兑换。

2020 年 10 月 23 日，中国人民银行发布《中国人民银行法（修订草案征求意见稿）》，其中第 19 条拟规定人民币包括实物形式和数字形式，为发行数字人民币提供法律依据。其第 22 条规定：任何单位和个人不得制作、发售代币票券和数字代币，说明其他类型数字货币明令不被允许。2019 年年底，数字人民币相继在深圳、苏州、雄安新区、成都等地启动试点测试。截至 2022 年 12 月 17 日，全国共有 17 个省级行政区全域或部分城市开展数字人民币试点。2023 年 3 月 6 日，数字人民币 App（试点版）“钱包快付管理”中的“支付平台”新增“微信支付”，这也是继支付宝后在数字人民币 App 中可开通的第二大支付平台。

我国的数字人民币具有如下特点：

（1）双层运营结构：“中央银行—商业银行”的“二元运营模式”，上层是中央银行对商业银行，下层是商业银行对公众。中央银行按照 100%准备金制将中央银行数字货币兑换给商业

① 唐波主编．新编金融法学．北京：北京大学出版社，2021：146.

银行，再由商业银行或商业机构将数字货币兑换给公众。中央银行选择在资本和技术等方面实力较为雄厚的商业银行作为指定运营机构，根据客户信息识别强度为其开立不同类别的数字人民币钱包。

（2）中心化：数字人民币维持中央银行在发行中的中心化管理地位，由中国人民银行统一负责维护与管理，这与以分布式账本为核心机制之一的区块链技术并不相符，亦不符合加密货币的定义。

（3）生态建设：由央行和指定运营机构共同开发钱包生态平台，同时实现各自的特色功能。统筹建设数字人民币发行基础设施，实现跨运营机构互联互通。

（4）支持双离线支付：收支双方在信号不佳、双方离线的情况下仍能进行支付。

（5）独特账户体系：用户不需要银行账户就可以设立数字人民币钱包，数字人民币定位于现金，其运行却是基于账户的——“数字人民币钱包”，实质上是在运营机构开立的特种存款账户。

（6）支持多终端选择：不愿意用或者没有能力用智能手机的人群，可以选择IC卡、功能机或者其他硬件。

（7）非营利性：用户在数字人民币储蓄的资金不会计付利息，具有非营利性。

（8）隐私性：数字人民币的匿名性高于支付宝、微信等支付方式，能更好地保护用户隐私。

（四）对外汇的管理

动态意义上的外汇是指将一国货币转换成另一国货币，以此清偿国际债务的行为。静态意义上的外汇是指以外国货币表示的可以用作国际清偿的支付手段和资产。根据《中华人民共和国外汇管理条例》（以下简称《外汇管理条例》）的规定，外汇是指下列以外币表示的可以用作国际清偿的支付手段和资产：外币现钞，包括纸币、铸币；外币支付凭证或者支付工具，包括票据、银行存款凭证、银行卡等；外币有价证券，包括债券、股票等；特别提款权；其他外汇资产。

汇率是指两国货币之间的兑换比率，或称为两国货币的比价。汇率有两种标价方法，即直接标价法与间接标价法。直接标价法是以一定单位的外国货币为标准，将外国货币折算成一定数额本国货币的标价方法。国际上绝大多数国家（包括我国）都采用直接标价法。间接标价法是以一定单位的本国货币为标准，将本国货币折算成一定数量外国货币的标价方法。现今世界上只有英国、美国采用间接标价法。

外汇管理又称外汇管制，是指国家为了维护本国货币的对外汇价，平衡进出口贸易，通过法律的形式对该国境内或其管辖区域内的外汇收支、买卖、借贷、转移等方面实行的管理。

外汇管理按宽严程度的不同一般可以分为严格的外汇管理、部分外汇管理和名义上取消外汇管理三种类型。严格的外汇管理是指对贸易、非贸易收支以及外资和引进技术的外汇管理实行严格限制。部分外汇管理是指对非居民的贸易和非贸易外汇收支原则上不加以限制，但对资本项目的收付则加以管理。实行这种管理方法的国家有澳大利亚、丹麦、法国、意大利等。名义上取消外汇管理是指对非居民往来的贸易、非贸易外汇收支和资本项目的收付原则上不进行直接的限制，如美国、英国、瑞士等。

我国人民币汇率实行以市场供求为基础的、有管理的浮动汇率制度，即目前的外汇管理体制基本上属于部分外汇管制。其表现为：对经常项目实行可兑换，对资本项目实行比较严格的管制；对金融机构的外汇业务实行监督管理；禁止外币在境内计价流通；对保税区和边境地区实行有区别的外汇管理。我国外汇管理体制改革的总目标是在经常项目可兑换的基础上，创造条件、逐步放开，推进资本项目可兑换，进而实现人民币的完全可兑换。

1. 外汇的收支管理

外汇的收支管理分为经常项目和资本项目下的结汇、售汇和付汇。

(1) 经常项目下的结汇、售汇和付汇。

经常项目是指国际收支中经常发生的交易项目，包括贸易收支、劳务收支、单方面转移等。《外汇管理条例》对经常项目下外汇收支的管理原则体现了有条件可兑换的原则。对贸易性外汇收支按照结汇、售汇和付汇的规定基本没有什么限制，“有条件”主要体现在对一些非贸易非经营性支付的某些限制，结汇一般是指企业事业单位、机关和社会团体将各类外汇收入调回境内，并按规定结售外汇指定银行的行为。

依据《结汇、售汇及付汇管理规定》，境内机构取得的下列外汇应当结汇：1）出口或者先支后收转口货物及其他交易行为收入的外汇。其中用跟单信用证/保函和跟单托收方式结算的贸易出口外汇可以凭有效商业单据结汇，用汇款方式结算的贸易出口外汇持出口收汇核销单结汇。2）境外贷款项下国际招标中标收入的外汇。3）海关监管下境内经营免税商品收入的外汇。4）效能运输（包括各种运输方式）及港口（含空港）、邮电（不包括国际汇兑款）、广告、咨询、展览、寄售、维修等行业及各类代理业务提供商品或者服务收入的外汇。5）行政、司法机关收入的各项外汇规费、罚没款等。6）土地使用权、著作权、商标权、专利权、非专利技术、商誉等无形资产转让收入的外汇，但上述无形资产属于个人所有的，可不结汇。7）境外投资企业汇回的外汇利润、对外经援项下收回的外汇和境外资产的外汇收入。8）对外索赔收入的外汇、退回的外汇保证金等。9）出租房地产和其他外汇资产收入的外汇。10）保险机构受理外汇保险所得外汇收入。11）取得“经营外汇业务许可证”的金融机构经营外汇业务的净收入。12）国外捐赠、资助及援助收入的外汇。13）国家外汇管理局规定的其他应当结汇的外汇。

境内机构（不含外商投资企业）的下列外汇，可以向国家外汇管理局及其分支局申请，在经营外汇业务的银行开立外汇账户，按照规定办理结汇：经营境外承包工程、向境外提供劳务、技术合作及其他服务业务的公司，在上述业务项目进行过程中收到的业务往来外汇；从事代理对外或者境外业务的机构代收代付的外汇；暂收待付或者暂收待结项下的外汇，包括境外汇入的投标保证金、履约保证金、先收后支的转口贸易收汇、邮电部门办理国际汇兑业务的外汇汇兑款、一类旅行社收取的国外旅游机构预付的外汇、铁路部门办理境外保价运输业务收取的外汇、海关收取的外汇保证金、抵押金等；保险机构受理外汇保险、需向境外分保以及尚未结算的保费。上述各项外汇的净收入，应当按照规定的时间全部卖给外汇指定银行。

下列范围的外汇，可以保留：外国驻华使领馆、国际组织及其他境外法人驻华机构的外汇，居民个人及来华人员的外汇。

售汇是指企业、事业单位、机关和社会团体用人民币到银行购买外汇，银行根据规定出售外汇的行为。境内机构下列贸易及非贸易经营性对外支付用汇，持与支付方式相应的有效商业单据和所列有效凭证从其外汇账户中支付或者到外汇指定银行兑付：1）用跟单信用证/保函方式结算的贸易进口，如需在开证时购汇，持进口合同、进口付汇核销单、开证申请书；如需在付汇时购汇，还应当提供信用证结算方式要求的有效商业单据。核销时必须凭正本进口货物报关单办理。2）用跟单托收方式结算的贸易进口，持进口合同、进口付汇核销单、进口付汇通知书及跟单托收结算方式要求的有效商业单据。核销时必须凭正本进口货物报关单办理。3）用汇款方式结算的贸易进口，持进口合同、进口付汇核销单、发票、正本进口货物报关单、正本运输单据，若提单上的“提货人”和报关单上的“经营单位”与进口合同中列明的买方名称不一致，还应当提供两者间的代理协议。4）进口项下不超过合同总金额的15%或者虽超过15%但未超过等值10万美元的预付货款，持进口合同、进口付汇核销单；前述1至4项下进口，实行进口配额管理或者特定产品进口管理的货物，还应当提供有关部门签发的许可证或者进口证明；进口实行自动登记制的货物，还应当提供填好的登记表格。5）进口项下的运输费、保险费，持进口合同、正本运输费收据和保险费收据。6）出口项下不超过合同总金额2%的暗佣（暗扣）和5%的明佣（明扣）或者虽超过上述比例但未超过等值1万美元的佣金，持出口合同或者佣金协议、结汇水单或者收账通知；出口项下的运输费、保险费，持出口合同、正本运输费收据和保险费收据。7）进口项下的尾款，持进口合同、进口付汇核销单、验货合格证明。8）进出口项下的资料费、技术费、信息费等从属费用，持进口合同或者出口合同、进口付汇核销单或者出口收汇核销单、发票或者收费单据及进口或者出口单位负责人签字的说明书。9）从保税区购买商品以及购买国外入境展览展品的用汇，持1至8项规定的有效凭证和有效商业单据。10）专利权、著作权、商标、计算机软件等无形资产的进口，持进口合同或者协议。11）出口项下对外退赔外汇，持结汇水单或者收账通知、索赔协议、理赔证明和已冲减出口收汇核销的证明。12）境外承包工程所需的投标保证金持投标文件，履约保证金及垫付工程款项持合同。

付汇是对外支付外汇的行为。所有对外支付，有外汇账户的，且支付用途符合外汇账户规定使用范围的，首先使用其外汇账户余额；外汇账户使用范围以外的付汇没有外汇账户或账户余额不足的，方可购汇支付。购汇支付和从外汇账户支付的，均须在有关结算方式或合同规定的日期办理，不得提前对外付款。

（2）资本项目下的结汇、售汇与付汇。

资本项目是指国际收支中因资本输出和输入而产生的资产与负债的增减项目，包括直接投资、各类贷款和证券投资等。境内机构的资本项目外汇收入，除国务院另有规定外，应当调回境内。境内机构的资本项目外汇收入，应当按照国家有关规定在外汇指定银行开立外汇账户，卖给外汇指定银行的，须经外汇管理机关批准。

境内机构资本项目下的外汇应当在经营外汇业务的银行开立外汇账户。境内机构下列范围内的外汇，未经外汇管理局批准，不得结汇：境外法人或自然人作为投资汇入的外汇，境外借款及发行外币债券、股票取得的外汇，经国家外汇管理局批准的其他资本项目下的外汇收入。

除出口押汇的国内外汇贷款和中资企业借入的国际商业贷款不得结汇外，境内机构资本项目下的下列用汇，持所列有效凭证向外汇管理局申请，凭外汇管理局的核准件从其外汇账户中支付或者到外汇指定银行兑付：偿还外债本金，持“外债登记证”、借贷合同及债权机构还本通知单；对外担保履约用汇，持担保合同、外汇管理局核发的“外汇担保登记证”及境外机构支付通知；境外投资资金的汇出，持国家主管部门的批准文件和投资合同；外商投资企业的中方投资者经批准需以外汇投入的注册资金，持国家主管部门的批准文件和合同。

外商投资企业的外汇资本金的增加、转让或者以其他方式处置，持董事会决议，经外汇管理局核准后，从其外汇账户中支付或者持外汇管理局核发的凭证通知单到外汇指定银行兑付。投资性外商投资企业外汇资本金在境内投资及外方所得利润在境内增资或者再投资，持外汇管理局核准件办理。

2. 对个人的外汇管理

为便利个人外汇收支，简化业务手续，规范外汇管理，根据《外汇管理条例》和《结汇、售汇及付汇管理规定》等相关法规，中国人民银行制定了《个人外汇管理办法》（中国人民银行令〔2006〕第3号），国家外汇管理局及其分支机构按照该管理办法的规定，对个人的境内及跨境外汇业务进行监督和管理。

个人外汇业务按照交易主体可区分为境内与境外个人外汇业务，按照交易性质可区分为经常项目和资本项目个人外汇业务，按上述分类对个人外汇业务进行管理。经常项目项下的个人外汇业务按照可兑换原则管理，资本项目项下的个人外汇业务按照可兑换进程管理。具体来看，个人外汇管理的主要内容如下：

（1）经常项目项下个人外汇管理。

从事货物进出口的个人对外贸易经营者，在商务部门办理对外贸易经营权登记备案后，其贸易外汇资金的收支按照机构的外汇收支进行管理。个人进行市场主体登记或者办理其他执业手续后，可以凭有关单证办理委托具有对外贸易经营权的企业代理进出口项下及旅游购物、边境小额贸易等项下外汇资金收付、划转及结汇。境内个人外汇汇出境外用于经常项目支出，单笔或当日累计汇出在规定金额以下的，凭本人有效身份证件在银行办理；单笔或当日累计汇出在规定金额以上的，凭本人有效身份证件和有交易额的相关证明等材料在银行办理。

境外个人在境内取得的经常项目项下合法人民币收入，可以凭本人有效身份证件及相关证明材料在银行办理购汇及汇出。境外个人未使用的境外汇入外汇，可以凭本人有效身份证件在银行办理原路汇回。境外个人将原兑换未使用完的人民币兑回外币现钞时，小额兑换凭本人有效身份证件在银行或外币兑换机构办理；超过规定金额的，可以凭原兑换水单在银行办理。

（2）资本项目项下个人外汇管理。

境内个人对外直接投资符合有关规定的，经外汇管理局核准可以购汇或以自有外汇汇出，须办理境外投资外汇登记。境内个人购买B股，进行境外权益类、固定收益类以及国家批准的其他金融投资，应当按相关规定通过具有相应业务资格的境内金融机构办理。境内个人向境内保险经营机构支付外汇人寿保险项下保险费，可以购汇或以自有外汇支付。境内个人在境外获得的合法资本项目收入经外汇管理局核准后可以结汇。境内个人对外捐赠和财产转移需购付汇的，应当符合有关规定并经外汇管理局核准。境内个人向境外提供贷款、借用外债、提供对外担保和直接参与境外商品期货和金融衍生产品交易，应当符合有关规定并到外汇管理局办理相应登记手续。

境外个人购买境内商品房，应当符合自用原则，其外汇资金的收支和汇兑应当符合相关外汇管理规定。境外个人出售境内商品房所得人民币，经外汇管理局核准可以购汇汇出。除国家另有规定外，境外个人不得购买境内权益类和固定收益类等金融产品。境外个人在境内的外汇存款应纳入存款金融机构短期外债余额管理。境外个人对境内机构提供贷款或担保，应当符合外债管理的有关规定。境外个人在境内的合法财产对外转移，应当按照个人财产对外转移的有关外汇管理规定办理。

3. 对金融机构外汇业务的管理

金融机构经营外汇业务须经外汇管理机关批准，领取经营外汇业务许可证。经批准经营外汇业务的金融机构，其业务不得超过批准的范围。

经营外汇业务的金融机构应当按照国家有关规定，为客户开立外汇账户，办理有关外汇业务，必须缴存外汇存款准备金，遵守外汇资产负债比例管理的规定，并建立呆账准备金。外汇指定银行办理结汇业务所需的人民币资金，应当使用自有资金。外汇指定银行的结算周转外汇实行比例幅度管理，具体幅度由中国人民银行根据实际情况核定。金融机构经营外汇业务，应当接受外汇管理机构的检查、监督，应当向外汇管理机关报送外汇资产负债表、损益表以及其他财务会计报表和资料。金融机构终止经营外汇业务，应当向外汇管理机关提出申请，金融机构经批准终止经营外汇业务的，应当依法进行外汇债权债务的清算，并缴销经营外汇业务许可证。国家外汇管理局2019年发布了《银行外汇业务合规与审慎经营评估办法》，对银行外汇业务合规与审慎经营情况按年度进行评估。

4. 人民币汇率和对外汇市场的管理

人民币汇率实行以市场供求为基础的、有管理的浮动汇率制度。中国人民银行根据银行间外汇市场形成的价格，公布人民币对主要外币的汇率。经营结汇、售汇业务的金融机构和符合国务院外汇管理部门规定条件的其他机构，可以按照国务院外汇管理部门的规定在银行间外汇市场进行外汇交易。

外汇市场交易应当遵循公开、公平、公正和诚实信用的原则。外汇市场交易的币种和形式由国务院外汇管理部门规定和调整。国务院外汇管理部门可以根据外汇市场的变化和货币政策的要求，依法对外汇市场进行调节。

5. 违反外汇管理法律制度的法律责任

违反外汇管理法的行为主要有逃汇、非法套汇和扰乱金融秩序三大类。我国《刑法》《外汇管理条例》、全国人大常委会于1998年12月29日通过的《全国人民代表大会常务委员会关于惩治骗购外汇、逃汇和非法买卖外汇犯罪的决定》、国务院于1998年12月16日批准的《关于骗购外汇、非法套汇、逃汇、非法买卖外汇等违反外汇管理规定行为的行政处分或者纪律处分暂行规定》、自2019年2月1日起施行的《最高人民法院、最高人民检察院关于办理非法从事资金支付结算业务、非法买卖外汇刑事案件适用法律若干问题的解释》等，对这三大类违法行为所应承担的法律责任作了明确规定。为适应新形势下打击外汇违法行为的需要，《外汇管理条例》还规定了对资金非法流入、非法结汇、违反规定携带外汇出入境以及非法介绍买卖外汇等违法行为的行政处罚。

（五）对金银的管理

1. 金银管理法律制度的概念

金银管理法律制度是指国家对金银的生产、收购与配售、进出口等进行管理的法律制度的统称。根据《中国人民银行法》《金银管理条例》的规定，中国人民银行是金银管理的主管机关。我国金银管理的范围包括：（1）矿藏生产金银和冶炼副产金银；（2）金银条、块、锭、粉；（3）金银铸币；（4）金银制品和金基、银基合金制品；（5）化工产品中含的金银；（6）金银边角余料及废渣、废液、废料中含的金银。

国务院和中国人民银行分别于1983年6月和12月颁布了《金银管理条例》和《金银管理条例施行细则》。1984年2月中国人民银行、海关总署联合发布了《对金银进出国境的管理办法》，对《金银管理条例》第25条至第29条有关金银进出国境的管理规定进行了细化，使其更具可操作性。中国人民银行于2002年10月11日发布《关于调整携带黄金有关规定的通知》，规定上海黄金交易所开业后，对黄金生产、加工经营企业跨小区携带批量黄金，中国人民银行不再进行审批。航空、铁路和交通运输部门凭企业经营执照副本和单位介绍信查验放行。2008年7月14日中国人民银行、海关总署再次联合发布公告（〔2008〕第13号），将黄金表壳、黄金表带纳入黄金及其制品进出口管理范围。以上法规及规范性文件是目前我国对金银管理的主要法律依据。

2. 统购统配体制下的金银管理的内容

（1）对金银收购的管理。

依照有关规定，金银的收购统一由中国人民银行办理。除经中国人民银行许可、委托外，任何单位和个人不得收购金银，他们持有的金银，如无特别规定，必须一律交售给中国人民银行。这些负有交售义务的单位主要有：从事金银生产（包括矿藏生产和冶炼副产）的厂矿企业、农村、部队和个人，发现出土无主金银的单位，依法没收金银的公安、司法、海关、市场监督管理机关、税务机关，从境外进口金银和矿产品中采炼副产金银的单位。

个人的合法所得金银可以保存，但是个人从“三废”中回收的金银和个人发现的无主金银也必须全部交售中国人民银行。

中国人民银行在收购金银的过程中，一经发现伪造的金银，应作变形处理；若情况严重，还可会同有关部门追查伪造金银的来源。

（2）对金银配售的管理。

金银配售是指中国人民银行按照批准的金银配售计划，统一向需用单位供应金银。有关金银配售的规定主要有：1）按计划配售，不得随意增减配售数额。2）三资企业、外商、港澳台商人订购金银制品或者加工其他含金银的产品，需由我国银行供应金银，必须按规定的程序提出申请。3）得到配售金银的单位，必须建立使用制度，严格做到专项使用金银，结余交回。4）中国人民银行有权对使用金银的单位进行监督和检查，同时，使用金银的单位应当向中国人民银行据实提供有关使用金银的情况和资料。

（3）对经营单位和个体银匠的管理。

在我国，经营有关金银产品或业务的单位指的是经营金银制品的单位、经营金银化工产品的单位以及从金银“三废”中回收金银的单位。这些经营金银的单位必须按照批准的业务范围从事业务活动，并且受到下列四项限制：1）经营含金银化工产品以及银焊条、片的单位，必须按照中国人民银行有关分行批准的配售计划供应，不得超售。2）经营单位在接受使用金银单位委托加工产品时，必须经中国人民银行有关分行办理金银指标转移手续，由经营单位所在地的中国人民银行供应金银，不得直接接受委托加工单位的金银原料。3）经营从金银“三废”中回收金银的单位，未经当地和对方所在地中国人民银行许可，不得到外地采购或回收含金银的废渣、废液和废料。4）禁止境内机构和个人接受外商的委托回收含金银的废渣、废液、废料出口。

对于个体金银匠的管理，主要是限制他们的营业范围。个体金银匠应在当地向市场监督管理部门申请代客加工和修理金银制品的执照，取得执照后，在执照规定的范围内，从事代客加工和修理业务，但是不得从事收购和销售金银制品业务。这项业务只限于边疆少数民族地区和沿海侨眷比较集中的地区，在其他地区严禁个体金银匠从事代客加工和修理金银制品的业务。

（4）对金银进出国境的管理。

我国对金银进出国境管理的主管机关是中国人民银行和海关，总的原则是携入不限制，携出受限制，具体表现在以下几个方面：1）携带金银进入我国，数量不受限制，但是必须向入境地海关申报登记金银品名、件数、重量等内容。凡入境时未申报登记的，不许复带出境。若隐瞒不报，或偷运金银及其制品出境，以走私论处。2）携带或者复带金银出境，海关凭中国人民银行出具的证明或者入境时的申报单登记的数量查验放行；不能提供证明或者超过原入境时申报登记数量的，不许出境。3）在我国境内的供应旅游者购买的金银饰品出境，海关凭国内经营金银制品的单位开具的特种发货票查验放行，无凭据的，不许出境。4）在我国境内的中国人、外国侨民和无国籍人出境定居，每人携带金银的限额为黄金饰品 1 市两（31.25 克）、白银饰品 10 市两（312.50 克）、银质器 20 市两（625 克）。超过限额部分退回国内亲友或交当地中国人民银行收兑。5）我国境内的外资企业、中外合资企业从国外进口金银作为产品原料的，数量不限，但必须向海关申报登记重量、成色和用途，并将申报单和加工合同报送所在地中国人民银行审查备案。6）根据《中国人民银行、海关总署公告 2014 年第 31 号——关于黄金及黄金制品进出口有关事宜的公告》，列入《黄金及黄金制品进出口管理商品目录》的货物进出口通关时，海关凭中国人民银行或其授权的中国人民银行分支机构签发的“中国人民银行黄金及黄金制品进出口准许证”办理验放手续。通过加工贸易方式进出的黄金及黄金制品，海关特殊监管区域、保税监管场所与境外之间进出的黄金及黄金制品，海关特殊监管区域、保税监管场所之间进出的黄金及黄金制品，以维修、退运、暂时进出境方式进出的黄金及黄金制品，免予办理“中国人民银行黄金及黄金制品进出口准许证”，由海关实施监管。

3. 金银收购与配售的市场化改革

（1）取消白银统购统配的管理体制。

1999 年 10 月，中国人民银行发布了《关于白银管理改革有关问题的通知》，明确指出为适应社会主义市场经济发展需要，进一步促进我国白银生产和消费，实现白银资源合理配置，取消白银统购统配的管理体制，放开白银生产企业与用银单位产销直接见面；取消对白银生产企业免征增值税和拨付白银地勘资金的特殊政策；利用现有的有色金属交易市场组织白银上市交易。

该通知同时指出，为平稳推进白银管理体制改革，至 1999 年年底前，中国人民银行仍适当保留白银收购、配售业务。从 2000 年 1 月 1 日起，中国人民银行不再办理白银收购、配售业务。

（2）黄金管理的市场化改革。

黄金市场作为买卖黄金的场所，是各国金融市场体系的重要组成部分。随着黄金非货币化趋势的发展，近年来国际黄金市场跌宕起伏，国内统购统配的黄金管理体制也在逐步向市场化方面改革。1993 年 9 月 1 日，国务院决定按低于国际金 10%的水平收购矿产黄金。这意味着国家初步放开黄金价格，逐步由国家定价的固定定价模式改变为随着国际市场金价浮动的定价方式，初步实现了与国际金价的接轨。这一时期，中国人民银行对金价的调整也相应在周期和频率上有了更敏锐的变化，从原来的一周一调价向几天一调价甚至更短过渡。

1999 年，在国家经贸委、中国人民银行、世界黄金协会的支持下，中国改革基金会公布了有关黄金市场开放问题的研究报告。同年 12 月 10 日，中国首次向社会公开发售 1.5 吨“千禧金条”。2000 年 8 月，上海老凤祥获得中国人民银行上海分行批准，开始经营旧金饰品收兑业务，成为国内首家试点黄金自由兑换业务的商业企业。同年，中国政府将建立黄金交易市场列入国民经济和社会发展“十五”纲要。这充分表明，我国黄金管理市场化的步伐大大加快。

2002 年 10 月 30 日，上海黄金交易所开业，中央银行停止首饰用金的供应，配售黄金主要面向军工、科学研究等特殊项目的需求，并由中国人民银行总行逐笔核批。这标志着黄金管制的解除，同时也宣告黄金流通体制改革的顺利完成。

2003 年 12 月 22 日，中国人民银行、海关总署发布公告，决定自 2004 年 1 月 1 日起，黄金及其制品的加工贸易进出口，中国人民银行不再审批，海关不再凭中国人民银行的批件验放。

2007 年 9 月 11 日，中国证监会批复同意上海期货交易所上市黄金期货。这被喻为我国黄金市场化由商品领域推进到了金融领域的里程碑事件。由此，黄金市场化改革进入了改革的历史新阶段。2008 年 1 月 9 日，黄金期货在上海期货交易所开始上市交易。

2008 年 7 月 23 日，中国人民银行、海关总署发布公告，自 2008 年 8 月 1 日起，将黄金表壳（按重量计含金量在 80%及以上）、黄金表带（按重量计含金量在 80%及以上）纳入《黄金及其制品进出口管理商品目录》，此后，中国人民银行 海关总署令〔2015〕第1号对《黄金及其制品进出口管理商品目录》作了进一步调整。

4. 违反金银管理法律制度的法律责任

违反金银管理法律制度的法律责任，是指违反《金银管理条例》的违法行为者应承担的法律后果，主要分为两个方面：一是对一般单位和个人的违法责任的追究；二是银行不按规定办事的法律责任。对前者，国家对其违法经营金银的制裁方法有：强制收购、贬值收购、罚款、没收、停止供应、追回配售、吊销营业执照、责令停业等。上述方法根据违法的情节轻重，分别处理或合并处理。对于违法单位的负责人和直接责任人，也要根据情节轻重，分别给予行政处分和刑事制裁。对于银行不依规定办事的，主要处罚负责人员和直接责任人员，一般给予行政处分；情节严重，触犯刑法的，依法追究其刑事责任。

### （六）中国人民银行其他金融监管职能和与金融监管相关的职能

根据“三定方案”，除了前面介绍的金融监管职能，中国人民银行还有以下重要的监管职能。

（1）承担最后贷款人责任，负责对因化解金融风险而使用中央银行资金机构的行为进行检查监督。

（2）监督管理同业拆借市场、银行间债券市场和其他货币市场、外汇市场、票据市场、黄金市场及与上述市场有关的场外衍生产品；牵头负责跨市场跨业态跨区域金融风险识别、预警和处置，负责交叉性金融业务的监测评估，会同有关部门制定统一的资产管理产品和公司信用类债券市场及其衍生产品市场基本规则。

（3）牵头负责重要金融基础设施建设规划并统筹实施监管，推进金融基础设施改革与互联互通，统筹互联网金融监管工作。

（4）统筹金融业综合统计，牵头制定统一的金融业综合统计基础标准和工作机制，建设国家金融基础设施数据库，履行金融统计调查相关工作职责。

（5）统筹国家支付系统建设并实施监督管理。

（6）经理国库。国库即国家金库。中国人民银行内设国库局，其主要职责是经理国家金库业务。

（7）管理征信业，推动建立社会信用体系。

（8）参与和中国人民银行业务有关的全球经济金融治理，开展国际金融合作。

在以上中央银行的职能中，有的属于金融监管权，比如对因化解金融风险而使用中央银行资金的行为进行监管、对金融市场进行监管、对重要金融基础设施实施监管、对支付系统建设进行监管等；而有的则属于以中央银行的金融服务为主，比如经理国库；还有的属于既有监管又有服务，比如对于金融统计和征信业，中国人民银行既对社会提供服务同时又对金融机构和义务机构开展统计执法检查和征信执法检查。总之，“在监管中服务，在服务中监管”是现代中央银行履职的一个重要特征。

### （七）监管科技与监管沙盒

1. 监管科技

监管科技是指以大数据、云计算、人工智能、区块链等技术为代表的新兴科技，主要用于维护金融系统稳定、实现金融机构稳健经营、保护金融消费者权利等。监管科技的内涵可以从合规和监督两个层次来理解：

一方面，金融机构将监管科技作为降低合规成本、适应监管、提升风险管理能力的重要手段，可以理解为合规科技。合规科技依托云计算、区块链等新兴技术，将金融机构端和监管端以数字化的方式相连通，旨在帮助金融机构降低合规成本、更好地适应不断变化的监管规则以满足合规要求。

另一方面，监管科技有助于金融监管机构丰富监管手段、提升监管能力、缓解监管困境，是保护金融消费者合法权益、维护金融体系稳定、防范系统性金融风险的科技途径。

2. 监管沙盒

严格来说，监管沙盒并不是一种金融监管权力或者一种金融监管措施，它是一种新的金融监管理念，于 2015 年 11 月由英国金融行为监管局（FCA）率先提出。监管沙盒是一个“安全空间”，企业可以在其中测试创新性的产品、服务、商业模式和提供机制，不会因从事这些活动而立即招致通常的监管后果。监管沙盒的主要目的是在现有的体制机制约束下，尽可能创造条件来促进金融改革与创新，更好地支持经济社会发展，并且把潜在风险控制在一定范围内。

以 FCA 为例，一个完整的沙盒测试，共计需要七个步骤：（1）企业申请进行沙盒测试：企业向 FCA 提出申请，包括拟测试的新产品/服务及所需满足的基本要求。（2）FCA 批复：审核企业申请，为符合要求的项目指定监管联络人。（3）定制测试方案：FCA 与企业一对一确定测试方案，包括测试业务、测试参数、结果度量、报告要求及保障措施等。（4）测试许可：FCA 允许企业进行测试。（5）测试与监控：企业按照步骤三的约定开始测试，FCA 实时监控。（6）企业向 FCA 提交最终报告：测试结束后，企业撰写报告交由 FCA 审查。（7）企业决定是否将产品推向市场：报告经 FCA 审查通过后，由企业决定是否将新产品推向市场。

英国监管沙盒业务类型则主要包括基于区块链技术的跨境和国内支付解决方案、帮助消费者进行财务管理的移动应用程序、证券管理平台和借贷产品。新加坡、澳大利亚也进行了监管沙盒的申报与测试。在中国，2019 年 1 月，国务院批复同意北京市在依法合规的前提下探索监管沙盒机制。尽管如此，监管沙盒在中国推行仍然面临不小争议。

支持监管沙盒的观点[①]认为：对监管者而言，监管沙盒是平衡金融创新与风险的有效监管手段。监管者在沙盒中，可以充分了解企业创新方案的金融本质、内含的风险和具体的操作手法等，为监管者进一步制定政策积累经验。对被监管者而言，监管沙盒有助于缩减金融创新产品面世的时间。企业可以在沙盒内获得监管者和消费者关于创新产品的反馈，为产品的完善和推广积累市场经验。对金融消费者而言，监管沙盒只有在完全得到消费者同意时方能将其纳入测试，充分保障了消费者的自由和知情权。同时，消费者可随时向参与测试的企业和监管者投诉，其公平交易权得到充分保障。在公司测试失败后，其还可享受一定的金融服务补偿。

反对监管沙盒的观点认为，实施监管沙盒的国家和地区大多有较为综合的金融监管体制，并由一个较为综合的监管机构作为监管沙盒的管理主体。监管沙盒高度依赖基于个案的双向互动。这种运作模式需要与之相适应的监管理念乃至监管文化，而有着“轻触式”监管和原则监管传统的英国恰恰具备这种理念和文化。英国等国家和地区的实践表明，监管沙盒对于金融市场、监管体制和监管文化等外部条件有着特定的要求，并非金融科技监管的必然选择或者普适模式。从中国的实际情况出发，至少就当下而言，并不适于引入监管沙盒。[②] 也有学者提出，“沙盒监管”等金融科技监管制度也存在测试结果偏差、创新空间受限和滋生权力寻租等问题。[③]

① 张红．监管沙盒及与我国行政法体系的兼容．浙江学刊，2018（1）．

② 廖凡．金融科技背景下监管沙盒的理论与实践评析．厦门大学学报（哲学社会科学版），2019（2）．

③ 黎四奇，李牧翰．金融科技监管的反思与前瞻：以“沙盒监管”为例．甘肃社会科学，2021（3）．

# 第四节　地方金融监管法律制度

## 一、地方金融的概念及其业态

目前，学界关于地方金融并无统一的概念，一般也将其称为民间金融、非正式金融。我们可以将其理解为地方政府金融监管机构批准设立的、注册地在本行政辖区且仅在本行政辖区开展金融业务的小额贷款公司、农村资金互助社、融资性担保公司、典当行等金融组织或业态。①

中共中央、国务院印发的《关于服务实体经济防控金融风险深化金融改革的若干意见》（中发〔2017〕23号，以下简称23号文）明确规定，“7+4”类地方金融组织交地方监管。其中“7”是指小额贷款公司、融资担保公司、区域性股权市场、典当行、融资租赁公司、商业保理公司、地方资产管理公司等，这7类地方金融组织由地方金融监管部门实施监管，中央金融管理部门制定规则；“4”则是指投资公司、开展信用互助的农民专业合作社、社会众筹机构、地方各类交易场所等，这4类地方金融组织由地方金融监管部门监管，提高准入门槛，严格限定经营范围。

实际上，在2017年的23号文发布之前，“7+4”类地方金融组织长期处于多头、分业监管的格局，且监管主体频繁变动，监管规范散乱、不成体系且位阶过低，导致监管实效较差。23号文发布之后，2018年国家进行机构改革，赋予地方政府一定的金融监管职能，地方金融办升格为地方金融监管局，具体负责实施监管，“7+4”类地方金融组织的监管主体才逐渐归于统一。

虽然自2017年起已有多省出台各自的地方金融监督管理条例，但由于始终缺乏位阶更高的整体性监管规定，地方金融监管局在具体监管结果落实上仍无法发挥最大威慑，对本属于自身监管职责范围的“7+4”类地方金融组织的监管力度不足。直到2021年12月31日，历时三年多的《地方金融监督管理条例（草案征求意见稿）》（以下简称“草案”）才正式发布，作为目前针对地方金融组织整体监管的最高位阶的统一法律规则，该条例再次明确了地方金融组织的含义及地方金融监督管理部门的主要监管职责。

2023年3月，中共中央、国务院印发《党和国家机构改革方案》，标志着新一轮金融监管体制改革正式拉开帷幕。本次金融监管改革，不仅对主流金融机构的监管框架进行了重构，也明确提出地方金融监管部门要回归本位，专司监管职责。为响应党和国家机构改革方案中建立“中央金融监管部门地方派出机构为主的地方金融监管体制”的要求，2024年1月，江苏、上海、天津、内蒙古等多地地方金融监督管理局更名为地方金融管理局，去掉“监督”二字，意在避免与中央金融监管部门地方派出机构的监管职能重叠或冲突。2024年4月8日，国家金融监督管理总局县域监管支局统一挂牌，标志着国家金融监督管理总局系统“四级垂管”架构正式建立。国家金融监督管理总局县域监管支局就是重要的中央金融监管部门地方派出机构。今后，地方金融管理局的主要职责是贯彻落实中央金融委员会的决策部署，协助中央金融管理部门地方派出机构做好金融监管工作，推动地方金融改革创新，服务地方经济社会发展，防范化解地方金融风险，维护地方金融稳定。

---

① 刘志伟．地方政府参与金融监管法治论．北京：法律出版社，2023：17.

## 二、地方金融监管的主要法律制度

目前，草案尚不构成正式的法律渊源，但无疑，其中大部分内容将在未来立法中予以确认。此外，国务院有关部门还发布了一些其他与地方金融监管有关的部门规章。例如：小额贷款公司、融资担保公司应当参照《地方金融企业财务监督管理办法》和《金融企业呆账核销管理办法》执行，受财政部门对其进行财务监管；“7＋4”类地方金融组织要受《防范和处置非法集资条例》（国务院令第737号，以下简称《条例》）约束，不得从事任何形式的非法集资活动；《动产和权利担保统一登记办法》则为商业保理公司、融资租赁公司在开展业务时如何办理相关登记事项提供了详细的操作指引。特别是，2021年1月26日颁布的《条例》也对地方金融监管尤其是地方金融监管部门在防范和处置非法集资中的职能进行了设置。以下对草案和《防范和处置非法集资条例》的主要内容予以介绍。

### （一）草案的主要内容

草案是中央层面出台的、普遍适用于“7＋4”等各类地方金融组织的总体监管规则，也是目前地方金融监管中最为重要且位阶最高的监管规则。虽然其尚未正式出台，但此前发布的草案征求意见稿仍具有重要的参考意义，其规定的主要监管规则很可能被正式稿予以保留。除此之外，在地方层面，目前已有多个省份颁布实施了各地的地方金融监督管理条例，作为各省地方金融监管部门履行监管职责的主要依据。

草案共分为五章，第一章总则部分明确了立法目的、监管目标、原则和机制以及监管部门和被监管对象的定义，第二章则是从准入和退出的层面对地方金融组织进行监管，第三章是有关具体监管措施的规定，第四章是有关违反监管规则所应承担的法律责任，第五章附则部分主要是对“7＋4”中的“4”类地方金融组织监管进行了逐条规定。草案大致包含以下内容：

（1）规则制定：国务院金融监督管理部门负责制定统一的、普适的地方金融组织的监督管理规则。此处的“国务院金融监督管理部门”即指本次机构改革前的“一行两会”，改革后的“一行一局一会”。该规定贯彻了“中央统一规则”的原则，将地方金融监管纳入统一监管框架，消除各省自行制定规则并进行监管所带来的差异，避免监管套利。同时，草案允许各省根据本条例制定具体的监管规定，但需报中央备案。据此，各地大多颁布了本地的实施细则，比如《江西省防范和处置非法集资工作实施细则》（赣府发〔2023〕7号）、《重庆市防范和处置非法集资实施细则》（渝府办发〔2023〕11号）等。

（2）监管主体：省级人民政府履行地方金融监管职责，县级及以上地方人民政府设立的地方金融监督管理局或金融工作办公室负责实施监管，同时国务院金融监督管理部门负责进行业务指导。

（3）监管对象：地方金融组织，草案明确列举了“7＋4”共11类机构，并以“法律、行政法规和国务院授权省级人民政府监督管理的从事地方金融业务的其他机构”进行兜底。

（4）设立审批、持牌经营：原则上设立地方金融组织应当经省级地方金融监督管理部门（通常指省金融管理局）批准并颁发经营许可证，区域性股权市场履行例外设立程序，应当经省级人民政府公示并报国务院证券监督管理机构（中国证监会）备案。未经批准，任何单位和个人不得设立地方金融组织、从事或者变相从事本条例规定的地方金融业务。

（5）禁止跨省经营：原则上不得跨省级行政区域开展业务，跨省开展业务的规则由国务院或授权国务院金融监督管理部门另行制定。该规定一经发布即产生了巨大的争议，虽然从立法目的来看此种安排便于进行监管，但势必会给地方金融组织开展业务带来难题。以商业保理为例，应收账款债权人为本省企业，但债务人可能遍布全国各地，若严格限制经营区域，要求三方主体必须处于同一省级行政区域，实践中很多保理公司将很难继续开展业务。

（6）名称禁止：除已经批准并取得经营许可证的地方金融组织，其他普通的商事主体不得在企业名称和经营范围中使用“金融”“贷”“融资担保”“股权交易”“典当”“融资租赁”“商业保理”“地方资产管理”“交易所”“交易中心”“理财”“财富管理”“股权众筹”“资金互助”“信用互助”等字样及其他类似显示金融活动特征的字样。

（7）变更审批：地方金融组织合并、分立或者减少注册资本，变更业务经营区域范围，变更持有5%以上股权的股东、实际控制人，应当经省金融局批准。地方金融组织在省内设立的分支机构变更以上事项，应当向省金融局备案。

（8）监管措施：包括非现场监管和现场检查。非现场监管主要是通过要求地方金融组织报送报表数据、经营管理情况等信息，监管部门对其进行风险分析和评估。现场检查则是前往地方金融组织办公场所进行调查。此外，监管部门还可以视工作需要与地方金融组织的董监高、实控人、控股股东进行监管谈话，要求其就有关事项作出说明。

（9）风险处置措施：地方金融组织形成重大风险的，经省级地方金融监督管理部门主要负责人批准，可区别情形采取责令停业、停止开办新业务或增设分支机构、限制分红、限制资产转让、限制资金运用、责令调整董监高人员或限制其权利、责令控股股东转让股权或限制其股东权利等措施。同时，地方金融组织作为风险主体自身，应充分履行报告义务，否则可能会遭受监管处罚。

### （二）《条例》的主要内容

#### 1. 非法集资的具体界定

《条例》所称非法集资，是指未经国务院金融管理部门依法许可或者违反国家金融管理规定，以许诺还本付息或者给予其他投资回报等方式，向不特定对象吸收资金的行为。该定义明确了非法集资的三要件：一是“未经国务院金融管理部门依法许可或者违反国家金融管理规定”，即非法性；二是“许诺还本付息或者给予其他投资回报”，即利诱性；三是“向不特定对象吸收资金”，即社会性。《条例》还列举规定了涉嫌非法集资的常见形式，以利于地方政府及时组织调查认定和依法查处非法集资行为，也便于公众及早识别、自觉远离、积极举报非法集资行为。

#### 2.《条例》确定的防范和处置非法集资的原则

《条例》贯彻落实党中央、国务院关于防范化解重大金融风险的决策部署，明确规定国家禁止任何形式的非法集资，对非法集资坚持防范为主、打早打小、综合治理、稳妥处置的原则。

一是坚持防范为主。加强监测预警，各方按职责扎实做好商事主体登记、互联网及广告管理、资金监测等工作，及时发现非法集资风险并切断传播渠道。全方位加强防范非法集资宣传教育，提高人民群众风险防范意识和识别能力，自觉抵制非法集资，从源头上减少非法集资的发生。

二是坚持打早打小。赋予处置非法集资牵头部门组织调查认定职责和相应措施手段，明确行业主管、监管部门防范和配合处置的职责，力争在萌芽阶段发现风险，在苗头状态化解隐患，防止小风险演化成大问题。

三是坚持综合治理。针对非法集资涉及面广、涉众性强的特点，在坚持省级人民政府对本行政区域内防范和处置非法集资工作负总责的同时，进一步明确行业主管、监管部门应当落实部门监管职责，规定特定市场主体、行业协会商会的义务，发挥基层自治组织、新闻媒体、人民群众的监督作用，切实形成各尽其责、齐抓共管的综合治理格局。

四是坚持稳妥处置。明确非法集资的调查处置职责以及跨地区非法集资案件的管辖原则，赋予处置非法集资牵头部门调查处置手段，对各类风险分别采取不同措施。对非法集资资金清退作出规定，最大程度减少集资参与人损失，维护社会稳定。

3. 防范和处置非法集资的工作机制和具体职责

《条例》在《国务院关于进一步做好防范和处置非法集资工作的意见》（国发〔2015〕59号）的基础上，进一步明确了防范和处置非法集资工作机制，以及地方各级人民政府、行业主管、监管部门和市场主体等各方面的职责和义务。

一是强调省、自治区、直辖市人民政府对本行政区域内防范和处置非法集资工作负总责。明确县级以上地方人民政府建立健全政府统一领导、有关单位参加的工作机制。考虑到乡镇工作的实际情况，要求乡镇人民政府明确牵头负责防范和处置非法集资工作的人员。

二是规定县级以上地方人民政府应当明确防范和处置非法集资工作机制的牵头部门，赋予其相应的调查处置权力和手段。上级地方人民政府应当督促、指导下级地方人民政府做好相关工作。

三是考虑到非法集资涉及各行业领域，与行业监管密切相关，要求行业主管、监管部门按照职责分工对本行业、领域非法集资履行防范和配合处置职责。

四是国务院建立处置非法集资部际联席会议制度，联席会议由国家金融监督管理总局牵头、有关部门参加，负责督促、指导有关部门和地方开展防范和处置非法集资工作，协调解决重大问题。

4.《条例》在加强市场主体登记管理方面的具体规定

《条例》充分总结吸收各方面经验做法，明确除法律、行政法规和国家另有规定外，企业、个体工商户名称和经营范围中不得包含“金融”“交易所”“交易中心”“理财”“财富管理”“股权众筹”等字样或者内容。

《条例》还规定，县级以上地方人民政府处置非法集资牵头部门、市场监督管理等部门建立会商机制，对企业、个体工商户名称或者经营范围中包含上述规定以外的其他与集资有关的字样或者内容的，予以重点关注，以便在市场主体登记管理环节及时发现和防范非法集资行为。

5.《条例》在涉嫌非法集资广告和互联网信息管理方面的具体规定

一是禁止违法发布集资类广告信息。《条例》规定，除国家另有规定外，任何单位和个人不得发布包含集资内容的广告或者以其他方式向社会公众进行集资宣传。

二是明确监管职责。《条例》规定了市场监督管理、互联网信息内容管理、电信主管部门和处置非法集资牵头部门对涉嫌非法集资广告监测、涉嫌非法集资的互联网信息和网站、移动应用程序等互联网应用的监测职责，以及依法查处违法行为的责任，构建非法集资广告和互联网信息治理长效机制。

三是压实广告经营者、广告发布者和互联网信息服务提供者责任。《条例》规定，广告经营者、广告发布者应当依照法律、行政法规查验相关证明文件，核对广告内容，对没有相关证明文件且包含集资内容的广告，广告经营者不得提供设计、制作、代理服务，广告发布者不得发布；互联网信息服务提供者应当加强对用户发布信息的管理，不得制作、复制、发布、传播涉嫌非法集资的信息。发现涉嫌非法集资的信息，应当保存有关记录，并向处置非法集资牵头部门报告。

6.《条例》对加强非法集资监测预警的要求

《条例》构建了立体化、社会化、信息化的监测预警体系。

一是建立健全全国非法集资监测预警体系和预警机制，加强大数据监测。地方各级人民政府应当建立非法集资监测预警机制，纳入社会治安综合治理体系，运用大数据等现代信息技术手段，加强对非法集资的监测预警。行业主管部门、监管部门应当强化日常监督管理，负责本行业、领域非法集资的风险排查和监测预警。处置非法集资部际联席会议推动建设国家监测预警平台，促进地方、部门实现信息共享，加强非法集资风险研判，及时预警提示。

二是充分发挥基层力量作用。群防群治是防范和处置非法集资的重要抓手，《条例》明确要发挥网格化管理和基层群众自治组织作用，要求各地、各部门畅通举报渠道，鼓励社会公众积极举报涉嫌非法集资行为，第一时间发现风险。

三是抓住重点环节，建立非法集资可疑资金监测机制。国务院金融管理部门及其分支机构、派出机构按照职责分工督促、指导金融机构、非银行支付机构加强对资金异常流动情况及其他涉嫌非法集资可疑资金的监测工作；金融机构、非银行支付机构应当履行《条例》规定的防范非法集资义务。

7.《条例》规定的行政调查和处置措施

为及时有效处置非法集资，《条例》明确赋予处置非法集资牵头部门组织调查、处置涉嫌非法集资行为的相关手段措施，具体包括：在调查阶段，处置非法集资牵头部门有权进入涉嫌非法集资的场所调查取证，询问与被调查事件有关的单位和个人，查阅、复制与被调查事件有关的资料并依法予以封存，依法查询有关账户，要求暂停集资行为，通知市场监督管理部门或者其他有关部门暂停为涉嫌非法集资的有关单位办理设立、变更或者注销登记等；在处置阶段，处置非法集资牵头部门有权查封有关经营场所，查封、扣押有关资产，责令非法集资人、非法集资协助人追回、变价出售有关资产用于清退集资资金，按照规定通知出入境边防检查机关限制有关人员出境等。采取上述措施，旨在防止非法集资人挥霍、转移资产或者逃离出境，为处置工作顺利开展提供保障。此外，对涉嫌犯罪的，处置非法集资牵头部门应当按照规定及时将案件移送公安机关，并配合做好相关工作。

8.《条例》对非法集资资金清退所作规定

《条例》坚持最大限度保护人民群众合法权益，明确非法集资人、非法集资协助人应当向集资参与人清退资金；清退过程应当接受处置非法集资牵头部门监督；任何单位和个人不得从非法集资中获取经济利益。《条例》明确了清退资金的来源，包括：非法集资资金余额、收益，非法集资人及其他相关人员从非法集资中获得的经济利益，非法集资人隐匿、转移的非法集资资金或者相关资产，在非法集资中获得的广告费、代言费、代理费、好处费、返点费、佣金、提成等经济利益，以及可以作为清退集资资金的其他资产。为尽可能多地向集资参与人清退资金，《条例》规定，非法集资人、非法集资协助人不能同时履行所承担的清退集资资金和缴纳罚款义务时，先清退集资资金。《条例》沿用《非法金融机构和非法金融业务活动取缔办法》（以下简称《取缔办法》）有关规定，明确因参与非法集资受到的损失，由集资参与人自行承担。

9.《条例》在法律责任方面的规定

为加大对非法集资相关责任主体的惩处力度，形成有力震慑，《条例》规定：

一是在惩处对象方面，除非法集资单位和个人外，还对非法集资单位的主要负责人和直接责任人、非法集资协助人进行处罚。同时，对未履行非法集资防范义务的广告经营者和发布者、互联网信息服务提供者、金融机构、非银行支付机构予以处罚。

二是在处罚种类和处罚力度方面，按照处罚力度与危害程度相匹配原则，规定给予警告、处以罚款、责令停产停业、吊销许可证、吊销营业执照或者登记证书；加大处罚力度，对非法集资人处集资金额20%以上1倍以下的罚款，对非法集资协助人处违法所得1倍以上3倍以下的罚款等。

10.《条例》废止了《取缔办法》

随着法律体系不断完善，目前《取缔办法》关于非法金融活动处置的部分内容在商业银行法、证券法、保险法、外汇管理条例等法律、行政法规中已有较为明确的规定。《条例》又对处置非法集资机制等作了相应规定，对于未经依法许可或者违反国家金融管理规定，擅自从事发放贷款、支付结算、票据贴现等金融业务活动的，《条例》明确由国务院金融管理部门或者地方金融管理部门按照监督管理职责分工进行处置；同时规定，法律、行政法规对其他非法金融业务活动的防范和处置没有明确规定的，参照《条例》有关规定执行。《条例》作出上述规定后，《取缔办法》内容已被有关法律法规涵盖，因此，《条例》施行时，《取缔办法》同时废止。

## 思考题

1. 简述金融监管的概念与主要原则。
2. 简述金融监管的主要模式与我国的金融监管模式。
3. 简述中国人民银行贷款管理权的主要内容。
4. 简述数字人民币的主要法律特征。
5. 你是否支持金融监管沙盒？理由是什么？
6. 简述防范和处置非法集资的基本原则。
7. 简述我国防范和处置非法集资的工作机制和具体职责。

## 第十章
# 中央银行“双支柱调控”法律制度

传统金融宏观调控法一般都将重点聚焦于中央银行的货币政策，但国际金融危机的爆发以及其治理过程让公众更加坚信一个道理：单纯的货币政策可能在应对系统性金融风险方面存在着天然的不足。货币政策主要是顺经济周期的，以信贷和房地产为特征的金融周期与之不同步。因此，反映金融周期的资产价格、信贷和资本市场的证券价格等都是货币政策的外生变量，加之以高杠杆和期限错配为特征的流动性周期影响，货币政策无法完全盯住金融周期进行逆向调节，而宏观审慎监管因为主要关注资产价格和维护金融稳定，特别是在防范和化解系统性金融风险方面起重大作用，恰恰能够成为货币政策的良好补充。

“双支柱调控”包含货币政策和宏观审慎政策两个支柱，其中：货币政策主要是“总量”政策，主要用于调节总需求，侧重于维护物价稳定，平抑经济周期波动；宏观审慎政策主要是“结构性”政策，更多针对加杠杆行为，侧重于防范化解系统性风险、维护金融体系稳定，逆周期调节金融周期。“双支柱调控”的优势在于货币政策与宏观审慎政策的“互补性”，根据丁伯根法则，当单一政策无法同时达到相互冲突的两个目标时，就需要两个相互独立且对单一目标有效的政策配合，以便克服目标之间的冲突。

本章重点介绍金融宏观调控法的基本原理、货币政策法律制度和宏观审慎政策法律制度。

## 第一节　金融宏观调控法与金融监管法的分野

### 一、金融宏观调控的概念

宏观调控是国家干预、调节、协调或调制经济运行的方式之一，它与我国经济法学者所提炼的市场监管或市场规制等一起，共同构成了国家对经济的干预。在宏观调控的场域下，国家主要是通过规划、货币政策、财税政策等，影响和诱导企业的经营活动，而不是直接干预企业的经营活动，从而保持经济总量的基本平衡，促进经济结构的优化，引导国民经济持续、快速、健康发展，推动社会全面进步。[1] 金融宏观调控是中央银行运用货币、信贷、利率等金融手段，调节和控制货币供应量（货币供给），建立全社会总需求与总供给基本平衡的一种对经济运行过程进行控制和管理的活动。金融宏观调控权就是中央银行通过宏观调控对金融业进行干预的权力。

---

① 邢会强．走向规则的经济法原理．北京：法律出版社，2015：168.

金融宏观调控权的概念表明，宏观调控的主体只能是中央银行。在我国，只有中国人民银行享有金融宏观调控权，除此之外，无论是国家金融监督管理总局还是中国证监会，都不享有金融宏观调控权，它们只享有在相应金融领域的金融监管权。中央银行通过金融宏观调控权干预金融的主要手段就是货币政策，并且，中央银行行使金融宏观调控权具有高度的相机抉择性。中央银行进行相机抉择的宏观调控以应对不断变化的经济形势，有针对性地实施货币政策，最终促进国民经济的平稳、健康发展。但是相机抉择也不得游离于法治的框架，其必须符合中央银行法的规定。

## 二、金融宏观调控与金融监管的区别

1. 权力主体与行为机理不同

国家金融监督管理总局和中国证监会享有全国范围内的金融监管权，地方金融监管部门享有相应的地方金融监管权，中央银行则独享金融宏观调控权。当然，中国人民银行还依法享有与其履职密切相关的部分金融监管权。

从行为机理来看，金融宏观调控具有间接性，其一般的作用机理是“国家调控市场，市场引导企业”，也就是说，中央银行作为金融宏观调控部门，其调控的对象并不是特定的金融机构，而是“市场”。当金融机构自愿选择参加宏观调控的交易行为（比如公开市场操作），或者中央银行强制对金融市场进行金融宏观调控（比如降低存款准备金率），此时的金融机构才能成为金融宏观调控行为的交易相对方。相反，金融监管的对象一定是具体明确的，比如中国人民银行针对支付宝（中国）网络技术有限公司违反支付账户管理规定、未按规定履行客户身份识别义务等 7 项违法行为，罚款约 22.31 亿元。处罚的对象、处罚的内容等清晰而确定。

2. 行为目标不同

《中国人民银行法》第 3 条明确规定：货币政策目标是保持货币币值的稳定，并以此促进经济增长。这就清晰地表明，稳定币值是中国人民银行金融宏观调控的首要目标，其是在此基础上促进经济增长的。纵观世界各国，金融调控的首要目标都是稳定币值或者稳定物价，从某种角度甚至可以说，这是中央银行存在的最根本的意义。

金融监管的目的包括保障金融市场的稳定和健康发展，保护消费者和投资者的权益，防止金融风险和金融危机的发生。金融监管的第一个目的是保障金融市场的稳定和健康发展。金融监管机构需要对金融机构、金融市场和金融产品进行管理和监督，以确保其合规经营，防止金融市场出现过度波动和混乱。金融监管的第二个目的是保护消费者和投资者的权益。任何金融市场发展的深度最终都取决于对金融消费者和投资者权益的保护程度。金融监管机构需要制定相关法规和规定，对金融机构的经营行为进行约束和监督，防止金融机构的欺诈和误导行为。金融监管的第三个目的是防止金融风险和金融危机发生。

3. 法律性质和价值取向不同

经济法分为宏观调控法和市场规制法。我们用金融监管指代一切国家干预金融的行为，但实际上，这些行为都可归结为两类，即金融宏观调控关系和金融监管关系，前者属于经济法上的宏观调控法，后者属于经济法上的市场规制法。

基于法律性质的差异，金融宏观调控和金融监管的价值取向也存在天然的不同。金融宏观调控行为时刻必须考虑社会总供给与总需求之间是否达到平衡，是否能够实现经济体整体经济效益的提高。金融监管则是以金融市场秩序为其价值取向，其行为的出发点和评判标准始终是围绕金融机构是否规范运行、消费者和投资者的权益是否得到有效保护、金融市场的竞争是否充分、是否存在资本无序扩张以及金融体系是否稳定等因素而展开的。

## 三、金融宏观调控与金融监管的联系

1. 金融宏观调控与金融监管互为补充

金融宏观调控的主要手段是货币政策，货币政策的实施是以金融体系的稳健运营为前提的。更重要的是，货币政策的实施具有间接性，它高度依赖于银行等金融机构的业务开展。如果金融监管跟不上，不能确保金融机构依法合规稳健经营并开展业务，金融宏观调控根本无从谈起。从另一个侧面说，如果中央银行货币政策出现失误，经济体的货币环境出现问题，金融产品违约频频发生，金融消费者权益无法得到保障，金融监管也会面临巨大的难题。因此，金融宏观调控与金融监管互为补充。

2. 金融监管信息是货币政策决策与实施的重要考量因素

金融监管机构负责金融市场的监管，对金融市场风险的识别和评估起着至关重要的作用。货币政策的执行需要基于完备的经济信息，而金融监管部门可以提供这些信息，为货币政策的制定和实施提供指导和支持。另外，中央银行还可能同时承担货币政策和金融监管职能，此时，一次完整的货币政策操作本身就包含了金融监管信息。典型的例子是中国人民银行实施中期借贷便利（MLF）时，商业银行通过 MLF 向央行借款，必须提供一定的担保品，包括国债、央行票据等。此时，对这些担保品的监管，本身就是 MLF 操作的一个重要组成部分。

## 四、中国人民银行金融宏观调控与金融监管职能的演进

新中国成立后，全国金融体系由中国人民银行和财政部共同主导。1969 年，中国人民银行并入财政部，这是计划经济时期特有的金融组织结构，当时的中国人民银行集货币政策、银行经营和组织管理等多项职能于一身，并不存在金融监管制度，只有金融管理体制。1978 年逐步确立社会主义市场经济体制，中国人民银行从财政部独立，但其既是办理存贷业务的商业银行，又是制定和实施货币政策、发行货币的中央银行，同时也是代表政府管理金融业的行政机关。自 1984 年起，中国人民银行开始专司中央银行的职能，剥离了商业银行的业务，成为相对独立、全面、统一的监管机构，中国的金融监管体制开始正式确立。1993 年，国务院《关于金融体制改革的决定》要求强化中央银行宏观调控体系，对银行业、证券业、保险业和信托业实施分业经营和监督。1992 年，国务院证券委员会成立，对证券市场实行统一宏观管理，同时成立证券监督管理委员会，作为执行部门负责监管证券市场。1997 年，国务院证券委员会并入中国证监会，中国人民银行的债券和基金监管移交中国证监会，证券监管职能也于 1998 年 6 月移交中国证监会，实现了银行业和证券业的分业监管。1998 年 11 月，中国保险监督管理委员会成立，保险监管职能从中国人民银行脱离。2003 年，中国银行业监督管理委员会成立，中国人民银行将对银行、信托、资管等存款类金融机构的监管职责移交给银监会。同年，《中国人民银行主要职责内设机构和人员编制调整意见》发布，央行的旧三大职能包括“制定和执行货币政策、金融监管、金融服务”，随着监管职能分离到银监会，“三定方案”新增加一大职能——维护金融稳定。至此，“一行三会”的分业监管体系正式确立。2004 年 6 月，三大监管机构签署《三大金融监管机构金融监管分工合作备忘录》，建立定期信息交流和联席会议等制度。2013 年 8 月，国务院批准由中国人民银行牵头的金融监管协调部际联席会议制度，负责“一行三会”的监管政策协调。2017 年 7 月，第五次全国金融工作会议宣布设立国务

院金融稳定发展委员会，在央行设立金融稳定发展委员会办公室。2018 年，《国务院机构改革方案》决定，银监会和保监会合并成立中国银行保险监督管理委员会。由此，“一委一行两会一局”的监管格局正式确立。

2023 年 3 月，《党和国家机构改革方案》决定，在中国银保监会的基础上组建国家金融监督管理总局作为国务院直属机构；将中国证监会也调整为国务院直属机构。至此，中国人民银行已经完全实现了与国家金融监督管理总局和中国证监会在监管职能方面的分离，依法独立履行中央银行职能。当然，与中央银行履职相关的必要金融监管职能仍得以保留，并在《中国人民银行法》中予以明确。

## 第二节　货币政策法律制度

一般认为，货币政策是指中央银行为实现其特定的经济目标而采用的各种控制和调节货币供应量和信用量的方针、政策和措施的总称。本节重点介绍货币政策的目标、功能和货币政策工具，尤其是中国人民银行目前主要采用的货币政策工具。

### 一、货币政策目标

货币政策目标是一国中央银行或货币当局采取的货币政策希望达到的最终目的。货币政策目标可以划分为单一目标制、双重目标制和多重目标制。单一目标制是指，货币政策的唯一目标应当是稳定货币币值；双重目标制认为，货币政策的目标除稳定币值外，还必须兼顾经济发展；多重目标制认为，货币政策目标应当由多重目标有机组合，不仅应当包括稳定币值、促进经济增长，还应当促进充分就业以及维持国际收支平衡。

在此，有两个问题值得注意：第一，随着经济发展时期的不同，各国货币政策目标也有可能发生变化，它不是一个一成不变的选择。第二，货币政策目标之间，通常会存在冲突，这说明，货币政策目标并不是越多越好。著名的诺贝尔经济学奖得主蒙代尔曾经提出过“不可能三角”理论，其核心思想是，一个经济体的货币自主权（自主控制货币的流动性）、汇率稳定和资本自由流动三者之间，必须舍弃一个，三个目标不可能同时兼得。

《中国人民银行法》规定，我国货币政策的目标是保持币值稳定并以此促进经济发展。这表明我国的货币政策目标是分层次的，必须首先达成稳定币值这一层次目标，在此基础上才是实现经济增长这个第二层次的目标。

### 二、货币政策的功能与结构性货币政策的诞生

“货币政策管总量，信贷政策调结构”是社会对中央银行金融调控的一般认知，即货币政策紧盯通胀这个单一目标，更多关注货币政策的总量影响，而中央银行对商业银行的信贷指导政策主要服务于货币结构的调整。然而，在应对 2008 年国际金融危机期间，西方国家中央银行普遍实施零利率和量化宽松（QE）政策，以非常规手段向市场释放流动性，货币政策传导中却面临不少问题，实体经济出现“结构性流动性缺口”。此后，各种结构性货币政策工具便应运而生。

近年来我国结构性货币政策工具的发展经历了三个阶段①：

（1）流动性调节工具创新（2013—2017年）。它细分为两大类：第一类是对传统货币政策工具的创新应用，如定向降准、支农支小再贷款，达到定向释放流动性和引导资金流向的调控效果；第二类是创新货币政策工具以实现流动性精准调控，短期流动性调节（SLO）、常备借贷便利（SLF）、抵押补充贷款（PSL）、中期借贷便利（MLF）等短中长期搭配工具，成为基础货币投放的主要方式。

（2）针对民营小微企业的工具创新（2018—2019年）。2018年民营小微企业“融资难融资贵”问题突显，宽货币到宽信用的传导渠道存在梗阻，结构性货币政策工具数量和频次增多，如民营企业债券融资支持工具、定向中期借贷便利（TMLF）、“三档两优”存款准备金率政策等。

（3）疫情以来直达实体和重点领域的工具创新（2020年—至今）。首先，根据疫情暴发初期、初步控制、明显缓解等不同阶段需要，2020年三批次分别增加3 000亿元、5 000亿元、1万亿元再贷款再贴现额度，支持抗疫保供、复工复产和实体经济发展。针对小微企业面临的资金到期还款压力和因缺乏担保品而贷款难这两大痛点，创设普惠小微企业贷款延期支持工具和信用贷款支持计划直达实体经济。其次，支持重点领域发展创新再贷款工具。2021年创设碳减排支持工具（额度不限）和煤炭清洁高效利用专项再贷款，助力“双碳”目标实现和能源结构平稳转型。2022年创设科技创新和普惠养老专项再贷款，支持科技强国和应对人口老龄化战略。此外，在2021年和2022年还分别创设区域协调发展再贷款、航空运输应急再贷款和交通物流专项再贷款。总体看，中国人民银行在珍惜正常货币政策空间并保持灵活适度总量政策的同时，在非常时期加大结构性工具应用，逐步探索形成了一套适合国情的结构性货币政策工具体系。

## 三、货币政策工具

货币政策工具是中央银行为达到货币政策目标而采取的手段。货币政策工具分为一般性货币政策工具和选择性货币政策工具。一般性货币政策工具包括公开市场操作、存款准备金和再贴现；选择性货币政策工具包括贷款规模控制、特种存款、对金融企业窗口指导等。一般性货币政策工具多属于间接调控工具，选择性货币政策工具多属于直接调控工具。根据《中国人民银行法》和中国人民银行货币政策司官网的信息，目前中国人民银行采用的主要货币政策工具有公开市场业务、存款准备金、中央银行贷款、利率政策、常备借贷便利、中期借贷便利、抵押补充贷款、定向中期借贷便利、结构性货币政策工具。以下我们主要从法学的角度展开介绍。

### （一）一般性货币政策工具

一般性货币政策工具主要包括存款准备金制度、再贷款和再贴现政策、公开市场操作。其中，除再贷款政策外，其余三种货币政策工具被称为货币政策工具的“三大法宝”。

1. 存款准备金制度

存款准备金制度是指中央银行依据法律的授权，要求商业银行和其他金融机构按规定的比率在其吸收的存款总额中提取一定的金额缴存中央银行，并借以间接地对社会货币供应量进行控制的制度。提取的金额被称为存款准备金，存款准备金占存款总额的比率被称为存款准备金率。

① 生柳荣，何建勇．货币政策总量和结构功能分析．中国金融，2022（14）.

存款准备金制度包括中央银行调整存款准备金率的幅度、存款准备金制度的实施对象、存款准备金的种类、存款准备金计提的基础和对违反存款准备金规定的处罚措施等内容。其基本原理是：当中国人民银行调高存款准备金率时，商业银行和其他金融机构在中央银行的法定准备金就会增加，超额储备就会减少，用于贷款和投资的资金就会相应减少，整个金融体系的可用资金量随之减少，从而达到收紧银根、减少社会货币供应量、抑制或预防通货膨胀的目标。反之，如果中央银行调低存款准备金率，金融机构用于放款的资金就会相应增多，社会货币供应量随之增加，从而有利于经济增长。其局限性是缺乏弹性，在中央银行提高存款准备金比率时，没有足够超额准备金的商业银行必然会被迫出售其流动性资产，或增加向中央银行的借款，或者收回放出去的贷款等，这些措施会增加中央银行的压力，同时对各类银行产生不同的影响。

1998 年 3 月 24 日，中国人民银行出台《中国人民银行关于改革存款准备金制度的通知》（银发〔1998〕118 号），对存款准备金的管理改革、资金划转方式、资金安排及账户合并、会计处理手续等进行了详细规定。目前，中国人民银行还经常采用定向降准的方式，针对某金融领域或金融行业进行存款准备金率的下调，比如对发放“三农”、小微企业等符合结构调整需要、能够满足市场需求的实体经济贷款达到一定比例的银行业金融机构适当降低其准备金率。与“全面降准”相比，它更具有针对性，有利于将金融资源更好地投放到“三农”、小微企业等薄弱环节，从而促进经济结构的调整。

2. 再贷款和再贴现政策

再贷款是指中央银行向商业银行的贷款。《中国人民银行对金融机构贷款管理暂行办法》（已失效）第 8 条曾规定，中国人民银行对金融机构贷款根据贷款方式的不同，可以划分为信用贷款和再贴现两种。信用贷款是指中国人民银行根据金融机构资金头寸情况，以其信用为保证发放的贷款。根据《中国人民银行法》第 22 条和第 28 条，信用贷款是指中央银行向商业银行提供的贷款，不包括商业银行之外的其他金融机构。所以，在中国，再贷款即是指中央银行向商业银行提供的信用贷款。目前，我国再贷款法律规范主要包括：《中国人民银行紧急贷款管理暂行办法》（银发〔1999〕407 号）、《中国人民银行分行短期再贷款管理暂行办法》（银发〔1999〕12 号）、《中国人民银行对农村信用合作社贷款管理办法》（银发〔2002〕204 号）。自 1984 年中国人民银行专门行使中央银行职能以来，再贷款一直是我国中央银行的重要货币政策工具。近年来，适应金融宏观调控方式由直接调控转向间接调控，再贷款所占基础货币的比重逐步下降，结构和投向发生重要变化。新增再贷款主要用于促进信贷结构调整，引导扩大县域和“三农”信贷投放。

再贴现是中央银行对金融机构持有的未到期已贴现商业汇票予以贴现的行为。再贴现的基本原理是：如果需要收缩信贷，则提高再贴现率；如果需要放松信贷，则应降低再贴现率。这是因为，提高再贴现率，商业银行再贴现的资金成本上升，这就必然减少其向中央银行再贴现，就会使商业银行的准备金相应缩减，如果准备金不足，则只能收缩对客户的贷款和投资规模，从而缩减市场的货币供应量，市场利率相应上升，社会对货币的需求相应减少；当中央银行降低再贴现率，使其低于市场利率时，商业银行的再贴现成本降低，必然增加向中央银行的再贴现，商业银行的准备金增加，必然扩大对客户的贷款和投资规模，从而导致市场货币供给量的增加，市场利率相应降低，社会对货币的需求量也会增加。

再贴现政策也存在一定的局限性，特别是在控制货币供给量方面的局限性。一是在再贴现业务中，中央银行处于被动地位。商业银行是否愿意到中央银行申请再贴现，或贴现多少、何时申请贴现都取决于商业银行的意愿。二是如果一国金融市场发达，融资渠道多且限制较少，那么商业银行有可能通过其他途径筹措资金，而不依赖再贴现。此外，再贴现政策缺乏弹性。再贴现率的经常调整会引起市场利率的频繁波动，使商业银行和企业无所适从，但如果不随时调整再贴现率，又不利于中央银行灵活调节市场货币供给量。

3. 公开市场操作

公开市场操作也被称为公开市场业务，是中央银行吞吐基础货币，调节市场流动性的主要货币政策工具，通过中央银行与指定交易商进行有价证券和外汇交易，实现货币政策调控目标。1999年以来，公开市场操作发展较快，目前已成为中国人民银行货币政策日常操作的主要工具之一，对于调节银行体系流动性水平、引导货币市场利率走势、促进货币供应量合理增长发挥了积极的作用。

从交易品种看，中国人民银行公开市场操作债券交易主要包括回购交易、现券交易和发行中央银行票据，其中回购交易分为正回购和逆回购两种：正回购为中国人民银行向一级交易商卖出有价证券，并约定在未来特定日期买回有价证券的交易行为，正回购为央行从市场收回流动性的操作，正回购到期则为央行向市场投放流动性的操作；逆回购为中国人民银行向一级交易商购买有价证券，并约定在未来特定日期将有价证券卖给一级交易商的交易行为，逆回购为央行向市场上投放流动性的操作，逆回购到期则为央行从市场收回流动性的操作。现券交易分为现券买断和现券卖断两种：前者为央行直接从二级市场买入债券，一次性地投放基础货币；后者为央行直接卖出持有债券，一次性地回笼基础货币。中央银行票据即中国人民银行发行的短期债券，央行通过发行央行票据可以回笼基础货币，央行票据到期则体现为投放基础货币。

根据货币调控需要，近年来中国人民银行不断开展公开市场业务工具创新。2013年1月，立足现有货币政策操作框架并借鉴国际经验，中国人民银行创设了“短期流动性调节工具(SLO)”，作为公开市场常规操作的必要补充，在银行体系流动性出现临时性波动时相机使用。这一工具的及时创设，既有利于央行有效调节市场短期资金供给，熨平突发性、临时性因素导致的市场资金供求大幅波动，促进金融市场平稳运行，也有助于稳定市场预期和有效防范金融风险。

除以上一般性货币政策工具外，近年来，中国人民银行在金融宏观调控实践中还创新性地使用了常备借贷便利（SLF)、中期借贷便利（MLF)、定向中期借贷便利（TMLF)、抵押补充贷款（PSL)。

（二）选择性货币政策工具

选择性货币政策工具是指中央银行针对个别部门、个别企业或某些特定用途的信贷所采用的货币政策工具。比如证券市场信用控制、不动产信用控制和消费者信用控制等。与一般性货币政策工具不同，选择性货币政策工具对货币政策与国家经济运行的影响不是全局性的而是局部性的，但也可以作用于货币政策的总体目标。目前我国实施的选择性货币政策工具主要包括以下几种。

1. 优惠利率

这主要是通过中央银行的信贷政策予以实现的。所谓优惠利率是指，中央银行为配合国家产业政策的需要，对国家拟重点发展的某些经济部门、行业或产品制定较低的利率，以此来刺激这些部门的生产，调动其积极性，实现产业结构和产品结构的调整。

2. 消费信用控制

消费信用控制是指中央银行对不动产以外的各种耐用消费品的销售融资予以控制，从而影响消费者对耐用消费品的支付能力。比如规定以分期付款的方式购买耐用消费品时首期付款的最低金额，规定分期付款的最长期限，规定以分期付款购买的耐用消费品的种类，并就不同的耐用消费品规定不同的信贷条件等。

3. 不动产信用管制

不动产信用控制，是指央行对商业银行及其他金融机构的房地产贷款所采取的限制措施。不动产信用控制的目的在于控制不动产市场的信贷规模，抑制过度投机，减轻经济波动。

4. 证券市场信用控制

证券市场信用控制是中央银行对于凭信用购进有价证券的交易，规定应支付的保证金，目的在于限制用借款购买证券的比重。

（三）补充性货币政策工具

补充性货币政策工具就是其他货币政策工具，除一般和选择性货币政策工具外，中央银行有时还运用一些补充性货币政策工具，主要包括直接信用控制和间接信用控制。

直接信用控制，是指央行以行政命令或其他方式，从总量和结构两个方面，直接对金融机构尤其是商业银行的信用活动进行控制，其手段包括利率最高限额、信用分配、流动性比率、直接干预及开办特种存款等。

间接信用控制，是指中央银行凭借其在金融体制中的特殊地位，采用包括道义劝告和窗口指导等对金融机构的信贷进行管理。

## 第三节　宏观审慎政策法律制度

在2008年全球金融危机过后，越来越多的国家开始深度反思现有的金融调制框架。一个重要的共识是，中央银行在金融稳定中的职责必须加强。在传统金融理论中，央行运用货币政策工具进行宏观调控，各金融监管部门运用审慎监管工具开展微观规制，各司其职。但在2008年国际金融危机后，理论界发现，在货币政策和微观审慎监管之间还存有一个防范系统性风险的逻辑链空白：从宏观角度看，传统货币政策紧盯货币稳定和物价稳定，但即使CPI基本稳定，金融市场、资产价格的波动也可能很大。这就说明，价格稳定并不等于金融稳定。从微观角度看，传统金融监管的核心是保持个体机构的稳健，但个体稳健并不等于整体稳健，金融监管的顺周期性、个体风险的传染性还可能加剧整体的不稳定，产生系统性风险。之前监管部门关注微观金融监管较多，忽视了宏观审慎政策的重要性。由于缺乏从宏观的、逆周期的视角采取有效措施，忽视了风险的跨部门传播，导致金融体系和市场剧烈波动，成为触发金融危机的重要原因。

完善宏观审慎政策框架是反思危机教训、改革金融监管体制的必然结果和选择，也是推进新一轮金融监管体制改革的重中之重。宏观审慎政策是专门为金融稳定而生的。2009年，中国人民银行开始系统性研究宏观审慎管理的政策措施。2011年初正式引入差别准备金动态调整机制，这也是我国宏观审慎管理框架的雏形。2015年，中国人民银行将差别准备金动态调整机制升级为宏观审慎评估体系（MPA），从七个方面对金融机构的行为进行引导，建立了更为全面、更有弹性的宏观审慎政策框架。随后几年，又相继将跨境资本流动、房地产金融和表外理财等纳入监管，宏观审慎管理不断深化。2017年，第五次全国金融工作会议提出“要以防范系统性金融风险为底线，加强宏观审慎管理制度建设”。党的十九大报告提出“健全货币政策和宏观审慎政策双支柱调控框架”，奠定了宏观审慎政策在央行职责内的重要地位，成为与货币政策重要性齐平的核心政策。宏观审慎政策与货币政策都具有宏观管理的属性，但两者的着力点和侧重点不同。货币政策主要针对整体经济和总量问题，侧重于经济和物价水平的稳定；而宏观审慎政策则直接和集中作用于金融体系本身，侧重于维护金融稳定。两者相辅相成，互为补充和强化。2021 年 12 月 31 日，为贯彻落实党的十九大关于“健全货币政策和宏观审慎政策双支柱调控框架”的重大决策部署，完善宏观审慎政策治理机制，提高防范化解系统性金融风险的能力，中国人民银行发布《宏观审慎政策指引（试行）》（以下简称《指引》），明确建立健全我国宏观审慎政策框架的要素，在总结过往监管经验的基础上，阐述了我国开展宏观审慎管理的思路、原则及框架。

## 一、宏观审慎政策的管理机构和适用对象

根据《指引》的规定，在中央金融委员会和中央金融工作委员会的统筹指导下，中国人民银行作为宏观审慎管理牵头部门，会同相关部门履行宏观审慎管理职责，牵头建立健全宏观审慎政策框架，监测、识别、评估、防范和化解系统性金融风险，畅通宏观审慎政策传导机制，组织运用好宏观审慎政策工具。

宏观审慎政策适用于依法设立的、经国务院金融管理部门批准从事金融业务或提供金融服务的机构，以及可能积聚和传染系统性金融风险的金融活动、金融市场、金融基础设施等。

在此，正确认识和处理货币政策、宏观审慎政策、微观审慎监管与金融稳定之间的关系至关重要。

其一，金融稳定是最终的目标，货币政策、宏观审慎政策与微观审慎监管都是实现这个目标的工具。前两项工具是由中央银行实施的，后一项工具由国家金融监督管理总局、中国证监会等金融监管部门实施。

其二，货币政策主要针对泛指的物价、面向所有市场进行流动性管理，稳定物价以促进经济增长；宏观审慎政策主要针对金融市场资产价格进行调控，维护金融体系的整体稳定，核心在于控制金融体系或特定市场、部门的杠杆率水平；微观审慎监管则侧重于个体金融机构的运营风险防控。

其三，宏观审慎政策主要关注系统性金融风险的事前防范和事中化解，而金融稳定则涵盖了事前、事中、事后的全方位规制。

## 二、宏观审慎政策的框架

根据《指引》的规定，宏观审慎政策框架包括宏观审慎政策目标、风险评估、政策工具、传导机制与治理机制等，是确保宏观审慎政策有效实施的重要机制。宏观审慎管理部门将在实践探索中不断丰富和完善宏观审慎政策框架。

宏观审慎政策的目标是防范系统性金融风险，尤其是防止系统性金融风险顺周期累积以及跨机构、跨行业、跨市场和跨境传染，提高金融体系韧性和稳健性，降低金融危机发生的可能性和破坏性，促进金融体系的整体健康与稳定。

系统性金融风险评估是指综合运用风险评估工具和监管判断，识别金融体系中系统性金融风险的来源和表现，衡量系统性金融风险的整体态势、发生可能性和潜在危害程度。及时、准确识别系统性金融风险是实施宏观审慎政策的基础。

根据系统性金融风险的特征，结合我国实际并借鉴国际经验，开发和储备适用于我国国情的一系列政策工具，建立健全宏观审慎政策工具箱。针对评估识别出的系统性金融风险，使用适当的宏观审慎政策工具，以实现宏观审慎政策目标。不断丰富和完善的宏观审慎政策工具，是提升宏观审慎政策执行效果的必要手段。

宏观审慎政策传导机制是指通过运用宏观审慎政策工具，对金融机构、金融基础设施施加影响，从而抑制可能出现的系统性金融风险顺周期累积或传染，最终实现宏观审慎政策目标的过程。顺畅的传导机制是提高宏观审慎政策有效性的重要保障。

宏观审慎政策的治理机制是指为监测识别系统性金融风险、协调和执行宏观审慎政策以及评估政策实施效果等，所进行的组织架构设计和工作程序安排。良好的治理机制可以为健全宏观审慎政策框架和实施宏观审慎政策提供制度保障。

## 三、系统性金融风险的监测、识别和评估

系统性金融风险是指可能对正常开展金融服务产生重大影响，进而对实体经济造成巨大负面冲击的金融风险。系统性金融风险主要来源于时间和结构两个维度：

（1）从时间维度看，系统性金融风险一般由金融活动的一致行为引发并随时间累积，主要表现为金融杠杆的过度扩张或收缩，以及由此导致的风险顺周期的自我强化、自我放大。

（2）从结构维度看，系统性金融风险一般由特定机构或市场的不稳定引发，通过金融机构、金融市场、金融基础设施间的相互关联等途径扩散，表现为风险跨机构、跨部门、跨市场、跨境传染。

系统性金融风险的监测重点包括宏观杠杆率，政府、企业和家庭部门的债务水平和偿还能力，具有系统重要性影响和较强风险外溢性的金融机构、金融市场、金融产品和金融基础设施等。

宏观审慎管理牵头部门建立健全系统性金融风险监测和评估机制，会同相关部门开展监测和评估，定期或不定期公开发布评估结果。针对特定领域系统性金融风险，宏观审慎管理牵头部门组织开展专项评估。

宏观审慎管理牵头部门根据系统性金融风险的特征，建立健全系统性金融风险监测和评估框架；完善系统性金融风险监测评估指标体系并设定阈值，适时动态调整以反映风险的发展变化；丰富风险监测方法和技术，采取热力图、系统性金融风险指数、金融压力指数、金融条件指数、宏观审慎压力测试、专项调查等多种方法和工具进行监测和评估，积极探索运用大数据技术。

## 四、宏观审慎政策工具

宏观审慎政策工具主要用于防范金融体系的整体风险，具有“宏观、逆周期、防传染”的基本属性，这是其有别于主要针对个体机构稳健、合规运行的微观审慎监管的重要特征。宏观审慎政策会运用一些与微观审慎监管类似的工具，例如对资本、流动性、杠杆等提出要求，但两类工具的视角、针对的问题和采取的调控方式不同，可以相互补充，而不是替代。宏观审慎政策工具用于防范系统性金融风险，主要是在既有微观审慎监管要求之上提出附加要求，以提高金融体系应对顺周期波动和防范风险传染的能力。宏观审慎管理往往具有“时变”特征，即根据系统性金融风险状况动态调整，以起到逆周期调节的作用。

针对不同类型的系统性金融风险，宏观审慎政策工具可按照时间维度和结构维度两种属性划分，也有部分工具兼具两种属性。时间维度的工具用于逆周期调节，平滑金融体系的顺周期波动；结构维度的工具，通过提高对金融体系关键节点的监管要求，防范系统性金融风险跨机构、跨市场、跨部门和跨境传染。

### （一）时间维度的工具

（1）资本管理工具，主要通过调整对金融机构资本水平施加的额外监管要求、特定部门资

产风险权重等，抑制由资产过度扩张或收缩、资产结构过于集中等导致的顺周期金融风险累积。

（2）流动性管理工具，主要通过调整对金融机构和金融产品的流动性水平、资产可变现性和负债来源等施加的额外监管要求，约束过度依赖批发性融资以及货币、期限严重错配等，增强金融体系应对流动性冲击的韧性和稳健性。

（3）资产负债管理工具，主要通过对金融机构的资产负债构成和增速进行调节，对市场主体的债务水平和结构施加影响，防范金融体系资产过度扩张或收缩、风险敞口集中暴露，以及市场主体债务偏离合理水平等引发的系统性金融风险。

（4）金融市场交易行为工具，主要通过调整对金融机构和金融产品交易活动中的保证金比率、融资杠杆水平等施加的额外监管要求，防范金融市场价格大幅波动等可能引发的系统性金融风险。

（5）跨境资本流动管理工具，主要通过对影响跨境资本流动顺周期波动的因素施加约束，防范跨境资本“大进大出”可能引发的系统性金融风险。

（二）结构维度的工具

（1）特定机构附加监管规定，通过对系统重要性金融机构提出附加资本和杠杆率、流动性等要求，对金融控股公司提出并表、资本、集中度、关联交易等要求，增强相关机构的稳健性，减轻其发生风险后引发的传染效应。

（2）金融基础设施管理工具，主要通过强化有关运营及监管要求，增强金融基础设施稳健性。

（3）跨市场金融产品管理工具，主要通过加强对跨市场金融产品的监督和管理，防范系统性金融风险跨机构、跨市场、跨部门和跨境传染。

（4）风险处置等阻断风险传染的管理工具，例如恢复与处置计划，主要通过强化金融机构及金融基础设施风险处置安排，要求相关机构预先制定方案，当发生重大风险时根据预案恢复持续经营能力或实现有序处置，保障关键业务和服务不中断，避免引发系统性金融风险或降低风险发生后的影响。

按照对政策实施对象约束力大小，宏观审慎政策工具可分为强约束力工具和引导类工具。强约束力工具是指政策实施对象根据法律法规要求必须执行的工具；引导类工具是指宏观审慎管理牵头部门通过研究报告、信息发布、评级公告、风险提示等方式，提出对系统性金融风险状况的看法和风险防范的建议。

根据系统性金融风险的来源和表现，由宏观审慎管理牵头部门会同相关部门开发新的宏观审慎政策工具。压力测试可以为开展宏观审慎管理提供重要参考和支撑。宏观审慎管理牵头部门通过测试极端情况下金融体系对冲击的承受能力，识别和评估系统性金融风险，启用和校准宏观审慎政策工具等。宏观审慎压力测试包括宏观层面压力测试，还包括系统重要性金融机构压力测试、金融控股公司压力测试、金融行业压力测试等针对特定机构和行业的压力测试。

## 五、宏观审慎政策工具的使用

使用宏观审慎政策工具一般包括启用、校准和调整三个环节，相关流程由宏观审慎管理牵头部门会同相关部门制定。

当潜在的系统性金融风险已触及启用宏观审慎政策工具阈值时，宏观审慎管理牵头部门会同相关部门结合监管判断，适时启用应对系统性金融风险的宏观审慎政策工具。在风险未触及启用宏观审慎政策工具阈值时，宏观审慎管理牵头部门会同相关部门通过综合分析评估，认为可能出现系统性金融风险时，也可基于监管判断启用宏观审慎政策工具。

宏观审慎政策工具启用后，宏观审慎管理牵头部门会同相关部门开展动态评估，综合判断宏观审慎政策工具是否达到预期、是否存在监管套利和未预期后果等。根据评估结果对宏观审慎政策工具进行校准，包括工具适用范围、指标设计和政策要求等。

宏观审慎管理牵头部门会同相关部门，动态评估系统性金融风险态势，根据评估结果并结合监管判断，适时调整宏观审慎政策工具的具体值。

## 六、宏观审慎政策治理机制

宏观审慎管理牵头部门会同相关部门推动形成适合我国国情的宏观审慎政策治理机制，并根据具体实践不断完善。

宏观审慎管理牵头部门可推动建立矩阵式管理的宏观审慎政策架构，针对特定系统性金融风险，通过组建由宏观审慎管理牵头部门和相关部门组成的跨部门专项工作组等方式，跟踪监测、评估系统性金融风险，并对宏观审慎政策工具的使用提出建议。

根据系统性金融风险涉及的领域，宏观审慎管理牵头部门会同相关部门讨论和制定宏观审慎政策工具的启用、校准和调整。

宏观审慎管理牵头部门会同相关部门根据职责分工，组织实施所辖领域的宏观审慎管理工作，并对宏观审慎政策执行情况进行监督和管理。

宏观审慎管理牵头部门会同相关部门，及时跟踪评估宏观审慎政策工具实施效果，将评估结果以适当形式向社会披露。

在金融委的统筹指导下，建立健全宏观审慎政策监督机制，加强对宏观审慎管理牵头部门及相关部门履行宏观审慎管理职责情况的监督，确保宏观审慎管理牵头部门及相关部门有效履职。

宏观审慎管理牵头部门建立健全宏观审慎政策沟通机制，做好预期引导，定期或不定期以公告、报告、新闻发布会等方式与市场进行沟通。沟通内容包括宏观审慎政策框架、政策立场、系统性金融风险评估、宏观审慎政策工具使用，以及未来可能采取的政策行动等，增强宏观审慎政策的透明度及可预期性。

## 七、支持与保障

在金融业综合统计工作机制下，宏观审慎管理牵头部门推动开展宏观审慎政策相关统计数据的采集与共享。相关统计数据的采集、使用与对外披露须严格遵守有关保密规定。宏观审慎管理牵头部门根据防范系统性金融风险的需要，建立、维护和管理宏观审慎相关信息采集和监管系统，实现数据共享。宏观审慎管理牵头部门会同相关部门制定和完善宏观审慎管理相关制度规定。宏观审慎管理牵头部门会同相关部门建立突发性系统性金融风险应急机制，及时有效防控突发性系统性金融风险，降低次生风险。

## 八、政策协调

宏观审慎管理牵头部门组织会同相关部门建立宏观审慎工作协调机制。宏观审慎政策执行中如遇重大问题，提交金融委研究决定。跨部门协调议定的事项可通过会议纪要、备忘录等形式予以明确，涉及宏观审慎政策框架的，可在《指引》的后续修订中体现。

健全货币政策和宏观审慎政策双支柱调控框架，强化宏观审慎政策与货币政策的协调配合，促进实现价格稳定与金融稳定“双目标”。宏观审慎政策可通过约束金融机构加杠杆以及货币、期限错配等行为，抑制金融体系的顺周期波动，通过限制金融机构间关联程度和金融业务的复杂程度，抑制风险传染，促进金融机构、金融基础设施稳健运行，从而有利于货币政策的实施和传导，增强货币政策执行效果。货币政策环境及其变化也对金融稳定构成重要影响，是制定宏观审慎政策需要考虑的重要因素。

加强宏观审慎政策和货币政策协调配合，包括加强经济形势分析、金融风险监测方面的信息沟通与交流；在宏观审慎政策制定过程中考虑货币政策取向，充分征求货币政策制定部门的意见，评估政策出台可能的溢出效应和叠加效应，把握政策出台的次序和节奏；在政策执行过程中，会同货币政策制定部门定期评估政策执行效果，适时校准和调整宏观审慎政策。

强化宏观审慎政策与微观审慎监管的协调配合，充分发挥宏观审慎政策关注金融体系整体、微观审慎监管强化个体机构稳健性的优势，形成政策合力，共同维护金融稳定。宏观审慎政策从宏观视角出发，可对金融机构的一致性预期及其行为开展逆周期调节，提高对金融体系关键节点以及可能引发风险跨市场传染的金融产品、金融活动的管理要求，从而与微观审慎监管形成互补。微观监管部门较为全面的监管数据有助于提高系统性金融风险评估的准确性，有效的微观审慎监管措施有助于提高宏观审慎政策执行效果。

加强宏观审慎政策和微观审慎监管协调配合，包括加强金融风险监测方面的信息沟通与交流；在宏观审慎政策制定过程中综合考虑微观审慎监管环境，充分征求微观监管部门意见，评估政策出台可能的溢出效应和叠加效应，涉及微观监管部门所辖领域时，会同微观监管部门共同制定宏观审慎管理要求；在政策执行过程中，会同微观监管部门定期评估政策执行效果，适时校准和调整宏观审慎政策。

加强宏观审慎政策与国家发展规划、财政政策、产业政策、信贷政策等的协调配合，提高金融服务实体经济能力。宏观审慎政策通过影响金融机构行为可能会对实体经济产生溢出效应，制定和执行宏观审慎政策时，需要做好与其他宏观调控政策制定部门的信息沟通，促进形成政策合力。

## 思考题

1. 论中央银行“双支柱调控”法律制度的概念以及设置缘由。
2. 简述金融宏观调控与金融监管的区别。
3. 简述货币政策的功能与我国结构性货币政策工具的内容。
4. 简述存款准备金制度的概念和原理。
5. 如何正确认识和处理货币政策、宏观审慎政策、微观审慎监管与金融稳定之间的关系？
6. 简述我国的宏观审慎政策工具。

第四编

# 金融消费者权益保护法律制度

在金融法上，金融消费者权益保护法律制度具有特殊的重要地位。因为任何金融市场的发展深度，最终都取决于法律对金融消费者权益的保护程度。2015年11月4日，国务院办公厅以国办发〔2015〕81号印发《关于加强金融消费者权益保护工作的指导意见》（以下简称《意见》）。《意见》从指导思想、工作要求、规范金融机构行为、完善监督管理机制、建立健全保障机制五个方面，对金融消费者权益保护进行了部署。2020年9月1日，中国人民银行2020年第6次行务会议审议通过了《中国人民银行金融消费者权益保护实施办法》，对与利率管理相关的、与人民币管理相关的、与外汇管理相关的、与黄金市场管理相关的、与国库管理相关的、与支付和清算管理相关的、与反洗钱管理相关的、与征信管理相关的，以及与以上业务相关的金融营销宣传和消费者金融信息保护工作，作出了具体安排。

2023年3月的《党和国家机构改革方案》提出，国家金融监督管理总局统一负责除证券业之外的金融业监管，把中国人民银行对金融控股公司等金融集团的日常监管职责、有关金融消费者保护职责，中国证监会的投资者保护职责划入国家金融监督管理总局。由此，2022年12月12日，中国银保监会公布的《银行保险机构消费者权益保护管理办法》成为国家金融监督管理总局第一部重要的关于金融消费者权益保护的规范性文件。

# 第十一章 金融消费者权益保护实体法律制度

目前，我国在法律层面并未对金融消费者的概念作出明确的界定。《中国人民银行金融消费者权益保护实施办法》（中国人民银行令〔2020〕第5号）第2条规定："在中华人民共和国境内依法设立的为金融消费者提供金融产品或者服务的银行业金融机构（以下简称银行），开展与下列业务相关的金融消费者权益保护工作，适用本办法。"由此，我们可以认为，金融消费者是指购买金融机构的金融产品或接受金融服务的消费者。

金融消费者是一个广义的概念。传统金融服务中的存款人、投保人等为保障财产安全和增值或管理控制风险而接受金融机构储蓄、保险等服务的人以及购买基金等新型金融产品或直接投资资本市场的中小投资者均属于金融消费者。

习近平法治思想坚持以人民为中心，提出"治国有常，而利民为本"①。就我国资本市场而言，尽管投资者结构逐步改善，中小投资者仍占据很大比例，截至2021年7月底，投资者达1.9亿，其中97%以上的为中小投资者。② 因此，加强金融消费者权益的法治保障，理应为金融法天然的使命。本章主要从银行保险业金融消费者和证券投资者的角度，分别对金融消费者权益保护的实体法律制度予以介绍。

## 第一节 银行保险业金融消费者权益保护实体法律制度

### 一、银行保险业金融消费者的主要权利

根据《银行保险机构消费者权益保护管理办法》，银行保险业金融消费者依法享有以下权益。

#### （一）知情权

银行保险机构应当优化产品设计，对新产品履行风险评估和审批程序，充分评估客户可能承担的风险，准确评定产品风险等级。银行保险机构应当保障消费者的知情权，使用通俗易懂的语言和有利于消费者接受、理解的方式进行产品和服务信息披露。对产品和服务信息的专业术语进行解释说明，及时、真实、准确揭示风险。银行保险机构应当以显著方式向消费者披露产品和服务的性质、利息、收益、费用、费率、主要风险、违约责任、免责条款等可能影响消费者重大决策的关键信息。贷款类产品应当明示年化利率。银行保险机构不得进行欺诈、隐瞒

---

① 习近平．习近平谈治国理政：第2卷．北京：外文出版社，2017：213.

② 阎庆民．在第四届中小投资者服务论坛上的讲话［2023-08-15］．http：//www.csrc.gov.cn/csrc/c100028/cf1170b 43174b4902b9130ecdb64f3a48/content.shtml.

或者误导性的宣传，不得作夸大产品收益或者服务权益、掩饰产品风险等虚假或者引人误解的宣传。银行业金融机构应当根据业务性质，完善服务价格管理体系，按照服务价格管理相关规定，在营业场所、网站主页等醒目位置公示服务项目、服务内容和服务价格等信息。新设收费服务项目或者提高服务价格的，应当提前公示。银行保险机构不得允许第三方合作机构在营业网点或者自营网络平台以银行保险机构的名义向消费者推介或者销售产品和服务。

（二）自主选择权

银行保险机构销售产品或者提供服务的过程中，应当保障消费者自主选择权，不得存在下列情形：（1）强制捆绑、强制搭售产品或者服务。（2）未经消费者同意，单方为消费者开通收费服务。（3）利用业务便利，强制指定第三方合作机构为消费者提供收费服务。（4）采用不正当手段诱使消费者购买其他产品。（5）其他侵害消费者自主选择权的情形。

（三）公平交易权

银行保险机构向消费者提供产品和服务时，应当确保风险收益匹配、定价合理、计量正确。在提供相同产品和服务时，不得对具有同等交易条件或者风险状况的消费者实行不公平定价。银行保险机构应当保障消费者公平交易权，不得存在下列情形：（1）在格式合同中不合理地加重消费者责任、限制或者排除消费者合法权利。（2）在格式合同中不合理地减轻或者免除本机构义务或者损害消费者合法权益应当承担的责任。（3）从贷款本金中预先扣除利息。（4）在协议约定的产品和服务收费外，以向第三方支付咨询费、佣金等名义变相向消费者额外收费。（5）限制消费者寻求法律救济。（6）其他侵害消费者公平交易权的情形。

（四）财产安全权

银行保险机构应当审慎经营，保障消费者财产安全权，采取有效的内控措施和监控手段，严格区分自身资产与消费者资产，不得挪用、占用消费者资金。银行保险机构应当合理设计业务流程和操作规范，在办理业务过程中落实消费者身份识别和验证，不得为伪造、冒用他人身份的客户开立账户。银行保险机构应当严格区分公募和私募资产管理产品，严格审核投资者资质，不得组织、诱导多个消费者采取归集资金的方式满足购买私募资产管理产品的条件。资产管理产品管理人应当强化受托管理责任，诚信、谨慎履行管理义务。

（五）依法求偿权

保险公司应当勤勉尽责，收到投保人的保险要求后，及时审慎审核投保人提供的保险标的或者被保险人的有关情况。保险公司应当对核保、理赔的规则和标准实行版本管理，不得在保险事故发生后以不同于核保时的标准重新对保险标的或者被保险人的有关情况进行审核。保险公司收到被保险人或者受益人的赔偿或者给付保险金的请求后，应当依照法律法规和合同约定及时作出处理，不得拖延理赔、无理拒赔。

（六）受教育权

银行保险机构应当开展金融知识教育宣传，加强教育宣传的针对性，通过消费者日常教育与集中教育活动，帮助消费者了解金融常识和金融风险，提升消费者金融素养。金融知识教育宣传应当坚持公益性，不得以营销、推介行为替代金融知识普及与消费者教育。银行保险机构应当建立多元化金融知识教育宣传渠道，在官方网站、移动互联网应用程序、营业场所设立公益性金融知识普及和教育专区。银行保险机构应当加强诚信教育与诚信文化建设，构建诚信建设长效机制，培育行业的信用意识，营造诚实、公平、守信的信用环境。

（七）受尊重权

银行保险机构应当不断提升服务质量，融合线上线下，积极提供高品质、便民化金融服务。提供服务过程中，应当尊重消费者的人格尊严和民族风俗习惯，不得进行歧视性差别对待。银行保险机构应当积极融入老年友好型社会建设，优化网点布局，尊重老年人使用习惯，保留和改进人工服务，不断丰富适老化产品和服务。银行保险机构应当充分保障残障人士公平获得金融服务的权利，加快线上渠道无障碍建设，提供更加细致和人性化的服务。有条件的营业网点应当提供无障碍设施和服务，更好满足残障人士日常金融服务需求。银行保险机构应当规范营销行为，通过电话呼叫、信息群发、网络推送等方式向消费者发送营销信息的，应当向消费者提供拒收或者退订选择。消费者拒收或者退订的，不得以同样方式再次发送营销信息。银行保险机构应当规范催收行为，依法依规督促债务人清偿债务。加强催收外包业务管理，委托外部机构实施催收前，应当采取适当方式告知债务人。银行保险机构自行或者委托外部机构催收过程中不得存在下列情形：（1）冒用行政机关、司法机关等名义实施催收。（2）采取暴力、恐吓、欺诈等不正当手段实施催收。（3）采用其他违法违规和违背公序良俗的手段实施催收。

（八）信息安全权

银行保险机构处理消费者个人信息，应当坚持合法、正当、必要、诚信原则，切实保护消费者信息安全权。银行保险机构收集消费者个人信息应当向消费者告知收集使用的目的、方式和范围等规则，并经消费者同意，法律法规另有规定的除外。消费者不同意的，银行保险机构不得因此拒绝提供不依赖于其所拒绝授权信息的金融产品或服务。银行保险机构不得采取变相强制、违规购买等不正当方式收集使用消费者个人信息。

对于使用书面形式征求个人信息处理同意的，银行保险机构应当以醒目的方式、清晰易懂的语言明示与消费者存在重大利害关系的内容。银行保险机构通过线上渠道使用格式条款获取个人信息授权的，不得设置默认同意的选项。银行保险机构应当在消费者授权同意等基础上与合作方处理消费者个人信息，在合作协议中应当约定数据保护责任、保密义务、违约责任、合同终止和突发情况下的处置条款。合作过程中，银行保险机构应当严格控制合作方行为与权限，通过加密传输、安全隔离、权限管控、监测报警、去标识化等方式，防范数据滥用或者泄露风险。银行保险机构应当督促和规范与其合作的互联网平台企业有效保护消费者个人信息，未经消费者同意，不得在不同平台间传递消费者个人信息，法律法规另有规定的除外。

银行保险机构处理和使用个人信息的业务和信息系统，遵循权责对应、最小必要原则设置访问、操作权限，落实授权审批流程，实现异常操作行为的有效监控和干预。银行保险机构应当加强从业人员行为管理，禁止违规查询、下载、复制、存储、篡改消费者个人信息。从业人员不得超出自身职责和权限非法处理和使用消费者个人信息。

## 二、银行保险业金融机构的主要义务

### （一）将金融消费者权益保护纳入公司治理结构

银行保险机构应当将消费者权益保护纳入公司治理、企业文化建设和经营发展战略，建立健全消费者权益保护体制机制，将消费者权益保护要求贯穿业务流程各环节。银行保险机构董事会承担消费者权益保护工作的最终责任，对消费者权益保护工作进行总体规划和指导，董事会应当设立消费者权益保护委员会。高级管理层应当建立健全消费者权益保护管理体系，确保消费者权益保护目标和政策得到有效执行。监事会应当对董事会、高级管理层消费者权益保护工作履职情况进行监督。银行保险机构应当明确履行消费者权益保护职责的部门，由其牵头组织并督促指导各部门开展消费者权益保护工作。

（二）建立金融消费者权益保护审查机制

银行保险机构应当建立消费者权益保护审查机制，健全审查工作制度，对面向消费者提供的产品和服务在设计开发、定价管理、协议制定、营销宣传等环节进行消费者权益保护审查，从源头上防范侵害消费者合法权益行为发生。推出新产品和服务或者现有产品和服务涉及消费者利益的条款发生重大变化时，应当开展审查。

（三）完善金融消费者权益保护信息披露机制

银行保险机构应当建立完善消费者权益保护信息披露机制，遵循真实性、准确性、完整性和及时性原则，在售前、售中、售后全流程披露产品和服务关键信息。银行保险机构应当通过年报等适当方式，将消费者权益保护工作开展情况定期向公众披露。

（四）建立金融消费者适当性管理机制

银行保险机构应当建立消费者适当性管理机制，对产品的风险进行评估并实施分级、动态管理，开展消费者风险认知、风险偏好和风险承受能力测评，将合适的产品提供给合适的消费者。

（五）建立销售行为可回溯管理机制

银行保险机构应当按照相关规定建立销售行为可回溯管理机制，对产品和服务销售过程进行记录和保存，利用现代信息技术，提升可回溯管理便捷性，实现关键环节可回溯、重要信息可查询、问题责任可确认。

（六）建立消费者个人信息保护机制

银行保险机构应当建立消费者个人信息保护机制，完善内部管理制度、分级授权审批和内部控制措施，对消费者个人信息实施全流程分级分类管控，有效保障消费者个人信息安全。

（七）建立合作机构名单管理机制

银行保险机构应当建立合作机构名单管理机制，对涉及消费者权益的合作事项，设定合作机构准入和退出标准，并加强对合作机构的持续管理。在合作协议中应当明确双方关于消费者权益保护的责任和义务，包括但不限于信息安全管控、服务价格管理、服务连续性、信息披露、纠纷解决机制、违约责任承担和应急处置等内容。

（八）建立健全投诉处理工作机制和纠纷多元化解配套机制

银行保险机构应当建立健全投诉处理工作机制，畅通投诉渠道，规范投诉处理流程，加强投诉统计分析，不断溯源整改，切实履行投诉处理主体责任。

银行保险机构应当健全矛盾纠纷多元化解配套机制，积极主动与消费者协商解决矛盾纠纷，在协商不成的情况下，通过调解、仲裁、诉讼等方式促进矛盾纠纷化解。消费者向银行业保险业纠纷调解组织请求调解的，银行保险机构无正当理由不得拒绝参加调解。

（九）建立消费者权益保护内部培训、考核与审计机制

银行保险机构应当建立消费者权益保护内部培训机制，对从业人员开展消费者权益保护培训，提升培训效能，强化员工消费者权益保护意识。

银行保险机构应当完善消费者权益保护内部考核机制，建立消费者权益保护内部考核制度，对相关部门和分支机构的工作进行评估和考核。银行保险机构应当将消费者权益保护内部考核纳入综合绩效考核体系，合理分配权重，并纳入人力资源管理体系和问责体系，充分发挥激励约束作用。

银行保险机构应当建立常态化、规范化的消费者权益保护内部审计机制，制定消费者权益保护审计方案，将消费者权益保护工作纳入年度审计范围，以 5 年为一个周期全面覆盖本机构

相关部门和一级分支机构。

### 三、银行保险业金融消费者权益保护的监管和法律责任

《银行保险机构消费者权益保护管理办法》对银行保险业金融消费者权益保护的监管和法律责任作出了明确规定。

国家金融监督管理总局及其派出机构依法履行消费者权益保护监管职责，通过采取监管措施和手段，督促银行保险机构切实保护消费者合法权益。严格行为监管要求，对经营活动中的同类业务、同类主体统一标准、统一裁量，依法打击侵害消费者权益乱象和行为，营造公平有序的市场环境。

银行保险机构发生涉及消费者权益问题的重大事件，应当根据属地监管原则，及时向国家金融监督管理总局或其派出机构消费者权益保护部门报告。重大事件是指银行保险机构因消费者权益保护工作不到位或者发生侵害消费者权益行为导致大量集中投诉、引发群体性事件或者造成重大负面舆情等。

各类银行业保险业行业协会以及各地方行业社团组织应当通过行业自律、维权、协调及宣传等方式，指导会员单位提高消费者权益保护水平，妥善化解矛盾纠纷，维护行业良好形象。

国家金融监督管理总局及其派出机构指导设立银行业保险业纠纷调解组织，监督银行业保险业消费纠纷调解机制的有效运行。银行业保险业纠纷调解组织应当优化治理结构，建章立制，提升调解效能，通过线上、现场、电话等途径，及时高效化解纠纷。

国家金融监督管理总局对银行保险业金融消费者权益保护工作中存在的问题，视情节轻重依法采取相应监管措施，包括但不限于：(1) 监管谈话；(2) 责令限期整改；(3) 下发风险提示函、监管意见书等；(4) 责令对直接负责的董事、高级管理人员和其他直接责任人员进行内部问责；(5) 责令暂停部分业务，停止批准开办新业务；(6) 将相关问题在行业内通报或者向社会公布；(7) 职责范围内依法可以采取的其他措施。

银行保险机构以及从业人员违反《银行保险机构消费者权益保护管理办法》规定的，由国家金融监督管理总局及其派出机构依据《中华人民共和国银行业监督管理法》《中华人民共和国商业银行法》《中华人民共和国保险法》《中华人民共和国消费者权益保护法》等法律法规实施行政处罚。法律、行政法规没有规定，但违反《银行保险机构消费者权益保护管理办法》的，由国家金融监督管理总局及其派出机构责令改正；情节严重或者逾期不改正的，区分不同情形，给予以下行政处罚：(1) 通报批评；(2) 警告；(3) 处以 10 万元以下罚款。

银行保险机构存在严重侵害消费者合法权益行为，且涉及人数多、涉案金额大、持续时间长、社会影响恶劣的，国家金融监督管理总局及其派出机构除按前述规定处理外，可对相关董事会成员及高级管理人员给予警告，并处以 10 万元以下罚款。银行保险机构以及从业人员涉嫌犯罪的，依法移交司法机关追究其刑事责任。

## 第二节　证券投资者权益保护实体法律制度

投资者是证券市场的基石，保护投资者合法权益是证券法的职责和使命。我国《证券法》自 1999 年颁行至今历经五次修改，2019 年《证券法》设立了投资者保护专章。事实上，我国《证券法》除第六章通过 8 个条文对证券投资者保护进行了系统规定（如图 11－1 所示）外，还规定了证券民事诉讼特别是代表人诉讼制度、证券投资者保护基金制度、证券行政执法当事

人承诺制度以及投服中心调解、支持起诉、提起代位诉讼等多元纠纷解决机制。本节主要介绍证券投资者权益保护实体法律制度，有关证券诉讼与多元纠纷解决机制的问题将在下一章进行介绍。

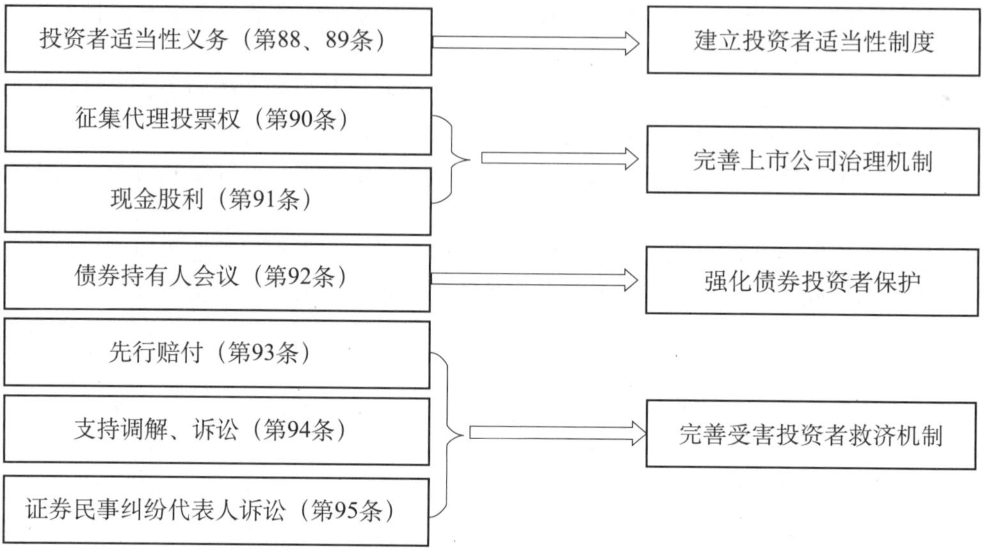


**图 11－1　《证券法》对证券投资者保护的规定**

## 一、投资者适当性制度

从历史经验来看，投资者适当性错配是金融危机的种子。投资者适当性最基础的含义就是，必须将适当的产品销售给适当的投资者。①

《全国法院民商事审判工作会议纪要》（法〔2019〕254 号，以下简称《九民纪要》）规定：适当性义务是指卖方机构在向金融消费者推介、销售银行理财产品、保险投资产品、信托理财产品、券商集合理财计划、杠杆基金份额、期权及其他场外衍生品等高风险等级金融产品，以及为金融消费者参与融资融券、新三板、创业板、科创板、期货等高风险等级投资活动提供服务的过程中，必须履行的了解客户、了解产品、将适当的产品（或者服务）销售（或者提供）给适合的金融消费者等义务。卖方机构承担适当性义务的目的是为了确保金融消费者能够在充分了解相关金融产品、投资活动的性质及风险的基础上作出自主决定，并承受由此产生的收益和风险。在推介、销售高风险等级金融产品和提供高风险等级金融服务领域，适当性义务的履行是“卖者尽责”的主要内容，也是“买者自负”的前提和基础。

《证券法》第 88 条规定：证券公司向投资者销售证券、提供服务时，应当按照规定充分了解投资者的基本情况、财产状况、金融资产状况、投资知识和经验、专业能力等相关信息；如实说明证券、服务的重要内容，充分揭示投资风险；销售、提供与投资者上述状况相匹配的证券、服务。投资者在购买证券或者接受服务时，应当按照证券公司明示的要求提供前款所列真实信息。拒绝提供或者未按照要求提供信息的，证券公司应当告知其后果，并按照规定拒绝向其销售证券、提供服务。证券公司违反第 1 款规定导致投资者损失的，应当承担相应的赔偿责任。

① 何海锋．证券法通识．北京：中国法制出版社，2022：242.

2022 年中国证监会修订的《证券期货投资者适当性管理办法》第 22 条明确禁止经营机构进行下列销售产品或者提供服务的活动：(1) 向不符合准入要求的投资者销售产品或者提供服务；(2) 向投资者就不确定事项提供确定性的判断，或者告知投资者有可能使其误认为具有确定性的意见；(3) 向普通投资者主动推介风险等级高于其风险承受能力的产品或者服务；(4) 向普通投资者主动推介不符合其投资目标的产品或者服务；(5) 向风险承受能力最低类别的投资者销售或者提供风险等级高于其风险承受能力的产品或者服务；(6) 其他违背适当性要求，损害投资者合法权益的行为。

这里有一个非常重要的前提就是，到底何谓专业投资者，何谓普通投资者。《证券期货投资者适当性管理办法》第 8 条规定，符合下列条件之一的是专业投资者：

(1) 经有关金融监管部门批准设立的金融机构，包括证券公司、期货公司、基金管理公司及其子公司、商业银行、保险公司、信托公司、财务公司等；经行业协会备案或者登记的证券公司子公司、期货公司子公司、私募基金管理人。

(2) 上述机构面向投资者发行的理财产品，包括但不限于证券公司资产管理产品、基金管理公司及其子公司产品、期货公司资产管理产品、银行理财产品、保险产品、信托产品、经行业协会备案的私募基金。

(3) 社会保障基金、企业年金等养老基金，慈善基金等社会公益基金，合格境外机构投资者（QFII）、人民币合格境外机构投资者（RQFII）。

(4) 同时符合下列条件的法人或者非法人组织：1) 最近 1 年末净资产不低于 2 000 万元；2) 最近 1 年末金融资产不低于 1 000 万元；3) 具有 2 年以上证券、基金、期货、黄金、外汇等投资经历。

(5) 同时符合下列条件的自然人：1) 金融资产不低于 500 万元，或者最近 3 年个人年均收入不低于 50 万元；2) 具有 2 年以上证券、基金、期货、黄金、外汇等投资经历，或者具有 2 年以上金融产品设计、投资、风险管理及相关工作经历，或者属于专业投资者的高级管理人员、获得职业资格认证的从事金融相关业务的注册会计师和律师。

前款所称金融资产，是指银行存款、股票、债券、基金份额、资产管理计划、银行理财产品、信托计划、保险产品、期货及其他衍生产品等。

《证券期货投资者适当性管理办法》第 10 条规定：专业投资者之外的投资者为普通投资者。经营机构应当按照有效维护投资者合法权益的要求，综合考虑收入来源、资产状况、债务、投资知识和经验、风险偏好、诚信状况等因素，确定普通投资者的风险承受能力，对其进行细化分类和管理。

《证券期货投资者适当性管理办法》第 11 条规定：普通投资者和专业投资者在一定条件下可以互相转化。符合该办法第 8 条第 4、5 项规定的专业投资者，可以书面告知经营机构选择成为普通投资者，经营机构应当对其履行相应的适当性义务。

符合下列条件之一的普通投资者可以申请转化成为专业投资者，但经营机构有权自主决定是否同意其转化：(1) 最近 1 年末净资产不低于 1 000 万元，最近 1 年末金融资产不低于 500 万元，且具有 1 年以上证券、基金、期货、黄金、外汇等投资经历的除专业投资者外的法人或其他组织。(2) 金融资产不低于 300 万元或者最近 3 年个人年均收入不低于 30 万元，且具有 1 年以上证券、基金、期货、黄金、外汇等投资经历或者 1 年以上金融产品设计、投资、风险管理及相关工作经历的自然人投资者。普通投资者申请成为专业投资者应当以书面形式向经营机构提出申请并确认自主承担可能产生的风险和后果，提供相关证明材料。经营机构应当通过追加了解信息、投资知识测试或者模拟交易等方式对投资者进行谨慎评估，确认其符合《证券期货投资者适当性管理办法》第 11 条规定的要求，说明对不同类别投资者履行适当性义务的差别，警示可能承担的投资风险，告知申请的审查结果及其理由。

对违反投资者适当性义务的法律责任，《证券期货投资者适当性管理办法》主要规定的是警告、罚款、证券市场禁入等行政法律责任，对于民事责任并未提及。《九民纪要》规定：金融产品发行人、销售者未尽适当性义务，导致金融消费者在购买金融产品过程中遭受损失的，金融消费者既可以请求金融产品的发行人承担赔偿责任，也可以请求金融产品的销售者承担赔偿责任，还可以请求金融产品的发行人、销售者共同承担连带赔偿责任。发行人、销售者请求人民法院明确各自的责任份额的，人民法院可以在判决发行人、销售者对金融消费者承担连带赔偿责任的同时，明确发行人、销售者在实际承担了赔偿责任后，有权向责任方追偿其应当承担的赔偿份额。金融服务提供者未尽适当性义务，导致金融消费者在接受金融服务后参与高风险等级投资活动遭受损失的，金融消费者可以请求金融服务提供者承担赔偿责任。

关于举证责任的分配以及抗辩事由，《九民纪要》规定：在案件审理过程中，金融消费者应当对购买产品（或者接受服务）、遭受的损失等事实承担举证责任。卖方机构对其是否履行了适当性义务承担举证责任。卖方机构不能提供其已经建立了金融产品（或者服务）的风险评估及相应管理制度、对金融消费者的风险认知、风险偏好和风险承受能力进行了测试、向金融消费者告知产品（或者服务）的收益和主要风险因素等相关证据的，应当承担举证不能的法律后果。

关于告知说明义务的履行，《九民纪要》规定：人民法院应当根据产品、投资活动的风险和金融消费者的实际情况，综合理性人能够理解的客观标准和金融消费者能够理解的主观标准来确定卖方机构是否已经履行了告知说明义务。卖方机构简单地以金融消费者手写了诸如“本人明确知悉可能存在本金损失风险”等内容主张其已经履行了告知说明义务，不能提供其他相关证据的，人民法院对其抗辩理由不予支持。

关于赔偿数额，金融机构如果违反适当性义务，要全部赔偿投资者的本金，在利息方面区分一般情形和卖方机构欺诈情形而有所不同。在一般情形下，利息按照中国人民银行发布的同期同类存款基准利率计算；在欺诈情形下，有约定按约定，没约定的，按照全国银行间同业拆借中心公布的贷款市场报价利率计算。同时需要注意的是，赔偿数额也坚持“填平原则”，不适用《消费者权益保护法》第 55 条规定的惩罚性赔偿责任。

## 二、股东权利征集制度

征集代理投票权制度是股东权利征集制度的一部分，股东权利征集制度是指请求上市公司股东委托其代为出席股东大会，并代为行使提案权、表决权等股东权利的行为。征集代理投票权制度只涉及表决权的征集。

《证券法》第 90 条规定，上市公司董事会、独立董事、持有 1%以上有表决权股份的股东或者依照法律、行政法规或者国务院证券监督管理机构的规定设立的投资者保护机构，可以作为征集人，自行或者委托证券公司、证券服务机构，公开请求上市公司股东委托其代为出席股东大会，并代为行使提案权、表决权等股东权利。依照前述规定征集股东权利的，征集人应当披露征集文件，上市公司应当予以配合。禁止以有偿或者变相有偿的方式公开征集股东权利。公开征集股东权利违反法律、行政法规或者国务院证券监督管理机构有关规定，导致上市公司或者其股东遭受损失的，应当承担损害赔偿责任。

股东权利征集制度的核心是表决权的征集，基础法律依据是《公司法》第 118 条的规定，股东委托代理人出席股东会会议的，应当明确代理人代理的事项，权限和期限；代理人应当向公司提交股东授权委托书，并在授权范围内行使表决权。《公司法》第 115 条规定，单独或者合计持有公司 1%以上股份的股东，可以在股东大会召开十日前提出临时提案并书面提交董事会。

（一）股东权利征集制度的主要内容

从《证券法》第 90 条的规定来看，股东权利征集制度的主要内容有：

（1）征集的主体，包括上市公司董事会、独立董事、持有 1%以上有表决权股份的股东和投资者保护机构。这说明，股东权利征集主要是公司内部人，限制了外部人的自发征集。同时，股东权利征集制度明确了投资者保护机构且对其不设持股比例的要求。

（2）征集方式可以是自行公开征集，也可以委托证券公司、证券服务机构公开征集，允许“代理征集”的存在。

（3）在征集的权利类型上，必备的是代为出席股东大会的权利，可选的是代为行使提案权、表决权等股东权利。

（4）在程序上，征集人应当披露征集文件，上市公司应当予以配合。

（二）股东权利征集中的禁止行为

主要是禁止有偿征集。证券法禁止以有偿或者变相有偿的方式公开征集股东权利，防止“买选票”的行为，因为参加股东大会等权利都属于股东身份性的权利。对于这一禁止的合理性有不少争议。比如，中小股东可能通常担忧征集成本与收益失衡而不愿意主动征集表决权。

（三）违规征集的法律责任

股东权利征集过程中，征集主体处于主动地位而被征集股东处于被动地位。与上市公司有关联关系的董事会、股东等，由于其自身利益的驱动，很难保证真正代表其他股东行使权利。①

《证券法》规定了违规征集表决权的民事责任和行政责任。在民事责任方面，《证券法》第 90 条第 4 款规定：公开征集股东权利违反法律、行政法规或者国务院证券监督管理机构有关规定，导致上市公司或者其股东遭受损失的，应当依法承担赔偿责任。这是一种无过错责任，依据则包含法律、行政法规或监管规定。在行政责任方面，《证券法》第 199 条规定：违反本法第 90 条的规定征集股东权利的，责令改正，给予警告，可以处 50 万元以下的罚款。

## 三、现金股利制度

《证券法》第 91 条规定：上市公司应当在章程中明确分配现金股利的具体安排和决策程序，依法保障股东的资产收益权。上市公司当年税后利润，在弥补亏损及提取法定公积金后有盈余的，应当按照公司章程的规定分配现金股利。

在 A 股市场上，存在着大量上市公司不愿意现金分红的现状。投资者对于现金分红制度的呼吁已持续多年。而关于现金分红的合理性，历来不乏争议。投资者投资股票，到底是依靠什么取得盈利？一种观点认为，要靠股息率（现金分红）来实现盈利。另一种观点则认为，要依靠价差来实现盈利，说白了就是要股票价格上涨。在发达资本市场，美国苹果公司曾经是出了名的一毛不拔的“铁公鸡”，但这并不妨碍其股价暴涨，投资苹果公司的大量中小投资者无疑享受到了股票增值带来的收益。只不过最近几年该公司现金流十分充裕，才不断地加大派

① 何海锋．证券法通识．北京：中国法制出版社，2022：249.

发股息的力度。特斯拉和谷歌也没有多少分红，但股价照样涨不停，成为典型的牛股。现金分红本质上是上市公司的一种商业决策，不进行现金分红，上市公司的盈余也将继续投入公司生产经营抑或是其他的并购战略，从某种意义上讲，这对证券投资者来说未必就是没有任何收益，相反，公司利润的增加可能带来的股价增长，对投资者来说或许更加有利。而从公司的股权结构来讲，在股权相对集中的上市公司，大股东或许更加期待上市公司实行现金分红，尤其是其股权尚未解禁并在二级市场上流通的情况下，现金分红更能保障他们的利益。

关于现金股利制度，中国证监会曾出台了《关于进一步落实上市公司现金分红有关事项的通知》《上市公司监管指引第 3 号——上市公司现金分红》，上海证券交易所发布了《上市公司现金分红指引》。《上市公司监管指引第 3 号——上市公司现金分红》第 4 条规定：上市公司应当在公司章程中明确现金分红相对于股票股利在利润分配中的优先顺序。为稳定市场分红预期，交易所鼓励公司采取固定比率的现金分红政策，以及在公司章程中明确各期现金分红最低比例。《上市公司监管指引第 3 号——上市公司现金分红》第 5 条规定，公司应当提出体现公司自身差异性的现金分红政策。

需要说明的是，《证券法》第 91 条的规定在本质上并没有“强制现金分红”，因为其仅仅是规定上市公司应当“在章程中明确分配现金股利的具体安排和决策程序”，“应当按照公司章程的规定分配现金股利”，这等于是给上市公司一个公司自治事项，只不过上市公司一旦把其写入章程，就必须严格执行。

## 四、债券投资者保护制度

债券是我国《证券法》规定的重要证券品种之一，债券持有人权益的保护受到 2019 年《证券法》的特别重视。除了投资者保护专章中规定的债券持有人会议制度，债券管理人制度也起到保护债券投资者的重要功能。

（一）债券持有人会议

1. 债券持有人会议概述

《证券法》第 92 条第 1 款规定：公开发行公司债券的，应当设立债券持有人会议，并应当在募集说明书中说明债券持有人会议的召集程序、会议规则和其他重要事项。2020 年 7 月 15 日，最高人民法院印发了《全国法院审理债券纠纷案件座谈会纪要》的通知（法〔2020〕185 号，以下简称《债券座谈会议纪要》）。《债券座谈会议纪要》指出：债券持有人会议是强化债券持有人权利主体地位、统一债券持有人立场的债券市场基础性制度，也是债券持有人指挥和监督受托管理人勤勉履职的专门制度安排。人民法院在案件审理过程中，要充分发挥债券持有人会议的议事平台作用，尊重债券持有人会议依法依规所作出决议的效力，保障受托管理人和诉讼代表人能够履行参与诉讼、债务重组、破产重整、和解、清算等债券持有人会议赋予的职责。对可能减损、让渡债券持有人利益的相关协议内容的表决，受托管理人和诉讼代表人必须忠实表达债券持有人的意愿。支持受托管理人开展代债券持有人行使担保物权、统一受领案件执行款等工作，切实保护债券持有人的合法权益。

《债券座谈会议纪要》规定：债券持有人会议根据债券募集文件规定的决议范围、议事方式和表决程序所作出的决议，除非存在法定无效事由，人民法院应当认定为合法有效，除以下例外事项，对全体债券持有人具有约束力。

（1）债券持有人会议的决议和债券受托管理协议是明确受托管理人和其他债券代表人的法律地位和参与诉讼、债务重组、破产重整、和解、清算等职责的依据。只有在债券持有人会议以受托管理人怠于行使职责为由作出自行主张权利的有效决议后，债券持有人才可以根据决议单独、共同或者代表其他债券持有人向人民法院提起诉讼、申请发行人破产重整或破产清算。

（2）在债券持有人会议决议授权受托管理人或者推选代表人代表部分债券持有人主张权利的情况下，其他债券持有人另行单独或者共同提起、参加民事诉讼，或者申请发行人破产重整、破产清算的，人民法院应当依法予以受理。

（3）债券持有人会议授权的受托管理人或者推选的代表人作出可能减损、让渡债券持有人利益的行为，在案件审理中与对方当事人达成调解协议，或者在破产程序中就发行人重整计划草案、和解协议进行表决时，如未获得债券持有人会议特别授权的，应当事先征求各债券持有人的意见或者由各债券持有人自行决定。

《证券法》第 92 条第 3 款规定，债券发行人未能按期兑付债券本息的，债券受托管理人可以接受全部或者部分债券持有人的委托，以自己名义代表债券持有人提起、参加民事诉讼或者清算程序。此外，该法还规定，公开发行公司债券筹集的资金，如果要改变资金用途，必须经债券持有人会议作出决议。

2. 债券持有人会议的召集和提案

根据《公司债券发行与交易管理办法》、《上海证券交易所公司债券上市规则（2023 年修订）》（上证发〔2023〕164 号）、《深圳证券交易所公司债券上市规则（2023 年修订）》（深证上〔2023〕974 号），债券存续期间，出现下列可能影响债券投资者权益的重大事项，需要投资者作出决定或授权采取相应措施的，受托管理人应当按照规定或者约定及时召集债券持有人会议：（1）拟变更债券募集说明书的约定；（2）拟修改债券持有人会议规则；（3）拟变更债券受托管理人或者受托管理协议的主要内容；（4）发行人已经或预计不能按期支付本息；（5）发行人发生减资、合并、分立、被托管、解散、申请破产或者依法进入破产程序等事项；（6）发行人提出债务重组方案；（7）发行人管理层不能正常履行职责，导致发行人偿债能力面临严重不确定性；（8）发行人或相关方无偿或以明显不合理低价处置发行人资产或者以发行人资产对外提供担保，导致发行人偿债能力面临严重不确定性；（9）增信机构、增信措施或者其他偿债保障措施发生重大变化且对债券持有人利益带来重大不利影响；（10）发行人、单独或者合计持有本期债券总额 10%以上的债券持有人书面提议召开的其他情形；（11）债券募集说明书约定的其他应当召开债券持有人会议的情形；（12）发生其他对债券持有人权益有重大影响的事项。前款规定的情形对债券持有人权益保护不会产生不利影响的，受托管理人可以按照相关规定或债券持有人会议规则的约定简化债券持有人会议召集程序或决议方式，但应当及时披露相关决议公告。

发行人、单独或者合计持有本期债券总额 10%以上的债券持有人书面提议召开持有人会议的，受托管理人应当自收到书面提议之日起 5 个交易日内向提议人书面回复是否召集持有人会议，并说明召集会议的具体安排或不召集会议的理由。同意召集会议的，受托管理人应当于书面回复日起 15 个交易日内召开持有人会议，提议人同意延期召开的除外。受托管理人不同意召集会议或者应当召集而未召集会议的，发行人、单独或者合计持有本期债券总额 10%以上的债券持有人有权自行召集债券持有人会议，受托管理人应当为召开债券持有人会议提供必要协助。

提交持有人会议审议的议案应当符合法律法规、证券交易所业务规则及债券持有人会议规则的相关规定或者约定，有利于保护债券持有人利益，具有明确并切实可行的决议事项。受托管理人拟召集持有人会议的，发行人、单独或者合计持有本期债券总额 10%以上的债券持有人可以提出议案，受托管理人应当将相关议案提交债券持有人会议审议。受托管理人应当就全部拟提交审议的议案与发行人、提议人及其他相关方充分沟通，对议案进行修改完善或协助提议人对议案进行修改完善。

3. 债券持有人会议的通知与公告

受托管理人或者自行召集债券持有人会议的提议人（以下简称召集人）应当至少于持有人会议召开日前10个交易日发布召开持有人会议的通知。债券持有人会议规则另有约定的，从其约定。召集人因临时突发事件认为需要紧急召集持有人会议以有利于持有人权益保护的，可以适当缩短会议通知的提前期限，但应当给予相关方充分讨论决策时间。

债券持有人会议通知的公告内容应当包括但不限于下列事项：(1) 债券基本情况。(2) 召集人、会务负责人姓名及联系方式。(3) 会议召集事由。(4) 会议时间和地点。(5) 会议召开形式。可以采用现场、非现场或者两者相结合的形式；会议以网络投票方式进行的，召集人应当披露网络投票办法、计票原则、投票方式、计票方式等信息。(6) 会议拟审议议案。(7) 会议议事程序，包括持有人会议的召集方式、表决方式、表决时间和其他相关事宜。(8) 债权登记日。应当为持有人会议召开日前1个交易日；有权参加持有人会议并享有表决权的债券持有人以债权登记日为准。(9) 委托事项。债券持有人委托参会的，参会人员应当出示授权委托书和身份证明，在授权范围内参加持有人会议并履行受托义务。会议拟审议议案应当最晚于债权登记日前公告，增补议案应当及时披露并给予相关方充分讨论决策时间。议案未按规定或者持有人会议规则的约定公告的，不得提交该次债券持有人会议审议。

4. 债券持有人会议的出席与表决

受托管理人可以作为征集人，征集债券持有人委托其代为出席债券持有人会议，并代为行使表决权。

债券持有人应当配合受托管理人召集持有人会议的相关工作，积极参加债券持有人会议，认真审议会议议案，审慎行使表决权，接受持有人会议通过的决议并配合推动决议的落实，依法理性维护自身合法权益。发行人、债券清偿义务承继方等关联方及债券增信机构应当按照召集人的要求出席债券持有人会议，接受债券持有人等相关方的问询，并就拟审议议案的落实安排发表明确意见。资信评级机构可以应召集人邀请列席会议，持续跟踪债券持有人会议动向，并及时披露跟踪评级结果。持有人会议应当由律师见证。见证律师对会议的召集、召开、表决程序、出席会议人员资格、有效表决权、决议的合法性及其效力等事项出具法律意见书。法律意见书应当与债券持有人会议决议一同披露。

债券持有人进行表决时，每一张未偿还的债券享有一票表决权。债券持有人会议规则另有约定的，从其约定。发行人、发行人的关联方以及对决议事项存在利益冲突的其他债券持有人应当回避表决。债券持有人会议对表决事项作出决议，经超过债券持有人会议规则约定比例的有表决权的债券持有人同意方可生效。持有人会议应当有书面会议记录，并由出席会议的召集人代表和见证律师签名。

5. 债券持有人会议决议的公告和效力

召集人应当最晚于债券持有人会议表决截止日次一交易日披露会议决议公告，会议决议公告包括但不限于以下内容：(1) 会议召开情况；(2) 出席会议的债券持有人所持表决权情况；(3) 会议有效性；(4) 各项议案的议题、表决结果及决议生效情况。

债券持有人根据法律法规、证券交易所制定的公司债券上市规则及债券募集说明书、持有人会议规则等文件约定的议事方式和表决程序形成的生效决议，受托管理人应当积极落实或者督促发行人和其他相关方予以落实。受托管理人应当按规定和约定及时披露决议落实的进展情况及后续安排。持有人会议决议需要发行人或其他相关方落实的，发行人或其他相关方应当按照相关规定或募集说明书的约定履行相关义务，并及时予以披露。发行人或其他相关方未按规定或约定落实持有人会议决议的，受托管理人应当及时采取有效应对措施，切实维护债券持有人法定或约定的权利。

（二）债券受托管理人制度

我国《证券法》第92条规定：公开发行公司债券的，发行人应当为债券持有人聘请债券受托管理人，并订立债券受托管理协议。受托管理人应当由本次发行的承销机构或者其他经国务院证券监督管理机构认可的机构担任，债券持有人会议可以决议变更债券受托管理人。债券受托管理人应当勤勉尽责，公正履行受托管理职责，不得损害债券持有人利益。债券发行人未能按期兑付债券本息的，债券受托管理人可以接受全部或者部分债券持有人的委托，以自己名义代表债券持有人提起、参加民事诉讼或者清算程序。

1. 债券受托管理人的职责

公开发行公司债券的受托管理人应当按规定或约定履行下列职责：(1) 持续关注发行人和保证人的资信状况、担保物状况、增信措施及偿债保障措施的实施情况，出现可能影响债券持有人重大权益的事项时，召集债券持有人会议。(2) 在债券存续期内监督发行人募集资金的使用情况。(3) 对发行人的偿债能力和增信措施的有效性进行全面调查和持续关注，并至少每年向市场公告一次受托管理事务报告。(4) 在债券存续期内持续督导发行人履行信息披露义务。(5) 预计发行人不能偿还债务时，要求发行人追加担保，并可以依法申请法定机关采取财产保全措施。(6) 在债券存续期内勤勉处理债券持有人与发行人之间的谈判或者诉讼事务。(7) 发行人为债券设定担保的，债券受托管理人应在债券发行前或债券募集说明书约定的时间内取得担保的权利证明或其他有关文件，并在增信措施有效期内妥善保管。(8) 发行人不能按期兑付债券本息或出现募集说明书约定的其他违约事件的，可以接受全部或部分债券持有人的委托，以自己名义代表债券持有人提起、参加民事诉讼或者破产等法律程序，或者代表债券持有人申请处置抵质押物。

非公开发行公司债券的，债券受托管理人应当按照债券受托管理协议的约定履行职责。

受托管理人为履行受托管理职责，有权代表债券持有人查询债券持有人名册及相关登记信息、专项账户中募集资金的存储与划转情况。证券登记结算机构应当予以配合。

2. 债券受托管理人的法律责任

关于民事责任，《债券座谈会议纪要》规定，受托管理人未能勤勉尽责公正履行受托管理职责，损害债券持有人合法利益，债券持有人请求其承担相应赔偿责任的，人民法院应当予以支持。

关于行政责任和刑事责任，根据《公司债券发行与交易管理办法》的规定，中国证监会可以对债券受托管理人采取责令改正、监管谈话、出具警示函、责令公开说明、责令定期报告等相关监管措施；依法应予行政处罚的，依照《证券法》《行政处罚法》等法律法规和中国证监会的有关规定进行处罚；涉嫌犯罪的，依法移送司法机关，追究其刑事责任。

此外，债券受托管理人违反信息披露要求的，可依照《证券法》中关于违反信息披露义务的法律规定进行处罚。

## 五、证券投资者保护基金制度

投资者保护基金制度是证券法对证券投资者尤其是中小投资者加强保护的重要基础性制度之一。我国《证券法》第126条规定：国家设立证券投资者保护基金。证券投资者保护基金由证券公司缴纳的资金及其他依法筹集的资金组成，其规模以及筹集、管理和使用的具体办法由国务院规定。

投资者保护基金实质上类似于一种存款保险安排，即通过向破产证券公司的合格客户先行提供限额赔付来弥补其损失，使其尽可能快地回复到原有状态，并防止风险的扩散。投资者保护基金的有效运行有赖于解决好三方面的问题，即谁出资（基金的来源）、谁管理（基金的管理主体和运作方式）和谁受益（基金补偿的对象及适用的损失/诉求种类）。在中国，此前采取的以央行再贷款全额收购被处置证券公司客户交易结算资金的做法，实际上相当于用财政拨款为投资者保护基金垫付了补偿金额。2005 年 6 月 30 日，《证券投资者保护基金管理办法》获得通过（2016 年 4 月 19 日修订，以下简称《办法》），设立了证券投资者保护基金。

（一）基本功能

不同于监管者的事前监管和中央银行存在不确定性的最后援助，证券投资者保护基金是遵循明确操作规则的事后处置（监管）机制，它主要通过提供给因证券公司发生危机而遭受损失的合格客户（投资者）适度补偿，发挥其作为金融安全网的作用。其基本功能有三：第一，风险补偿，即补偿遭受损失的证券投资者，尤其是中小投资者，通过消除他们的恐慌心理，避免将一家证券公司财务失败的不良影响传染给其他证券公司和客户。第二，危机处置，即加速处置陷入危机的证券公司，采取有效措施促成问题证券公司迅速退出市场，以避免发生机构倒闭的“多米诺骨牌”效应。第三，危机防范，即在市场正常时期，提供给投资者一个稳健的投资安全预期。①

（二）基金的筹集

根据《办法》，基金的来源主要有六个方面：（1）上海、深圳证券交易所在风险基金分别达到规定的上限后，将交易经手费的 20%纳入基金。（2）所有在中国境内注册的证券公司，按其营业收入的 0.5%～5%缴纳基金；经营管理或运作水平较差、风险较高的证券公司，应当按较高比例缴纳基金。各证券公司的具体缴纳比例由基金公司根据证券公司风险状况确定后，报证监会批准，并按年进行调整。证券公司缴纳的基金在其营业成本中列支。（3）发行股票、可转债等证券时，申购冻结资金的利息收入。（4）依法向有关责任方追偿所得和从证券公司破产清算中受偿收入。（5）国内外机构、组织及个人的捐赠。（6）其他合法收入。

基金公司设立时，财政部专户储存的历年认购新股冻结资金利差余额，一次性划入，作为基金公司的注册资本；中国人民银行安排发放专项再贷款，垫付基金的初始资金。专项再贷款余额的上限以国务院批准额度为准。

根据防范和处置证券公司风险的需要，基金公司可以多种形式进行融资；必要时，经国务院批准，基金公司可以通过发行债券等方式获得特别融资。基金公司因履行职责需要流动性支持时，中国证监会会同中国人民银行报请国务院批准后，可以向中国人民银行申请再贷款。

证券公司采用当年预缴、次年汇算清缴的方式缴纳基金。证券公司应在年度审计结束后，根据其审计后的收入和事先核定的比例确定需要缴纳的基金金额，并及时向基金公司申报清缴。

中国证券登记结算有限责任公司及各主承销商应于每季结息后 5 个工作日内，将证券发行申购冻结资金利息全额划入基金公司指定的账户；证券交易所应于每季后 10 个工作日内，将交易经手费中应纳入基金的部分划入基金公司指定的账户。

（三）基金的使用

《办法》规定，基金的用途为：（1）证券公司被撤销、被关闭、破产或被证监会实施行政接管、托管经营等强制性监管措施时，按照国家有关政策规定对债权人予以偿付。（2）国务院

① 洪艳蓉．证券投资者保护基金的功能与运作机制：基于比较法的制度完善．河北法学，2007（3）.

批准的其他用途。

为处置证券公司风险需要动用基金的，证监会根据证券公司的风险状况制定风险处置方案，基金公司制定基金使用方案，报经国务院批准后，由基金公司办理发放基金的具体事宜。基金公司使用基金偿付证券公司债权人后，取得相应的受偿权，依法参与证券公司的清算。

（四）监督管理

基金公司应依法合规运作，按照安全、稳健的原则履行对基金的管理职责，保证基金的安全。基金的资金运用限于银行存款、购买政府债券、中央银行票据、中央企业债券、信用等级较高的金融机构发行的金融债券以及国务院批准的其他资金运用形式。基金公司日常运营费用按照国家有关规定列支，具体支取范围、标准及预决算等由基金公司董事会制定，报财政部审批。

中国证监会负责基金公司的业务监管，监督基金的筹集、管理与使用。财政部负责基金公司的国有资产管理和财务监督。中国人民银行负责对基金公司向其借用再贷款资金的合规使用情况进行检查监督。基金公司应建立科学的业绩考评制度，并将考核结果定期报送中国证监会、财政部、中国人民银行。基金公司应建立信息报告制度，编制基金筹集、管理、使用的月报信息，报送中国证监会、财政部、中国人民银行。基金公司每年应向财政部专题报告财务收支及预算、决算执行情况，接受财政部的监督检查。基金公司每年应向中国人民银行专题报告再贷款资金的使用情况，接受中国人民银行的监督检查。

中国证监会应按年度向国务院报告基金公司运作和证券公司风险处置情况，同时抄送财政部、中国人民银行。证券公司、托管清算机构应按规定用途使用基金，不得将基金挪作他用。基金公司对使用基金的情况进行检查，并可委托中介机构进行专项审计。接受检查的证券公司或托管清算机构及有关单位、个人应予以配合。基金公司、证券公司及托管清算机构应妥善保管基金的收划款凭证、兑付清单及原始凭证，确保原始档案的完整性，并建立基金核算台账。

中国证监会负责监督证券公司按期足额缴纳基金以及按期向基金公司如实报送财务、业务等经营管理信息、资料和基金公司监测风险所需的涉及客户资金安全的数据、材料。证券公司违反前款规定的，中国证监会应按有关规定进行处理。对挪用、侵占或骗取基金的违法行为，依法严厉打击；对有关人员的失职行为，依法追究其责任；涉嫌犯罪的，移送司法机关依法追究其刑事责任。

## 思考题

1. 简述银行保险业金融消费者的主要权利。
2. 简述银行保险业金融机构的主要义务。
3. 简述投资者适当性义务的性质以及违反投资者适当性义务的法律责任。
4. 简述股东权利征集制度的主要内容、禁止行为以及法律责任。
5. 简述债券受托管理人的职责与法律责任。
6. 简述证券投资者保护基金的概念、资金来源以及其运用。

# 第十二章
# 证券民事诉讼与多元化纠纷解决机制

## 第一节　证券民事诉讼

本书已经在证券交易法律制度部分讲解了证券虚假陈述、内幕交易、操纵市场等证券违法行为的规制原理，本节，重点对证券民事诉讼的案由进行一个体系化的梳理，特别重要的是，对证券投资者权益保护具有特殊重要意义的证券纠纷代表人诉讼制度进行详细解读。

### 一、证券民事诉讼的类型

根据《证券法》的规定，从诉讼案由的角度来说，我国当前主要的证券民事诉讼的诉讼类型有以下几种。

（一）因证券公司及其从业人员欺诈客户提起的诉讼

我国《证券法》第 57 条规定，禁止证券公司及其从业人员从事下列损害客户利益的行为：(1) 违背客户的委托为其买卖证券。(2) 不在规定时间内向客户提供交易的确认文件。(3) 未经客户的委托，擅自为客户买卖证券，或者假借客户的名义买卖证券。(4) 为牟取佣金收入，诱使客户进行不必要的证券买卖。(5) 其他违背客户真实意思表示，损害客户利益的行为。

违反前述规定给客户造成损失的，应当依法承担赔偿责任。

（二）因持有上市公司股票的董事、监事、高级管理人员等在法律禁止期限内买卖股票，其他股东提起的诉讼。

我国《证券法》第 36 条规定：依法发行的证券，《公司法》和其他法律对其转让期限有限制性规定的，在限定的期限内不得转让。

上市公司持有 5%以上股份的股东、实际控制人、董事、监事、高级管理人员，以及其他持有发行人首次公开发行前发行的股份或者上市公司向特定对象发行的股份的股东，转让其持有的本公司股份的，不得违反法律、行政法规和国务院证券监督管理机构关于持有期限、卖出时间、卖出数量、卖出方式、信息披露等规定，并应当遵守证券交易所的业务规则。

我国《证券法》第 44 条规定：上市公司、股票在国务院批准的其他全国性证券交易场所交易的公司持有 5%以上股份的股东、董事、监事、高级管理人员，将其持有的该公司的股票或者其他具有股权性质的证券在买入后 6 个月内卖出，或者在卖出后 6 个月内又买入，由此所得收益归该公司所有，公司董事会应当收回其所得收益。但是，证券公司因购入包销售后剩余股票而持有 5%以上股份，以及有国务院证券监督管理机构规定的其他情形的除外。

前款所称董事、监事、高级管理人员、自然人股东持有的股票或者其他具有股权性质的证券，包括其配偶、父母、子女持有的及利用他人账户持有的股票或者其他具有股权性质的证券。

公司董事会不按照第 1 款规定执行的，股东有权要求董事会在 30 日内执行。公司董事会未在上述期限内执行的，股东有权为了公司的利益以自己的名义直接向人民法院提起诉讼。

公司董事会不按照第 1 款的规定执行的，负有责任的董事依法承担连带责任。

（三）因公司并购重组中的侵权行为提起的诉讼

我国《证券法》第 196 条规定：收购人未按照本法规定履行上市公司收购的公告、发出收购要约义务的，责令改正，给予警告，并处以 50 万元以上 500 万元以下的罚款。对直接负责的主管人员和其他直接责任人员给予警告，并处以 20 万元以上 200 万元以下的罚款。收购人及其控股股东、实际控制人利用上市公司收购，给被收购公司及其股东造成损失的，应当依法承担赔偿责任。

（四）因采取不正当手段操纵证券市场行为提起的诉讼

我国《证券法》第 55 条规定，禁止任何人以下列手段操纵证券市场，影响或者意图影响证券交易价格或者证券交易量：(1) 单独或者通过合谋，集中资金优势、持股优势或者利用信息优势联合或者连续买卖。(2) 与他人串通，以事先约定的时间、价格和方式相互进行证券交易。(3) 在自己实际控制的账户之间进行证券交易。(4) 不以成交为目的，频繁或者大量申报并撤销申报。(5) 利用虚假或者不确定的重大信息，诱导投资者进行证券交易。(6) 对证券、发行人公开作出评价、预测或者投资建议，并进行反向证券交易。(7) 利用在其他相关市场的活动操纵证券市场。(8) 操纵证券市场的其他手段。

操纵证券市场行为给投资者造成损失的，行为人应当依法承担赔偿责任。

（五）因发行证券的公司的内幕交易提起的诉讼

我国《证券法》第 53 条规定：证券交易内幕信息的知情人和非法获取内幕信息的人，在内幕信息公开前，不得买卖该公司的证券，或者泄露该信息，或者建议他人买卖该证券。持有或者通过协议、其他安排与他人共同持有公司 5%以上股份的自然人、法人、非法人组织收购上市公司的股份，《证券法》另有规定的，适用其规定。内幕交易行为给投资者造成损失的，行为人应当依法承担赔偿责任。

（六）对证券服务机构提起的诉讼

我国《证券法》第 161 条规定，证券投资咨询机构及其从业人员从事证券服务业务不得有下列行为：(1) 代理委托人从事证券投资。(2) 与委托人约定分享证券投资收益或者分担证券投资损失。(3) 买卖本证券投资咨询机构提供服务的证券。(4) 法律、行政法规禁止的其他行为。

有前款所列行为之一，给投资者造成损失的，应当依法承担赔偿责任。

我国《证券法》第 163 条规定：证券服务机构为证券的发行、上市、交易等证券业务活动制作、出具审计报告及其他鉴证报告、资产评估报告、财务顾问报告、资信评级报告或者法律意见书等文件，应当勤勉尽责，对所依据的文件资料内容的真实性、准确性、完整性进行核查和验证。其制作、出具的文件有虚假记载、误导性陈述或者重大遗漏，给他人造成损失的，应当与委托人承担连带赔偿责任，但是能够证明自己没有过错的除外。

（七）因证券公司承销或者代理买卖未经核准擅自公开发行的证券提起的诉讼

我国《证券法》第 24 条规定：国务院证券监督管理机构或者国务院授权的部门对已作出的证券发行注册的决定，发现不符合法定条件或者法定程序，尚未发行证券的，应当予以撤销，停止发行。已经发行尚未上市的，撤销发行注册决定，发行人应当按照发行价并加算银行同期存款利息返还证券持有人；发行人的控股股东、实际控制人以及保荐人，应当与发行人承担连带责任，但是能够证明自己没有过错的除外。股票的发行人在招股说明书等证券发行文件中隐瞒重要事实或者编造重大虚假内容，已经发行并上市的，国务院证券监督管理机构可以责令发行人回购证券，或者责令负有责任的控股股东、实际控制人买回证券。

（八）因“股评”人员的过错提起的诉讼

我国《证券法》第56条规定：禁止任何单位和个人编造、传播虚假信息或者误导性信息，扰乱证券市场。禁止证券交易场所、证券公司、证券登记结算机构、证券服务机构及其从业人员，证券业协会、证券监督管理机构及其工作人员，在证券交易活动中作出虚假陈述或者信息误导。各种传播媒介传播证券市场信息必须真实、客观，禁止误导。传播媒介及其从事证券市场信息报道的工作人员不得从事与其工作职责发生利益冲突的证券买卖。编造、传播虚假信息或者误导性信息，给投资者造成损失的，行为人应当依法承担赔偿责任。

（九）投资人因上市公司在报告或其他披露文件中的虚假陈述提起的诉讼

我国《证券法》第85条规定：信息披露义务人未按照规定披露信息，或者公告的证券发行文件、定期报告、临时报告及其他信息披露资料存在虚假记载、误导性陈述或者重大遗漏，致使投资者在证券交易中遭受损失的，信息披露义务人应当承担赔偿责任；发行人的控股股东、实际控制人、董事、监事、高级管理人员和其他直接责任人员以及保荐人、承销的证券公司及其直接责任人员，应当与发行人承担连带赔偿责任，但是能够证明自己没有过错的除外。

## 二、证券纠纷代表人诉讼制度

（一）普通代表人诉讼和特别代表人诉讼

从诉讼程序的角度来看，证券民事赔偿案件的原告可以选择单独诉讼或者共同诉讼的方式提起诉讼。根据2023年修订的《民事诉讼法》的规定，当事人一方或者双方为二人以上，其诉讼标的是共同的，或者诉讼标的是同一种类、人民法院认为可以合并审理并经当事人同意的，为共同诉讼。共同诉讼的一方当事人对诉讼标的有共同权利义务的，其中一人的诉讼行为经其他共同诉讼人承认，对其他共同诉讼人发生效力；对诉讼标的没有共同权利义务的，其中一人的诉讼行为对其他共同诉讼人不发生效力。当事人一方人数众多的共同诉讼，可以由当事人推选代表人进行诉讼。代表人的诉讼行为对其所代表的当事人发生效力，但代表人变更、放弃诉讼请求或者承认对方当事人的诉讼请求，进行和解，必须经被代表的当事人同意。

《民事诉讼法》第57条规定：诉讼标的是同一种类、当事人一方人数众多在起诉时人数尚未确定的，人民法院可以发出公告，说明案件情况和诉讼请求，通知权利人在一定期间向人民法院登记。向人民法院登记的权利人可以推选代表人进行诉讼；推选不出代表人的，人民法院可以与参加登记的权利人商定代表人。代表人的诉讼行为对其所代表的当事人发生效力，但代表人变更、放弃诉讼请求或者承认对方当事人的诉讼请求，进行和解，必须经被代表的当事人同意。人民法院作出的判决、裁定，对参加登记的全体权利人发生效力。未参加登记的权利人在诉讼时效期间提起诉讼的，适用该判决、裁定。

我国《证券法》在《民事诉讼法》的基础上更进一步，规定：投资者提起虚假陈述等证券民事赔偿诉讼时，诉讼标的是同一种类，且当事人一方人数众多的，可以依法推选代表人进行诉讼。对按照前述规定提起的诉讼，可能存在有相同诉讼请求的其他众多投资者的，人民法院可以发出公告，说明该诉讼请求的案件情况，通知投资者在一定期间向人民法院登记。人民法院作出的判决、裁定，对参加登记的投资者发生效力。

《证券法》第 95 条还规定了“默示加入，明示退出”的诉讼机制，即投资者保护机构受五十名以上投资者委托，可以作为代表人参加诉讼，并为经证券登记结算机构确认的权利人依照前款规定向人民法院登记，但投资者明确表示不愿意参加该诉讼的除外。

2020 年 7 月 23 日，最高人民法院审判委员会第 1808 次会议通过了《最高人民法院关于证券纠纷代表人诉讼若干问题的规定》（以下简称《代表人诉讼规定》）。根据《代表人诉讼规定》，证券纠纷代表人诉讼可以分为普通代表人诉讼和特别代表人诉讼。

普通代表人诉讼是依据《民事诉讼法》第 55 条、第 56 条和《证券法》第 95 条第 1 款、第 2 款规定提起的诉讼；特别代表人诉讼是依据《证券法》第 95 条第 3 款规定提起的诉讼。

普通代表人诉讼是指 10 人以上的共同诉讼，可以推选 2 至 5 名代表进行诉讼。人民法院受理案件后通过裁定方式确定具有相同诉讼请求的权利人范围（受损股民），并发布公告，通知相关权利人在指定期间到人民法院登记。登记后即取得原告资格，参与该普通代表人诉讼，并受诉讼结果约束。而没有在公告指定期间到人民法院登记的股民，后续仍然可以提起诉讼，人民法院可以裁定适用前述已经生效的普通诉讼代表人的裁判或裁决。

特别代表人诉讼即根据前述《证券法》第 95 条，由投资者保护机构提起的代表人诉讼，也被称为中国版的证券集团诉讼。特别代表人诉讼的代表人为法律规定的投资者保护机构，即中证中小投资者服务中心有限责任公司和中国证券投资者保护基金有限责任公司。

不难看出，证券纠纷普通代表人诉讼和特别代表人诉讼有如下区别：

（1）诉讼代表人不同。普通代表人诉讼的代表人是受害投资者。特别代表人诉讼虽在形式上被冠以“代表人”的帽子，但其本质上具有“纯粹为他人利益”之特征，提起诉讼的“代表人”实际上是投资者保护机构。

（2）诉讼加入原则不同。相较普通代表人诉讼的“明示加入”，特别代表人诉讼是“默示加入”，这无疑能够扩大投资者保护的范围，更好地发挥对违法行为的威慑作用。

（3）诉讼效果不同。相较普通代表人诉讼，特别代表人诉讼能够一次性解决纠纷，但也意味着相关责任人短期内面临巨额赔偿，增大了破产风险，增加获得赔偿的不确定性。权利登记是普通代表人诉讼中特有的一道程序，特别代表人诉讼采用默示加入的原则，想要加入证券集体诉讼的投资者无须登记，判决即对其生效并适用，因此，两种代表人诉讼中的权利登记具有不同的含义。

### （二）《代表人诉讼规定》的主要内容

#### 1. 证券纠纷代表人诉讼适用的案件范围

《代表人诉讼规定》明确指出，证券纠纷代表人诉讼包括因证券市场虚假陈述、内幕交易、操纵市场等行为引发的普通代表人诉讼和特别代表人诉讼。

#### 2. 普通代表人诉讼与特别代表人诉讼的关系

一方面，特别代表人诉讼是普通代表人诉讼的特殊情形。人民法院审理特别代表人诉讼案件，没有规定的，适用普通代表人诉讼中关于起诉时当事人人数尚未确定的代表人诉讼的相关规定。另一方面，特别代表人诉讼具有优先级。先受理的人民法院不具有特别代表人诉讼管辖权的，应当将案件及时移送有管辖权的人民法院。此外，相比于非代表人诉讼，无论是普通代表人诉讼还是特别代表人诉讼，都具有优先性。根据《民事诉讼法》的规定，人民法院的裁判在登记的当事人范围内执行。未参加登记的权利人提起诉讼，人民法院认定其请求成立的，裁定适用人民法院已作出的判决、裁定。这是代表人诉讼的扩张力所在。为保障这一扩张力，《代表人诉讼规定》明确，原则上代表人诉讼优先审理，非代表人诉讼中止审理，例外情况是非代表人诉讼案件具有典型性且先行审理有利于及时解决纠纷，比如示范性诉讼。

3. 案件管辖

证券纠纷代表人诉讼案件，由省、自治区、直辖市人民政府所在的市、计划单列市和经济特区中级人民法院或者专门人民法院管辖。对多个被告提起的诉讼，由发行人住所地有管辖权的中级人民法院或者专门人民法院管辖；对发行人以外的主体提起的诉讼，由被告住所地有管辖权的中级人民法院或者专门人民法院管辖。特别代表人诉讼案件，由涉诉证券集中交易的证券交易所、国务院批准的其他全国性证券交易场所所在地的中级人民法院或者专门人民法院管辖。

4. 普通代表人诉讼的起诉条件

符合以下条件的，人民法院应当适用普通代表人诉讼程序进行审理：(1) 原告一方人数十人以上，起诉符合民事诉讼法第 122 条规定和共同诉讼条件。(2) 起诉书中确定二至五名拟任代表人且符合《代表人诉讼规定》第 12 条规定的代表人条件。(3) 原告提交有关行政处罚决定、刑事裁判文书、被告自认材料、证券交易所和国务院批准的其他全国性证券交易场所等给予的纪律处分或者采取的自律管理措施等证明证券侵权事实的初步证据。不符合前述规定的，人民法院应当适用非代表人诉讼程序进行审理。

5. 权利登记范围与登记公告

对起诉时当事人人数尚未确定的代表人诉讼，在发出权利登记公告前，人民法院可以通过阅卷、调查、询问和听证等方式对被诉证券侵权行为的性质、侵权事实等进行审查，并在受理后 30 日内以裁定的方式确定具有相同诉讼请求的权利人范围。当事人对权利人范围有异议的，可以自裁定送达之日起 10 日内向上一级人民法院申请复议，上一级人民法院应当在 15 日内作出复议裁定。

人民法院应当在权利人范围确定后五日内发出权利登记公告，通知相关权利人在指定期间登记。权利登记公告应当包括以下内容：(1) 案件情况和诉讼请求；(2) 被告的基本情况；(3) 权利人范围及登记期间；(4) 起诉书中确定的拟任代表人人选姓名或者名称、联系方式等基本信息；(5) 自愿担任代表人的权利人，向人民法院提交书面申请和相关材料的期限；(6) 人民法院认为必要的其他事项。

公告应当以醒目的方式提示，代表人的诉讼权限包括代表原告参加开庭审理，变更、放弃诉讼请求或者承认对方当事人的诉讼请求，与被告达成调解协议，提起或者放弃上诉，申请执行，委托诉讼代理人等，参加登记视为对代表人进行特别授权。公告期间为 30 日。

权利人应在公告确定的登记期间向人民法院登记。未按期登记的，可在一审开庭前向人民法院申请补充登记，补充登记前已经完成的诉讼程序对其发生效力。权利登记可以依托电子信息平台进行。权利人进行登记时，应当按照权利登记公告要求填写诉讼请求金额、收款方式、电子送达地址等事项，并提供身份证明文件、交易记录及投资损失等证据材料。

人民法院在登记期间届满后 10 日内对登记的权利人进行审核。不符合权利人范围的投资者，人民法院不确认其原告资格。权利登记公告前已就同一证券违法事实提起诉讼且符合权利人范围的投资者，申请撤诉并加入代表人诉讼的，人民法院应当予以准许。投资者申请撤诉并加入代表人诉讼的，列为代表人诉讼的原告，已经收取的诉讼费予以退还；不申请撤诉的，人民法院不准许其加入代表人诉讼，原诉讼继续进行。人民法院应当将审核通过的权利人列入代表人诉讼原告名单，并通知全体原告。

6. 代表人的条件

代表人应当符合以下条件：(1) 自愿担任代表人；(2) 拥有相当比例的利益诉求份额；(3) 本人或者其委托诉讼代理人具备一定的诉讼能力和专业经验；(4) 能忠实、勤勉地履行维护全体原告利益的职责。

依照法律、行政法规或者国务院证券监督管理机构的规定设立的投资者保护机构作为原告参与诉讼，或者接受投资者的委托指派工作人员或委派诉讼代理人参与案件审理活动的，人民法院可以指定该机构为代表人，或者在被代理的当事人中指定代表人。申请担任代表人的原告存在与被告有关联关系等可能影响其履行职责情形的，人民法院对其申请不予准许。

7. 代表人的确定

在起诉时当事人人数确定的代表人诉讼，应当在起诉前确定获得特别授权的代表人，并在起诉书中就代表人的推选情况作出专项说明。在起诉时当事人人数尚未确定的代表人诉讼，应当在起诉书中就拟任代表人人选及条件作出说明。在登记期间向人民法院登记的权利人对拟任代表人人选均没有提出异议，并且登记的权利人无人申请担任代表人的，人民法院可以认定由该二至五名人选作为代表人。在登记期间向人民法院登记的权利人对拟任代表人的人选提出异议，或者申请担任代表人的，人民法院应当自原告范围审核完毕后 10 日内在自愿担任代表人的原告中组织推选。代表人的推选实行一人一票，每位代表人的得票数应当不少于参与投票人数的 50%。代表人人数为二至五名，按得票数排名确定，通过投票产生二名以上代表人的，为推选成功。首次推选不出的，人民法院应当即时组织原告在得票数前五名的候选人中进行二次推选。依据前述规定推选不出代表人的，由人民法院指定。人民法院指定代表人的，应当将投票情况、诉讼能力、利益诉求份额等作为考量因素，并征得被指定代表人的同意。代表人确定后，人民法院应当进行公告。原告可以自公告之日起 10 日内向人民法院申请撤回权利登记，并可以另行起诉。代表人因丧失诉讼行为能力或者其他事由影响案件审理或者可能损害原告利益的，人民法院依原告申请，可以决定撤销代表人资格。代表人不足二人时，人民法院应当补充指定代表人。

8. 对代表人的监督

代表人与被告达成调解协议草案的，应当向人民法院提交制作调解书的申请书及调解协议草案。申请书应当包括以下内容：(1) 原告的诉讼请求、案件事实以及审理进展等基本情况；(2) 代表人和委托诉讼代理人参加诉讼活动的情况；(3) 调解协议草案对原告的有利因素和不利影响；(4) 对诉讼费以及合理的公告费、通知费、律师费等费用的分摊及理由；(5) 需要特别说明的其他事项。

人民法院经初步审查，认为调解协议草案不存在违反法律、行政法规的强制性规定、违背公序良俗以及损害他人合法权益等情形的，应当自收到申请书后 10 日内向全体原告发出通知。通知应当包括以下内容：(1) 调解协议草案；(2) 代表人请求人民法院制作调解书的申请书；(3) 对调解协议草案发表意见的权利以及方式、程序和期限；(4) 原告有异议时，召开听证会的时间、地点及报名方式；(5) 人民法院认为需要通知的其他事项。

对调解协议草案有异议的原告，有权出席听证会或者以书面方式向人民法院提交异议的具体内容及理由。异议人未出席听证会的，人民法院应当在听证会上公开其异议的内容及理由，代表人及其委托诉讼代理人、被告应当进行解释。代表人和被告可以根据听证会的情况，对调解协议草案进行修改。人民法院应当将修改后的调解协议草案通知所有原告，并对修改的内容作出重点提示。人民法院可以根据案件的具体情况，决定是否再次召开听证会。

人民法院应当综合考虑当事人赞成和反对意见、本案所涉法律和事实情况、调解协议草案的合法性、适当性和可行性等因素，决定是否制作调解书。人民法院准备制作调解书的，应当通知提出异议的原告，告知其可以在收到通知后 10 日内向人民法院提交退出调解的申请。未在上述期间内提交退出申请的原告，视为接受。申请退出的期间届满后，人民法院应当在10日内制作调解书。调解书经代表人和被告签收后，对被代表的原告发生效力。人民法院对申请退出原告的诉讼继续审理，并依法作出相应判决。

代表人变更或者放弃诉讼请求、承认对方当事人诉讼请求、决定撤诉的，应当向人民法院提交书面申请，并通知全体原告。人民法院收到申请后，应当根据原告所提异议情况，依法裁定是否准许。对于代表人依据前述规定提交的书面申请，原告自收到通知之日起十日内未提出异议的，人民法院可以裁定准许。

9. 特别代表人诉讼的专门规定

人民法院已经根据民事诉讼法和证券法的规定发布权利登记公告的，投资者保护机构在公告期间受五十名以上权利人的特别授权，可以作为代表人参加诉讼。先受理的人民法院不具有特别代表人诉讼管辖权的，应当将案件及时移送有管辖权的人民法院。不同意加入特别代表人诉讼的权利人可以提交退出声明，原诉讼继续进行。

权利人范围确定后，人民法院应当发出权利登记公告。权利登记公告除《代表人诉讼规定》第7条的内容外，还应当包括投资者保护机构基本情况、对投资者保护机构的特别授权、投资者声明退出的权利及期间、未声明退出的法律后果等。

投资者明确表示不愿意参加诉讼的，应当在公告期间届满后15日内向人民法院声明退出。未声明退出的，视为同意参加该代表人诉讼。对于声明退出的投资者，人民法院不再将其登记为特别代表人诉讼的原告，该投资者可以另行起诉。

投资者保护机构依据公告确定的权利人范围向证券登记结算机构调取的权利人名单，人民法院应当予以登记，列入代表人诉讼原告名单，并通知全体原告。诉讼过程中由于声明退出等原因导致明示授权投资者的数量不足50名的，不影响投资者保护机构的代表人资格。

针对同一代表人诉讼，原则上应当由一个投资者保护机构作为代表人参加诉讼。两个以上的投资者保护机构分别受五十名以上投资者委托，且均决定作为代表人参加诉讼的，应当协商处理；协商不成的，由人民法院指定其中一个作为代表人参加诉讼。

投资者保护机构应当采取必要措施，保障被代表的投资者持续了解案件审理的进展情况，回应投资者的诉求。对投资者提出的意见和建议不予采纳的，应当对投资者做好解释工作。

特别代表人诉讼案件不预交案件受理费。败诉或者部分败诉的原告申请减交或者免交诉讼费的，人民法院应当依照《诉讼费用交纳办法》的规定，视原告的经济状况和案件的审理情况决定是否准许。

投资者保护机构作为代表人在诉讼中申请财产保全的，人民法院可以不要求提供担保。人民法院审理特别代表人诉讼案件，没有专门规定的，适用普通代表人诉讼中关于起诉时当事人人数尚未确定的代表人诉讼的相关规定。

此外，《中国证监会关于做好投资者保护机构参加证券纠纷特别代表人诉讼相关工作的通知》（证监发〔2020〕67号）对特别代表人诉讼的保障机制作了进一步的安排。

## 第二节 证券多元化纠纷解决机制

在证券纠纷的解决方面，除了传统的证券民事诉讼，还有诸多的替代性的纠纷解决机制，它们共同组成了证券多元化纠纷解决机制。本节重点介绍证券先行赔付制度、证券行政执法当事人承诺制度、投资者保护机构调解制度、投资者保护机构支持起诉制度、投资者保护机构提起股东代位诉讼制度。

## 一、证券先行赔付制度

《证券法》第 93 条规定：发行人因欺诈发行、虚假陈述或者其他重大违法行为给投资者造成损失的，发行人的控股股东、实际控制人、相关的证券公司可以委托投资者保护机构，就赔偿事宜与受到损失的投资者达成协议，予以先行赔付。先行赔付后，可以依法向发行人以及其他连带责任人追偿。《中国证券监督管理委员会公告〔2023〕4 号——关于公布公开发行证券的公司信息披露内容与格式准则第 57 号——招股说明书的公告》第 93 条中，“与投资者保护相关的承诺”的内容就包括“发行人因欺诈发行、虚假陈述或者其他重大违法行为给投资者造成损失的，发行人控股股东、实际控制人、相关证券公司自愿作出先行赔付投资者的承诺（如有）”。

先行赔付的确立有利于构建完整的投资者保护体系。先行赔付的适用有助于避免审判解决纠纷的零和结果和僵化性，充分、及时保护投资者权益，并且有利于快速稳定证券市场秩序。

先行赔付制度的主要内容有以下几个方面。

1. 先行赔付的适用范围

先行赔付适用范围包括欺诈发行、虚假陈述或者其他重大违法行为造成投资者损失的情形。其中其他重大违法行为包括给投资者造成损失的内幕交易、操纵市场等违法行为。

2. 先行赔付的适用主体

主体限于发行人的控股股东、实际控制人、相关的证券公司，会计师事务所、律师事务所等证券服务机构不在此列。

3. 先行赔付的性质

《证券法》第 93 条规定的先行赔付使用了“可以委托”的表述，《中国证券监督管理委员会公告〔2023〕4 号——关于公布公开发行证券的公司信息披露内容与格式准则第 57 号——招股说明书的公告》中对该部分内容描述的也是“如有”。由此可以认为，先行赔付在性质上属于诉讼外的和解，强调的是当事人之间的自愿，并非强制义务。

4. 先行赔付的实施

《证券法》第 93 条关于先行赔付义务可以委托投资者保护机构进行的规定属于选择性规范，意味着并未排除发行人的控股股东、实际控制人、相关的证券公司就赔偿事宜直接与受到损失的投资者达成协议予以先行赔付的做法。

5. 先行赔付人的追偿权

先赔付人可以在先行赔付后，依法向发行人以及其他连带责任人追偿。

## 二、证券行政执法当事人承诺制度

2021 年 9 月 8 日，国务院第 148 次常务会议通过了《证券期货行政执法当事人承诺制度实施办法》（以下简称《当事人承诺制度办法》）。《当事人承诺制度办法》发布实施后，资本市场行政和解制度试行结束，开始推行行政执法当事人承诺制度。行政执法当事人承诺与行政处罚、行政监管措施都属于证监会的公共执法权限，构成其行政执法体系。①

### （一）概念和意义

根据《当事人承诺制度办法》，行政执法当事人承诺，是指国务院证券监督管理机构对涉

---

① 张政燕．资本市场行政执法当事人承诺实施问题研究．证券市场导报，2023（8）．

嫌证券期货违法的单位或者个人进行调查期间，被调查的当事人承诺纠正涉嫌违法行为、赔偿有关投资者损失、消除损害或者不良影响并经国务院证券监督管理机构认可，当事人履行承诺后国务院证券监督管理机构终止案件调查的行政执法方式。行政执法当事人承诺制度是国际上较为成熟的一种行政执法方式，是化解资本市场执法面临的“查处难”与市场要求“查处快”之间矛盾的有力武器。

相比于行政处罚的刚性，证券期货行政执法当事人承诺制度可谓刚柔相济，提高了违法成本，增强了监管实效。一方面，它允许当事人主动纠错，以上市公司或中介机构等市场主体自愿、主动补偿违法行为所致的投资者损失为路径，有效节约执法成本，提高执法效能。另一方面，当事人交纳的承诺金可使投资者获得及时有效救济，有利于保护投资者合法权益。当事人不仅要付出较高的经济代价，增加敬畏法律之心，而且还要采取自我核查整改、完善内部控制制度、增加合规检查频次、主动调整相关业务等措施，以纠正涉嫌违法行为，消除损害或者不良影响。对于整个市场而言，这就是及时化解社会矛盾，稳定市场预期，消除有关隐患，有助于确保证券期货市场健康高效运行。

需要强调的是，我国资本市场建设坚持“建制度、不干预、零容忍”方针，行政执法当事人承诺制度丰富了对市场主体违法行为的惩戒样态，正是坚持“零容忍”要求的具体体现，它并不意味着当事人可以“花钱买平安”。

### （二）行政执法当事人承诺制度的负面清单

有下列情形之一的，国务院证券监督管理机构对适用行政执法当事人承诺的申请不予受理：(1) 当事人因证券期货犯罪被判处刑罚，自刑罚执行完毕之日起未逾 3 年，或者因证券期货违法行为受到行政处罚，自行政处罚执行完毕之日起未逾 1 年。(2) 当事人涉嫌证券期货犯罪，依法应当移送司法机关处理。(3) 当事人涉嫌证券期货违法行为情节严重、社会影响恶劣。(4) 当事人已提出适用行政执法当事人承诺的申请但未被受理，或者其申请已被受理但其作出的承诺未获得国务院证券监督管理机构认可，没有新事实、新理由，就同一案件再次提出申请。(5) 当事人因自身原因未履行或者未完全履行经国务院证券监督管理机构认可的承诺，就同一案件再次提出申请。(6) 国务院证券监督管理机构基于审慎监管原则认为不适用行政执法当事人承诺的其他情形。

### （三）程序

#### 1. 申请与受理

当事人自收到国务院证券监督管理机构案件调查法律文书之日至国务院证券监督管理机构作出行政处罚决定前，可以依照《证券法》等法律和《当事人承诺制度办法》的规定，申请适用行政执法当事人承诺。国务院证券监督管理机构应当在送达当事人的案件调查法律文书中告知其有权依法申请适用行政执法当事人承诺。

当事人申请适用行政执法当事人承诺，应当提交申请书以及相关申请材料。申请书应当载明下列事项：(1) 当事人的基本情况；(2) 提出申请的主要事实和理由；(3) 当事人已采取或者承诺采取的纠正涉嫌违法行为、赔偿有关投资者损失、消除损害或者不良影响的措施；(4) 国务院证券监督管理机构规定的其他事项。当事人应当对其所提交材料的真实性、准确性、完整性负责。

国务院证券监督管理机构应当自收到当事人完整的申请材料之日起 20 个工作日内，作出受理或者不予受理的决定。决定受理的，发给受理通知书；决定不予受理的，应当书面通知当事人并说明理由。国务院证券监督管理机构受理申请后，在与当事人签署承诺认可协议前，不停止对案件事实的调查。

2. 和解协商

国务院证券监督管理机构自受理申请之日起，可以根据当事人涉嫌违法行为造成的损失、损害或者不良影响等情况，就适用行政执法当事人承诺相关事项与当事人进行沟通协商。当事人提交的材料以及在沟通协商时所作的陈述，只能用于实施行政执法当事人承诺。

国务院证券监督管理机构与当事人进行沟通协商的期限为 6 个月。经国务院证券监督管理机构主要负责人或者其授权的其他负责人批准，可以延长沟通协商的期限，但延长的期限最长不超过 6 个月。国务院证券监督管理机构与当事人沟通协商应当当面进行，并制作笔录。国务院证券监督管理机构与当事人进行沟通协商的工作人员不得少于 2 人，并应当向当事人出示执法证件。国务院证券监督管理机构与当事人进行沟通协商的工作人员不得违反规定会见当事人及其委托的人。

国务院证券监督管理机构相关工作人员与案件有直接利害关系或者有其他关系，可能影响公正执法的，应当回避。当事人认为国务院证券监督管理机构相关工作人员有前述规定情形的，有权申请其回避。当事人提出回避申请，应当说明理由。国务院证券监督管理机构应当自当事人提出回避申请之日起 3 日内作出决定，并书面告知当事人。决定作出之前，被申请回避的人员不停止相关工作。

3. 承诺认可协议的签订与执行

国务院证券监督管理机构经与当事人沟通协商，认可当事人作出的承诺的，应当与当事人签署承诺认可协议。承诺认可协议应当载明下列事项：(1) 申请适用行政执法当事人承诺的事由；(2) 当事人涉嫌违法行为的主要事实；(3) 当事人承诺采取的纠正涉嫌违法行为、赔偿有关投资者损失、消除损害或者不良影响的具体措施；(4) 承诺金数额及交纳方式；(5) 当事人履行承诺的期限；(6) 保障当事人商业秘密、个人隐私等权利的措施；(7) 需要载明的其他事项。承诺金是指当事人为适用行政执法当事人承诺而交纳的资金。

国务院证券监督管理机构确定承诺金数额应当综合考虑下列因素：(1) 当事人因涉嫌违法行为可能获得的收益或者避免的损失；(2) 当事人涉嫌违法行为依法可能被处以罚款、没收违法所得的金额；(3) 投资者因当事人涉嫌违法行为所遭受的损失；(4) 签署承诺认可协议时案件所处的执法阶段；(5) 需要考虑的其他因素。国务院证券监督管理机构可以就适用行政执法当事人承诺涉及的专业问题征求证券期货交易场所、证券登记结算机构、投资者保护机构等相关机构或者专家学者的意见。

4. 承诺认可协议的履行与终止

国务院证券监督管理机构与当事人签署承诺认可协议后，应当中止案件调查，向当事人出具中止调查决定书，并予以公告。当事人完全履行承诺认可协议后，国务院证券监督管理机构应当终止案件调查，向当事人出具终止调查决定书，并予以公告。国务院证券监督管理机构出具终止调查决定书后，对当事人涉嫌实施的同一个违法行为不再重新调查。申请适用行政执法当事人承诺的当事人为《证券法》等法律、行政法规和国务院证券监督管理机构规定的信息披露义务人的，应当依法履行信息披露义务。

有下列情形之一的，国务院证券监督管理机构应当终止适用行政执法当事人承诺：(1) 当事人在签署承诺认可协议前撤回适用行政执法当事人承诺的申请。(2) 未能在《当事人承诺制度办法》第 11 条规定的期限内签署承诺认可协议。(3) 承诺认可协议签署后，当事人因自身原因未履行或者未完全履行承诺。(4) 承诺认可协议履行完毕前，发现当事人提交的材料存在虚假记载或者重大遗漏。(5) 承诺认可协议履行完毕前，当事人因涉嫌证券期货犯罪被依法立案。发生前述规定情形的，国务院证券监督管理机构应当向当事人出具终止适用行政执法当事人承诺通知书；发生前述第（1）项至第（4）项情形的，还应当及时恢复案件调查。国务院证券监督管理机构在决定终止适用行政执法当事人承诺前，应当听取当事人的意见。

5. 其他规定

国务院证券监督管理机构应当建立集体决策制度，讨论决定行政执法当事人承诺实施过程中的申请受理、签署承诺认可协议、中止或者终止案件调查等重大事项，并经国务院证券监督管理机构主要负责人或者其授权的其他负责人批准后执行。

投资者因当事人涉嫌违法行为遭受损失的，可以向承诺金管理机构申请合理赔偿，也可以通过依法对当事人提起民事赔偿诉讼等其他途径获得赔偿。承诺金管理机构向投资者支付的赔偿总额不得超过涉及案件当事人实际交纳并用于赔偿的承诺金总额。投资者已通过其他途径获得赔偿的，不得就已获得赔偿的部分向承诺金管理机构申请赔偿。承诺金管理和使用的具体办法由国务院证券监督管理机构会同国务院财政部门另行制定。

当事人有下列情形之一的，由国务院证券监督管理机构记入证券期货市场诚信档案数据库，纳入全国信用信息共享平台，按照国家规定实施联合惩戒：（1）因自身原因未履行或者未完全履行承诺；（2）提交的材料存在虚假记载或者重大遗漏；（3）违背诚信原则的其他情形。

国务院证券监督管理机构工作人员违反规定适用行政执法当事人承诺，或者泄露履行职责中知悉的商业秘密、个人隐私的，依法给予处分；构成犯罪的，依法追究刑事责任。

## 三、投资者保护机构调解制度

作为加强对中小投资者保护的一项重大举措，中国证监会于 2014 年 8 月批准设立证券金融类公益机构——中证中小投资者服务中心有限责任公司（以下简称“投服中心”）。投资者保护机构兼具公共机构和机构投资者（公益股东）的双重属性，是集市场职能和监管职能于一身的特殊市场主体。投资者保护机构作为由政府成立的专门维权组织，通过公益性持有股票并行使股东权利，充分发挥市场自律作用，提高投资者维权意识和能力，将市场力量集中化、组织化。它与行政监管、自律管理共同构成我国保护中小投资者合法权益的“三驾马车”。

投服中心的具体职责包括：（1）面向投资者开展公益性宣传和教育。（2）公益性持有证券等品种，依法以投资者身份自行或联合其他投资者共同行权。根据《证券法》第 90 条规定公开征集股东权利。（3）提供调解、损失计算等纠纷解决服务。（4）开展支持诉讼、股东直接诉讼及派生诉讼，参加代表人诉讼等诉讼维权工作。（5）中国投资者网站的建设、管理和运行维护。（6）调查、监测投资者意愿和诉求，开展战略研究与规划。（7）代表投资者，向政府机构、监管部门反映诉求。（8）中国证监会委托的其他业务。

在调解方面，我国《证券法》第 94 条规定，投资者与发行人、证券公司等发生纠纷的，双方可以向投资者保护机构申请调解。普通投资者与证券公司发生证券业务纠纷，普通投资者提出调解请求的，证券公司不得拒绝。为此，投服中心还专门制定了《中证中小投资者服务中心调解规则》。

1. 调解的范围

资本市场主体间因证券、期货、基金等相关业务产生的下列纠纷，属于投服中心纠纷受理范围：（1）投资者与上市公司之间的纠纷；（2）投资者与证券期货经营机构之间的纠纷；（3）投资者与资本市场其他主体之间的纠纷；（4）投资者之间的纠纷；（5）投服中心认为可以受理的纠纷。

存在下列情形之一的，投服中心不予受理：（1）纠纷不属于上述规定的受理范围；（2）当事人不同意调解；（3）同一纠纷已进入司法程序，或正在由其他争议解决机构或组织处理，但人民法院、证券期货监管机构、自律组织、仲裁机构等依据纠纷多元化解机制转交投服中心调解的除外；（4）同一纠纷已经投服中心调解结案，或已有生效判决、仲裁裁决或其他处理结果；（5）调解申请未写明被申请人及联系方式等必要信息，或投服中心依据前述信息于7日内无法与被申请人取得联系，或征询被申请人后10日内未取得有效答复；（6）调解申请未写明具体争议事项；（7）投服中心认为不适宜调解的其他情形。

当事人原则上应向对方当事人住所地的投服中心调解受理场所提出调解申请。为便利调解，投服中心可指定由当事人住所地、合同签订地或纠纷发生地等投服中心调解受理场所接受当事人的申请。当事人也可通过中国投资者网等投服中心指定的网络调解平台提出调解申请。

2. 调解的普通程序

（1）调解申请。投服中心根据当事人的申请启动调解程序。当事人可通过书面、网络、邮件、电话等方式提出调解申请。

（2）调解受理。投服中心收到调解申请后，符合受理范围的，应于7日内征询被申请人意见。被申请人收到征询后，应于10日内有效答复。被申请人同意调解的，投服中心收到同意调解的答复后，应于5日内通知当事人予以受理，并附调解员名册和调解员选定书。被申请人不同意调解的，投服中心收到不同意调解的答复后，应于5日内通知申请人不予受理。当然，《证券法》规定，普通投资者与证券公司发生证券业务纠纷，普通投资者提出调解请求的，证券公司不得拒绝，也就是说，对证券公司来说这是一种强制调解。

（3）调解员选定和指定。普通调解程序由一至三名调解员组织调解。收到受理通知后，当事人应于10日内协商选定调解员，并将调解员选定书提交投服中心。当事人未协商一致选定的调解员，由投服中心指定。

（4）调解的开展。调解员可采取现场调解、书面调解、网络调解、电话调解等途径开展工作。采用现场调解的，可在投服中心或当事人认可的其他地点进行。调解员应自接受选定或指定后30日内完成调解。经当事人同意可延期，延期后总期限原则上不超过60日。

（5）调解程序的终结。有下列情形之一的，调解程序终结：当事人达成调解协议或自行和解，当事人撤回调解请求或明确表示不接受调解，调解期限届满未达成调解协议或未自行和解，调解过程中出现《中证小投资者服务中心调解规则》第9条规定的情形，其他导致调解难以进行的情形。

调解成功的，调解员应组织当事人签署调解协议。调解协议应由当事人签字或盖章，调解员签名，应当事人请求可以加盖投服中心印章。调解协议签署后，当事人应提交一份原件给投服中心留存。经过调解，当事人达成一致意见的，可自行签署和解协议。和解协议签署后，当事人应提交一份原件给投服中心留存。当事人签署的调解协议或和解协议，具有民事合同的性质，当事人应按照约定履行，投服中心有权跟踪回访调解协议或和解协议的履行情况。当事人拒不履行调解协议的，投服中心有权依据《证券期货市场诚信监督管理办法》（中国证券监督管理委员会令第139号）记录当事人的诚信信息。

调解程序终结时，当事人未达成调解协议的，调解员在征得各方当事人同意后，可用书面形式记载调解过程中当事人没有争议的事实，并由当事人签字确认。在诉讼程序中，除涉及国家利益、社会公共利益和他人合法权益的外，当事人无须对调解过程中确认的无争议事实举证。除上款规定的情形之外，当事人不得在之后的司法程序、仲裁程序或其他任何程序中，援引对方当事人、代理人或调解员在调解过程中的任何陈述、意见、观点、建议以及书面材料，作为其请求、答辩或反请求的依据。

在申请请求为多项，或当事人一方或双方为多人的情况下，经过调解，当事人针对部分请求达成一致意见，或部分当事人之间达成一致意见的，调解员可针对部分请求或部分当事人所形成的一致意见制作调解协议。

此外，《中证中小投资者服务中心调解规则》还规定了简易调解、单边承诺调解、特邀调解、网络调解的具体规则以及调解协议的效力保障等内容。

## 四、投资者保护机构支持起诉制度

证券虚假陈述纠纷等证券民事诉讼引起的争端案例越来越多，但证券领域纠纷始终具有天然的专业性及复杂性。中小投资者在与上市公司的博弈中始终存在信息不对称、诉讼经验欠缺、抗风险能力和自我保护能力较弱等劣势。为了确保中小投资者合法权益得到较好保障，支持起诉制度应运而生。2012 年我国修订《民事诉讼法》时即规定："机关、社会团体、企业事业单位对损害国家、集体或者个人民事权益的行为，可以支持受损害的单位或者个人向人民法院起诉。"其目的是借助支持起诉主体的多元性及其各方面资源优势，为当事人提供多样化的组织资源，最大限度地降低弱势群体在司法过程中的劣势。

证券投资者保护机构支持起诉制度是指投服中心作为支持机构，根据我国《证券法》的规定，选择案件，委派诉讼代理人，支持权益受损的中小投资者依法诉讼维权。投保机构支持投资者诉讼的主要方式：(1) 为因违法行为受害的投资者提供诉讼相关法律咨询服务。(2) 公开征集证券违法行为受损投资者。针对证券违法行为受损投资者较分散且是否愿意提起诉讼意愿不清的情况，投保机构通过公开形式征集愿意提起诉讼的受损的中小投资者，为提起诉讼奠定基础。(3) 提供诉前准备协助，包括协助投资者诉前证据整理、损失金额计算、签署法律文书等一系列较专业的诉前准备工作。(4) 组织公益律师参与诉讼。投保机构组织公益律师团作为受损投资者代理人参加诉讼，为投资者争取合法权益提供诉讼能力支持。

## 五、投资者保护机构提起股东代位诉讼制度

为保护中小投资者的合法权益，投服中心可以提起广泛的股东诉讼，具体包括股东代位诉讼、股东直接诉讼（公司决议瑕疵诉讼、股东知情权诉讼）等。截至 2023 年 5 月底，投服中心提起股东直接诉讼 1 件，提起股东代位诉讼 3 件。

股东代位诉讼也被称为股东派生诉讼，是指在公司利益受到侵害而公司不能或怠于起诉时，股东为了公司的利益以自己的名义代表公司提起诉讼的制度。股东代位诉讼的《公司法》依据是其第 189 条的规定：

董事、高级管理人员有本法第 188 条规定的情形的，有限责任公司的股东、股份有限公司连续 180 日以上单独或者合计持有公司 1%以上股份的股东，可以书面请求监事会向人民法院提起诉讼；监事有前条规定的情形的，前述股东可以书面请求董事会向人民法院提起诉讼。

监事会或者董事会收到前款规定的股东书面请求后拒绝提起诉讼，或者自收到请求之日起 30 日内未提起诉讼，或者情况紧急、不立即提起诉讼将会使公司利益受到难以弥补的损害的，前款规定的股东有权为公司利益以自己的名义直接向人民法院提起诉讼。

他人侵犯公司合法权益，给公司造成损失的，本条第 1 款规定的股东可以依照前两款的规定向人民法院提起诉讼。

公司全资子公司的董事、监事、高级管理人员有本法第 188 条规定情形，或者他人侵犯公司全资子公司合法权益造成损失的，有限责任公司的股东、股份有限公司连续 180 日以上单独或者合计持有公司 1%以上股份的股东，可以依照前三款规定书面请求全资子公司的监事会、

董事会向人民法院提起诉讼或者以自己的名义直接向人民法院提起诉讼。

《证券法》第 94 条第 3 款特别规定：发行人的董事、监事、高级管理人员执行公司职务时违反法律、行政法规或者公司章程的规定给公司造成损失，发行人的控股股东、实际控制人等侵犯公司合法权益给公司造成损失，投资者保护机构持有该公司股份的，可以为公司的利益以自己的名义向人民法院提起诉讼，持股比例和持股期限不受《公司法》规定的限制。这一条规定表明，在内部人损害公司利益的前提下，投服中心作为公司股东的，可以为公司的利益以自己的名义向人民法院提起诉讼，不受“连续一百八十日以上单独或者合计持有公司百分之一以上股份”的限制，也不受其前置制性条件的限制。

此外，投服中心还可以提起代表人诉讼，鉴于本书在“证券民事诉讼”部分对此已作介绍，此处不赘述。

## 思考题

1. 简述证券纠纷普通代表人诉讼和特别代表人诉讼的区别。
2. 简述证券先行赔付制度的意义及其主要内容。
3. 简述证券期货行政执法当事人承诺制度的概念、意义及其适用限制。
4. 简述投资者保护机构提起股东代位诉讼制度的主要内容。

## 《　　　　　　　》※任课教师调查问卷

为了能更好地为您提供优秀的教材及良好的服务，也为了进一步提高我社法学教材出版的质量，希望您能协助我们完成本次小问卷，完成后您可以在我社网站中选择与您教学相关的1本教材作为今后的备选教材，我们会及时为您邮寄送达！如果您不方便邮寄，也可以申请加入我社的**法学教师QQ群：436438859（申请时请注明法学教师）**，然后下载本问卷填写，并发往我们指定的邮箱（cruplaw@163.com）。

邮寄地址：北京市海淀区中关村大街59号文化大厦1202室收

邮　　编：100080

再次感谢您在百忙中抽出时间为我们填写这份调查问卷，您的举手之劳，将使我们获益匪浅！

**基本信息及联系方式：**※

姓名：________ 性别：________ 课程：________

任教学校：________ 院系（所）：________

邮寄地址：________ 邮编：________

电话（办公）：________ 手机：________ 电子邮件：________

**调查问卷：**※

1. 您认为图书的哪类特性对您选用教材最有影响力？（　　）（可多选，按重要性排序）

   A. 各级规划教材、获奖教材　　B. 知名作者教材

   C. 完善的配套资源　　D. 自编教材

   E. 行政命令

2. 在教材配套资源中，您最需要哪些？（　　）（可多选，按重要性排序）

   A. 电子教案　　B. 教学案例

   C. 教学视频　　D. 配套习题、模拟试卷

3. 您对于本书的评价如何？（　　）

   A. 该书目前仍符合教学要求，表现不错将继续采用

   B. 该书的配套资源需要改进，才会继续使用

   C. 该书需要在内容或实例更新再版后才能满足我的教学，才会继续使用

   D. 该书与同类教材差距很大，不准备继续采用了

4. 从您的教学出发，谈谈对本书的改进建议：________

________

________

**选题征集：**如果您有好的选题或出版需求，欢迎您联系我们：

联系人：黄　强　联系电话：010-62515955

**索取样书：**书名：________

书号：________

---

**备注：※ 为必填项。**